공무원

한국사

한 권으로 끝내는 개념완성

근현대사

강민성 선생님을 만날 수 있는 #온라인 공간

강의를 듣는 공간

커넥츠 공단기 · 커넥츠 경단기 · 커넥츠 사복단기 · 커넥츠 법검단기

커넥츠 세무·관세단기 · 커넥츠 기술단기 · 커넥츠 소방단기

민성샘과 함께 소중한 인연을 이어나가는 공간

N 카페 **NAVER** **강민성의 정통한국사** ▼

모두에게 응원영상

강민성 선생님과 제자들이 함께한 응원영상, 제자모임 등을 볼 수 있는 공간입니다.

- 응원영상(별 응원, 새벽(Aurora)응원, 백두산, 마니산, 한라산, 울릉도 성인봉&독도 등 응원영상 다수)
- 제자모임 영상(공시합격생 제자모임, 수능 제자모임, 영화 제자모임 등 다수)

모바일로 보는

공무원 한국사 기출

자투리 시간에도 모바일을 통해 정통한국사 카페 기출문제방의 문제를 풀어보고 해설을 확인할 수 있습니다.

우리끼리 도움말

- 한국사 Q&A
- 기타 과목 Q&A
- 우리끼리 학습자료공유

열공인증

오늘 하루 나의 열공을 인증하고 다른 수험생들의 열공인증을 보며 서로의 공부에 긍정적인 자극을 주고 받을 수 있습니다.

우리끼리 도움말

학습, 커리큘럼, 노하우 등 궁금한 모든 것을 우리끼리 나누고 돕는 공간입니다.

수강후기 · 합격후기

현재 수험생들의 수강후기와 합격한 수험생들의 시기별, 과목별 합격 비결이 담긴 최신 합격후기를 읽을 수 있습니다.

수험생 & 합격생 온라인 장터

- 나만의 노하우가 담겨 있는 교재 및 교구를 **판매 · 구매 · 무료 나눔** 해보세요!
- 대상 : 공무원 시험 관련 모든 과목 수험 교재 및 교구

우리들의 소통

- 🖼 열공 인증방 N
- 📄 우리끼리 응원해요 N
- 📄 자유토크 N
- 📄 수험생-합격생 장터 N

강민성 선생님과
공시합격생 제자들의 '만남'

공시합격생
제자모임

평소에는 전하지 못했던 선생님과 제자 여러분의 마음을 나누는 소중한 자리에 많은 관심과 참여 바랍니다.

지난 제자모임

공시합격생 **첫 번째** 제자모임(2016년 11월 25일(금))

공시합격생 **두 번째** 제자모임(2017년 8월 4일(금))

공시합격생 **세 번째** 제자모임(2017년 11월 24일(금))

공시합격생 **네 번째** 제자모임(2018년 8월 10일(금))

공시합격생 **다섯 번째** 제자모임(2018년 11월 30일(금))

공시합격생 **여섯 번째** 제자모임(2019년 8월 23일(금))

공시합격생 **일곱 번째** 제자모임(2020년 1월 17일(금))

 첫 번째
제자모임

 두 번째
제자모임

 세 번째
제자모임

 네 번째
제자모임

 다섯 번째
제자모임

 여섯 번째
제자모임

강민성의 정통한국사 카페에서 공시합격생 제자모임 영상과 지난 수능 제자모임 영상들을 확인할 수 있습니다.

공시합격생 제자모임 공지사항은 네이버 카페 '강민성의 정통한국사' 에서 확인할 수 있습니다.

cafe.naver.com/kmshistory 강민성의 정통한국사 ▾ 검색

올바른 한국사를
가르치기 위해 노력합니다.

초판 1쇄 인쇄일 2022년 7월 11일

지은이 강민성 **발행인** 정용수 **기획 및 편집** 정왕건

교정 및 검토 이도연, 장보라, 윤하정, 김원희, 이해인, 유혜인, 박가영

발행처 예문사 **주소** 경기도 파주시 직지길 460 도서출판 예문사

전화 031 955 0550 **팩스** 031 955 0660

한국사

한 권으로 끝내는 개념완성

근현대사

단순 암기가 아닌,
이해와 흐름으로 보는 한국사

STRUCTURE

이 책의 구성
- 개념편
- 자료편
- 부록편

개념편

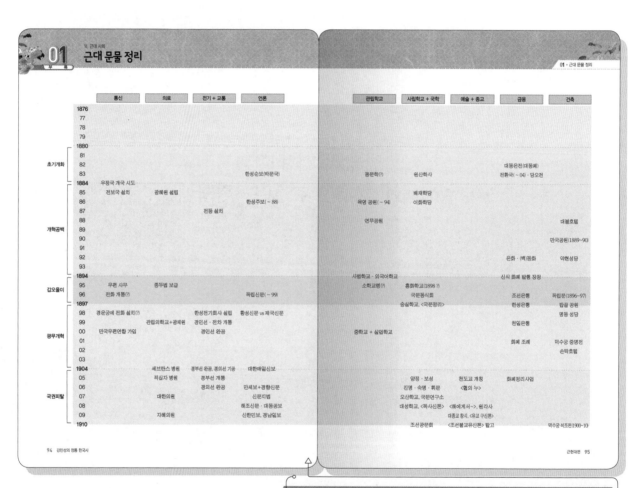

여러 개념을 한눈에 정리할 수 있는 입체적인 내용 구성

한국사 공부 시간을 단축하고 효율적으로 학습할 수 있도록 단원 전체의 내용을 체계적으로 정리하여 한눈에 파악할 수 있게 구성하였습니다. 또한 단순 암기로는 파악하기 어려운 내용들을 알아보기 쉽게 도식화하여 눈을 감으면 자연스럽게 내용이 떠오를 수 있도록 구성하였습니다.

꼭! 알아두기 - 대통령 간선 기관과 민주화 운동

1. 대통령 간선 기관
- 국회 : 1대 이승만(단원제), 4대 윤보선(양원제 = 참의원 + 민의원)
- 통일주체 국민회의 : 8대 박정희, 9대 박정희, 10대 최규하, 11대 전두환
- 대통령 선거인단 : 12대 전두환

2. 민주화운동 비교

	4 · 19 혁명	5 · 18 민주화 운동	6월 민주 항쟁
배경	3 · 15 부정 선거	5 · 17 비상 계엄 확대	4 · 13 호헌 조치
구호	"부정선거 다시 하라" "학생들의 피에 보답하라"	"계엄 해제, 신군부 퇴진" "민주 인사 석방"	"호헌 철폐, 민주 헌법 쟁취" "독재 타도"
계엄령	○	○	×
계엄군의 강경 진압	×	○	×
희생	김주열	많은 시민과 학생	박종철, 이한열
결과	개헌 : 내각제, 양원제 국회 장면 정부 출범	신군부의 권력 장악 → 전두환 정부 출범	개헌 : 대통령 직선제 노태우 정부 출범
여 · 야의 정권 교체	○	×	×

꼭 알아두기

출제 가능성이 높은 내용들을 집중적으로 볼 수 있도록 정리하였습니다.

확인해 둘까요! - 1930년 중국 관내 여러 세력의 변화 과정

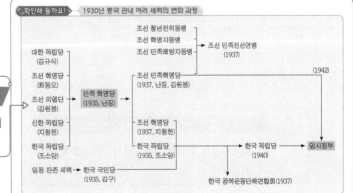

확인해 둘까요

놓치기 쉬운 내용들을 한번 더 확인하여 오래 기억할 수 있도록 하였습니다.

(2) 국권 침탈 관련 조약

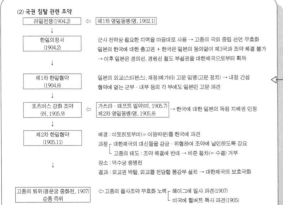

러일전쟁(1904.2) ⇒ 제1차 영일동맹(영, 1902.11)
↓
한일의정서 (1904.2) — 군사 전략상 필요한 지역을 마음대로 사용 → 고종의 국외 중립 선언 무효화 일본의 한국에 대한 충고권 + 한국은 일본의 동의없이 제3국과 조약 체결 불가 → 이후 일본은 경의선, 경원선 철도 부설권을 대한제국으로부터 획득
↓
제1차 한일협약 (1904.8) — 일본의 외교(스티븐스), 재정(메가타) 고문 임명 (고문 정치) → 내정 간섭 협약에 없는 군부 · 내부 등의 각 부에도 일본인 고문 파견
↓
포츠머스 강화 조약 (러, 1905.9) — 가쓰라 · 태프트 밀약(미, 1905.7) 제2차 영일동맹(영, 1905.8) — 한국에 대한 일본의 독점 지배권 인정
↓
제2차 한일협약 (1905.11) — 배경 : 이토히로부미(= 이등박문)를 한국에 파견 과정 : 대한제국의 대신들을 감금 · 위협하여 조약에 날인하도록 강요 ─ 고종의 태도 : 조약 체결에 반대 → 비준 절차(= 수결) 거부 장소 : 덕수궁 중명전 결과 : 외교권 박탈, 외교를 전담할 통감부 설치 → 대한제국의 보호국화
↓
고종의 퇴위(경운궁 중화전, 1907) 순종 즉위 ⇐ 고종의 을사조약 무효화 노력 ─ 헤이그에 밀사 파견 (1907) ─ 미국에 헐버트 특사 파견 (1905)
↓
한일 신협약 (= 정미7조약, 1907) — 각 부에 일본인 차관 임명(차관 정치) → 내정 장악 cf 정미7조약의 부수 각서 : 황궁 시위를 제외한 군대 해산
↓
기유 각서(1909.7) 경찰권 위임 각서(1910.6) — 사법권과 감옥 사무권 강탈 경찰권 강탈
↓
한일 병합 조약 (1910.8) — 과정 : 총리대신 이완용과 통감 데라우치의 합의 장소 : 통감부 + 창덕궁 대조전의 흥복헌 결과 : 대한제국의 주권 상실 → 조선 총독부 설치

본문 개념

원인과 결과에 따라 흐름으로 이해하고 개념들의 유기적 구조를 분석하며 이야기를 통해 오랜 시간 기억할 수 있도록 구성하였습니다.

내용상의 특징

수험서로서 필요한 내용을 빠짐없이 담았습니다.

첫째, 최근 공무원 시험 문제의 출제 경향을 분석해보면 한국사 관련 시험을 주관하는 공신력 있는 기관들이 출제한 문제들에 대한 검토가 더욱 요구되는 실정입니다. 따라서 2007년~2021년 모든 공무원 기출 문제는 물론이고 2006년~2021년 국사편찬위원회가 실시한 한국사능력검정시험 문제, 2004년~2021년 한국교육과정평가원이 출제한 문제들을 모두 분석, 검토하여 공무원 시험에서도 충분히 출제 가능한 개념과 자료들을 빠짐없이 수록하고 그에 대한 분석과 정리도 꼼꼼히 해 두었습니다.

둘째, 기존 유형에 더불어 다수 출제되고 있는 새로운 자료제시형 문제에 대비하는 데에도 부족함이 없도록 출제 가능한 핵심 사료, 사진, 지도, 그래프 등 다양한 자료를 수록하였습니다.

자료편

핵심자료읽기

모든 기출 사료와 출제 가능한 사료를 풍부하게 수록하였습니다.

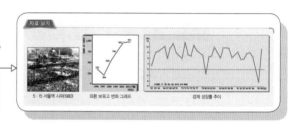

자료보기 - 다양한 사진, 그래프 자료

응용 출제될 수 있는 사진 자료와 그래프를 확인할 수 있습니다.

자료 보기 - 지도

고난도로 출제되는 중요 개념을 지도를 통해 정리하였습니다.

스스로 완성해가는 교재

중요한 내용은 스스로 고민하고 빈칸을 채워 보는 연습을 해야 오랫동안 기억에 남을 수 있습니다. 따라서 중요한 내용들을 직접 써 가면서 정리할 수 있도록 구성하였습니다.

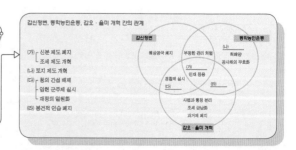

셋째, 한국사는 개념에 있어서 변화되는 내용이 없다고 생각하기 쉽지만, 교육과정이 개정됨에 따라 학습해야 하는 내용도 변화하게 됩니다.

　　　따라서 기존 공무원 시험 문제에 출제된 개념들을 총망라했을 뿐만 아니라 최근 공무원 시험 및 한국사능력검정시험 출제 경향과 개정 교육에서 변화된 내용까지 다루어 출제 가능성이 있는 부분은 놓치지 않고 정리하였습니다.

부록편

---

02 영토 수호 노력
Ⅵ. 근대 사회

1-1 독도 : 민족 영토인 근거

(1) 신라
- 지증왕(6c) : 명주의 군주인 이사부 장군의 우산국 정복

(2) 조선
- 자료 ┌ 지리지 ┌ 〈고려사〉 : 지리지, 세가, 열전 등에 우산국과 울릉도에 관해 기록
　　　│　　　├ 우산국에서 고려 정부에 토산물을 바친 기록이 존재
　　　│　　　└ 〈세종실록지리지〉 : 독도(우산도)를 울릉도(무릉도)와 함께 강원도 울진현 소속으로 기록
　　　├ 지도 ┌ 팔도총도(1530) : 〈신증동국여지승람〉에 포함된 독도를 표기한 최초의 지도
　　　│　　　├ 동국지도(18c 중엽) : 정상기의 제작, 독도(우산도)의 위치를 울릉도 동쪽에 정확히 표시
　　　│　　　├ 해좌전도(19c 중엽) : 울릉도 동쪽에 독도를 표시
　　　│　　　└ 조선전도(1846) : 김대건 신부의 제작, 프랑스어로 독도를 우산으로 표기
　　　└ 정책 ┌ 세종 ┌ 쇄환 정책(= 공도 정책) 실시 → 섬 주민을 육지로 쇄환하여 거주하도록 지시
　　　　　　　│　　　└ 쇄환 정책 유지를 위해 관리(안무사, 순심경차관)를 섬에 자주 파견 → 조선의 영토임을 확인
　　　　　　　└ 숙종 : 수토관(쇄환 정책으로 비워 둔 도서 지역을 순시하는 관리) 파견

1-2 독도 : 일제의 강탈과 반환

(1) 일제의 강탈 : 러일전쟁 때
- 내용 ┌ 러일전쟁 때 ┌ 한일의정서를 근거로 러시아 함대 감시를 위한 망루를 독도에 설치
　　　　　　　　　　├ 일본 내각 : 내각 회의를 통해 독도를 무주지라는 명목으로 일본 영토에 강제 편입(1905.2.22)
　　　　　　　　　　└ '시마네현 고시 40호'(1905.2) : 독도의 일본 영토 편입을 게재
　　　　　　└ 시마네현의 사무관이 독도 조사를 마친 후 강제 편입 사실을 울릉군 군수에게 통고(1906.3)
- 한계 : 을사조약 체결로 외교권이 박탈되어 일본에 항의할 방법이 존재하지 않음

(2) 반환 : 해방 이후
- 명칭 : 연합국 최고사령관 지령 제677호(SCAPIN, 1946.1.29) = 일본에 대한 정의
- 내용 ┌ 한국에 반환해야 할 섬으로 울릉도·독도(리앙쿠르 암 = 다케시마)·제주도를 규정
　　　　└ 주한 미군정의 관할 아래 두었다가 한국에 독립 정부가 수립되면 인도할 계획
- 문제점 : 샌프란시스코 강화 조약(1951)에서 조약문을 최대한 간결하게 작성 → 부속도는 조약문에서 생략
　　　　　　→ 일본은 조약문에 독도 명칭이 빠진 것을 근거로 독도가 일본 영토임을 연합국이 인정한 것이라 주장
- 반박 ┌ 샌프란시스코 강화 조약에서 일본 영토의 판단 기준 시점을 항일의정 연도인 1894년 1월1일로 채택
　　　　└ 1905년 2월에 일본 영토로 불법 편입된 독도는 당연히 한국에 반환되어야 할 영토

확인해 볼까요? **무주지(無主地) 선점론**
- 내용 : 주인없는 땅에 대해서는 먼저 점유한 자가 영토로 편입한다는 주장
- 근거 : 일본 어부 나카이가 무주지인 독도를 선점 → 일본의 영토가 되었으니, 다케시마로 정함한다는 일본 내각의 결정
- 목적 : 일본이 독도에 대한 영유권을 주장하는 근거

96 강민성의 정통 한국사

근현대 인물 정리

7 여성 독립운동가

윤희순 (1860~1935)
- 1895년 〈안사람 의병가〉, 〈병정의 노래〉 등의 의병가를 제작하여 의병들의 사기를 진작
- 1907년 춘천 의병을 후원하는 등 최초의 여성 의병장(?)으로 알려진 인물이다.

남자현 (만 46세로 독립운동에 참여, 1872~1933)
- 1919년 서로군정서에서 활약하는 한편, 만주에 교회와 학교를 설립하였다.
- 1925년 총독 사이토를 암살할 계획을 세웠으나 실패하였고,
- 1932년 국제연맹 리턴조사단이 하얼빈에 오자 '한국독립원'이라는 혈서를 제출하였다.
- 1933년 일본 장교(무토 노부요시)를 암살하려다가 체포되었다.

박차정 (김원봉의 아내, 1910~1944)
- 1929년 신간회와 근우회에 참여하여, 광주학생운동을 지원하는 중 체포되었다.
- 1932년 조선혁명간부학교 여자부 교관으로 활약하다가,
- 1938년 조선의용대 부녀복무단장으로 활동하던 중 전사하였다.

박자혜 (궁녀 출신인 신채호의 아내, 1895~1943)
- 1919년 3·1운동 당시 간우회(간호사의 독립 운동 단체)를 조직하여 만세 운동을 벌였다.
- 1926년 나석주의거 당시 의열단 활동을 지원하였다.

현계옥 (대구 기생 출신, 1897~?)
- 1919년 의열단원 현정건(현진건의 형)의 영향으로 만주로 건너가 의열단에 참여하였다.

김마리아 (1892~1944)
- 1919년 일본 도쿄에서 2·8 독립 선언에 참여하였고,
　귀국후 3·1운동을 준비하다가 체포되었으나 석방후 대한애국부인회 회장이 되었다.
- 1923년 대한민국 임시정부의 국민대표회의에 참여하였고, 미국으로 건너가 근화회(재미 대한애국부인회) 회장을 지냈다.

37

CONTENTS

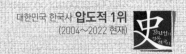

VIII 현대 사회 195

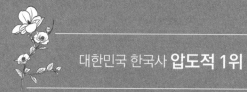

대한민국 한국사 **압도적 1위**

근대 사회

외세의 침략적 접근과 개항

SECTION 01

1 흥선대원군의 개혁 (1863~73) : 철종 사후 즉위한 고종의 나이가 어려, 생부인 이하응이 대원군이 되어 섭정 취임

(1) 정치 : 세도 정치 일소 → 왕권 강화, 국가 체제 정비

- **인적 쇄신** : 안동 김씨 등의 외척 축출 → 종친 중용, 능력에 따른 인재 등용
- **기구 개편** : 비변사의 기능 축소 · 폐지 → 정치적 기능은 의정부로 이관 + 군사적 기능은 삼군부로 이관
- **서원 철폐** ┌ 내용 : 47개를 제외한 전국의 서원 철폐(서원의 토지 · 노비 몰수) + 만동묘(명 신종 · 의종에 제사) 폐지
  ├ 목적 : 사족 · 붕당의 기반 약화 + 국가 재정 확충, 민생의 안정
  └ 반발 : 성리학 유생의 거센 반발 → 흥선대원군 퇴진의 배경
- **법전 정비** : <대전회통>, <육전조례> → 통치 체제 재정비
- **군제 개혁** ┌ 훈련도감의 포수와 수군 강화, 철선 제작 시도, 강화도에 포대 설치 → 해안 경비 강화
  └ 군비 확충 : 도문세 징수, 심도포량미세(함경 · 평안도를 제외하고 1결당 1두) 징수

(2) 경제 : 3정의 문란 시정 → 민생 안정, 국가 재정 확충

- **전정** : 지방관과 토호의 토지 겸병 금지, 양전 사업을 통해 은결 색출
- **군정** : 호포법 실시 ┌ 내용 : 상민뿐만 아니라 양반에게도 군포를 부과하여 공평한 조세 부과
  └ 결과 : 양반과 유생들의 거센 반발 → 흥선대원군 퇴진의 배경
- **환곡** : 국가 주도의 환곡을 마을 자치적인 사창제로 개편 → 운영의 주체는 사수(= 사장)

(3) 사회 · 문화

- **사회** ┌ 풍속 개량 : 사치 억제 ex) 작은 갓에 소매가 좁은 두루마기와 도포 착용 권장, 비단신 대신 검정신 장려
  └ 이필제의 난(1871) : 최제우 처형(1864, 대구)에 반발하여 경북 영해에서 이필제 · 최시형이 주도
- **문화** : 경복궁 중건 ┌ 목표 : 왕실의 위엄 회복
      (1865~68?) ├ 한계 ┌ 원납전의 강제 징수 + 양반의 묘지림 벌목, 토지에 결두전 부과 → 양반의 반발
          ├ 화폐 ┌ 당백전(액면이 기존 동전의 100배 해당) 남발 ─┐
          │   └ 청전(淸錢, 가경통보 · 도광통보 등)의 유통 허용 ─┘→ 물가 상승 ┐
          └ 백성에 대한 강제 노역 부과 ─────────────────────┘→ 백성의 반발

(4) 평가

- **의의** : 국가 재정 확충과 민생 안정에 기여
- **한계** : 기존의 통치 체제 유지와 전제 왕권 강화를 목적으로 한 전통 체제 내의 개혁(복고적 개혁)

꼭! 알아두기 〉 영조와 흥선대원군의 비교

	영조	흥선대원군
정치	완론 탕평(탕평파 중용) but 척신의 세력 확대	외척 축출 → 종친 중용, 노론 억압 → 남인 중용
서원	400여개의 서원을 200여개로 축소	650여개의 서원을 47개로 축소
만동묘	존치	폐지
군포	균역법(감포) : 2필 → 1필 선무군관포 : 일부 상류층에 부과	호포법(동포) : 양반에게 군포 부과
법전 정비	속대전	대전회통, 육전조례

2 통상 수교 거부 정책 : 쇄국 정책(흥선대원군)

(1) 국내 · 외 상황
- 국외
  - 청
    - 상황 ┌ 서양의 개방 요구와 침략으로 인한 문호 개방 ─ 제1차 아편 전쟁(1840~42) → 난징 조약(1842)
    - └ 半식민지적 상황 ─ 애로 호 사건(1856) → 베이징 조약(1860)
    - 개혁 ┌ 양무 운동 : 중체서용 → 중국의 전통 문화 · 제도를 지키면서 서양의 근대 기술 수용 시도
    - └ 변법자강 운동 : 부국강병을 위해서는 서양의 제도 · 사상까지 수용 시도
  - 일본 ┌ 문호 개방 : 미국의 포함 외교로 인한 강제 문호 개방(1854)
    - └ 개혁 : 메이지유신 ┌ 자세 : 문명개화론(후쿠자와 유키치)
      - (1868) └ 내용 : 부국강병을 위해 서양의 기술뿐 아니라 제도 · 사상 · 문화도 수용
  - 러시아 : 베이징 조약(1860) 알선을 계기로 청으로부터 연해주를 획득
- 국내 : 조선의 서양에 대한 위기감 확산 ← 열강의 베이징 점령 + 러시아의 연해주 획득과 조선에 대한 통상 요구

(2) 사건
- 병인양요 ┌ 배경 : 병인박해 ┌ 배경 : 러시아를 막기 위해 흥선대원군의 프랑스 신부 접촉 시도 but 실패
  - (1866.9) (1866.봄) └ 내용 : 천주교 반대 여론의 확산 → 9명의 프랑스 신부와 수천 명의 천주교도 처형
  - ├ 과정 ┌ 침입 : 프랑스군(사령관 로즈)의 강화도 침략
    - └ 항전 : 순무영 설치 → 문수산성(한성근)과 정족산성(양헌수)에서 프랑스군 격퇴
  - └ 피해 : 후퇴하는 프랑스군이 외규장각 문화재(서적과 의궤) 약탈
    - cf) 프랑스 정부는 약탈한 외규장각의 도서 279권을 145년 만에 영구 임대 형식으로 반환(2011)
- 오페르트 도굴 사건 ┌ 내용 : 독일 상인 오페르트가 대원군의 아버지 남연군의 묘(충청도 덕산) 도굴 시도
  - (1868) └ 과정 : 미국인 젠킨스의 자금 지원 + 프랑스 신부 페롱의 참여 but 도굴 실패
- 신미양요 ┌ 배경 : 제너럴 셔먼호 사건 ┌ 미국 제너럴 셔먼호가 대동강에서 통상을 요구하며 행패를 자행
  - (1871) (1866.8) └ 관찰사 박규수의 지휘하에 평양 군민들이 화공으로 격침
  - ├ 과정 ┌ 미국 극동 함대(사령관 로저스)의 강화도 침략 → 초지진과 덕진진 점령, 광성보 공격
    - └ 광성보에서 장군 어재연이 항전하다가 전사 but 미군은 특별한 이익을 얻지 못하고 철수
  - └ 피해 : 미군에게 어재연의 장군기(수(帥)자기)를 탈취당함 cf) 장군기를 10년간 장기대여 형식으로 반환(2007)

(3) 반응과 평가
- 반응 ┌ 유생의 입장 : 존화양이(尊華攘夷)론을 바탕으로 척화주전론 제기 ex) (화서)이항로, (노사)기정진
  - └ 정부의 태도 : 신미양요 이후 척화 의지를 알리고자 전국에 척화비 건립 cf) 비문은 병인양요 이후에 작성
- 평가 : 제국주의 침략을 일시적으로 저지시킨 反외세 운동 vs 19c 후반 근대화를 지연시키는 결과를 초래

꼭! 알아두기 **병인양요와 신미양요 비교**

	병인양요	신미양요
원인	병인박해	제너럴 셔먼호 사건(평안도)
항전	문수산성(한성근), 정족산성(양헌수)	광성보(어재연)
약탈	외규장각 문화재(의궤, 서적) but 이명박 정부 반환	장군기 but 노무현 정부 반환
척화비	비문 작성	비 건립

외세의 침략적 접근과 개항

3 개항

(1) 강화도 조약 (1876) = 조일 수호 조규(병자 수호 조규)

- 배경 ┬ 국내 ┬ 최익현의 상소로 인한 흥선대원군의 하야 → 고종의 친정 발표와 민씨 일족의 등장
  │   └ 통상 개화파 등장 ┬ 기원 : 조선 후기의 북학파 실학자 ex) 박지원, 박제가
  │   ├ 인물 : 박규수(박지원의 손자), 오경석(역관), 유홍기(의관)
  │   └ 주장 : 열강의 침략을 막기 위해서라도 서양과의 통상이 필요
  └ 국외 : 운요호 사건 ┬ 배경 ┬ 대원군 집권 시기 : 서계 문제 ┬ 내용 : 일본 메이지정부가 새 외교 관계를 요구
          (1875)   │   │   ├ 과정 : 국가간 격식 문제로 조선이 서계 거부
          │   │   │   └ 결과 : 일본 내 정한론 대두
          │   │   └ 대원군 하야 이후 : 조선에 대한 일본의 강제적 문호 개방 시도
          │   ├ 내용 ┬ 일본 군함 운요호의 강화 해역 침범 → 초지진과 영종도를 포격(포함 외교)
          │   │   └ 일본은 운요호 사건의 책임을 조선 정부에 전가 → 조선에 수교를 강요
          │   └ 결과 : 조선의 신헌(전권대사)과 일본의 구로다(특명 전권관리 대신)가 12개조를 체결

- 내용 ┬ 1관 조선은 자주의 나라이며, 일본국과 동등한 권리를 가진다. → 청의 간섭 배제
  ├ 4관 조선국 부산 초량진에는 일본국 공관이 있어 오랫동안 양국 인민의 통상 구역이 되어 새로 만든 조약에
  │   의거하여 무역 사무를 처리하도록 한다. 또한, 조선국 정부는 따로 제5관에 기재된 2개의 항구를 열어
  │   일본국 인민의 왕래 통상함을 들어주어야 한다. → 부산(1876), 원산(1880), 인천(1883) 개항
  ├ 7관 조선국은 일본국의 항해자가 자유로이 해안을 측량하도록 허가한다. → 연안 측량권
  ├ 10관 일본국 인민이 조선국 지정의 각 항구에 머무르는 동안 범한 죄가 조선국 인민에게 관계되는 사건일
  │   때에는 모두 일본 관원이 심판한다. → 치외법권(= 영사재판권)
  ├ 11관 양국은 이미 조약을 맺었으므로 따로이 통상 장정을 설정하여 양국 상민에게 편리를 준다.
  │   → 조일 수호 조규 부록과 조일 무역 규칙 체결
  └ 12관 확정된 조약은 오늘부터 양국이 믿음으로 지키고 따른다. 양국 정부는 조약을 다시 고칠 수 없으며
        영원히 준수하여 양국의 화친을 두텁게 할 것이다. → 조약 개정을 위한 절차가 없음

- 평가와 반응 ┬ 평가 : 최초의 근대적 조약 vs 서양 열강과 맺은 불평등 조약의 선례 ex) 치외법권, 연안 측량권
  └ 반응 ┬ 유생의 반발 : 최익현의 지부복궐척사소(= 5불가소 → 왜양일체론)
        └ 정부의 움직임 : 1차 수신사로 김기수를 파견

(2) 강화도 조약 이후 부속 조약 : 일본의 경제적 침략 기반을 마련

- 내용 ┬ 조일수호조규 부록 ┬ 4조 부산에서 일본인의 간행이정을 10리로 제한한다. → 거류지 무역
  │   (1876)   └ 7조 일본국 국민은 본국에서 사용되는 화폐를 조선국 인민이 보유하고 있는 물자와
  │   교환할 수 있다. → 일본 화폐 사용 허가
  └ 조일 무역 규칙 ┬ 6관 조선국 항구에 머무르는 일본인은 쌀과 잡곡을 수출할 수 있다. → 곡물 유출 허용
      = 1차 조일통상장정 └ 7관 일본국 소속의 선박은 항구세를 납부하지 않으며, 수출입 상품에도 관세를 부과하지
          (1876)   않는다. → 무관세 조항

- 특징 ┬ 형태 : 거류지 무역 ┬ 내용 : 일본 상인의 활동 범위(= 간행이정)를 개항장에서부터 10리까지로 제한
  │   └ 영향 : 일본 상인과의 중개 무역을 담당한 조선인 중개 상인이 막대한 이익을 획득
  │   ex) 보부상, 객주, 여각
  └ 품목 : 수출(조선의 곡물) ↔ 수입(영국산 면제품) ⇨ 미 · 면 교환 체제(일본의 중계 무역)
            cf) 당시 일본의 생산품은 성냥에 불과, 일본이 일본산 면제품을 수출한 시기는 1880년대 후반

4 서양과의 조약

(1) 조미 수호 통상 조약 (1882.4)

- 과정 ┌ 배경 : 김홍집(2차 수신사)이 황쭌셴의 <조선책략> 도입 → 유포 : 防俄, 親中國 結日本 聯美國
  ├ 체결 ┌ 청의 알선 : 러시아·일본에 대한 견제 + 조선에 대한 청의 종주권 확인을 목적으로 조약을 중재
  │   ├ 쟁점 : 속방 조회 대두 ┌ 내용 : 조선이 청의 속방이라는 조항을 조약에 넣을 것을 청이 요구
  │   │ (屬邦照會)   └ 결과 : 미국은 조선이 자주국이 아니라면 조약을 맺지 않겠다며 거부
  │   └ 제물포에서 미국의 슈펠트(전권대사)와 조선의 신헌(전권대사)·김홍집(부대사) 사이에 체결

- 내용 ┌ 1관 조선국과 미합중국 및 그 국민은 영원히 평화 우호를 지키되, 제3국이 체약국 정부에 부당하게 또는 억압적으로 대한 일이 있을 때에는 체약 당사자는 그러한 사건에 관하여 통지를 받는 대로 원만한 타결을 위하여 거중 조정을 다함으로써 그 우의를 표시해야 한다. → 거중 조정
  │   cf) 을사조약으로 인해 대한제국이 국권 침탈 위기에 처했을 때 미국은 거중 조정을 위반하고 일본과 가쓰라·태프트 밀약을 체결
  ├ 4관 조선 백성이 미합중국 국민에게 범행을 하면 조선 당국이 조선 법률에 따라 처벌한다. 미합중국 국민이 조선에서 조선 인민을 때리거나 재산을 훼손하면 미합중국 영사나 그 권한을 가진 관리만이 미합중국 법률에 따라 체포하고 처벌한다. → 치외법권(= 영사재판권)
  ├ 5관 무역을 목적으로 조선국에 오는 미국 상인 및 상선은 모든 수출입 상품에 대하여 관세를 지불해야 한다. 관세 부과권은 응당 조선국 정부에 속한다. …… 다음과 같이 정한다. 일용품의 수출입품에 관한 관세율은 종가세 10%를 초과하지 않으며 사치품 등에 대해서는 30%를 넘지 못하는 협정세율을 정한다. → 제한적 관세 부과
  │   cf) 강화도 조약에는 없던 내용 but 조일 통상 장정(1883) 이후 일본 상품에도 관세 부과
  └ 14관 조약을 체결한 뒤 통상 무역 상호 교류 등에서 본 조약에 부여되지 않은 어떠한 권리나 특혜를 다른 나라에 허가할 때에는 자동적으로 미합중국 관민에게도 똑같이 주어진다. → 최혜국 대우
      cf) 강화도 조약에는 없던 내용으로 이후 조일 통상 장정(1883) 이후 일본에도 특혜 제공

- 평가와 반응 ┌ 평가 : 서양과 맺은 최초의 근대적 조약 but 불평등 조약 ex) 치외법권, 최혜국 대우
  └ 반응 ┌ 유생 : 개화 반대 운동 → 신사 척사 운동 ex) 이만손의 영남만인소, 홍재학의 만언척사소
        └ 정부의 움직임 : 미국에 보빙사(최초의 구미 사절단) 파견(1883)

(2) 다른 국가와의 조약

- 내용 ┌ 청의 알선 ┌ 영국(1882 → 83) : 조선의 아편 수입 금지 조항으로 영국 의회가 비준을 거부, 후에 다시 체결
  │   ├ 독일(1883)
  │   └ 프랑스(1886) : 천주교 포교 허용 여부 때문에 서양 주요 국가 중 늦게 수교
  └ 독자적 수교 : 갑신정변 직전 묄렌도르프의 주선으로 러시아와 수교(1884)
- 한계 : 준비 없이 불평등 조약을 체결하여 서양 열강의 침략에 시달리게 됨

◇확인해 둘까요! ● 불평등 조약의 주요 내용

- 강화도 조약에 처음 규정 ┌ 치외법권(= 영사 재판권)
                        └ 연안 측량권(= 해안 측량권)
- 조미 수호 통상 조약에 처음 규정 : 최혜국 대우

01 외세의 침략적 접근과 개항

SECTION

흥선대원군의 정치

- **왕권 강화** : 흥선대원군이 집권 후 대신들에게 말하기를 "나는 천리를 끌어다 지척을 삼겠으며, 태산을 깎아내려 평지를 만들고, 또한 남대문을 3층으로 높이려 하는데, 여러 공들은 어떻게 생각하오?"라고 물었다. 천리 지척이라는 말은 종친을 높인다는 뜻이요, 태산을 평지로 만들겠다는 말은 노론을 억압하겠다는 뜻이요, 남대문 3층이라는 말은 남인을 천거하겠다는 의사이다. 〈매천야록〉

- **비변사 혁파** : 대왕대비가 전교하기를 "서울과 지방의 사무가 비변사로 위임된 것이 언제인지 모르겠지만 사리로 보아 부당한 것이다. 지금부터는 의정부와 비변사를 한 관청으로 합치도록 하라."고 하였다. 〈고종실록〉

- **사창제 실시** : 사창을 관장할 사람은 본면 중 근면하고 여유있는 사람을 택하여 면(面)에서 천거하여 관에 보고한 후 뽑는다. 관에서 강제로 정하지 말고 그를 일러 사수라고 하고 환곡을 분급하고 수납하는 일을 맡아서 검사한다.

- **서원 철폐** : 선비들이 서원을 건립하여 명현(明賢)을 세사하고 …… 무리를 모아 교육을 시키는데, 폐단이 백성의 생활에 미쳤다. 대원군은 만동묘를 철폐하고 폐단이 큰 서원을 철폐하도록 명령을 내렸다. 서원을 철폐한다는 명령이 내려지자 분개한 유생들이 궐기하여 반대 운동을 전개하여 …… 형세가 자못 불온하였다. 대원군은 "백성을 해치는 자는 공자가 다시 살아난다 하여도 내가 용서 못한다. 하물며 서원은 우리나라의 선유(옛날 유학자)를 제사지내는 곳인데 어찌 이런 곳이 도적이 숨는 곳이 되겠느냐?" 하였다. …… 선비들 수만명이 대궐 앞에 모여 만동묘와 서원을 다시 설립할 것을 청하니 대원군이 크게 노하여 병졸로 하여금 한강 밖으로 몰아내고 1천여 개소의 서원을 철폐하고 토지를 몰수하였다. 〈대한계년사〉

- **경복궁 중건(경복궁 타령)** : 에 ~ 에헤이야 얼널널 거리고 방에 흥애로다 / 을축년 4월 초 3일에 경복궁 새 대궐 짓는데 헛방아 찧는 소리다 / 조선의 여덟 팔도 좋다는 나무는 경복궁 짓노라 다 들어간다 ……… / 예 ~ 나 떠난다고 네가 통곡 말고 나 다녀올 동안 네가 수절하여라 ……… / 경복궁 역사가 언제나 끝나 그리던 가족을 만나 볼까?

사족의 반발

- **서원 철폐** : 백성들은 탐학한 아전들에게 시달렸는데 또 서원 유생에게 침탈을 당하니 살아갈 수가 없었다. …… 영을 내려서 나라 안 서원을 허물고 서원의 유생들은 쫓아 버렸다. 항거하는 자는 반드시 죽이라 하니, 사족(士族)이 크게 놀라서 온 나라 안이 물 끓듯 하고 대궐 문간에 나가 울부짖는 자를 헤아릴 수 없었다. 〈근세조선정감〉

- **경복궁 중건** : 임금의 급선무는 덕업에 있고 공사에 있지 않습니다. …… 전하께서 나라의 재용(財用)이 고갈된 때에 방대한 공사를 시작하였으므로 형편상 백성들에게 힘을 빌리지 않을 수 없는 정사를 행하셨던 것입니다.

병인양요 (1866)

- **배경(병인박해)** : 나라 안을 샅샅이 뒤지니 포승에 묶여 끌려가는 모습을 어느 길에서나 볼 수 있었다. 포도청 감옥은 넘쳐나 제때 재판을 받을 수 없었다. 대부분 백성과 어린 아이들이었다. 포도대장이 가슴이 아파 배교(背敎)하기를 간절히 일렀지만 듣지 않자 곤장을 쳤다. …… 교수형을 할 때마다 배교할 것인가를 물었다. 하지만 작은 어린아이도 부모를 따라 하늘나라로 가기를 바랐다. 대원군이 듣고 어린아이를 빼고 모두 죽이라 하였다.

- **과정(병인양요)** : 전등사는 높은 산 위라 매복하였다가 한꺼번에 북과 나발을 불며 좌우에서 총을 쏘았다. 장수가 총에 맞아 말에서 떨어지고 양인(洋人) 십여 명이 죽었다. 혼쭐이 난 양인들을 쫓아가니 제 동무 시체를 옆에 끼고 급히 본진으로 도망가며 …… 강화도 재물을 모두 빼앗아 쌓아 놓았다가 시월 초일 제 배에 싣고 다 도망갔다.

병인양요 당시 프랑스와 조선의 입장

- **프랑스** : 조선이 프랑스 주교 2인과 선교사 9인, 조선인 신도 다수를 살해했다고 한다. 이러한 폭력은 패망을 자초하는 것이다. 조선은 중국에 조공을 하는 나라이므로 본국이 장차 군대를 일으켜 죄를 물으러 가기 전에 알리는 것이 도리에 합당한 줄 알고 있다. 조선이 프랑스 신부를 잔인하게 살해한 날이 조선국 최후의 날이 될 것이다. 수일 내로 조선 정복을 위해 출정할 것이다. 조선 국왕을 책립하는 문제는 프랑스 황제의 명령에 따라 시행한다.

- **조선** : 서양 함대 사령관에게 전하노라. 천리를 거스르는 자는 반드시 망하고 국법을 어기는 자는 형벌을 받는다. …… (이런 경우에) 세계 모든 나라는 반드시 자기 나라 법으로 벌을 준다. 우리도 우리나라 법을 집행한 것뿐이다. 그런데 그대들이 어찌하여 화를 내는가. 처지를 바꾸어 이런 일이 있었다면 우리는 항의치 않을 것이다. ……

오페르트 도굴 사건 (1868)

- 오페르트의 서신 : 그것(남연군의 유골)을 가진 자에게 절대 권한을 부여할 것이며, 서울을 점령하는 것과 다름없다. 대원 군은 그것을 돌려받기 위해 누구에게든 어떤 일도 찬성할 것이다. …… 대원군을 강요하여 문호 개방의 요구를 듣게 하는 유일한 방법은 이것 뿐이다. …… 남의 무덤을 파헤치는 것이 무력을 사용하여 백성을 괴롭히는 것보다 나을 것 같아 그렇 게 하였다. …… 높은 관리 한 사람을 보내 좋은 대책을 협의하는 것이 어떻겠는가?

- 덕산 군수의 보고에, "돛 세 개짜리 이양선 1척이 관청으로 들이닥치더니 무기를 빼앗고 관청 건물을 파괴하였습니다. 그 리고 총을 쏘아대고 칼질을 하면서 곧바로 남연군의 묘소로 달려갔습니다. …… 서양 도적들이 묘소를 침범하였습니다. 서양 도적들은 곧 구만포로 가서 배를 타고 큰 배에 모였다가 서쪽을 향하여 갔습니다."라고 하였다.   〈고종실록〉

- 조선의 반응 : 너희 나라와 우리나라 사이에는 원래 왕래도 없었고, 은혜를 입거나 원수를 진 일도 없다. 이번 덕산 묘지에 서 저지른 사건은 사람으로서 차마 할 수 있는 일이겠는가? …… 이런 사태에서 우리나라 신하와 백성들은 있는 힘을 다 해 한 마음으로 네놈들과 같은 하늘을 이고 살 수 없다는 것을 다짐할 뿐이다.

신미양요 (1871)

- 배경(제너럴셔먼호 사건) : 평안 감사 박규수가 보고하기를 "오랑캐들이 처음 교역을 요청하다가 나중에는 입성을 요구하 였으며 전진하여 성에 이르게 되었습니다. 저들은 대동강을 지나가던 상선을 약탈하고 우리 장수를 억류하는 등 함부로 날뛰었습니다. 그러자 성 안의 군사와 백성이 울분을 참지 못하고 조총과 화살을 난사하고 서로 도와 마침내 큰 배를 남김 없이 모두 불태워 버렸습니다."

- 내용 : 손돌목 돈대로부터 포화가 작렬하고 우리는 구릉을 점령하기 위한 돌격전에 돌입했다. 돌격전이 개시되자 한동안 잠잠하던 조선군 진지에서 다시 맹렬한 포화가 작렬했다. …… ○○ 부대가 가파른 계곡을 내려가면서 광성보로 전진해 갔다. …… 광성보 위에는 대형 황색 무명 깃발이 펄럭이고 있었는데, 깃발 중앙에 한자로 '수(帥)'라는 검은 글자가 씌어 있었다. 광성보를 점령하자 해병대 장병이 거대한 수자기(帥字旗)를 탈취했던 것이다.

- 평가 : 진무사 정기원의 장계에, "초지와 덕진을 제대로 지키지 못한 것도 저의 불찰인데, 광성보에서는 군사가 다치고 어 재연이 죽었으니 저의 죄가 더욱 큽니다."라고 하였다. 이에 전교하기를, "병가의 승패는 늘 있는 일이다. 저 흉측한 무리 들이 지금 물러가기는 했으나 목전의 방비를 더욱 소홀히 할 수 없다."라고 하였다.

척화주전론 (斥和主戰論)

- 이항로 : 국론은 주화(主和)와 주전(主戰) 양론으로 나뉘어 있습니다. 서양 세력을 공격해야 한다는 것은 우리 사람들이 가 져야 할 생각이고, 서양 세력과 화친해야 한다는 것은 적과 내통한 사람들의 주장입니다. 이것(주전론)에 의하면 우리의 미풍양속은 지켜지지만, 저것(주화론)에 의하면 우리는 짐승과 같아집니다. 몸을 닦아 집안이 잘 다스려지고 나라가 바로 잡힌다면 양품(洋品)이 쓰일 곳이 없어져 교역하는 일이 끊어질 것입니다. 교역하는 일이 끊어지면 저들의 기이함과 교묘 함도 수용되지 못할 것이며, 기이함과 교묘함이 수용되지 못하면 저들은 할 일이 없기 때문에 오지 않을 것입니다.

- 이항로 : 서양 오랑캐의 화(禍)가 홍수나 맹수의 해(害)보다 심합니다. 전하께서는 힘쓰고 경계하시어 안으로 관리들로 하 여금 사학(邪學)의 무리를 잡아 베게 하시고, 밖으로 장병으로 하여금 바다를 건너오는 적을 정벌케 하소서.

- 기정진 : 오랑캐는 자기들의 생각하는 바를 갖은 방법을 다하여 반드시 우리와 교통을 하고자 바랄 뿐이니 다른 이유가 있 겠습니까. 만일 교통의 길을 열면 저들의 뜻대로 이루어져서 2~3년이 지나지 않아서 전하의 백성으로서 서양 사람으로 변하지 않는 자가 얼마 되지 않을 것입니다. 전하는 장차 누구와 더불어 임금 노릇을 하시려 하십니까.

통상 수교 거부론

- 흥선대원군 : 병인년 구미 열강은 중국이 화평을 허락한 뒤, 날뛰는 방자함이 헤아릴 길이 없고 못된 짓을 하여 모두 해를 입었으나, 오직 우리나라만 해를 입지 않았다. …… 괴로움을 참지 못하여 화친함은 나라를 팔아먹는 것이다. 독을 참지 못 하여 교역을 허락함은 나라를 망하게 하는 것이다. 적이 가까이 닥쳤을 때 도성을 떠남은 나라를 위태롭게 하는 것이다.

- 척화비 건립 : 서양 오랑캐가 침범하였을 때 싸우지 않는 것은 곧 화의하는 것이요, 화의를 주장하는 것은 나라를 파는 것 이다. 이를 자손만대에 경계하노라. 병인년에 비문을 짓고 신미년에 비석을 세운다.

핵심 자료 읽기

일본과의 외교 문제

- 배경(서계 문제) : 의정부가 아뢰기를 "동래 부사 정현덕의 장계를 접해보니, …… '대마도주 평의달의 서계 가운데, …… '평(平)'자 아래 '조신(朝臣)'이라는 두 글자는 격식에 크게 어긋난다. 통역을 맡고 있는 무리들로 하여금 타일러서 다시 수정하여 올리게 해 달라.'고 하였습니다. 관직의 명칭이 이전과 다르니 법식과 예가 아닙니다. 3백년 간이나 약속해 온 본래의 취지가 이와 같은 것이었겠습니까."
- 결과(일본의 정한론) : (조선의) 가벼운 행동을 책망하고, 불손함을 고치도록 하고, (일본은) 조선과 친하게 지내자는 뜻을 전하는 사절단을 조선에 보냅시다. 그러면 조선에서는 반드시 우리 사절단을 경멸하는 태도를 보이거나 죽일 것입니다. 이런 상황을 만들어야만 많은 사람들이 조선에 쳐들어가는 일에 동의할 것입니다. …… 다행히 지금 조선과 서계 문제가 있는 바 여기에 군대를 사용하면 군사의 울분을 풀어줄 수 있을 뿐 아니라 한 번에 조선을 도륙하고 우리 군대의 훈련을 크게 할 수 있어 천황의 위세를 해외에 크게 뗄칠 수 있을 것입니다.

최익현의 반대 : 흥선대원군의 퇴진

나랏일을 보면 폐단이 없는 곳이 없습니다. 특히 심한 것을 보면 만동묘 철거로 임금과 신하 간의 윤리가 썩게 되었고, 서원 철폐로 스승과 제자 간의 의리가 끊어졌습니다. 오늘의 급선무는 만동묘를 다시 설치하고 서울과 지방의 서원을 흥기시킬 것이며, 토목 공사와 원납전의 경우를 그대로 두어서는 안 될 것입니다. 전하께서 어린 나이라 정사를 전담하지 못하여 생긴 일이니 종친의 반열에 속하는 사람은 지위는 높이되 나라의 정사에는 간섭하지 못하도록 하소서.

운요호 사건

- 조선국에 파견된 모리야마 시게루와 히로츠 노부히로는 2월 25일부터 이달 1일까지 사이의 협상 진전 상황을 보고 합니다. …… 그렇기 때문에 지금 우리 군함 한두 척을 급파하여 쓰시마와 이 나라 사이를 드나들게 하고, …… 이처럼 무력 시위를 요청하는 이유는 오늘 한두 척의 작은 출동으로 능히 훗날 대규모의 출동을 하지 않을 수 없는 사태를 미연에 방지하고자 하는 것입니다. 〈히로츠 노부히로의 보고서(1875. 4)〉
- 강화도는 경성에 가까운 곳으로 수비가 엄하다. 귀국의 국기 견본은 이미 우리 정부에 제출되었으나 아직 지방에는 전달되지 못하였다. 또한 그 배는 황색 깃발을 달고 있어서 전혀 다른 나라의 배라고 생각하여 방어를 위해 포성을 울린 것이다. …… 이번 강화도의 보고를 통해 처음 귀국 배였음을 알았다. …… 당시 그 배가 만약 우리나라에 머물러 과연 귀국 배임을 알았다면 처분할 방도가 있었을 텐데, ……

통상개화파의 입장

- 제너럴셔먼호 사건때 나는 선생의 곁에 있었는데, 선생은 탄식하며 말씀하시기를 "지금 세계의 사정을 살펴보면, …… 내치와 외교의 기회를 놓치지 않고 힘을 기울인다면 오히려 스스로 보존할 수 있으나, 만약 그렇지 않으면 정세에 어두워지고 약해져서 망국의 길을 걷게 되는 것은 하늘의 이치이니 누구를 탓할 수 있으랴." 〈환재집〉
- …… 소위 관작을 승진하였다는 것인데, 이것이 우리에게 무슨 상관인가? 종래의 격식과 다르다 하여 휠책하며 받지 않는데, 이것이 통역관의 견해라면 괴이할 것이 없겠지만, 조정 스스로가 교계(較計)하려 하는가? 만약 저들이 포성을 한번 발(發)하기에 이르면 이후 비록 서계를 받고자 하여도 이미 때가 늦어 나라를 욕되게 할 것이다. 〈환재집〉

강화도 조약 체결

*구호(舊好) : 예전부터 다정하게 지내던 사이

- 우리가 저들 사신과 접견하는 것은 곧 *구호(舊好)를 닦는 것이지 그들과 강화하는 것은 아니다. 양국의 교역은 동래부에 왜관을 설치하면서 시작되었고, 지금 처음 통상을 허락하는 것이 아닌즉, 두 항구를 추가할 것을 요청한 데 지나지 않을 따름이다. 이에 의논하는 자가 본말을 살펴보지도 않고 갑자기 배척하는 것이 옳은가?
- 의정부에서 "예전에 대마도주가 보낸 서계에서 조신(朝臣)이라는 두 글자가 외교 문제가 되어 외교 관계가 단절되었습니다. 그러나 이제는 상황이 많이 바뀌었습니다."라고 하니 왕이 "우호 관계를 존속시키려는 처지에서 통상 요구를 군이 거절할 필요가 없으므로 통상 조약 등을 잘 협상하도록 하라."고 허락하였다.

지부복궐척사소(持斧伏闕斥邪疏)

신은 적들의 배가 왔다는 소식을 듣고 의정부에서 응당 의논이 있으리라 생각해 귀를 기울였으나 아직 들은 바가 없습니다.

1. 우리가 약점이 있어서 강화를 서두르면, 주도권이 저들에게 있는 것으로 저들이 도리어 우리를 제어할 것입니다.
2. 우리의 유한한 농산물과 저들의 무한한 공산품을 교역하면 결국 우리의 땅과 집을 보존할 수 없을 것입니다.
3. 장차 저들은 우리 땅에 거주하려고 할 것이며, 그러면 재물과 비단을 마음대로 빼앗고 부녀자를 겁탈할 것입니다.
4. 왜적들은 한갓 재화와 여색만 알고 조금도 사람의 도리를 모르는 금수들일 뿐입니다.
5. 저들이 비록 왜인이라고 하나 본질적으로 서양 오랑캐와 다를 바가 없습니다. 강화가 이루어지면 사악한 서적과 천주교가 다시 들어와 사악한 기운이 온 나라를 덮게 될 것입니다. …… 설사 저 사람들이 참으로 왜인이고 양적(洋賊)이 아니라 하더라도, 오늘의 왜인 모습은 옛날과는 현저하게 달라졌음을 깨달아야 합니다. 옛날의 왜인들은 이웃 나라였으나 지금의 왜인들은 도적입니다. 따라서 이웃 나라와는 강화하여도 도적과는 강화할 수 없습니다. 왜인들이 도적이라는 것을 어떻게 알 수 있는가 하면, 저들의 양적의 앞잡이가 되어 있기 때문입니다.

…… 도끼를 가지고 대궐 앞에 엎드렸으니, 삼가 바라건대 빨리 큰 계책을 세우고, 조정 관리들 가운데 화친을 주장하는 자가 있으면 사형으로 처단하시기 바랍니다. 만일 그렇지 않을 경우 이 도끼로 신에게 죽음을 내리신다면 조정의 큰 은혜로 여기겠습니다.

<조선책략>

조선의 땅은 아시아의 요충을 차지하고 있어 형세가 반드시 다투게 마련이며, 조선이 위태로우면 중국도 위급해질 것이다. 러시아가 영토를 넓히려고 한다면 반드시 조선으로부터 시작할 것이다. …… 그렇다면 오늘날 조선의 책략은 러시아를 막는 일보다 급한 것이 없을 것이다. 러시아를 막는 책략은 무엇인가? 중국과 친하고(親中國), 일본과 맺고(結日本), 미국과 이어짐 (聯美國)으로써 자강을 도모해야 한다. …… 미국을 끌어들여 우방으로 하면 도움을 얻고 화를 풀 수 있을 것이다. 이것이 바로 미국과 이어져야 하는 까닭이다. 영국의 혹독한 학정으로 말미암아 발분하여 일어났으므로 항상 아시아와 친하고 유럽과는 소원하였다. …… 조선으로서는 마땅히 만리 대양에 사절을 보내서 미국과 더불어 수호해야 할 것이다. 하물며 그들이 연달아 사신을 보내어 조선과의 연결을 유지하려는 뜻이 있음에야 당연하다.

영남만인소

수신사 김홍집이 가지고 와서 유포한 황쭌센의 사사로운 책자를 보노라면 어느새 털끝이 일어서고 쓸개가 떨리며 울음이 복받치고 눈물이 흐릅니다. …… 병인사옥 이후 조정의 척사 정책이 해이해져 …… 심지어 사신의 몸으로 '나라를 욕되게 하고 성인을 속이는' 서책을 가지고 들어와 조정과 중외에 배포시키기에 이르렀는데, …… 서양을 배워서 자강을 이룩해야 한다는 것도 선왕의 양법미규가 있는 이상 불필요합니다.

청나라는 우리가 신하로서 섬기는 바이며 해마다 옥과 비단을 보내는 수레가 요동과 계주를 이었습니다. 신의와 절도를 지키고 속방의 직분을 충실히 지킨 지 2백 년이나 되었습니다. …… 이제 무엇을 더 친할 것이 있겠습니까?

일본은 우리에게 매여 있던 나라입니다. 삼포왜란이 어제 일 같고 임진왜란의 숙원이 가시지 않았습니다. 그들은 이미 우리 땅을 잘 알고 수륙 요충 지대를 점거하고 있습니다. …… 그들이 우리의 허술함을 알고 함부로 쳐들어오면 장차 이를 어떻게 막겠습니까?

미국은 우리가 본래 모르던 나라입니다. 잘 알지 못하는데 공연히 타인의 권유로 불러들였다가 그들이 재물을 요구하고 우리의 약점을 알아차려 어려운 청을 하거나 과도한 경우를 떠맡긴다면 장차 어떻게 응할 것입니까?

러시아는 본래 우리와 혐의가 없는 나라입니다. 공연히 남의 말만 듣고 틈이 생기게 된다면 우리의 위신이 손상될 뿐만 아니라 만약 이를 구실로 침략해 온다면 장차 이를 어떻게 막을 것입니까?

조불 수호 통상 조약(1886)의 제9조 2항 : 천주교 포교 허용

조선에서 학문을 연구하거나 어문, 과학, 법학 또는 예술을 가르치기 위하여 조선에 가게 되는 프랑스인들은 우호의 표시로 언제든지 원조와 지원을 받아야 한다. 조선에서 선교사들의 교회(教誨＝전교, 포교)의 자유를 허락한다.

02 개화 정책의 추진과 반발
SECTION

① 초기 개화 정책 (1880~84)

(1) 배경

- 수신사 파견 ┬ 1차 (김기수, 1876) : 강화도조약 답례로 파견 → 일본 문물 시찰 + 〈수신사일기〉·〈일동기유〉 저술
  ├ 2차 (김홍집) ┬ 목적 : 강화도 조약과 부속 조약에 대한 개정 논의 시도
  │ (1880) ├ 역할 : 일본의 근대 문물 시찰 + 〈조선책략〉 전래, 〈수신사일기〉 저술
  │ └ 영향 : 정부의 초기 개화 정책 추진 + 미국과의 수교 움직임
  └ 3차 (박영효,1882) : 임오군란에 대한 사과 사절 → 태극기의 공식(?) 사용, 박문국 설치를 건의
- 민씨 정권의 개화파 인물 등용 but 임오군란 이후에는 온건 개화파 중용

(2) 내용 : 동도서기론

- 군란 이전 ┬ 총괄적 개혁 기구 설치 : 통리기무아문(1880)과 그 아래 12사 설치
  ├ 문물 시찰 ┬ 조사시찰단 ┬ 주도 : 박정양, 어윤중, 홍영식   cf) 유길준·윤치호 : 최초 일본 유학생
  │ │ (1881.4~8) ├ 특징 : 위정척사 운동의 전개로 인해 암행어사 형식으로 비밀리에 파견
  │ │ └ 활동 ┬ 일본 정부와 육군과 세관, 근대 산업 시설, 도서관 등을 시찰
  │ │ └ 고종에게 〈문견사건〉과 〈시찰기〉라는 보고서 제출
  │ └ 영선사 ┬ 주도 : 김윤식
  │ (1881.9~1882.11) ├ 활동 : 청의 톈진 기기국에서 근대 무기 제조법 습득 → 기기창 설치 건의
  │ └ 한계 : 기술 습득의 한계와 경비 부족으로 임오군란 때 청군과 함께 귀국
  └ 군제 개편 ┬ 내용 ┬ 구식 군대 : 5군영 → 2영(무위영, 장어영)으로 통폐합
  │ └ 신식 군대 : 별기군 창설(1881), 일본 교관을 초빙하여 신식 군사 훈련
  └ 한계 : 구식 군인의 반발로 임오군란 발생(1882)
- 군란 이후 ┬ 보빙사 파견 ┬ 주도 : 민영익, 홍영식, 서광범   cf) 유길준은 미국에 남아 유학 생활
  │ (1883) ├ 파견 계기 : 조미 수호 통상 조약 체결(1882)과 주한미국공사 파견
  │ ├ 특징 : 최초의 구미 사절단, 일부는 귀국길에 유럽과 러시아를 시찰하고 귀국
  │ └ 활동 : 우정국 설치, 육영공원 설립, 전등 도입을 건의
  ├ 근대 시설 ┬ 기기창(1883~94) : 영선사의 건의로 설치되어 근대적 무기 제조
  │ ├ 박문국 ┬ 활동 : 3차 수신사 박영효의 건의로 설치되어 한성순보 발간
  │ │ (1883~84) └ 한계 : 갑신정변으로 일시 중단, 후에 다시 설치(1885~88)
  │ ├ 전환국(1883~1904) : 화폐 발행 but 일본의 화폐정리사업으로 폐쇄
  │ └ 우정국 ┬ 활동 : 보빙사의 건의로 설치되어 우편 업무 담당
  │ (1884) └ 한계 : 갑신정변으로 업무 중단, 1895년에 업무 재개
  └ 근대 학교(?) : 동문학 ┬ 내용 : 묄렌도르프(청 고문) 건의로 설치되어 외국어 강습, 통역관 양성
  (1883) └ 변화 : 보빙사 건의로 육영공원(1886)으로 개편 cf) 최초의 근대 학교 : 원산학사

◇ **확인해 둘까요!** ◂ **초기 개화 정책의 기타 내용**

- 기구 ┬ 해관(1883~1908) : 관세 업무 담당, 산하 기관으로 부산·원산·인천에 감리서 설치
  ├ 전운서(전운국, 1883~1894) : 충청도·전라도·경상도 등 3도 연안의 세미 운송, 근대식 기선 도입
  └ 치도국 : 서울 시내의 도로 정비
- 농업 ┬ 농서 간행 : 〈농정신편〉(안종수, 1881~1885), 〈잠상촬요〉(김사철·이우규, 1884)
  └ 농무목축시험장(1884) : 최경석(보빙사 수행원) 주도 → 미국 종자·가축 수입 + 품종 개량과 낙농업 진흥

---

2 개화 정책에 대한 반발

(1) 위정척사 운동 : 보수적 유생

- 세계관 : 화이론(華夷論) → 태도 : 존화양이(尊華攘夷)
- 과정

시기	중심인물	배경	내용
1860년대	(화서) 이항로	병인양요	척화주전론(통상 반대 운동)
1870년대	(면암) 최익현	강화도 조약	왜양일체론(개항 불가론)
1880년대	(돈와) 이만손	<조선책략> 전래	영남만인소
	홍재학	초기 개화 정책 추진	만언척사소(개화 반대론)
1890년대	(의암) 유인석	을미사변, 단발령	을미의병

- 평가 ┌ 부정 : 봉건 체제 유지 시도 ex) 전제주의적 정치, 지주 중심의 경제, 양반 중심의 신분 질서, 성리학적 사상
  │   → 역사 발전에 걸림돌
  └ 긍정 : 反침략 · 反외세 운동 → 항일 의병으로 계승

(2) 임오군란 (1882.6)

- 원인 ┌ 경제 : 개항 이후 일본 상인의 대규모 쌀 반출 → 쌀값 폭등으로 도시 하층민의 생활 악화
  └ 정치 ┌ 별기군에 비해 구식 군대(무위영, 장어영)가 차별 받음 ┐→ 개화 세력   보수 세력
           └ 민씨 정권의 초기 개화 정책 추진에 대한 보수 세력의 반발 ┘ (≒ 민씨 세력) vs (≒ 흥선대원군)
- 과정 : 구식 군대가 민씨 일족과 일본 공사관을 공격 → 도시 하층민까지 구식 군대에 합류
  → 흥선대원군의 재집권 : 복고적 정책 추진 ex) 통리기무아문 폐쇄 + 별기군 폐지 → 5군영 부활
  → 민씨의 명을 받은 김윤식의 요청으로 청군(위안스카이)의 개입과 진압
  → 흥선대원군을 청으로 압송, 민씨의 정계 복귀 → 민씨 일파의 재집권
- 결과 ┌ 청 ┌ 정치 : 조선 내정에 간섭 → 고문 파견 ┬ 정치 : 마젠창, 통리군국사무아문(내아문) 담당
  │   │   └ 외교 : 묄렌도르프, 통리교섭통상사무아문 담당
  │   ├ 군사 : 청군(위안스카이)의 조선 주둔 → 조선의 군사 훈련권 장악
  │   └ 경제 : 조청 상민수륙 무역장정 ┬ 조선이 청의 속방임을 명문화 + 청의 치외법권(영사재판권) 인정
  │   (1882)   └ 청 상인의 내지 통상권 획득, 한성과 양화진 개방
  └ 일 ┌ 조약 ┬ 제물포 조약(1882) : 일본에 대한 배상금 지불, 일본군의 조선 주둔을 최초로 허용
         │   └ 조일수호조규 속약(1882) : 일본 상인의 간행이정 확대(10리 → 50리 → 100리 + 양화진 개시)
         └ 사과 사절 파견 : 3차 수신사(박영효) → 귀국 후 박문국 설치 건의, <사화기략> 저술
- 영향 ┌ 경제 : 청 · 일 상인의 상권 경쟁 심화 → 조선 시장에 대한 경제적 침탈 본격화
  └ 정치 ┬ 민씨 정권의 수구화로 정부 개화 정책의 부진 → 개화파의 분화(온건 개화파 vs 급진 개화파)
           └ 청의 영향력 강화로 조선 내의 일본 세력이 약화됨

◇확인해 둘까요! ▶   임오군란 이후 정부 개편

- 군사 ┌ 친군영(1882~88) → 청의 군제 모방, 전 · 후 · 좌 · 우 · 별영의 5영 체제(후에 4영 개편) + 청국식으로 훈련
  └ 해방아문 ┬ 경기 · 황해 · 충청도의 수군 + 강화부를 통할하기 위해 설치된 군영
    (1884~86) └ 최고 책임자인 해방총관이 강화유수를 겸직, 친군기연해방영으로 개칭(1886)
- 경제 : 혜상공국(1883) → 보부상의 활동을 지원하기 위해 정부 내의 기구

02 개화 정책의 추진과 반발

SECTION

3 개화파의 형성과 분화

(1) 개화 세력의 형성

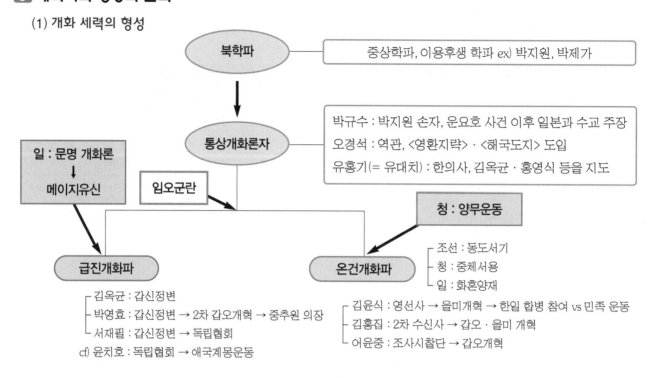

북학파 ── 중상학파, 이용후생 학파 ex) 박지원, 박제가

↓

통상개화론자 ── 박규수 : 박지원 손자, 운요호 사건 이후 일본과 수교 주장
오경석 : 역관, <영환지략> · <해국도지> 도입
유홍기(= 유대치) : 한의사, 김옥균 · 홍영식 등을 지도

일 : 문명 개화론 → 메이지유신

임오군란

청 : 양무운동
── 조선 : 동도서기
── 청 : 중체서용
── 일 : 화혼양재

급진개화파
── 김옥균 : 갑신정변
── 박영효 : 갑신정변 → 2차 갑오개혁 → 중추원 의장
── 서재필 : 갑신정변 → 독립협회
cf) 윤치호 : 독립협회 → 애국계몽운동

온건개화파
── 김윤식 : 영선사 → 을미개혁 → 한일 합병 참여 vs 민족 운동
── 김홍집 : 2차 수신사 → 갑오 · 을미 개혁
── 어윤중 : 조사시찰단 → 갑오개혁

(2) 개화파의 분화

분화	급진 개화파	온건 개화파
주도 인물	김옥균, 박영효, 서광범, 서재필	김홍집, 김윤식, 어윤중
개혁의 모델	일본의 메이지유신	청의 양무운동
청 · 일에 대한 입장	친일	친청
청의 간섭에 대한 입장	반대	인정
민씨 정권을 보는 입장	비판	결탁
개혁 방안	문명 개화 기술 도입 + 제도 · 사상의 개혁	동도서기 기술 도입 but 제도 개혁에는 소극적
추구하는 정치 체제	입헌 군주제	
대외적 명칭	개화당, 독립당	사대당, 수구당
한 계	민중의 지지 부족	

◇확인해 둘까요! ● 입헌 군주제(= 제한 군주제)

군주의 권력이 헌법과 법률에 의하여 일정한 제약을 받는 정치 체제로서 전제 군주제와 대립되는 개념이다. 시민 혁명 이전에 군주의 권한은 절대적인 것이었으나 시민 계급의 대두로 막강한 군주의 권한을 제한하려는 투쟁이 전개되었고, 그 과정에서 왕권과 의회라는 두 국가 기관이 병존 · 타협하는 형태인 입헌 군주제가 출현하였다.

4 **갑신정변** (1884)

(1) 배경
- 내부 ┌ 민씨 정권 : 청의 내정 간섭이 심화되어 개화 정책 부진
  └ 급진개화파 ┬ 김옥균 ┬ 배경 : 재정 악화로 묄렌도르프의 당오전 발행 시도 + 온건개화파의 당오전 발행 지지
  │   └ 내용 : 악화(당오전) 주조 대신 일본 차관 도입을 주장하였으나 차관 도입에 실패
  └ 서재필 : 민영익의 청 군사 고문(위안스카이) 초빙 → 일본 군사 유학을 마친 서재필의 불안정
    → 정치적 입지 약화
- 외부 ┌ 청 : 베트남에서 프랑스와의 전쟁으로 조선에서 청군 일부를 철수
  └ 일 : 급진개화파에게 재정적 · 군사적 지원을 약속

(2) 과정
- 주도 : 김옥균, 서광범, 박영효, 홍영식
- 계기 : 우정국 개국 축하연을 계기로 정변을 단행 → 민씨 정권의 고관 살해, 개화당 정부 수립
- 정책 : 14개조 개혁 정강을 국왕의 전교로 발표
- 결과 : 중전 민씨의 의사에 따라 김홍집 · 김윤식의 요청으로 청이 군대를 동원하여 정변을 진압(창덕궁)
  → 급진개화파는 죽임을 당하거나 일본으로 망명 + 일본 공사관이 불타고 직원 · 거류민 등이 살해됨

(3) 평가 : 근대화 운동의 선구
- 의의 ┌ 정치 ┬ 청과의 사대 관계 청산(청의 종주권 부인) + 순사 제도 설치(근대 경찰 제도 도입) + 군제의 일원화
  │   └ 의정부 중심의 정치 운영 + 내시부 · 규장각 폐지 → 입헌 군주제 시도
  ├ 사회 : 봉건적 신분제 타파
  └ 경제 : 재정 일원화(호조 관할) + 조세 개혁(지조법 개혁) + 특정 상인의 특권 철폐(혜상공국 폐지)
- 한계 ┌ 외부 : 청의 무력 개입, 일본에 대한 지나친 의존 but 일본의 배신
  └ 내부 : 민중의 지지 부족(위로부터의 개혁에 불과)

(4) 결과
- 청의 내정 간섭 심화 → 개화 세력의 위축으로 개화 운동의 흐름 약화
- 조약 ┌ 한성 조약(조선 vs 일본) : 일본인에 대한 조선의 배상금 지불과 일본 공사관 신축비 부담 등을 규정
  └ 톈진 조약 ┬ 내용 : 청 · 일 양국군의 동시 철병 + 청 · 일 양국의 조선 파병시 상대국에 사전 통지 의무
    (일본 vs 청) └ 영향 : 일본은 조선 파병에 대해 청과 동등한 권한 획득 → 청 · 일 전쟁의 배경이 되는 조약

꼭! 알아두기

외국군 주둔의 역사	근대 시기 외국인 고문 파견

외국군 주둔의 역사
- 임오군란 이후 : 청군의 주둔
- 제물포 조약 : 일본군의 주둔
- 거문도 사건 : 영국군의 주둔
- 러일전쟁 중 한일의정서 : 일본의 군용지 침탈
- 6 · 25 전쟁 직후 한미상호방위조약 : 미군 주둔

근대 시기 외국인 고문 파견
- 임오군란 이후 청의 고문 : 정치(마젠창), 외교(묄렌도르프)
- 아관파천 이후 러시아의 재정 고문 : 알렉세예프
- 1차 한일협약 이후 일본의 고문 ┬ 메가타(재정)
  └ 스티븐스(외교)
- cf) 한일 신협약 이후 일본의 관리 파견 : 고문이 아닌 차관

5 갑신정변 이후의 상황

(1) 대외 정세 : 거문도 사건(1885~87)

- 배경 ┌ 임오군란 · 갑신정변 이후 청의 지나친 내정 간섭
      └ 청 견제를 위한 조선의 외교 ┌ 조러 수호 통상 조약(1884) : 묄렌도르프(청의 고문)의 알선으로 체결
                                └ 조러 비밀협약 추진설 확산(1885) : 러시아의 조선 영흥만 조차 시도

- 내용 : 영국이 러시아의 남하를 막기 위해 거문도를 불법적으로 점령
      → 해밀턴 항이라 칭하며 영국 동양 함대의 전진 기지로 활용

- 결과 ┌ 청(이홍장)의 중재로 영국이 한국을 점령하지 않겠다는 러시아의 약속을 받고 군대를 거문도에서 철수
      └ 조러 육로 통상조약 체결 ┌ 정치 · 군사적 교섭 배제
              (1888)   └ 경제적 교섭 : 함경도 경흥 개항과 러시아 부영사관 설립과 조차권 인정

- 영향 ┌ 한반도 중립화론 ┌ 주도 ┌ 부들러(독일의 부영사) : 거문도 사건 이전부터 주장
      │ (조선 중립화론) │   └ 유길준 : 거문도 사건 직후 주장(1885)
      │   └ 한계 : 민씨 정권은 유길준을 급진개화파로 간주하여 주장을 배척 → 정책 실현(×)
      └ 공사관 설치 ┌ 주미 공사관(1887) : 서양에 최초 설치된 상주 공사관(초대 공사 : 박정양)
                  └ 주일 공사관(1887) : 초대 공사 민영준

(2) 경제

- 배경 : 청 · 일 상인의 침탈 경쟁 ┌ 청 : 조청 상민수륙 무역장정(1882) → 청 상인의 내지통상권 허용
      (임오군란 이후)   └ 일 ┌ 조일수호조규 속약(1882) : 일본 상인의 간행이정 확대
                                  └ 조일통상장정 ┌ 관세 부과 + 방곡령 규정(선포 근거 + 사전 통지 의무)
                                       (1883) └ 최혜국 대우 인정

- 상황 ┌ 도시 ┌ 상인 ┌ 외국 상품의 유통을 맡던 중개 상인(보부상, 객주, 여각)의 몰락
      │   │   └ 청 · 일 상인의 내륙 진출로 시전 상인의 상권 잠식
      │   └ 영세민 : 쌀 유출로 인한 쌀값 폭등 → 생활의 고통 심화
      └ 농촌 ┌ 농업 : 입도선매로 인한 농민의 몰락 → 농민의 토지 매도로 지주 · 상인의 토지 소유 집중화 확대
            └ 수공업 : 면제품 생산을 바탕으로 한 가내 수공업 몰락

- 대응 ┌ 상인 ┌ 중개 상인 : 근대적 상회사 설립 ex) 객주회, 대동상회(평안도, 외아문 관장), 장통회사(내아문 관장)
      │   └ 시전 상인 : 상권 수호 운동 ┌ 1880년대 : 외국 상점의 철거를 요구하며 격렬히 시위를 전개
      │   └ 1890년대 : 황국중앙총상회 결성(1898)
      └ 지방관 : 방곡령 선포 ┌ 지역 : 함경도(1889)와 황해도(1890) 일대를 중심으로 선포
                          └ 경과 : 조일통상장정의 규정(37조)을 빌미로 일제는 방곡령 철회와 배상금 지불 요구
                                 → 실패(방곡령 사건)

◈확인해 둘까요! ▸ **갑신정변 이후 근대 문물 수용**

- 정부 기구 : 전보국 설치(1885, 한성전보총국 설치) + 광무국 설치(1887, 광산 개발 업무)
- 의료 : 광혜원 설립(1885) → 정부의 지원으로 알렌이 주도하여 설립, 제중원으로 개칭(1885)
- 전기 : 전등 설치(1887) → 보빙사 민영익의 건의로 경복궁에 최초로 설치
- 교육 : 육영공원 설립(1886, 근대 학문 교육) + 연무공원 설치(1888, 미국인 교관을 초빙하여 서양식 군사 훈련)
- 신문 : 한성주보 발행(1886~88) → 박문국을 다시 설치하여 발행, 국한문 혼용체 사용, 최초의 상업 광고 게재

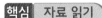

통상 개화파

• 박규수 : 선생이 평안 감사로 있던 병인년 미국 선박의 조난 이후 미국 사절이 여러 차례 통상을 간청하여 온 나라가 이 때문에 떠들썩하였고 모두 척화를 귀하게 여겼다. 그러나 선생은 대제학이면서도 자신의 견해를 주장하지 못하였으며, 문서를 왕복함에 있어서 …… 국가의 체면을 잃지 않도록 하는 데 그쳤다. 폐문각호(閉門却好 : 문호를 닫고 수호 요구를 물리침)는 선생의 뜻이 아니라 부득이한 것이었다.

• 오경석 : 오경석은 역관으로 중국 파견 사절의 통역으로서 자주 중국을 왕래하며 가져온 새 서적을 유홍기에게 주어 연구를 권하였다. 그 뒤 두 사람은 동지로 결합하여 나라의 형세가 바람 앞의 등불처럼 위태하다고 크게 탄식하고, …… 어느 날 유대치(= 유홍기)가 오경석에게 "우리나라의 개혁은 어떻게 하면 성취할 수 있겠는가?"하고 묻자, 오경석이 답하여 말하기를, "먼저 동지를 북촌의 양반 자제 가운데서 구하여 혁신의 기운을 일으켜야 한다."고 하였다. 〈김옥균전〉

• 유홍기 : 오경석이 조정의 신하를 유도하여 외교를 할 때, 벼슬이 없는 사람으로 〈해국도지〉, 〈영환지략〉 등으로써 세계의 사정을 살피면서, 귀족 중에 뛰어난 자를 규합하여 방략을 가르치고 뜻과 기개를 고무하여 준 이가 있으니, 당시 백의 정승의 이름을 얻은 유대치(= 유홍기)가 그다. 박영효, 김옥균, 홍영식, 서광범과 귀족 아닌 이로 백춘배, 정병하 등은 유대치 문하의 뛰어난 자로 …… 박영효, 김옥균 등이 여러 해 이래 일본 교섭에 선두에 선 것은 실상 대치의 지시와 계획 중에서 나온 것이요, 세상이 개화당으로 지목하는 이는 유대치의 문인임을 이름하였다. 〈고사통〉

개화 정책의 추진

(1882년 8월 5일 고종이 교서를 내렸다.) 저들의 종교는 사악하다. 음탕한 소리나 치장한 여자를 멀리하듯이 해야 한다. 하지만 저들의 기술은 이롭다. 잘 이용하여 백성들을 잘 살게 할 수 있다면 농업, 양잠, 의약, 병기, 배, 수레에 대한 기술을 꺼릴 이유가 없다. 종교는 배척하되 기술을 본받는 것은 함께 할 수 있다. 결코 충돌하는 것이 아니다. 지금 강약의 형세가 이미 큰 격차로 벌어졌다. 저들의 기술을 본받지 않는다면 어떻게 저들에게 모욕을 받지 않고 저들이 엿보는 것을 막을 수 있겠는가.

수신사 파견

저번에 사절선이 온 것은 오로지 수호(修好)때문이니 우리가 선린하는 뜻에서도 이번에는 사신을 전위(專委)하여 수신(修信)해야겠습니다. 사신의 호칭은 수신사라 하고 김기수를 특별히 차출하고 따라가는 인원은 일을 아는 자로 적당히 가려서 보내십시오. 이는 수호 조약을 체결한 뒤에 처음 있는 일이니, 이번에는 특별히 당상관을 시켜 서계를 가지고 들어가게 하고, 이 뒤로는 서계를 옛날처럼 동래부에 내려 보내어 에도로 옮겨 보내는 것이 어떠하겠습니까.

조사시찰단

• 고종의 파견 지시 : 동래부 암행어사 이헌영은 뜯어보아라. 일인(日人)의 조정 의견, 국세 형편, 풍속 인물, 교빙 통상 등의 대략을 다시 한 번 염탐하는 것이 좋겠다. 그러니 반드시 이 점을 염두에 두고 일본 배를 빌려 타고 그 나라로 건너가 해관(海關)이 관장하는 사무를 비롯한 그 밖의 크고 작은 일들을 보고 듣되, 이에 필요한 날짜의 길고 짧음에 구애받지 말고 날날이 탐지하여 뒤에 이를 별도의 문서로 조용하게 보고하라.

• 어윤중의 보고 : 오늘날 각국이 약육강식의 시대를 이루어 춘추 전국을 소전국(小戰國)이라고 하면, 오늘날은 대전국(大戰國)에 비길 수 있는 시대입니다. 조선의 과제는 하루속히 부강지도(富强之道)를 얻어 행하여 자강(自强)을 실현하는 것입니다. 부강지도가 근대적 개혁이며, 이 방법에 의하여 부강을 이루지 못하면 이웃 나라의 수모를 받을 위험이 매우 큽니다.

• 홍영식의 보고 : 일본의 제도가 굉장하기는 하나 다 쌓여서 이루어진 것입니다. 재정으로 말하자면 시작하는 일이 번다하여 늘 모자람을 걱정하여 군정(軍政)으로 말하자면 강하지 않은 것은 아니나, 밤낮으로 부지런히 한마음으로 힘을 합한 데에서 이루어진 것이니, 한 일로 나타난 것을 보면 참으로 어려운 일이 아닙니다.

• 박정양의 보고 : 일본은 겉모습을 보면 자못 부강한 듯 하나 그 속을 자세히 살피면 실은 그렇지 않은 바가 있습니다. 서양과 통교한 이후로 교묘한 것을 좇을 줄만 알고 재정이 고갈되는 것은 생각지 않았으므로 기계를 설치할 때마다 각국에 진 부채의 액수가 심히 많습니다. 그 사이에 서양인에게 제재를 받아 감히 기운을 펼치지 못하고 한결같이 그 제도를 좇아 위로는 정법(政法)과 풍속에서 아래로는 의복에 이르기까지 절차가 변하지 않은 것이 없습니다.

02 개화 정책의 추진과 반발

SECTION

핵심 자료 읽기

영선사

- 김윤식의 보고 : 의주에 급히 도착하여 공도(工徒)들을 더 뽑아 10명의 수를 다 채우고 지금 행장을 정돈하여 압록강을 건너려고 합니다. …… 공도들을 널리 선발해서 멀리 톈진에 보내되 자금과 식량이 드는 것을 아까워하지 않고 무기를 만드는 방법을 얻고자 하니, …… 그러나 변고는 끝이 없고 비용은 계속 대기가 어렵습니다. 무익한 비용을 줄여 유익한 비용으로 모두 돌리고 급하지 않은 비용을 떼어서 당장 급한 일에만 쓴다면 일은 잘될 것입니다.
- 영선사 김윤식, 종사관 윤태준, 관변(官弁) 백낙윤을 소견(召見)하였다. 떠나면서 하직 인사를 하러 왔기 때문이다. 영선사가 인솔한 학도가 69명인데, 톈진에 도착하여 병장기를 만드는 두 개의 국(局)에 나누어 배속되어 앞서 토의·확정한 규정에 의거하여 기술을 배워 빨리 깨우칠 것을 기약하였다.

보빙사

대조선국 대군주는 대미국 백니쇠텬덕[President]께 글월을 올리옵니다. 이 사이 두 나라가 조약을 바꾸고 화의가 도타움에 전권 대신 민영익과 부대신 홍영식을 귀국에 파견하여 예물과 함께 예를 갖추오니 …… 바라노니 정성을 미루어 서로 믿어서 더욱 화목케 하며 한 가지 태평을 누리게 하시옵소서. ……

홍재학의 만언척사소 : <조선책략>과 초기 개화 정책 추진에 대한 반발

지난 경상도 유생들의 상소에 대한 전하의 답변과 요즘 전하의 명령에는 더욱 심한 것이 있으므로 조목조목 전달하겠습니다. 전하께서 친히 정사를 펴신 이후 일본과 통상을 해온 결과 국가의 사태가 위급하기 이를 데 없습니다. 양물(洋物)과 사교(邪敎)의 위세로 공자와 맹자의 가르침이 날로 사라져 종묘사직이 무너질 위기에 있으니, 전하께서는 주화매국(主和賣國)하려는 신하들을 처단해야 합니다. …… 이 나라가 옛날의 우호 관계에서 '황제'라는 거짓 칭호로 우리에게 무례한 짓을 하였습니까? 수천 호의 집을 동래에 살게 하였습니까? 원산과 같은 요충지를 주었습니까? …… 새로 만든 관청을 폐쇄하여 옛 제도를 복구하고 정학(正學)을 장려하여 사악함을 막는다면 왜와 서양을 막을 수 있으며 러시아도 제압할 수 있을 것입니다.

임오군란의 배경

신의 우매한 생각으로는 특별히 영을 내려 5군영의 군제를 과거대로 회복하도록 하는 것이 합당한 일인 듯합니다. …… 우리 군졸 중에서 건장한 자들로 하여금 그 기예를 배우게 하여 '왜별기(倭別技)'라고 하고 있으니, 그 이름만으로도 이미 듣기에 놀랍습니다. 게다가 무가(武家)의 자제에까지 이르고 또 돌아서 젊은 유생에까지 이르러, 그들로 하여금 웃옷을 벗고 설치는 비천한 자들의 대열에 나란히 서게 하고 노린내 나는 무리에게 고개를 숙이게 하고 있습니다.

임오군란의 과정

- 6월 9일 경영군에 큰 소란이 벌어졌다. 경비가 불법으로 지출되고 호조와 선혜청의 창고도 고갈되어 한성의 관리들은 봉급이 지급되지 않았으며, 5군영의 병사들도 종종 결식을 하여 급기야 5영을 2영으로 줄이고 노병과 약졸들을 쫓아냈는데, …… 군량이 지급되지 않은 지 반년이 지난 상황에서 호남세선 몇 척이 도착하여, 한성 창고를 열어 군량을 먼저 지급하라는 명이 떨어졌다. 이때 선혜청 당상관 민겸호의 하인이 …… 쌀을 벼껍질과 바꾸어 이익을 챙기자 많은 백성들이 노하여 하인을 때려눕혔다. 민겸호는 주동자를 잡아 포도청에 가두고 곧 죽여 버리겠다고 선언하였다. 수많은 군중들은 분함을 참지 못하고 …… 곧 민겸호 집으로 쳐들어가 집을 부수고 평지로 만들었다. …… 6월 10일 난병들이 대궐을 침범하였다. 왕비는 밖으로 도망치고 이최응, 선혜청 제조 민겸호, 지중추부사 김보현이 난군(亂君)에 의하여 살해되었다. <매천야록>
- 어영청에서, "방금 신영(新營)의 당직 관리와 동별영의 당직 관리가 보고한 것을 보니, '반란을 일으킨 군졸들이 군영에 들이닥쳐 각종 창고를 부수고 군용 검과 비웃을 탈취한 후 이어 군기고를 부수고 조총과 군용 검을 또한 탈취해 갔습니다.'라고 하였습니다. 신도 황송한 마음으로 대죄(待罪)합니다."라고 아뢰었다.
- 임금께서 급히 대원군을 불러들여 군국 사무를 처리하라는 명을 내리자, 대원군은 궐내에 거처하며 통리기무아문과 무위·장어 2영을 폐지하고 5영 군제를 복구하였다. 군인의 급료를 지급하게 하고 난병을 물러가게 하였다.

임오군란 진압

- 청나라에 있던 김윤식과 어윤중이 난의 진압을 요청하자 청의 제독 정여창과 오장경 등이 4,500여 명의 군사를 이끌고 들어와 서울 요소요소에 군사를 배치하였다. …… 이때 별안간 마건충 등은 호통을 치면서 대원군을 포박하여 교자(轎子) 안으로 밀어 넣어 그 교자를 들고 후문으로 나가 마산포로 가서 배를 타고 훌쩍 떠나버렸다.
- 의정부에서 아뢰기를 "방금 북양아문에서 보내온 글을 보니, 군사를 거느리고 조선으로 배를 몰고 온 것은 사건 관계자들을 징벌하기 위한 것이라 합니다. 마땅히 사례를 표하는 회답 문서가 있어야 하겠습니다."라고 하였다.

제물포 조약

제1조 오늘로부터 20일을 기한으로 하여 조선국은 흉도들을 잡아 그 수괴를 엄격히 신문하여 중하게 징벌한다. 일본국은 관리를 파견하여 함께 조사하고 처리한다.

제2조 일본국 피해자에게 후한 예로 장사를 지낸다.

제3조 조선국은 5만 원을 내어 해를 당한 일본 관리들의 유족 및 부상자에게 주도록 한다.

제4조 흉도의 폭거로 일본국이 받은 피해 금액 및 공사를 호위하는 육해군 경비 중에서 50만 원은 조선국이 채워준다.

제5조 일본 공사관에 군인 약간을 두어 경비한다. 그 비용은 조선국이 부담한다.

제6조 조선국은 대관을 특파하여 일본국에게 사죄한다.

3차 수신사 파견

- 신(박영효)이 삼가 생각건대, 이번 행역(行役)은 지난 6월의 군변으로 인하여 일본이 군대를 동원하여 속약(續約)을 개정한 후에 한편으로는 비준 문서를 교환하기 위함이요, 한편으로는 수신(修信)을 하기 위하여 가는 것입니다.
- 양력 7월 23일에 귀국 관리공사 하나부사 요시모토와 본국 전권대신 이유원이 인천부에서 정한 약관 중 제3관에 따라 살해를 당한 귀국 관리나 상처를 입은 사람에 대해 체휼은 5만 원을 이에 귀국의 은화 5만 원으로 보내드린다.

동도서기론

- 동양 사람들이 형이상(形而上)에 밝아 도(道)가 천하에 우뚝하고, 서양 사람들은 형이하(形而下)에 밝기 때문에 기(器)로 천하에 대적할 자가 없다. 동양의 도로써 서양의 기를 잘 행한다면 5대주는 평정할 것도 못된다. 그런데 동양 사람은 서양의 기를 잘 행하지 못할 뿐만 아니라 동양의 도마저 이름만 있고 내용이 없어 쓰러질 형편이다. 이 때문에 날로 서양으로부터 모욕을 당하면서도 방어하지 못한다. 우리의 도를 잘 시행한다면 서양의 기를 행하는 것은 매우 쉬울 것이다. 〈농정신편〉
- 동서고금을 막론하고 바뀔 수 없는 것은 도(道)이고, 자주 변화하여 고정될 수 없는 것은 기(器)이다. 무엇을 도라 하는가? 삼강, 오상(五常)과 효제충신을 도라 한다. 요순, 주공의 도는 해와 별처럼 빛나서 비록 오랑캐 지방에 가더라도 버릴 수 없다. 무엇을 기라 하는가? 예악(禮樂), 형정(刑政), 복식(服飾), 기용(器用)을 기라 한다. …… 진실로 때에 맞고 백성에 이롭다면 비록 오랑캐 법일지라도 행할 수 있다.
- 우리 조정은 정학(正學)을 숭상하고 이단을 물리쳐서 만백성을 바르게 이끌어 오늘에 이르렀습니다. …… 비록 황준헌의 책자로 말하더라도 그 글이 바른가 바르지 못한가 그 말이 좋은가 나쁜가에 대해 신은 모르지만 …… 군주께 고하고 싶은 것은, 가장 급히 실시해야 될 일은 내수(內修)를 하되 자강의 방도를 취하여 적의 침입을 물리칠 수 있고, 침략을 받게 될 근심을 없애는 데 있습니다. 서양 기계의 기술과 농업·임업의 서적들은 나라와 백성에 이익이 될 수 있는 것으로서, 택하여 시행해야 할 것입니다. 그 사람으로 말미암아 그 양법(良法)을 배척할 필요는 전혀 없는 것입니다. 〈곽기락의 상소〉
- 아! 서법(西法)이 나오게 되자 그 기계의 정밀함과 부국의 방법에 있어서는 비록 주(周)를 일으킨 여상(呂尙)이나 촉(蜀)을 다스린 제갈량이라 할지라도 그 사이에 간여하여 논의할 수 없게 되었습니다. 군신, 부자, 부부, 장유, 붕우의 윤리는 하늘로부터 얻어 본성에 부여된 것인데, 천지에 통하고 만고에 뻗치도록 변하지 않는 이치로 위에서 도(道)가 됩니다. 수레, 배, 군사, 농업, 기계는 백성에게 편하고 나라에 이로운 것으로 밖에 드러나 기(器)가 되는 것이니, 제가 변화시키고자 하는 것은 기이지 도가 아닙니다.
- 서양과 수교를 하면 장차 사교(邪敎, 기독교)에 전염된다고 말하니, 이것은 진실로 사문(斯文, 유교)을 위하고 세상의 교화를 위해 깊이 생각한 것이다. 그러나 수호(修好)는 수호대로 행하고 금교(禁敎)는 금교대로 할 수 있다.

02 SECTION

개화 정책의 추진과 반발

문명개화론 : 후쿠자와 유키치

외국의 문명을 취해서 미개한 나라에 퍼뜨릴 때는 모름지기 적절히 취사선택해야 한다. 그러나 문명에는 밖에서 드러나는 사물과 그 안에 담겨 있는 정신의 구별이 있는데, 밖으로 드러나는 문명은 취하기 쉽고 그 안에 담겨 있는 문명은 찾아내기 어렵다. 나라의 문명화를 꾀함에 있어서는 어려운 쪽을 먼저 하고 쉬운 쪽을 나중에 해야 한다. 〈문명론의 개략〉

급진개화파의 인식

- 김옥균 : 신의 뜻은 금일 우리나라의 이른바 양반을 제거하는 데 있나이다. 우리나라 국운이 융성할 때에는 일체의 기계 물산이 동양 2국(중국과 일본)보다 으뜸이었는데 이제 그 흔적도 없음은 양반의 선횡때문입니다. …… 세계는 상업을 주로 하여 산업의 크고 많음을 자랑하고 경쟁하는 때이거늘, 아직도 양반을 제거하여 그 뿌리를 뽑지 않는다면 국가의 패망을 기어코 앉아서 기다리는 꼴이 될 뿐입니다. 전하께서 하루빨리 수구 완고한 대신들을 축출하시고, 문벌을 폐하고 인재를 골라 중앙집권의 기초를 확립하여 백성들의 신용을 얻으시고, 널리 학교를 설립하여 인민의 지식을 깨우치게 하시옵소서. 외국의 종교를 유입하여 교화를 돕는 것도 하나의 방편이 될 것입니다. …… 일본은 법을 변경한 후로 모든 것을 바꾸었다고 합니다. …… 밖으로 구미 각국과 신의로써 친교하며, 안으로는 정략을 개혁하여 우매한 백성들을 문명의 도로써 교육하며, 상업을 발달시켜 재정을 정리해야 합니다
- 박영효 : 종교는 국민들이 자유롭게 믿게 하고 정부에서 간섭해서는 안 됩니다. …… 만약 군주의 전제권을 견고히 하려면 국민을 어리석게 해야 합니다. …… 그러나 국민이 어리석고 약해지면 나라도 이에 따라 약해지는 것입니다. 천하의 모든 나라가 어리석고 약해진 후에 나라를 보존하고 지위를 평안케 한다는 것은 거짓말입니다. 진실로 나라를 부강하게 하여 서양과 맞서려면 군권을 줄여 국민들에게 자유를 누리게 하고, 보국의 책임을 다하게 해야 합니다. 문명이 발달하고 국민이 평안해지면 나라가 무사할 것입니다.

갑신정변의 배경

- 나(김옥균)는 자금 없이는 아무것도 할 수 없고, 지금 빈손으로 귀국하면 집권 사대당은 나를 비판하며 궁지에 몰아넣을 것임을 알고 있다. 우리 개화당은 심한 타격을 받을 것이며, 우리의 개혁안도 없어질 것이며, 조선은 청국의 영구적 속국이 될 수밖에 별 도리가 없다. 우리 당과 사대당은 공존할 수 없기 때문에 최후의 선택을 할지도 모르겠다.
- 주상 폐하께 아룁니다. 신이 조그마한 충정을 펴서 성덕을 어지럽히고자 한 지 오래되었습니다. 지난 사건은 세상에서 너무 급격하다 논하는 자가 있으나 폐하는 그윽이 성찰하소서. 우리나라에서 민씨 성을 가진 자로서 능히 폐하의 성의에 답하여 백성의 생활을 윤택하게 할 만한 정치를 실시하고 국가를 부강하게 할 만한 자가 몇이나 되겠습니까.

갑신정변의 과정

이들은 모두 사대부의 후예로서 가세(家勢)에 의지하여 일찍 벼슬길에 올라 일본을 유람하고 스스로 천하를 편력했다고 여기고, 마침내 나라를 팔아먹으려는 행태로써 한밤중에 적도를 불러들여 승여(乘輿)*를 위협해 옮기도록 한 뒤 며칠 동안 흉악을 부렸습니다. 저희들끼리 관작을 제수하니 권력의 칼자루는 도리어 그들의 손아귀에 있었으며, 종묘사직이 거의 위기일발의 상태였습니다. 청나라의 구원병이 들어온 후 결국에는 바다를 건너 도피하였습니다.   * 승여 : 임금이 타는 수레

갑신정변에 대한 평가

- 첫째로 국왕을 위험하여 정권을 탈취하니 이것은 순리에 어긋나는 것이요, 둘째로 일본과 같은 외국 세력에 의존하였으니 정권을 오래 유지 못할 것이요, 셋째로 민심이 불복하니 미구에 다시 변이 일어날 것이요, 넷째로 청나라 군대가 가만히 있지 않을 것이며, 그들이 움직이면 일본군이 대적할 수 없을 것이요, 다섯째로 비록 정변이 성공한다 하더라도 개화당을 지지하는 사람이 많아 그들 지지자들로 조정을 다 채울 수 있으면 모르되 그렇지 못하니 성공하지 못할 것이다.
- 성급하게 일을 추진하고 행동이 잔혹하여 위로는 임금의 신임을 얻지 못하고 중간으로는 관료의 지지를 받지 못하고 아래로는 민심을 잃어 사방에서 적이 생기고 말았으니 어찌 성공을 바랄 수 있었겠는가?

- 조선의 최고 수재들이 일본인에게 이용당해서 큰 잘못을 저질렀는지 참으로 애석하다고 했다. 어찌 일본인이 조선의 운명과 그들의 성공을 위해 노력을 다했겠는가? 우리가 국가 발전의 기미를 보였다면 일본인들은 방해할 것이 자명한데 어찌 그들을 원조했겠는가? 당시 일본은 청국의 위세를 꺾으려고 계략을 세우고 있었는데, 우리 청년 수재들은 일본의 신풍조에 현혹되어 일본인의 힘을 빌려 청국으로부터 벗어나려고만 했으니 일본이 이를 이용하여 청으로부터의 독립을 권하고 원조까지 약속했지만, 사실 조선과 청의 악감정을 도발하여 그 속에서 이익을 얻으려는 속셈이었다. 〈한국통사〉
- 러시아 외무성 국장 카프니스트에게 베이징 주재 공사 보르가 보내는 글 : 요즘 상하이에 거주하는 유럽인들이 조선인 망명자 살해 사건으로 들썩이고 있습니다. 그는 일본의 협력을 기반으로 새 질서를 마련하기 위해 청프 전쟁이 벌어진 틈을 타서 뜻을 펼치기 시작하였습니다. 이에 기존의 대신들을 몰아내고, 스스로 참판에 오르는 등 새 관료 조직을 구성하였습니다. 그러나 일본에 대한 증오심으로 조선 민중은 일본인들의 협력을 전제로 한 그의 개혁에 적대감을 갖게 되었습니다.

갑신정변 당시의 14개조 개혁 정강

1. 청에 잡혀 간 흥선대원군을 곧 돌아오게 하며, 종래 청에 대하여 행하던 조공의 허례를 폐지한다.
    → 청의 간섭 배제 = 청의 종주권 부인
2. 문벌을 폐지하여 인민 평등의 권리를 세워 능력에 따라 관리를 임명한다. → 신분제 폐지
3. 지조법을 개혁하여 관리의 부정을 막고 백성을 보호하며, 국가 재정을 넉넉하게 한다. → 조세 개혁
4. 내시부를 폐지하고 그 중에 재능있는 자만을 등용한다. → 국왕 권한의 축소
5. 전후 간사한 관리와 탐관오리 가운데 현저한 자를 처벌한다. → 관리의 부정 방지
6. 각 도의 환상미를 영구히 받지 않는다.
7. 규장각을 폐지한다. → 세도 정치의 기반으로 변질된 규장각 폐지
8. 급히 순사를 두어 도둑을 방지한다. → 근대 경찰 제도의 도입
9. 혜상공국을 혁파한다. → 전근대적인 특정 상인(= 보부상)의 특권 폐지
10. 귀양살이를 하고 있는 자와 옥에 갇혀 있는 자는 그 정상을 참작하여 적당히 형을 감한다.
11. 4영을 합하여 1영으로 하되, 영 중에서 장정을 선발하여 근위대를 급히 설치한다. → 군제의 일원화
12. 모든 재정은 호조에서 통합한다. → 재정의 일원화
13. 대신과 참찬은 의정부에 모여 정령을 의결하고 반포한다. → 내각 중심의 정치 운영 = 입헌 군주제 시도
14. 의정부, 6조 외에 불필요한 관청을 폐지하고 대신과 참찬으로 하여금 이것을 심의·처리하도록 한다.
    → 내각 중심의 정치 운영 = 입헌 군주제 시도

한성 조약 (1885)

제1조 조선국은 국서를 일본에 보내 사의(謝意)를 표명한다.
제2조 일본국 인민의 유족 및 부상자를 흄급하고 상민(商民)의 화물이 훼손·약탈된 것을 보전하여 조선국에서 10만원을 지불한다.
제3조 이소바야시 대위를 살해한 흉도를 사문 나포하여 엄벌에 처한다.
제4조 일본 공관을 신기지로 이축함을 요하는 바, 조선국은 마땅히 기지 방옥(房屋)을 교부하여 공관 및 영사관으로 사용하도록 할 것이며, 그 수축 증건을 위해서 조선국이 다시 2만 원을 지불하여 공사비에 충용하도록 한다.

톈진 조약 (1885)

제1조 청국은 조선에 주둔한 군대를 철수한다. 일본국은 공사관 호위를 위해 조선에 주재한 병력을 철수한다.
제2조 양국은 함께 조선 국왕에게 권하여 병사를 교련하여 치안을 유지할 수 있게 한다. 제3국 무관 1명에서 수명을 선발 고용하여 군사 교련을 위임한다. 이후 청·일 양국은 사람을 파견하여 조선에 주재하면서 교련하는 일이 없도록 한다.
제3조 앞으로 만약 조선에 변란이나 중대 사건이 일어나 청·일 두 나라나 어떤 한 국가가 파병을 하려고 할 때에는 마땅히 그에 앞서 쌍방이 문서로서 알려야 한다. 그 사건이 진정된 뒤에는 즉시 병력을 전부 철수시키며 잔류시키지 못한다.
제4조 청은 위안스카이를 통리외교통상사의라는 이름으로 서울에 머물게 한다.

02 SECTION 개화 정책의 추진과 반발

핵심 자료 읽기

거문도 사건 (1885)

- 북양 대신 이홍장이 거문도 사건과 관련하여 보내온 편지에, …… 요즘 영국과 러시아가 아프가니스탄 경계 문제를 가지고 분쟁을 일으키고 있습니다. 러시아가 군함을 블라디보스토크에 집결시키므로 영국 사람들은 그들이 남하하여 홍콩을 침략할까봐 거문도에 군사와 군함을 주둔시키고 그들이 오는 길을 막고 있습니다. 이 섬은 조선의 영토에 속한 것으로서 …… 잠시 빌려서 군함을 정박하였다가 예정된 날짜에 나간다면 혹시 참작해서 융통해 줄 수도 있겠지만 만일 오랫동안 빌리고 돌아가지 않으면서 사거나 조차지로 만들려고 한다면 단연코 경솔히 허락해서는 안됩니다.

- 중국으로부터 사실을 통보받은 조선 정부는 충격에 빠졌다. 조선 정부는 유사당상 엄세영을 수석으로 하는 교섭 사절단을 파견하여 철군을 요청하기로 하였다. 당시 영국군은 주민들에게 의료 혜택을 베풀어 주기도 하고 식료품이나 헌 옷가지를 나누어주기도 하였다. 이들은 2년 동안의 요새화 작업에 주민들을 일당제로 동원하였지만 결국 경비 문제로 중단하였다. 이 사건은 국내·외적인 이슈였으나 정작 이곳 주민들에게는 새로운 세계를 경험하는 기회였다.

- 김옥균의 주장 : 조선을 위하여 생각하건대 청국은 본디 기대할 만한 나라가 아닙니다. 일본 역시 그렇습니다. 이 두 나라는 각각 자기 나라를 유지하기에도 힘이 벅찬 것입니다. 또 무슨 남은 힘이 있어 다른 나라를 도울 수 있겠습니까? …… 과연 그렇다면 어찌하여야 하겠습니까? 이는 오직 밖으로 널리 구미 각국과 신의로써 친교하며 안으로는 정략을 개혁하여 우매한 백성들을 문명의 도로써 교육하며 상업을 흥륭시켜 재정을 정리하는 데 있습니다. 또 군대를 기르는 일은 그다지 어려운 일이 아닙니다. 이와 같이 할 수만 있다면 영국은 마침내 거문도에서 철수하게 될 것입니다. …… 우리나라는 양반 제도를 없애지 않으면 안 됩니다. …… 이는 다름이 아니라 양반의 발호 전횡 때문입니다.

한반도 중립화론 제기

- 부들러 : 서양에 2, 3개의 소국이 있는데 대국들이 상호 보호함으로써 그 소국이 받는 이익은 실로 크다. …… 서양에서 실시하는 법에 따라 청, 러시아, 일본 3국이 서로 입약하여 영원히 조선을 보호하는 것이다.

- 유길준 : 혹자는 말하기를 '미국은 우리나라와 우의가 두터우니 의지하여 도움을 받을 만하다'고 하지만 그렇지 않다. 미국은 멀리 대양(大洋) 건너편에 있으며 우리나라와 별로 깊은 관계가 없다. 우리나라가 아시아의 인후(咽喉)에 처해 있는 지리적 위치는 유럽의 벨기에와 같고, 중국에 조공하던 처지는 터키에 조공하던 불가리아와 같다. 그런데 불가리아가 중립 조약을 체결한 것은 유럽 여러 대국들이 러시아를 막으려는 계책에서 나온 것이었고, 벨기에가 중립 조약을 체결한 것은 유럽의 여러 대국들이 자국을 보전하려는 계책에서 나온 것이었다. 대저 우리나라가 아시아의 중립국이 된다면 러시아를 방어하는 큰 기틀이 될 것이고, 또한 아시아의 여러 대국들이 서로 보전하는 정략도 될 것이다. 오직 중립만이 우리를 지키는 방책인데, …… 이것은 비단 우리만 위한 것이 아니라 중국이며 다른 여러 나라가 서로 보전하는 계책도 될테니 무엇이 괴로워서 하지 않겠는가?

- 유길준의 개화에 대한 인식 : 무릇 개화란 인간의 온갖 만물이 가장 아름다운 경지에 이르는 것을 일컫는데 개화에는 인륜 개화, 학술 개화, 정치 개화, 법률 개화, 기계 개화, 물품 개화가 있다. 인륜 개화는 천하만국을 통하여 그 동일한 규모가 천만 년이 지나도 장구함이 변하지 않거니와, 정치 이하의 여러 개화는 시대에 따라서 변개하기도 하고 지방에 따라 다르기도 하다. 그런고로 옛날에는 맞았지만 지금은 맞지 않으며, 저쪽에는 좋지만 이쪽에는 좋지 않은 것도 있어, 곧 고금의 형세를 살피고 피차 사정을 비교하여 장점을 취하고 단점을 버리는 것이 개화의 대도(大道)다. 〈서유견문〉

청의 내정 간섭을 막기 위한 외교적 노력

- 앞서 국왕께서 민영익 등의 건의에 따라 민영준을 주일본 관리 대신, 박정양을 주미국 특명 전권 대신, 심상학을 주 영국·독일·러시아·이탈리아·프랑스 특명 전권 대신에 임명하였다. 그러나 청국의 위안스카이는 이를 양국이 체결한 조약에 어긋나는 것이라 하고 북양 대신에게 전품하여 저지시킬 것을 청하고, 지난 8월 7일에는 영의정 심순택에게 조회하여 외국에 공사를 파견하는 것을 사전에 보고하여 상의하지 않았음을 힐난하였다. 왕께서 급히 박정양에게 명하여 즉시 성을 나가 부임케 하였다.

- 김용원 등이 제멋대로 조약 체결을 협의하고 있다고 합니다. 그 내용은 정변으로 인해 발생한 일본에 대한 배상금을 러시아가 조정하여 없애줄 것을 요청한 것이 하나요, 무릇 조선을 업신여기는 외세를 견제하기 위해 러시아의 보호를 요청하는 것이 하나요, 러시아의 함대가 조선 해안의 3면을 순찰하여 보호를 요청한 것이 하나요, 이미 양국 사이에 맺은 조약에

따라 해안 통상이 이루어지고 있음에도 육로 통상을 요청한 것이 하나입니다. 러시아 관리는 이러한 조약의 내용을 황제에게 보고하였는데, 황제가 전보하여 "조약 비준을 위한 사신은 마땅히 양력 4월에 파견할 것이며, 육로 통상은 전권 대신이 협의해야 한다."는 칙령을 내렸다고 합니다.

갑신정변 이후의 상황

- 위안스카이(원세개)가 (조선에 온 뒤) 차츰차츰 조선 왕실과 정부에 손을 뻗치기 시작하더니 끝내 간섭하지 않는 것이 없었다. 마침내 위안스카이의 간섭이 동전에 들어간 국호까지 이르렀다. '청나라는 큰 나라이고 조선은 작은 나라이다. 대(大)조선이라는 칭호는 작은 나라로서 격에 맞지 않는다'고 하여 대(大)자를 쓰지 못하게 하였다.
- 전에는 …… 개화당을 꾸짖는 자도 많이 있었으나, 개화가 이롭다는 것을 말하면 듣는 사람들도 감히 반대하지는 않았다. 그런데 정변을 겪은 뒤부터 조정과 민간에서 모두 "이른바 개화당이라고 하는 자들은 충의를 모르고 외국과 연결하여 나라를 팔고 겨레를 배반하였다."라고 말하고 있다. 개화에 주목한 사람 가운데 어찌 마음 속에 이와 같은 뜻을 품은 사람이 있겠는가.
- 양국은 함께 조선 국왕에게 권고하여 병사를 교련함으로써 치안을 스스로 보호함에 만족하도록 하고, 또한 조선 국왕에 의해 제3국의 무관 1명 혹은 수 명을 고용하여 군사 교련을 위임할 것이며, 앞으로 청 · 일 양국은 파원(派員)하여 조선에 주재하여 교련하는 일이 없게 한다.

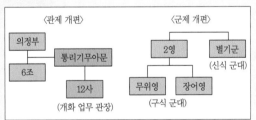

초기 개화 정책

별기군

한성순보

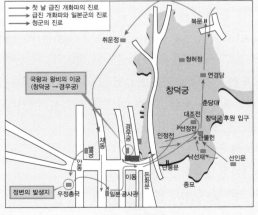

갑신정변 진행도

한반도를 둘러싼 열강의 경쟁

03 SECTION 근대 국가 수립 운동

1 동학농민운동 (1894)

(1) 배경

- 농민의 동요 ┬ 지배층의 수탈 심화 ┬ 배경 ┬ 민씨 정권의 부정부패 ─────────┐
  │   │   ├ 군란과 정변으로 일본에 배상금 지불 ─→ 국가 재정 악화
  │   │   └ 근대 문물 수용을 위한 비용 지출 ──────┘
  │   └ 결과 : 지방 수령과 아전의 수탈 심화
  └ 일본의 경제 침투 ┬ 미곡 수탈 ┬ 내용 : 일본 상인이 입도선매와 고리대로 조선 곡물을 확보 · 수출
                    │   ├ 결과 ┬ 곡물 유출로 가격 폭등 → 식량 사정 악화
                    │   │   └ 입도신매로 쌀을 매각한 농민의 몰락
                    │   └ 대응 : 지방관의 방곡령 선포 but 조일통상장정 규정으로 실패
                    └ 가내 수공업 몰락 : 영국산 · 일본산 면직물 수입

- 동학 ┬ 교세 확장 ┬ 주도 : 최제우(창시, 혹세무민을 이유로 처형됨) → 최시형(적극적인 포교 활동)
  │   ├ 교리 : 시천주(侍天主), 인내천(人乃天) → 후천 개벽   cf) 이필제의 난(1871, 경북 영해)
  │   └ 조직 : 포접제를 바탕으로 하여 삼남 지방(충청, 전라, 경상)을 중심으로 교세 확장
  └ 교조신원운동 ┬ 목표 : 교조 최제우에 대한 명예 회복, 정부의 탄압 중지 → 포교의 자유 획득
    (教祖伸寃)   └ 내용 ┬ 1차 삼례 집회(전라도, 1892) : 최제우의 신원과 동학의 종교적 자유를 요구
                        ├ 2차 복합 상소(서울, 1893) : 경복궁 광화문 앞 시위 but 주모자에 대한 정부의 처벌
                        └ 3차 보은 집회(충청도, 1893) : 탐관오리 숙청과 외세 배격 등을 요구
                   cf) 교단의 보은 집회와 달리 일부 지도자들은 전라도 금구에서 정치 집회를 개최(1893)

(2) 전개 과정

- 1기(고부 민란) ┬ 배경 ┬ 고부 군수 조병갑이 만석보 건립 → 수세 강제 징수, 조병갑이 아버지의 공덕비를 위해 군민 수탈
  │   │   └ 고부 백성들이 조병갑에 대한 시정 요구 → 조병갑의 탄압
  │   ├ 과정 ┬ 사발통문 작성 → 고부 관아 습격
  │   │   └ 조병갑 축출 + 아전 징치, 만석보 철폐
  │   └ 결과 : 후임 군수(박원명)의 회유로 자진 해산 + 정부는 민란 수습을 위해 이용태를 안핵사로 파견
  │
- 2기(1차 봉기) ┬ 배경 : 안핵사 이용태의 실정(민란의 주모자를 색출하고 마을을 약탈하는 등 횡포를 자행)
  │   ├ 주도 : 전봉준, 손화중, 김개남
  │   ├ 과정 : 무장에서 동학 농민군 봉기 → 고부 점령, 백산으로 이동
  │   │   → 호남 창의소를 조직하고 창의문(백산 격문), <4대 강령> 발표
  │   └ 전투 : 황토현 전투에서 전라도 감영군 격파 + 장성 황룡촌 전투에서 경군 격파 → 전주성 점령
  │
- 3기(전주 화약) ┬ 배경 ┬ 청 : 조선의 파병 요청에 따라 농민군 진압을 위해 파병 → 선발대가 아산만에 상륙(5.5)
  │   │   └ 일본 : 공사관 · 거류민 보호와 톈진 조약을 구실로 출병 → 인천에 상륙(5.6~5.9)
  │   └ 결과 : 정부와 동학군의 전주 화약 체결(5.8) → 폐정 개혁에 합의, 집강소 설치(농민군)
  │
- 4기(2차 봉기) ┬ 배경 : 청일전쟁 중 평양 전투에서 승리한 일본의 내정 간섭 심화
                    ├ 과정 ┬ 남접의 농민군(전봉준)이 삼례에서 봉기(9.3)
                    │   └ 북접의 농민군(손병희)이 논산에서 남접의 농민군과 합류
                    ├ 전투 ┬ 남 · 북접의 농민군이 우금치 전투(공주)에서 일본군에 패배
                    │   └ 남은 북접의 농민군이 보은 전투에서 마지막 패배
                    └ 결과 : 전봉준을 비롯한 주요 지도자들이 순창 등지에서 체포되어 처형됨

(3) 의의와 한계

- 의의 ┬ 1차 봉기 : 反 봉건적 성격(신분제 폐지, 조세 개혁, 봉건적 인습 타파) → 갑오개혁에 영향
  └ 2차 봉기 : 反 외세적 성격 → 을미의병으로 이어짐
- 영향 ┬ 동학 지도자 ┬ 손병희(북접군의 지도자) : 3·1 운동 당시 민족 대표 ─┐
  │   └ 김구(황해도 접주) : 대한민국 임시정부 주석 ─────────┴ 일제강점기의 항일 운동 주도
  └ 농민 운동에 참여한 일부 민중 : 무장 투쟁 조직 결성 ex) 영학당, 활빈당
- 한계 ┬ 개화파를 적대적 관계로 간주함
  ├ 근대 사회를 건설하기 위한 구체적 방안을 제시하지 못함
  └ 농민층 이외의 폭넓은 지지 획득에는 실패 ex) 지방의 양반 지주는 민보군 조직 → 적극적으로 농민군 탄압

꼭! 알아두기 · 동학 농민 운동에 대한 재정리

1. 전주화약 당시의 상황

- 정부의 개혁 ┬ 배경 ┬ 전주 화약 체결을 통해 정부가 농민군에게 개혁을 약속
  │   └ 전주화약 이후 ┬ 정부의 청·일 양군의 철수 요구 but 청·일 양군의 계속된 조선 주둔
  │   └ 일본군·조선 주둔 명분으로 조선의 내정 개혁 요구
  └ 내용 : 정부는 교정청을 설치하여 자주적 개혁 시도 → 일본군의 철수를 요구
- 일본의 대응 ┬ 정권 장악 : 경복궁을 기습 → 흥선대원군을 섭정으로 하여 내정 장악(6.21)
  ├ 전쟁 도발 ┬ 일본이 아산만의 청군을 공격 → 청일전쟁 발발(풍도 해전, 6.23)
  │   ├ 조선과 강제적으로 조일 동맹 조약 체결(1차 조일 공수 동맹)
  │   └ 평양 전투에서 승리함으로써 전쟁의 승세를 장악
  └ 내정 간섭 : 김홍집을 총리로 하는 1차 내각 조직 ┬ 군국기무처 설치 → 1차 갑오개혁 추진(6.25)
                                              └ 내정 간섭 강화
- 농민군의 개혁 : 집강소 ┬ 정의 : 농민군이 전라도 53개 군에 설치한 개혁 기구
  ├ 체계 : 집강과 그 휘하에 서기·성찰·집사·동몽 등의 임원 설치
  └ 활동 ┬ 치안 유지
         └ 신분 질서 해체 시도, 불량한 지주와 부호 처벌, 전운서(조운 담당) 폐지 시도

2. 동학 농민군의 1차 봉기와 2차 봉기의 비교

	1차 봉기	2차 봉기
배경	안핵사 이용태의 고부 농민 탄압	일제의 경복궁 침범과 내정 간섭
성격	反봉건	反외세
격문	백산 격문(창의문), 4대 강령	
과정	무장에서 봉기하여 고부 백산으로 집결	삼례에서 봉기하여 논산에서 집결
주도	남접(전봉준)	남접(전봉준) + 북접(손병희)
대표 전투	황토현 전투, 황룡촌 전투	우금치 전투, 보은 전투
결과	전주성 장악 → 전주 화약 → 집강소 설치	우금치 전투 패배 → 전봉준 체포

03 근대 국가 수립 운동

2 갑오개혁(1894)과 을미개혁(1895)

(1) 1차 갑오개혁 (1894.7~94.12)

- 배경 ┌ 내부 개혁의 필요성 : 전주 화약으로 동학 농민군에 대한 고종의 개혁 약속 → 개혁을 위해 교정청 설치
  └ 일본의 강요 : 일본이 경복궁을 습격 → 민씨 정권 붕괴, 대원군을 섭정으로 하는 제1차 김홍집 내각 조직
- 과정 ┌ 주도 ┌ 주체 : 흥선대원군을 섭정으로 하는 제1차 김홍집 내각(김홍집, 박정양, 김윤식, 유길준)
  │   └ 개혁 기구 : 군국기무처(초정부적 최고 의결 기구, 총재 김홍집, 부총재 박정양)
  └ 일본의 태도 : 소극적 개입 → 개화파의 주도
- 내용 ┌ 정치 : '개국' 연호 사용, 정무(의정부)와 왕실(궁내부)의 분리, 중앙 조직 개편(6조 → 8아문), 경무청 설치
  ├ 경제 : 재정의 일원화(탁지아문), 화폐 제도로 은 본위제 실시(신식화폐 발행장정), 조세 금납제, 도량형 통일
  └ 사회 : 신분 폐지 → 노비 폐지, 과거 폐지, 봉건적 인습 타파(고문 · 연좌제 폐지, 조혼 금지, 과부 재가 허용)

(2) 2차 갑오개혁 (1894.12~95.7)

- 배경 ┌ 평양 전투에서 승리함으로써 청일전쟁에서 일본이 승세 장악
  └ 일본의 동학농민운동 진압
- 과정 ┌ 주도 ┌ 일본의 적극적 개입 → 흥선대원군 퇴진, 군국기무처 폐지
  │   └ 김홍집 · 박영효 연립 내각 조직 ← 일본에 망명해 있던 박영효, 서광범의 귀국
  └ 정강 : 이노우에 공사와 박영효의 권고로 고종이 종묘에 나가 [독립서고문]과 [홍범14조] 발표(1895)
- 내용 ┌ 정치 ┌ 중앙 : 조직 개편(의정부 → 내각, 8아문 → 7부)   cf) 군대 신설 : 훈련대, 시위대 설치
  │   └ 지방 ┌ 제도 : 8도 → 23부   cf) '13도'로의 개편은 1896년
  │   └ 지방관의 권한 축소 : 사법권과 행정권의 분리 → 근대적 재판소 설치
  └ 교육 : 교육입국조서 발표 → 사범학교 관제 발표, 외국어학교 관제 발표, 소학교령 발표(?)
- 한계 ┌ 배경 : 삼국간섭(러 · 프 · 독)으로 러시아의 영향력 강화 → 일본의 세력 약화
  (중단) └ 결과 ┌ 반역 음모 사건으로 박영효가 실각하여 일본으로 재망명 → 2차 갑오개혁 중단
            └ 개화파와 친러파의 연합 내각 등장(3차 김홍집 내각) : 김홍집, 김윤식, 박정양, 이완용

(3) 3차 을미개혁 (1895.8~96.2)

- 배경 ┌ 민씨 세력 : 삼국간섭 이후 친러파와 결탁하여 일본 세력에 대한 제거 시도
  └ 일본의 대응 : 민씨 시해(= 을미사변, 경복궁 건청궁) → 친일적인 4차 김홍집 내각을 조직하여 3차 을미개혁 추진
- 내용 ┌ 정치 : 독자적 연호 제정(건양)   cf) 장충단 : 임오군란과 을미사변(홍계훈) 때 순국한 충신 · 열사를 제사
  ├ 군제 : 친위대 · 진위대 설치
  ├ 교육 : 소학교령 발표(?) → 소학교 설치
  └ 생활 변화 : 태양력 사용, 우편 사무 확대, 종두법 보급, 단발령 시행
- 한계 ┌ 반발 : 유생이 주도하고 일부 농민이 참여한 항일 의병 발생(= 을미의병)
  └ 중단 : 고종이 러시아 공사관으로 피신(= 아관파천) → 개혁에 참여한 개화파 제거, 친러 내각 수립

(4) 평가

- 의의 ┌ 봉건적 통치 질서를 타파하는 근대적 개혁
  └ 조선의 개화파와 농민의 자율적 의지 반영 ex) 조세 제도에 대한 개혁, 신분 제도 폐지
- 한계 : 위로부터의 개혁 ┌ 과정의 문제 : 일본의 강요에 의한 개혁 → 자주적 근대 국가의 기반 구축에 소홀
                      └ 내용의 문제 : 토지 제도 개혁 의지가 없음 + 상공업 육성과 국방력 강화에 미흡

꼭! 알아두기

갑오 · 을미 개혁의 주요 내용 정리

	1차 갑오개혁	2차 갑오개혁	3차 을미개혁
배경	군국기무처 설치 1차 김홍집 내각(김홍집 · 박정양)	청일전쟁에서 일본이 승세 장악 2차 김홍집 내각(김홍집 · 박영효)	을미사변 4차 김홍집 내각
정치·행정	• '개국' 연호 사용 • 사무 분리 ┌ 정부 : 의정부 　　　　　└ 왕실 : 궁내부 • 중앙 조직 개혁 : 6조 → 8아문 • 과거제 폐지 • 경무청 설치	• <독립서고문> 발표 • 중앙 ┌ 의정부 → 내각제 실시 　　　│ 　　　└ 8아문 → 7부 • 지방 : 8도 → 23부 • 군제 : 훈련대 설치 cf) 시위대 설치	• '건양' 연호 사용 cf) '13도'로의 개편은 1896년 • 군제 : 친위대(서울) · 진위대 설치
경제	• 재정의 일원화 • 은 본위제(신식화폐 발행장정) • 조세 금납제 • 도량형 통일	• 징세의 일원화 : 탁지부 ┌ 징세서 　　　　　　　　　　　└ 관세사 • 특권 상인 폐지 ┌ 육의전 　　　　　　　　└ 상리국(보부상)	
사회	• 신분제 폐지 ┌ 공 · 사노비 폐지 • 봉건적 인습 타파 　┌ 고문과 연좌제 폐지 　├ 조혼 금지 　└ 과부 재가 허용	• 근대적 재판소 설치 　= 사법권과 행정권의 분리 　→ 지방관의 권한 축소	• 종두법 보급 • 우편 사무 확대(?) : 우체사 증설(?) • 태양력 사용 • 단발령 시행
교육		• 교육입국조서 발표 • 법령 발표 ┌ 사범학교 관제 　　　　　　├ 외국어학교 관제 　　　　　　└ 소학교령(?)	• 소학교령(?) • 소학교 설치

갑신정변, 동학농민운동, 갑오 · 을미 개혁 간의 관계

(가) ┌ 신분 제도 폐지
　　└ 조세 제도 개혁

(나) 토지 제도 개혁

(다) ┌ 청의 간섭 배제
　　├ 입헌 군주제 실시
　　└ 재정의 일원화

(라) 봉건적 인습 폐지

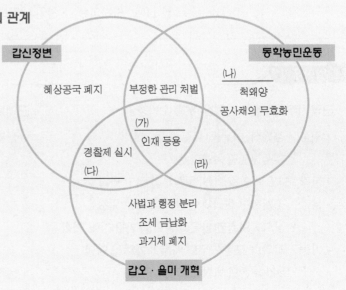

03 근대 국가 수립 운동
SECTION

확인해 둘까요! ▶ 동학농민운동과 갑오 · 을미 개혁 당시의 연표 : 음력을 기준으로 작성

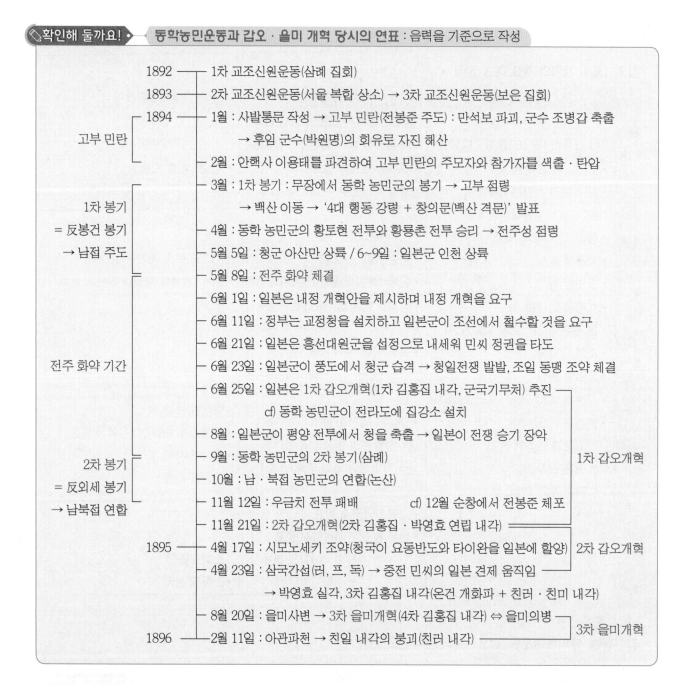

	1892 —— 1차 교조신원운동(삼례 집회)	
	1893 —— 2차 교조신원운동(서울 복합 상소) → 3차 교조신원운동(보은 집회)	
고부 민란	1894 —— 1월 : 사발통문 작성 → 고부 민란(전봉준 주도) : 만석보 파괴, 군수 조병갑 축출	
	ㅤㅤㅤㅤㅤㅤ→ 후임 군수(박원명)의 회유로 자진 해산	
	—— 2월 : 안핵사 이용태를 파견하여 고부 민란의 주모자와 참가자를 색출 · 탄압	
1차 봉기	—— 3월 : 1차 봉기 : 무장에서 동학 농민군의 봉기 → 고부 점령	
= 反봉건 봉기	ㅤㅤㅤㅤㅤ→ 백산 이동 → '4대 행동 강령 + 창의문(백산 격문)' 발표	
→ 남접 주도	—— 4월 : 동학 농민군의 황토현 전투와 황룡촌 전투 승리 → 전주성 점령	
	—— 5월 5일 : 청군 아산만 상륙 / 6~9일 : 일본군 인천 상륙	
	—— 5월 8일 : 전주 화약 체결	
	—— 6월 1일 : 일본은 내정 개혁안을 제시하며 내정 개혁을 요구	
	—— 6월 11일 : 정부는 교정청을 설치하고 일본군이 조선에서 철수할 것을 요구	
전주 화약 기간	—— 6월 21일 : 일본은 흥선대원군을 섭정으로 내세워 민씨 정권을 타도	
	—— 6월 23일 : 일본군이 풍도에서 청군 습격 → 청일전쟁 발발, 조일 동맹 조약 체결	
	—— 6월 25일 : 일본은 1차 갑오개혁(1차 김홍집 내각, 군국기무처) 추진 ——┐	
	ㅤㅤㅤㅤㅤㅤcf) 동학 농민군이 전라도에 집강소 설치	
	—— 8월 : 일본군이 평양 전투에서 청을 축출 → 일본이 전쟁 승기 장악	
2차 봉기	—— 9월 : 동학 농민군의 2차 봉기(삼례)	**1차 갑오개혁**
= 反외세 봉기	—— 10월 : 남 · 북접 농민군의 연합(논산)	
→ 남북접 연합	—— 11월 12일 : 우금치 전투 패배ㅤㅤㅤcf) 12월 순창에서 전봉준 체포	
	—— 11월 21일 : 2차 갑오개혁(2차 김홍집 · 박영효 연립 내각) ——┘	
	1895 —— 4월 17일 : 시모노세키 조약(청국이 요동반도와 타이완을 일본에 할양)	**2차 갑오개혁**
	—— 4월 23일 : 삼국간섭(러, 프, 독) → 중전 민씨의 일본 견제 움직임 ——	
	ㅤㅤㅤㅤㅤ→ 박영효 실각, 3차 김홍집 내각(온건 개화파 + 친러 · 친미 내각)	
	—— 8월 20일 : 을미사변 → 3차 을미개혁(4차 김홍집 내각) ⇔ 을미의병 ——	
	1896 —— 2월 11일 : 아관파천 → 친일 내각의 붕괴(친러 내각) ——	**3차 을미개혁**

꼭! 알아두기 ▶

군국기무처 : 총재 김홍집, 부총재 박정양
- 구성 ┬ 김윤식, 어윤중, 유길준 등 개화파
　　　 └ 흥선대원군 계열의 인사
- 성격 : 과도적 입법 기관, 초정부적 최고 의결 기구
- 운영 ┬ 공개적인 합의제 운영, 다수결로 의결
　　　 └ 심의 · 의결된 안은 국왕의 재가를 거쳐 확정
- 기능 ┬ 국가의 모든 기무와 사무의 개혁을 담당
　　　 └ 200여 건의 법령을 의결 · 공포

근대의 개혁 기구
- 정부의 설치 ┬ 통리기무아문 ┬ 설치 : 초기 개화 정책
　　　　　　　│　　　　　　 └ 폐지 : 임오군란
　　　　　　　├ 교정청 : 전주화약 이후 설치
　　　　　　　├ 군국기무처 ┬ 설치 : 1차 갑오개혁
　　　　　　　│　　　　　　 └ 폐지 : 2차 갑오개혁
　　　　　　　└ 교정소 : 광무개혁의 입법 기구
- 동학 농민군의 설치 : 집강소

독립협회와 광무개혁 당시의 연표 : 양력을 기준으로 작성

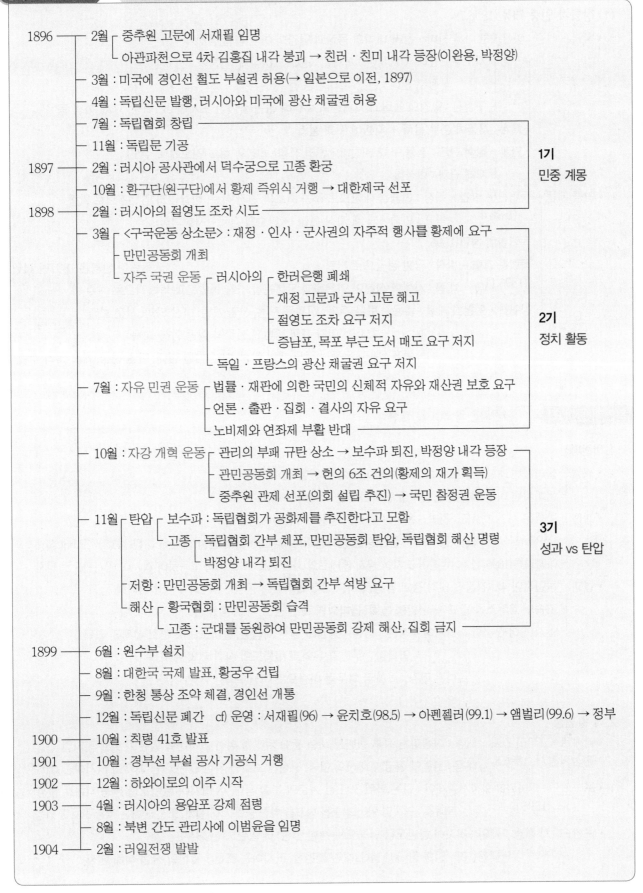

03 근대 국가 수립 운동
SECTION

3 독립협회 (1896~98)

(1) 창립과 민중 계몽 (1896.7)
- 창립 ┬ 배경 : 아관파천 이후 친미 · 친러 내각의 등장과 열강의 이권 침탈 심화
　　　 └ 조직 ┬ 구성 ┬ 지도부 ┬ 근대적 지식인 : 서재필, 윤치호, 이상재, 남궁억
　　　　　　　　　　　　　└ 정부 관리 : 안경수, 이완용 등
　　　　　　　　└ 구성원 : 열강의 침탈과 지배층의 수탈에 불만을 가진 도시민 ex) 학생, 교사, 기생 등
　　　　　　 ├ 체계 : 서울에 본부 설치 + 지방에 지회 설치
　　　　　　 └ 단체 ┬ 참여 단체 : 정동 구락부(친미 · 친러 성향) + 건양 협회(갑오개혁 주도)
　　　　　　　　　　└ 자매 단체 : 협성회
- 민중 계몽 ┬ 독립신문 발간 ┬ 특징 : 민중을 대상으로 하는 최초의 민간 신문, 한글판과 영문판으로 발행
　　　　　　 │ (1896.4) 　 └ 목표 : 민중에게 새 지식 전달 → 민중의 정치 · 사회의식 고취
　　　　　　 ├ 독립협회 창립(1896. 7)
　　　　　　 ├ 독립문 건립 ┬ 방식 : 국민 성금으로 건립　　　　　　　cf) 독립문 완공은 1897년 11월
　　　　　　 │ (1896.11~) └ 내용 : 사대의 상징인 영은문과 모화관을 각각 독립문과 독립관으로 개수
　　　　　　 └ 강연회 · 토론회 개최 ┬ 내용 ┬ 토론 주제 : 신교육 진흥, 산업 개발, 미신 타파, 신문 보급
　　　　　　　　　　　　　　　　　　 │ 　　 └ 효과적 의사 표현 방법과 민주적 행동 양식 교육
　　　　　　　　　　　　　　　　　　 └ 목표 : 민중 운동의 주도 세력 양성, 이권 침탈 반대, 민권 신장, 개혁 내각 수립

확인해 둘까요! ◆ 아관파천과 러 · 일 협정

1. 아관파천
- 배경 ┬ 을미사변과 단발령으로 대표되는 을미개혁 → 반일 정서 확산
　　　 └ 을미사변 이후 약화된 영향력을 만회하려는 러시아의 의도
- 과정 ┬ 춘생문 사건 ┬ 주도 : 친러 · 친미파 관리들(정동 구락부, 이범진 등)
　　　 │ (1895.11) └ 내용 : 을미사변 후 고종을 경복궁 밖에 나오게 하여 친일 내각에 대한 붕괴 시도 but 실패
　　　 └ 아관파천(1896. 2) : 이범진이 러시아 공사 베베르와 사전 공모 → 고종을 설득하여 러시아 공사관으로 파천
- 결과 ┬ 친일적인 4차 김홍집 내각 붕괴(김홍집 사망, 3차 을미개혁 중단) → 친미 · 친러 내각의 등장
　　　 ├ 고종의 효유조칙 발표 → 단발령 철회, 을미의병 해산 권고 → 의병 해산
　　　 └ 열강의 이권 침탈 ┬ 러시아 ┬ 경원 · 경성 · 종성의 광산 채굴권, 월미도의 저탄소 설치권 획득
　　　　　　　　　　　　　 │ 　　　└ 압록강 · 두만강 유역과 울릉도의 삼림 채벌권 획득
　　　　　　　　　　　　　 └ 다른 열강 : 최혜국 대우를 바탕으로 이권 획득

2. 러·일 협정
- 웨베르-고무라 각서 ┬ 배경 : 아관파천 직후 한반도 내의 문제 처리를 위한 러시아와 일본의 외교적 타협
　 (경성의정서, 1896.5) └ 내용 : 고종의 환궁과 대신의 임명, 전신선 보호를 위한 일본 헌병 배치와 러시아군 배치
- 로마노프-야마가타 의정서 ┬ 제안 : 일본(북위 39도선 기준의 분할 점령) vs 러시아(한반도를 완충 지대로 설정)
　 (1896.6) 　　　　　　　　 └ 내용 : 러 · 일 양군의 충돌 방지를 위한 중립 지대 설치, 조선 군대는 국왕 보호만 가능
- 로젠-니시 협정 ┬ 제안 : 러시아(한반도를 남북으로 분할 점령) vs 일본(제안 거부)
　 (1898.4) 　　　└ 내용 : 러 · 일의 한국 내정에 대한 불간섭, 러시아는 조선 · 일본의 상업 이해 인정

(2) 자주 국권 운동

- 배경 : 러시아의 내정 간섭 노골화 ┌ 군사 교관과 재정 고문(알렉세예프) 파견
  └ 저탄소 설치를 위해 부산의 절영도 조차 시도
- 계기 ┌ <구국 운동 상소문> 상주 : 재정 · 군사 · 인사권을 자주적으로 시행할 것을 황제에게 요구
  └ 최초의 근대적 민중 집회인 만민공동회 개최(1898.3) → 정치 단체로 변화
- 내용 ┌ 러시아의 내정 간섭과 이권 요구 규탄 ┌ 러시아의 요구 철회 ┌ 절영도 조차
  │   │   └ 목포 · 진남포(=증남포) 부근 도서 매도
  │   └ 한러 은행 폐쇄 + 러시아인 재정 고문과 군사 고문 해고
  └ 프랑스 · 독일의 광산 채굴권 요구 저지 → 이권 수호 운동

(3) 자유 민권 운동 → 자강 개혁 운동

- 자유 민권 운동 ┌ 내용 ┌ 법률과 재판에 의한 신체의 자유와 재산권 보호 요구(1898)
  │   │   ├ 언론 · 출판 · 집회 · 결사의 자유 요구(1898.3~10)
  │   │   └ 연좌제 · 노륙법(죄인의 처자까지 연좌하여 죽이는 법) 부활 반대
  │   └ 연대 : 황국중앙총상회 ┌ 주도 : 시전 상인
  │   (1898)   └ 활동 ┌ 상권 수호 운동 : 외국 상인의 불법적 상업 활동과 토지 구입 반대
  │   ├ 자유 민권 운동 : 독립협회의 연좌제 부활 저지 운동에 적극 참여
  │   ├ 자강개혁내각 수립 요구 + 독립협회 복설 운동
  │   └ 황국협회와의 투쟁
- 자강 개혁 운동 ┌ 배경 : 국민의 참정권 요구
  │   ├ 과정 ┌ 보수파의 반발 : 갑오개혁 때 폐지된 연좌법 부활 → 독립협회의 활동 제한 시도
  │   │   └ 독립협회의 반격 : 보수파 내각 퇴진 운동 전개 → 진보적 성향의 박정양 내각 등장
  │   └ 내용 ┌ 관민공동회 개최(만민공동회 + 정부 대신) → 헌의 6조 채택
  │   └ 중추원 관제 마련 ┌ 구성 ┌ 관선 의원(25명) : 고종이 선출
  │   (의회 설립 운동) │   └ 민선 의원(25명) : 독립협회가 선출
  │   ├ 방식 : 기존 내각의 자문 기구였던 중추원을 의회식 제도로 개편
  │   └ 목표 : 최초의 의회 설립 → 입헌군주제 수립 시도
- 결과 ┌ 보수파의 반격 ┌ 내용 : 독립협회가 황제를 폐위하고 공화정을 수립하려 한다고 모함
  │   │ (익명서 사건) └ 결과 : 고종의 독립협회 해산 명령(독립협회 간부 체포) → 박정양 내각 퇴진
  │   ├ 독립협회의 저항 : 만민공동회 개최 ┌ 익명서 사건 진상 규명과 관련자 처벌 요구
  │   │   └ '헌의 6조'와 '조칙 5조'의 실천 및 독립협회 복설을 요구
  │   └ 정부의 대응 : 황국협회의 만민공동회 공격 → 고종의 민회 금압령(민중의 정치 활동 금지)

(4) 의의와 한계

- 의의 ┌ 자주 국권 운동, 자유 민권 운동, 자강 개혁 운동
  │   ├ 민중의 지지 획득 → 개혁 운동의 저변 확대
  │   └ 단체 해산 이후 헌정연구회, 대한자강회 등으로 이념이 계승됨
- 한계 ┌ 외세 배척 운동은 러시아 · 프랑스 · 독일을 대상으로 추진 but 미국 · 영국 · 일본에 대해서는 우호적 태도
  └ 열강의 침략적 의도에 대한 철저하지 못한 인식 : 서양과의 교류와 문물 수용에 치우친 관심

03 SECTION

근대 국가 수립 운동

4 광무개혁(대한제국)

(1) 구본(舊本)

- 정치
  - 중앙
    - 독립협회에 대한 강제 해산(1898)
    - 대한국 국제 반포 (1899)
      - 황제권 강화 : 황제가 군대 통수권, 입법권, 행정권, 사법권, 외교권 행사
      - 전제 군주제 실시
  - 지방
    - 23부를 1부 13도 체제로 확정　　　　　　　　cf) '13도'로의 개편은 1896년에 시작
    - 양경(兩京) 체제 확립 : 평양을 서경으로 승격하고, 풍경궁이라는 행궁 건립 시도(1902)
- 군사
  - 군제 개편
    - 원수부 설치(1899) : 고종이 대원수로 취임 → 황제가 육·해군을 통솔하여 군사권을 장악
    - 제도 정비
      - 헌병대·포병·공병·치중병·군악내에 대한 관제 제정
      - 육군 법률, 육군 법원, 육군 감옥 등을 설치
  - 부대 증강
    - 서울 : 친위대를 개편하여 2개 연대로 증강, 시위대 2개 연대를 창설
    - 지방 : 진위대를 6개 연대로 증강
  - 군인 양성
    - 무관 학교 설립(1898) : 신식 장교 양성
    - 징병제 실시를 예고하는 조칙 발표(1903)
- 경제
  - 내용
    - 전환국 : 탁지부의 산하 기관에서 내장원(궁내부 소속)의 산하 기관으로 변경
    - 홍삼 제조와 수리·관개·광산 사업 : 궁내부(황제 직속 기구)로 이관
  - 목적 : 황실 재정 수입원 확대를 통한 황실 재정 개선
- 외교
  - 한·청 통상 조약(1899) : 양국 황제 명의로 대등하게 체결
  - 해외 주민 관리 : 연해주의 블라디보스토크에 해삼위 통상사무를 설치하여 관리 파견
  - 영토 수호
    - 독도 : 칙령 41호 반포 (1900)
      - 울릉도·독도·죽도를 강원도 울도군으로 승격
      - 초대 군수로 배계주를 파견하여 독도 관할
    - 간도 : 함경도의 행정 구역으로 편입 → 이범윤을 (북변) 간도 관리사로 북간도에 파견(1903)

◇확인해 둘까요! • **광무개혁의 배경과 원칙**

- 배경
  - 국외 : 조선에서의 러시아 세력을 견제하려는 국제적 여론 형성 → 러시아와 일본의 세력 균형
  - 국내
    - 고종의 환궁 : 러시아 공사관(아관) → 경운궁(= 덕수궁)으로 환궁
    - 정부 관리와 재야의 전직 관리를 중심으로 칭제건원(황제라 칭하고 독자적 연호를 쓸 것)을 건의
- 과정
  - 내용 : 황제 즉위식 거행 (1897.10)
    - 대한제국 선포
    - 연호 : '광무' 제정
  - 장소 : 원구단(= 환구단, 1897) + 황궁우(1899)
- 원칙 : 구본신참 (舊本新參)
  - 내용
    - 구본 : 황제권 강화를 통한 군사력·외교력 강화를 목표로 한다.
    - 신참 : 경제적 개혁과 근대 문물 수용에 적극적 태도를 취한다.
  - 목표 : 갑오·을미 개혁의 급진성에 대한 비판 = 점진적 개혁 추구
- 개혁 추진 기구
  - 교전소(1897) : 중추원에 설치된 기구, 신·구법의 절충 및 법전 편찬을 위한 법규 정리
  - 사례소(1897) : 조선 왕조 역대 임금의 치적을 정리
  - 법규 교정소(1899) : 교전소에서 분리된 황제 직속 입법 기구, 황제국에 맞도록 법률·칙령 개정
    - cf) 개혁을 지지하는 신문 : 황성신문

(2) 신참(新参)

- 양전 사업 ┬ 목적 ┬ 전정의 폐단 시정 → 민생 안정 + 국가 재정의 확충
  - └ 근대적 소유권의 확립으로 법적 보호 아래에서 자유로운 토지 매매
  - ├ 담당 기관 ┬ 양지아문(1898) : 미국으로부터 측량 기계와 측량 기사 도입 → 토지 측량
  - │ └ 지계아문 ┬ 토지 소유권 증명서(지계 = 지권) 발급과 등기 업무 실시
  - │   (1901) └ 양지아문을 통합하여(1902) 양전 사업까지 수행
  - ├ 내용 ┬ 지계(근대적 토지 소유 인증서) 발행 → 모든 토지(전답), 산림, 가옥을 발급 대상에 포함
  - │ └ 지계는 내국인 토지소유자에게만 발급 → 개항장 밖 외국인의 토지 소유 금지
  - └ 한계 ┬ 궁방전·역둔토가 많은 충청도와 경상도를 중심으로 전국의 2/3 지역에서 시행
  -   └ 러일 전쟁 이후 함경도와 평안도, 강원도에서는 시행되지 못함 → 전국적 실시(×)
- 식산 흥업 ┬ 황실 주도로 공장 설립 : 잠업 시험장 설치, 연초 회사 설립
  - ├ 민간의 설립 지원 ┬ 회사 ┬ 내용 : 주요 회사에 투자 및 보조금 지원
  - │ │ └ 사례 : 인공양잠전습소(양잠)·직조권업장·한성제직회사(섬유) 설립
  - │ ├ 은행 ┬ 내용 : 일본의 금융 침략에 대응하여 지주와 관료를 중심으로 전개
  - │ │ └ 사례 : 한성은행, 대한천일은행, 대한은행 등　　cf) 최초 : 조선은행(1896)
  - │ └ 근대 산업 기술 습득 지원 : 기술자 양성 장려 + 외국에 유학생 파견
  - └ 화폐 조례 발표(1901) : 금 본위제 시도 → 재정 부족 등으로 실패, 백동화 발행 지속
- 근대 시설 ┬ 철도 ┬ 경인선 개통 : 제물포에서 노량진까지 개통(1899)　　　　　cf) 완공 : 1900년
  - │ └ 경의선 부설 시도 : 프랑스로부터 부설권을 이양받아 서북철도국을 설치하여 부설 시도
  - ├ 전기 : 한성전기회사 설립(황실과 미국인 콜브란의 합작) → 전차 개통(1899)
  - ├ 통신 : 전화 설치(경운궁, 1898) → 시외 전화 개시(1902), 만국우편연합 가입(1900, 국제 우편)
  - ├ 교육 ┬ 중등 교육 : 중학교 설립　　　　　　　　　　　　　　　　　cf) 외국어 학교 설립
  - │ ├ 실업 교육 : 실업학교 설립 ex)상공학교, 광무학교, 우편학당(체신 사무 요원 양성) 등
  - │ └ 전문 교육 : 전문학교 설립 ex) 한성법학교, 관립의학교(→ 경성의학교)
  - ├ 의료 : 광제원(1899) 설립, 전염병 예방 규칙 발표
  - └ 도량형 개정 : 평식원(1902) 설치 → 도량 기구 제조와 검사

(3) 기타

- 사법 : 재판소 구성법 개정 ex) 고등재판소를 평리원으로 개칭, 황족 범죄를 담당하는 특별법원과 순회재판소 설치
- 경제 : 상리국(1885)을 상무사로 개편하여(1899) 상업 활동과 보부상 활동을 지원
- 사회 : 구휼 기관으로 혜민원과 총혜민사 설치
- 문화 : 파리 만국 박람회에 대표단 파견(1900)

(4) 의의와 한계

- 의의 ┬ 국가의 자주 독립과 근대화 지향 : 국방력 강화와 근대적 토지 소유 제도 확립, 상공업 발전 시도
  - └ 러일 전쟁 이전까지 열강의 세력 균형 → 외세의 간섭을 배제한 자주적 개혁을 추구
- 한계 ┬ 내용 ┬ 집권층의 보수적 성향으로 황제권 강화에 치중 → 독립협회 탄압 등 국민의 지지 획득에 실패
  - │ └ 군사적으로도 황실 근위와 치안 유지 수준에 불과한 개혁, 국민의 기본권 확대에는 제약
  - └ 과정 : 자주적 시행을 표방했지만 열강의 간섭 배제는 실패 ┬ 러일 전쟁 직전 국외 중립을 선언했으나 좌절
  -   └ 러일 전쟁으로 개혁 중단 → 미완성의 개혁

03 SECTION

근대 국가 수립 운동

핵심 자료 읽기

교조신원운동

- **배경** : 철종 때 최제우를 체포하여 대구부의 옥에 가두었다가 이듬해 저자에서 목을 베었다. …… 이때 동학을 금지한다고 하면서 박해하고 못살게 구니 교도들이 분노하여 모여 글을 올려 교조(教祖)가 억울하게 죽은 일을 하소연하고 탐오하는 관리들의 포학상을 상소하였는데, 그들은 굳게 단합되고 신도가 많아져서 곳곳에서 소동을 피웠다. 〈고종실록〉
- **삼례 집회(1차 교조신원운동)** : 우리들의 뜻은 선사(최제우)의 지극한 억울함을 풀고자 합니다. 선사의 가르침은 오직 유, 불, 선이 도를 합하여 충군 효친에 있습니다. 이러한 것이 만약 이단이라면 이와 반대되는 것이 정학이 되는지 우리들은 모르겠습니다. 수령으로부터 이서, 군교, 향간, 토호까지 우리들의 가산을 탈취하여 자기 재산처럼 여기며, 살상, 구타, 능멸, 학대함에 거리낌이 없습니다. 각하(전라 감사)께서 각 고을에 글을 보내 선사의 억울함을 풀어주고 이서가 폭행을 하지 못하게 엄히 막아 주십시오.
- **보은 집회(3차 교조신원운동)** : 지금 왜양의 도적 떼의 어지럽힘이 극에 이르렀다. 오늘날 서울을 보건대 결국 오랑캐 소굴이다. 임진년의 원수요, 병인년의 치욕을 차마 어찌 말로 할 수 있겠으며 잊을 수 있겠는가? 지금 삼천리 강토가 금수에 짓밟히고 5백년 종묘사직이 장차 끊어지게 되었다. …… 무릇 왜양은 개와 같다는 것은 비록 어린애라 할지라도 그것을 모르는 사람이 없다. 그런데 재상으로서 우리가 왜양을 배척하는 것을 도리어 사류라고 배척하는가? 그렇다면 개에게 굴복하는 것이 정류인가? 〈동학난 기록〉

고부 민란

- **민란 준비(사발통문)** : 각리 리집강 귀하, 격문이 사방에 전하니 논의가 들끓고 민중들은 곳곳에 모여 말하였다. '났네, 났어, 난리가 났어.', '에이 참 잘 되었지, 그냥 이대로 지내서야 백성이 한 사람이라도 남아 있겠는가.' 하며 그 날이 오기만 기다리더라. 이 때에 도인들은 선후책을 토의·결정하기 위하여 고부 송두호의 집에 도소를 정하고 순서를 결정하니 결의된 내용은 아래와 같다. 고부성을 점령하고 조병갑을 목 베어 죽일 것. / 군기고와 화약고를 점령할 것 / 군수에게 아부하여 백성을 침탈한 탐리를 엄하게 징벌할 것 / 전주 감영을 함락하고 서울로 곧바로 나아갈 것.
- **정부의 수습** : 고부 군수 조병갑이 소란을 초래하고 부정한 방법으로 재물을 취한 죄는 보고서에 열거되어 있으니 왕부(의금부)로 하여금 심문하여 정죄하게 하소서. 고부 군수의 후임은 각별히 가려 임명하며 하직 인사를 올린 다음 당일로 내려 보내소서. 난민이 어찌 다 자기 본성을 잃어서 그런 것이겠습니까? 단지 위협하는 것에 겁을 먹고 때를 틈타 불평을 풀려는 데 불과할 따름이니, 철저히 조사하여 법으로 처리하소서. 장흥 부사 이용태를 고부군 안핵사로 임명하여 엄격히 조사하여 등급을 나누고 구별하여 보고하게 하소서.

동학 농민군의 1차 봉기의 배경

- 이용태가 말하기를 "신문해야 할 죄인들이 대다수 도망치는 바람에 철저하게 조사하지 못하였고, 단지 민란과 관련된 여러 조목을 조사하여 그릇된 것을 바로잡아 책으로 만들어 올려 보내겠습니다."라고 하였다.
- 고종 31년 고부에서 동학교도 전봉준 등이 봉기했다. 군수 박원명은 난민들을 풀어서 대접하고 조정의 덕의를 알리며 죄를 용서해서 돌아가 농사일을 돌보게 하였다. …… 하지만 안핵사 이용태가 이르러 박원명이 한 일을 모두 번복시켜서 백성들을 구타하고 반역을 했다는 법률을 적용하여 죽이고자 하였다. 또한 부자들을 얽어매어 난을 일으켰다고 하여 뇌물을 거두고 감사 김문현과 모의해서 감영 감옥의 죄수들이 늘어섰다. 백성들이 분노하여 다시 난을 일으켰다. 〈매천야록〉

동학 농민군의 1차 봉기 당시의 주요 격문

- **창의문** : 백성은 나라의 근본이니, 근본이 쇠잔하면 나라는 없어지는 것이다. 보국안민의 방책은 생각하지 않고 오직 관직과 재물만을 도둑질하는 것이 과연 옳은 일이라 하겠는가. 우리가 비록 초야에 묻힌 백성이지만, 임금의 땅에서 나는 곡식을 먹고, 임금의 옷을 입고 사는 사람이라, 어찌 나라의 위기를 앉아서 보기만 하겠는가. 팔로가 마음을 합하고 억조창생이 뜻을 모아 이제 의로운 깃발을 들어 나라를 보존하고 백성을 편안히 하는 굳은 맹세를 하노라.
- **백산격문** : 우리가 의(義)를 들어 이에 이름은 그 본의가 전연 다른 데 있지 아니하고 창생을 도탄에서 건지고 국가를 반석 위에 두려고 함이라. 안으로는 탐학한 관리의 머리를 베고 밖으로는 횡포한 강적의 무리를 쫓아 내몰고자 함이라. 양반과 부호의 앞에 고통을 받는 민중들과 방백과 수령의 밑에서 굴욕 받는 소리(小吏)들은 우리와 같이 원한이 깊은 자라. 조금도 주저하지 말고 이 시각으로 일어서라. 만일 기회를 잃으면 후회하여도 미치지 못하리라.

핵심 자료 읽기

- 4대 강령 1. 사람을 죽이지 말고 재물을 손상시키지 마라.
2. 충효를 다하여 세상을 구하고 백성을 편하게 하라.
3. 왜적을 몰아내고 나라 정치를 깨끗하게 하라.
4. 군대를 몰아 서울에 들어가 권세있고 지체 높은 자들을 모두 멸하라.

1차 봉기 당시의 전투

- 황룡촌 전투 : 적은 관군을 내려다보고 있다가 대나무로 만든 통을 밀고 나왔다. 둥그런 닭 집과 비슷한 것이 수십 개였다. 밖으로 창과 칼이 삐죽하게 꽂은 것이 고슴도치 같았고 아래에는 두 개의 바퀴를 달아 미끄러지듯 아래로 내려왔다. 관군은 총탄과 화살, 돌을 쏘았지만 모두 대나무 통에 막혀 버렸다. 적은 대나무 통 뒤에서 총을 쏘며 따라 뛰어들었다.
- 전주성 점령 : 동학의 무리 전주 삼천에 주둔하였다가 전주부에 돌입한 것이다. 전주감사 김문현은 동학의 무리가 뛰어듦을 보고 군졸을 동원하여 파수하였으나 동학 무리가 기세가 맹렬하매 성을 지키는 군졸 등이 흩어져 버렸다.   〈오하기문〉

전주 화약 체결

- 체결 배경 : 반민(反民)들의 형세가 날로 확대되어 성읍이 연이어 함락되어도 백성들은 도리어 기뻐하는 기색을 띠고 오직 관군이 패한 것만 말하였다. …… 왕과 왕비가 크게 노하여, "반민(反民)들을 빨리 평정하지 못하면 불순한 소문이 점점 퍼져나갈 염려가 있다. 전보를 보내 청국에 원병을 청하라."하였다.   〈매천야록〉
- 내용 : 피고(전봉준) 등은 전운소를 없앨 것, 보부상의 폐해를 금지할 것, 전의 감사가 이미 거둔 환전(還錢)을 다시 거두지 말 것, 대동 상납 전에 각 포구 잠상들의 미곡 무역을 금지할 것, 동포전은 매호 춘추로 2냥씩으로 정할 것, 탐관오리는 모두 파출시킬 것, …… 전세는 예전대로 할 것, 연호(煙戶)의 잡역을 적게 할 것, 포구에서 어염세를 혁파할 것 등 27개조 청원을 당국에 아뢰어 줄 것을 논하였다. 초토사가 이를 승낙하였으므로 피고는 5월 5, 6일 경 모두 그 무리를 해산하였다.

동학 농민군의 폐정 개혁안 12개조

1. 동학 교도와 정부는 쌓인 원한을 씻고 서정에 협력할 것   → 조선 정부와의 타협
2. 탐관오리의 죄목을 조사하여 엄징할 것
3. 횡포한 부호들을 엄징할 것   봉건적 지배층에 대한 개혁 의지
4. 불량한 유림과 양반을 징벌할 것
5. 노비 문서는 불태워 버릴 것
6. 천인의 대우를 개선하고 백정이 쓰는 패랭이를 없앨 것   봉건적 신분제 폐지
7. 청상 과부의 개가를 허용할 것   → 봉건적 인습 타파
8. 무명의 잡세는 모두 폐지할 것   → 조세 제도 개혁
9. 관리 채용은 지벌을 타파하고 인재를 등용할 것   → 봉건적 신분 폐지
10. 왜와 내통하는 자는 엄징할 것   → 반외세
11. 공사채를 막론하고 기왕의 것을 무효로 할 것   → 농가 부채 탕감
12. 토지는 평균하여 분작할 것   → 토지 제도 개혁

집강소 설치

- 갑오년 5월 10일 동학군과 관군은 강화를 맺었다. 관군은 서울로 돌아가고, 동학군은 전라도 53개 고을에 집강소를 설치하여 행정을 처리하였다. 고을마다 집강 1명, 의사원 약간 명을 두었다. 대관리들이 그들을 도와 폐정 개혁에 착수하였다.
- 갑오년 7월 보름 무렵 전봉준, 김개남 등이 남원에서 대회를 하였는데 무리가 수만 명이었다. 전봉준이 각 읍의 포에 영을 내려, 읍에 도소를 설치하고 농민군에서 집강을 두어 수령의 일을 행하도록 하였다. 이에 도내의 군마, 돈, 양곡이 모두 적(농민군)의 것이 되었다. (전라 감사) 김학진은 농민군과 타협해 지켜보고 있었다.
- 동학도들은 각 읍에 할거하여 공해에 이 기구를 세우고 서기, 성찰, 집사, 동몽 등을 두어 완연한 하나의 관청으로 삼았다. 이 기구로 고을 수령은 이름이 있을 뿐 행정을 맡을 수 없었다. 심지어 고을 수령들을 추방하니 이서배(吏胥輩)들은 모두 동학당에 들어 성명(性命)을 보존하였다.

근대 국가 수립 운동

핵심 자료 읽기

전주화약 이후 상황

• 아직 돌아가지 않고 남아 있는 자들이 있다니 우려스럽다. 그대들은 얼마 전 맺은 약속대로 향리로 돌아가도록 하라. 며칠 전 상륙한 청국 병사들이 이쪽으로 진군해 온다면 해를 입지 않겠는가! 본 관찰사는 폐정 개혁안을 조정에 상주하기로 하겠다. 그대들이 억울하게 여기는 사안들은 집강소를 통해 아뢰도록 하라. 〈○○관찰사 효유문〉

• 이미 수거한 총, 창, 칼, 말과 관청에 반납한 것은 각 접주에 통보하여 총, 창, 칼, 말의 수효와 소지하고 있는 사람의 성명과 주소를 자세히 기록하며 두 개의 책으로 엮어 하나는 감영에 보관하고 나머지 하나는 각 집강소에 돌려보내 보관토록 하여 나중에 참고토록 하라. 지금부터 돈과 곡식을 강제로 요구하는 자들은 이름을 적어 감영에 보내 군율에 따라 조치하라.

• 각지의 집강소의 행정은 십수 명의 의원이 협의하는 방식이었고, 도의 집강소를 대표하는 자를 1명 선출하였다. 정강은 다음과 같다. 인명을 함부로 죽이는 자는 벌할 것 …… 천민 등의 군안(軍案)은 불태울 것 …… 농민들의 두레하는 법은 장려할 것. 이상의 모든 폐해가 되는 것을 혁파하는 바람에 빈부와 반상, 적서 등의 모든 차별은 그림자도 보지 못하게 되었다.

• 5월 28일(양력 7월 1일) 밤에 동학 접주 한 사람이 무리 30여 명을 이끌고 와서 사들인 쌀이 있는지 물었다. "현재 이곳 근방의 쌀값이 폭등한 것은 해외 유출이 많기 때문이다. 너희 일본인들이 내지까지 들어와 미곡을 사들이면 토착민들이 굶어 죽을 지경이 된다. 오늘부터 방곡을 실시할 것이니 한 줌의 곡식도 실어내지 못한다." 나는 조약에 따라 정당한 수속을 밟고 내지에서 행상하는 사람임을 내세워 항변하였다. 방곡령이 어느 곳에서 발포한 것인지 물었더니 그가 품 안에서 한 통의 공문 같은 것을 끄집어 내면서 동학당 수령으로부터 발령한 것이라 하였다. 〈주한 일본 공사관 기록〉

교정청 설치

• 일본 정부의 권고에 감사한다. 조선 정부도 10년 이래 내정 개혁의 필요를 느끼고 점차적으로 개혁에 착수하여 왔다. 아직 실효를 거두지 못하던 차에 남도에서 민란이 발생하고, 그 외 지방에서도 민란이 잇달아 일어났다. 그러므로 조정 회의에서도 개혁을 단행하지 않으면 안된다고 결정하고, 이를 위해 대군주 폐하로부터 엄중한 칙령도 내려졌고, 계속해서 교정청을 설치하고 위원들을 임명하였으므로 머지않아 일신된 정치를 바라볼 수 있을 것이다. 귀 공사가 지금 대군을 주둔시키고 기한을 정해서 개혁의 실행을 촉구하는 것은 자못 내치(內治)에 관여할 우려가 있다.

• 우리 정부는 왕명을 받들어 교정청을 설치하였고, 당상관 15명을 두고 먼저 폐정 몇 가지를 개혁하니 모두 동학당이 주장해 온 바의 일이다. 자주 개혁을 점차 추진하기를 바람으로써 일본인들이 끼어듦을 막고자 하였다. …… 6월 16일 교정청에서 혁폐 조건을 결정하여 전국에 보내 시행하도록 하였다.

– 공금을 많이 횡령한 자는 일절 너그러이 용서하지 말고 법대로 처벌할 것.

– 공사채를 가리지 말고 절대로 족징을 하지 말고, 채무에 관한 소송 가운데 30년이 지난 것은 받아주지 말 것.

– 각 읍 이속은 신중하게 뽑으며 뇌물을 써서 법을 위반하는 자는 공금 횡령으로 다스릴 것.

– 각 고을의 관청에 쓰이는 물품과 진상 물품은 시가의 높고 낮음에 따를 것.

– 원결(토지에 거두는 세), 호포(집집마다 거두는 군포) 외에 더 거두는 것을 엄격히 금한다. 〈속음청사〉

동학 농민군의 2차 봉기 배경

• 일본 사람이 군사를 거느리고 도성문으로 들어왔는데 관청 관리가 극력 제지하였으나 듣지 않았으니 …… 저들이 많은 군사를 동원하여 우리나라 도성문으로 들어오면서 우리 백성들을 더욱 소란스럽게 하는 것은 무엇 때문이겠습니까? …… 우리가 중국에 구원을 청한 것은 좋은 계책이 아니었습니다. 좁은 지방의 작은 도둑을 수령이 제압하지 못하고 큰 도적으로 만들고는 끝내 초토사와 순변사로 하여금 군사를 거느리고 가게 하였으니 ……

• 일구(日寇 : 일본 도적떼)가 구실을 만들어 출병하여 임금을 핍박하고 백성을 어지럽게 함을 그대로 참을 수 있단 말이오. …… 위로는 군부(君父)를 위협하고 밑으로는 백성을 속여 왜이(倭夷)와 연결하여 삼남의 백성에게 원한을 사며, 망령되게 친병(親兵)을 움직여 선왕의 적자(赤子)를 해하려 하니 참으로 그 무슨 뜻이오.

• 우리는 폐정을 개혁할 목적으로 일어났으나 화약을 맺었다. …… 일본이 우리나라를 삼키기 위해 군대를 파견하여 서울에 들어왔으니, 국가가 위급하다. 진실로 나라를 생각하는 자는 먼저 창을 들고 일어나 일본 군대를 방어해야 한다.

• 호서·호남 창의군의 영수 전봉준이 갑오 10월 논산에서 충청 감사 합하게 글을 올립니다. 일본 오랑캐가 분란을 야기하고 군대를 출동하여 우리 국왕을 핍박하고 백성들을 뒤흔들어 놓았으니 차마 말할 수 있겠습니까. …… 금일 우리가 하고자 하는 바는 지극히 어렵다는 사실을 알고 있으나 합하도 반성하여 죽음으로써 의를 함께 한다면 천만다행입니다.

동학 농민군의 2차 봉기

- 삼례 봉기 : 그는 일본 군대가 대궐에 들어갔다는 말을 듣고, 일본군을 물리치고 그 거류민을 나라 밖으로 몰아낼 마음으로 다시 군사를 일으키고자 하였다. 전주 근처의 삼례역이 땅이 넓고 전라도의 요충지이기에, 그해 9월쯤 태인을 출발하여 원평을 지나 삼례역에 이르러 그곳을 기병하는 대도소로 삼았다고, 기병을 촉구하는 통문을 돌렸다. 통문에는 "이번 거사에 호응하지 아니하는 자는 불충무도(不忠無道)한 자이다."라는 내용이 담겨 있었다.
- 우금치 전투 : 우리 총의 사정거리는 100보에 불과하고, 일본 총의 사정거리는 400~500보도 더 되었다. 불이 총대 안에서 저절로 일어나 불을 붙이는 번거로움이 없었고, 눈·비가 내려도 계속 쏠 수가 있었다. 적(동학 농민군)과 수백 보 떨어진 거리에서 적의 총탄이 미치지 못할 것을 헤아린 다음 총을 쏘므로 적은 쳐다보면서도 한 발도 쏘지 못하였다. <오하기문>

전봉준의 공초

문 : 지난 1월에 무슨 사연으로 고부에서 농민을 모았느냐?

답 : 군수 조병갑의 학정으로 인해 많이 모았다.

문 : 탐관오리라도 (수탈한) 명색이 반드시 있을 것이니 상세히 말하라.

답 : 첫째 민보 밑에 보를 새로 만들고 민간에 세를 거두니 총액이 700여 섬이요, 둘째 부유한 백성에게 탈취한 것이 엽전 2만여 냥이요, 셋째는 그 아비를 위해 비각을 강제로 세우기 위해 탈취한 돈이 1천여 냥이요, ……

문 : 작년 3월 고부에서 민중을 크게 모았다고 하니 어찌 그리하였는가?

답 : 안핵사 이용태의 잘못된 일 처리에 있다.

문 : 고부에서 기포할 때 동학이 많았느냐, 원민(怨民)이 많았느냐?

답 : 의거할 때 원민과 동학이 합하였으나 동학은 적고 원민이 많았다.

문 : 다시 난을 일으킨 것은 무슨 이유인가?

답 : 그 후에 들은 즉 일본이 개화라 칭하고 처음부터 민간에게 일언반구도 공포함이 없고 또 알리는 글도 없이 군대를 거느리고 우리 서울에 들어와 밤중에 왕궁을 공격하여 임금을 놀라게 하였다. 하기로 초야의 백성들이 충군애국의 마음으로 분개함을 이기지 못하여 의병을 규합하여 일본인과 접전하여 이 사실을 1차 묻고자 함이었다.

전봉준의 최후 절명시

- 절명시 : 때를 만나 천하도 다 내 뜻과 같았네. / 시운이 다하니 영웅도 스스로 어쩔 수 없구나.
  백성을 사랑하고 정의를 위한 길이 무슨 허물이랴. / 나라 위한 붉은 마음 그 누가 알아주랴. 새야 새야 녹두새야
- 민요 : 새야 새야 녹두새야 / 녹두밭에 앉지마라 / 녹두꽃이 떨어지면 / 청포장수 울고 간다

동학농민운동의 한계

- 적은 천민이므로 양반, 사족을 증오하였다. 길에서 갓을 쓴 자를 만나면 "너도 양반인가?"라고 하며 양반을 욕주었다. 집안 노비로서 주인을 협박하여 노비 문서를 불사르고 면천해줄 것을 강요하였다. …… 때로 양반 주인과 노비가 함께 적을 따른 경우도 있었다. 이들은 적의 법도를 따랐다. 백정들도 평민이나 양반과 평등한 예를 하여 사람들은 치를 떨었다.
- 삼남의 동학군이 일·청 양군에 패하여 관동의 동학군도 고립된 상태에 빠졌다. 그 기회를 타서 지평의 맹영재라는 유학자는 유도군을 일으키고 춘천의 관군은 포군 2백 명과 보졸 3백 명으로 동학군의 근거지인 홍천군을 좌우로 협공하였다.

1차 갑오개혁

- 배경 : 조선의 개혁에 있어서 조선인 입장에서 세 가지 부끄러움이 있다. 세 가지 부끄러움이란 스스로 개혁하지 못하고 일본의 권고와 압박을 받았기 때문에 본국 인민에 대해 부끄러운 것이 하나요, 세계 만국에 대하여 부끄러운 것이 그 둘이요, 천하 후세에 대해 부끄러운 것이 그 셋이다. 세 가지 부끄러움을 무릅쓰고 …… 개혁을 잘 이룸으로써 독립을 보존하고 남에게 굴욕을 당하지 않으면서 개화의 실효를 거두어 보국안민(保國安民)하게 되면 오히려 허물을 벗어날 수 있다.
- 군국기무처 : 국내의 크고 작은 일을 의논한다. 총재 1인은 총리대신이 겸임하고, 부총재 1인은 의원 중에서 겸임하며, 회의원은 10인 이상 20인 이하이고, 서기관은 3인이다. 업무는 군국의 근무 및 일체의 사무 개혁을 담당한다. 군국에 관한 사무는 회의에 올려 상의하고, 회원 반 이상의 참석으로 개최하고, 회원이 논의하는 안건의 가부는 다수에 따라 결정한다.

03 근대 국가 수립 운동

SECTION

핵심 자료 읽기

1차 갑오개혁의 법령

1. 지금부터 국내외 공사 문서에 개국 기원을 사용한다. ————————————→ 청의 연호가 아닌, '개국' 기원 사용
2. 문벌과 계급을 타파하여 양반과 상인들의 등급을 없애고 귀천을 가리지 않고 인재를 뽑아 쓴다. ——→ 신분제 폐지
4. 연좌율을 폐지한다. ——————————————————————————→ 연좌제 폐지
6. 남녀의 조혼을 엄금한다. 남자는 20세, 여자는 16세라야 비로소 결혼을 허락할 것. ————→ 조혼 금지
7. 과부의 재혼은 자유에 맡긴다. ——————————————————————→ 과부의 재가 허용
8. 공노비와 사노비에 관한 법을 일체 혁파하고 인신 매매를 금한다. ————————————→ 신분제 폐지
9. 평민도 국가에 이익이 되고 백성을 편하게 할 수 있는 의견이 있다면 군국기무처에 올려 토의에 부치게 한다.
19. 과거제도 실력 있는 인재를 뽑기 어려우니 임금의 재가를 얻어 따로 선용 조례를 제정한다. ——→ 과거제 폐지
20. 각 도의 부세·군보 등으로 상납하는 쌀·콩·면포는 금납제로 대치하도록 마련한다. ————→ 조세의 금납화

조일 동맹 조약

제1조 이 동맹 조약은 청나라 군사를 조선 국경 밖으로 철퇴시키고 조선국의 독립과 자주를 공고히 하며 조선과 일본 두 나라가 누릴 이익을 확대하는 것을 기본으로 삼는다.
제2조 일본국이 청나라에 대한 공격과 방어 전쟁을 담당할 것을 승인했으므로, 군량을 미리 마련하는 등 여러 가지 일을 돕고 편의를 제공하기에 힘을 아끼지 말아야 한다.

독립서고(誓告)문

종묘 양녕전에 나아가 서고(誓告)를 행하였다.
개국 503년 12월 12일, 감히 황조와 열성의 신령 앞에 고합니다. …… 우리 황조가 왕조를 세우고 우리 후손들에게 물려준 지도 503년이 되는데 …… 이제부터는 다른 나라에 의지하지 말고 국운을 융성하게 하여 백성의 복리를 증진함으로써 자주 독립의 터전을 튼튼히 할 것입니다. 그 방도는 낡은 습관에 얽매이지 말고 안일한 버릇에 파묻히지 말며 세상 형편을 살펴 내정을 개혁하여 오래 쌓인 폐단을 바로잡는 것입니다. 짐은 이에 14개 조목의 큰 규범(홍범)을 하늘에 있는 조종의 신령 앞에 맹세하노니, …… 밝은 신령은 굽어 살피시기 바랍니다.

2차 갑오개혁 법령(홍범 14조)

1. 청에 의존하는 생각을 버리고 자주 독립의 기초를 세운다. ————————————————→ 청의 종주권 부인
2. 왕실 전범(典範)을 제정하여 왕위 계승과 종친, 외척의 구별을 명확히 한다. ————————→ 왕가의 정통성 확립
3. 임금은 각 대신과 의논하여 정사를 행하고, 종실·외척의 내정 간섭을 용납하지 않는다.
4. 왕실 사무와 국정 사무를 나누어 서로 혼동하지 않는다. ┘ ————→ 국왕의 권한 제약
5. 의정부 및 각 아문의 직무, 권한을 명백히 규정한다. ——————————————————→ 중앙 관제 개혁
6. 납세는 법으로 정하고 함부로 세금을 징수하지 않는다. ————————————————→ 조세 제도 개혁
7. 조세의 징수와 경비 지출은 모두 탁지아문의 관할에 속한다. ————————————————→ 재정의 일원화
8. 왕실의 경비는 솔선하여 절약하고, 이로써 각 아문과 지방관의 모범이 되게 한다. ————→ 왕실 재정의 개혁
9. 왕실과 관부의 1년 회계를 예정하여 재정의 기초를 확립한다. ————————————————→ 예산 제도의 확립
10. 지방 제도를 개정하여 지방 관리의 직권을 제한한다. ————————————————————→ 행정권과 사법권의 분리
11. 총명한 젊은이들을 파견하여 외국의 학술, 기예를 견습시킨다. ————————————————→ 선진 문물의 수입
12. 장교를 교육하고 징병을 실시하여 군제의 근본을 확립한다. ————————————————→ 군제의 개혁
13. 민법, 형법을 제정하여 인민의 생명과 재산을 보전한다. ————————————————————→ 법에 의한 국민의 재산 보호
14. 문벌을 가리지 않고 인재 등용의 길을 넓힌다. ————————————————————————→ 신분제 폐지

핵심 자료 읽기

2차 갑오개혁

• 고종은 왕세자와 종친 및 문무백관을 데리고 종묘에 나가 새로운 법령을 반포하였다.

　1. 대군주 폐하가 정전에서 정사를 각 대신에게 물어 재결하며 왕후 폐하와 후궁, 종실과 척신이 간여하지 못하게 할 것

　2. 의정부는 내각으로 개칭할 것

• 전국을 23부(府)의 행정 구역으로 나누어 아래에 열거하는 각 부를 둔다.

• 재판소는 다음과 같은 다섯 가지 종류로 나누어 둔다.

　1. 지방 재판소, 2. 한성과 인천, 기타 개항장 재판소, 3. 순회 재판소, 4. 고등 재판소, 5. 특별 법원

• 교육 입국 조서(1895) : 세계의 형세를 보면, 부강하고 독립하여 잘사는 나라는 국민의 지식이 밝기 때문이다. 이 지식을 밝히는 것은 교육으로 된 것이니, 교육은 국가를 보존하는 근본이 된다. 짐이 교육하는 책임을 스스로 떠맡고 있다. …… 이제 짐은 교육하는 강령을 제시하여 허명을 제거하고 실용을 높인다. …… 이제 짐은 정부에 명하여 널리 학교를 세우고 인재를 길러 새로운 국민의 학식으로써 국가 중흥의 큰 공을 세우고자 하니, 국민들은 나라를 위하는 마음으로 덕(德)과 체(體)와 지(智)를 기를지어다. 왕실의 안전이 국민들의 교육에 있고, 국가의 부강도 국민들의 교육에 있도다.

삼국간섭 발생

랴오둥(요동) 반도를 일본이 소유하면 청국 수도를 위태롭게 한다. 뿐만 아니라 조선국 독립까지도 유명무실하게 만들고, 동아시아의 영구적인 평화를 가로막을 것이다. 이에 일본 정부에 랴오둥(요동) 반도를 차지하는 것을 포기하기를 권고한다.

박영효에 대한 입장 변화

• 2차 갑오개혁 참여 : 전교하기를, "저번 날 박영효의 일은 그 형적을 논하자면 누군들 죽여야 한다고 말하지 않겠는가마는, 그 마음 속의 곡절을 살펴보면 실로 용서할 만한 것이 있다. 지금 원정(原情)을 보니, 10년 동안이나 떠돌아다녔으면서도 나라를 사랑하는 마음을 잃지 않았다. 그의 죄명을 특별히 삭제하여 조정의 관대한 뜻을 보여주라."고 하였다.

• 삼국간섭 이후 일본으로의 망명 : "짐은 박영효의 갑신년 사건에 대해 혹 용서해 줄 만한 점이 있기 때문에 이전 죄를 기록하지 않고 특별히 좋은 벼슬에 임명하여 충성을 바쳐 스스로 속죄하도록 하였다. 그런데 도리어 전의 잘못을 뉘우치지 않고 다시 죄를 범하여 남모르게 반역을 도모하다가 그 일이 발각되었다. 바야흐로 법부로 하여금 엄하게 조사하여 죄를 다스리도록 하라."

소학교령

제1조 소학교는 아동의 신체 발달에 맞추어 인민 교육의 기초와 필요한 보통 지식과 기능을 가르치는 것을 목적으로 한다.

제2조 소학교는 관립 소학교 · 공립 소학교 · 사립 소학교 등의 3종이며, 관립 소학교는 정부 설립, 공립 소학교는 부(府) 혹은 군(郡) 설립, 사립 소학교는 사립 학교 설립과 관계된 것을 말한다.

3차 을미개혁

• 배경(을미사변) : 전(前) 협판 이주회가 일본 사람 오카모토 류노스케와 함께 흥선대원군을 호위하여 대궐로 들어오는데, 훈련대 병사들이 대궐문으로 마구 달려들고 일본 병사도 따라 들어와 갑자기 변이 터졌다. 시위대 연대장 홍계훈은 광화문 밖에서 살해당하고 궁내부 대신은 전각 뜰에서 해를 당하였다. 난동은 점점 더 심상치 않게 되었고, 왕후가 거처하던 곳까지 침범당하여 왕후가 목숨을 잃게 되었다.

• 태양력 시행 : 국왕이 영을 내리기를, "정월 초하루를 기존 역법에 따라 동짓달, 동지 다음 달, 동지 다음 다음 달등 교대로 쓰는 것은 때에 따라 알맞게 정한 것이었다. 이제는 새로운 역법을 써서 정월 초하루를 동지 다음 달로 정하여 쓰는데, 개국 504년 11월 17일을 505년 1월 1일로 삼으라." 하였다. 〈고종실록〉

• 친위대 · 진위대 설치　제1조 국내의 육군을 친위와 진위 2종으로 나눈다.

　　　　　　　　　　　제2조 친위는 경성에 주둔하여 왕성 수비를 전적으로 맡는다.

　　　　　　　　　　　제3조 진위는 부(府) 혹은 군(郡)의 중요 지방에 주둔하여 지방 진무와 변경 수비를 맡는다.

• 단발령 시행 : 대군주 폐하께서 내리신 조칙에서 "짐이 신민(臣民)에 앞서 머리카락을 자르니, 너희들은 짐의 뜻을 잘 본받아 만국과 나란히 서는 대업을 이루라."라고 하셨다.

03 근대 국가 수립 운동
SECTION

아관파천 이후 러 · 일 협상과 러시아의 간섭

• 웨베르−고무라 각서 : 경성에 주재하는 러시아와 일본 양국의 대표자는 각자 정부로부터 훈령을 받고 협의한 후 다음과 같이 협정한다. 조선 국왕 폐하의 환궁 문제는 폐하 자신의 재량과 판단에 일임할 것이다. 또 일본국 대표는 일본인 장사(壯士)의 단속에 엄중한 조처를 취할 것을 보증한다.

• 러시아의 간섭 : 새로 부임한 ○○○○○ 공사는 군사 교관 증파 요청을 수락한 뒤 자신이 작성한 조선 정부 내각의 명단을 고종에게 제시하면서 직접적인 영향력을 행사하고자 하였다.

독립문 설립

대조선국이 독립국이 되어 세계만방을 어깨에 겨누니 이는 대군주 폐하의 위덕이 떨침이요, 대조선국의 광명이요, 이천만 동포의 행복이다. 이에 독립협회를 발기하여 전 영은문 자리에 독립문을 세우고, 전 모화관을 고쳐 독립관이라 하여 옛날의 치욕을 씻고 후인의 표준을 만들고자 함이요, 그 부근의 땅에 독립공원을 이루어 독립문과 독립관을 보전코자 하니, 그 공역이 커서 큰 비용이 될 것이니 힘을 합치지 않으면 성취를 기약치 못할 것이다. 〈대조선 독립협회 회보 제1호〉

만민공동회 개최

• 대궐문에서 떠들어대고 모임을 가지며 수백, 수천이 무리를 지었습니다. 장사치, 중, 백정들이 모여들어 …… 조목별로 규제를 제정하고 승인할 것을 청하였습니다. …… 관리들에게 통문을 돌려 모이게 하여 패거리를 만들었습니다. 그 목적을 물어보면, 임금에게 충성하고 나라를 사랑하는 것이라 하고, 하는 일을 물어보면 바른 말로 간하는 것이라고 합니다.

• 회원 김정현이 배재학당으로 가서 교사 이승만 및 학도 40~50인과 함께 경무청에 갔고 다른 회원들은 도가(都家)에 모여 윤시병을 만민공동회 회장으로 삼아 경무청 앞으로 갔다. 이때 인민들이 다투어 모인 자가 수천 인이었다. 〈대한계년사〉

자주 국권 운동

• 서울에서 러시아 교관들과 재정 고문의 체류를 반대하려는 움직임이 거세졌다. 이를 주도하는 단체를 따라서 전 국민이 같은 입장을 취하였고 길거리에서 모임을 갖고 있다. 10일에 유명한 상인의 주재하에 약 8,000명이 대로에 모여 러시아 장교들과 알렉세예프에 대한 송환을 외부 대신에 어떻게 요구할 것인가에 대한 토론이 이루어졌다.

• 현재 러시아가 우리 대한을 향하여 절영도를 요구하고 있습니다. …… 그 신하된 자가 만약 조그마한 땅이라도 타국인에게 주면 이는 황제 폐하의 역신이며, 역대 임금의 죄인이며, 우리 대한 2천만 동포 형제의 원수입니다.

• 아라사(러시아)가 절영도에 팔만 미터를 석탄고로 만들려고 달라 하고, 목포와 증남포(남포)에 외국 거류지로 영사관을 짓게 달라 하였다. …… 아라사 공사에게 말하고 못 하겠다 하면 그만이요, 그른 일을 하고 다른 약조한 제국에게 시비 드는 것은 대한을 위해 크게 해로운 일이라.

• 재물정사(財物政事)는 비유컨대 사람의 피와 맥과 같으니 그 혈맥을 보호하여 기르는 것은 자기에게 있지 남이 보호하여 주고 길러주지 못한다. 국내에서 금, 은, 석탄광이 있으면 스스로 채굴하여 그 이익을 얻을지니, 그러므로 국내의 철도 · 전선과 금 · 은 · 석탄광 등을 타국인에게 빌려 주고 양여함은 곧 전국을 타국인에게 방매(放賣)하는 것이다.

• 근래 한러은행을 창설한다고 하는데 이미 '한러'라는 명칭이 붙은 것을 보면 대한(大韓) 정부가 어찌 듣지도 못하고 모를 리가 있겠습니까. 오늘날 정부에는 외부서리(外部署理) 한 사람만 있을 뿐이며, 신 등과 같은 사람은 있으나 마나한 존재인 것입니다. 이미 그 직임과 일을 수행도 못하고 자리나 차지하니, 나라의 체모와 사리로 볼 때 어떠하다 하겠습니까.

박정양 내각의 등장

• 의정부 찬정 박정양에게 의정 사무를 서리하라고 명하였다. 조병호를 탁지부 대신으로, 민영환을 군부대신으로 임용하였다. 법부대신 서정순을 등재판소 재판장에 임용하고, 장례원경 윤용선을 칙임관에 서임하였다.

• 이 도시(서울)는 지금 막 커다란 격동의 시기를 보냈음을 보고합니다. 하나의 평화적 혁명이 일어났습니다. 군중들의 요구에 의하여 거의 전면적인 개각이 이루어졌습니다.

관민공동회 개최

• 세 사람의 연설로 시작되었다. 회장 윤치호, 의정부 참정 박정양, 백정 박성춘이 차례로 연설하였다. …… 정부 대표 박정양은 다음과 같이 연설하였다. "폐하께서 '인민들이 차가운 곳에서 날을 보내고 있다. 오늘은 정부의 여러 대신들이 나아가 합석하여 나라를 이롭게 하고 백성을 편리하게 하는 그 방책을 들어보도록 하라.' 라고 하셨습니다."

• 의정부 참정 박정양의 설명 : 인민들이 종로 거리에 모여 관민공동회라 일컬으며 의정부의 신하들이 함께 모임에 나올 것을 요구하였습니다. 신 등이 생각건대, 관리와 백성의 협상이 처음 있는 일이기는 하지만 …… 의정부의 직책에 있으면서 배척해 버리기 곤란하여 함께 회의에 갔습니다. 회의에 참가한 인민 가운데 6개 조항의 강령으로 된 의견을 올린 사람이 있었는데 사람들이 모두 다 일제히 좋다 외쳤고 …… 신 등이 생각건대, 그 6개 조항은 바로 나라의 체모를 존중하고 재정을 정돈하며 법률을 공평하게 하고 장정을 따르는 것에 대한 문제로서 모두 시행해야 할 것들이었습니다.

• 박성춘의 연설 : 나라라 하는 것은 사람을 두고 이름이니, 만일 빈 강산에 초목금수만 있고 해와 달만 내왕하는 곳이면 어찌 나라라고 칭하리오. 사람이 토지에 의거하여 나라를 세울 때 임금과 정부와 백성이 동심 합력하여 나라를 세웠나니, …… 백성의 권리로 나라가 된다고 말하는 것이요. …… 해외 강국이 와서 나라를 빼앗는데 종묘사직과 임금과 나라 이름을 그대로 두고 사람의 권리와 토지 이익만 가져가고 또 총명 강대한 백성을 옮겨다 가두고 주장을 하나니, …… 관민이 합심하여 정부와 백성의 권리가 절반씩 함께 한 후에야 대한이 억만 년 무강할 줄로 나는 아노라.

자유 민권 운동

첫째, 인민의 생명과 재산에 해당하는 일은 어디까지든지 보호할 일

둘째, 무단히 사람을 잡거나 구류하지 못하며, 잡으려면 죄목을 분명히 공문에 써서 그 사람에게 보이고 잡아올 일

셋째, 잡은 후에도 재판하여 죄상이 뚜렷하기 전에는 죄인으로 다스리지 못할 일

넷째, 잡힌 후에 가령 24시 내에 법관에게 넘겨서 재판을 청할 일

다섯째, 누구든지 잡히면 당사자나 친척이나 친구가 즉시 법관에게 말하여 재판할 일   〈독립신문, 1898년 8월 4일자 논설〉

국민 참정권 운동

• 정부에서 일하는 관리는 임금의 신하요 백성의 종이니 위로 임금을 섬기고 아래로는 백성을 섬기는 것이라. …… 바라건대 정부에 계신 이들은 관찰사나 군수들을 자기들이 천거하지 말고 각 지방 인민으로 하여금 그 지방에서 뽑게 하면, 국민 간에 유익한 일이 있는 것을 불과 1~2년 동안이면 가히 알리라.   〈독립신문〉

• 외국의 경우 민회는 정부가 정치를 잘못하면 널리 알려 민중을 모아 질문하고, 백성이 승복하지 않으면 물러가지 아니하는 것이니 …… 6대주와 동등하여 만국과 나란히 하는 것은 폐하의 권리이고, 폐하의 백성이 되어 강토를 지키고, 정치를 거스르고 법률을 어지러이 하는 신하가 있어서 종사를 해롭게 하면 탄핵하여 성토하는 것은 저희들의 권리입니다. …… 만일 오늘날 국민의 의논이 없으면 정치 · 법률이 따라서 무너져 어떠한 화가 일어날지 모르니 ……

중추원 관제

제1조 중추원은 의정부의 자문에 응하고, 중추원의 건의를 작성하고, 다음의 사항을 심사 · 의정한다.

　　① 법률과 칙령의 제정 · 폐지 · 개정에 관한 사항　② 의정부에서 토의를 거쳐 임금에게 상주(上奏)하는 사항

　　③ 칙령에 의하여 의정부에서 문의하는 사항　　④ 의정부로서 임시 건의하는 사항

　　⑤ 중추원에서 임시 건의하는 사항　　　　　　⑥ 백성들이 건의하는 사항

제2조 중추원은 다음의 직원을 구성한다. 의장 1인, 부의장 1인, 의관 50명으로 서임하고, 반수는 독립협회 회원 투표로써 선거하며, 나머지 반수는 국왕이 임명한다.

제3조 의장은 대황제 폐하께서 글로 칙수하시고, 부의장은 중추원 공천에 의해 칙수하시고, 의관 반수는 정부에서 공로가 일찍이 있는 자로 회의하여 추천하고, 반수는 인민협회에서 27세 이상의 사람이 정치 · 법률 · 학식에 통달한 자로 투표 · 선거할 것

제16조 본 관제 제3조 중 인민협회는 현금(現今) 간에는 독립협회로서 행할 것

03 SECTION 근대 국가 수립 운동

핵심 자료 읽기

헌의 6조

1. 외국인에게 의지하지 말고 관민이 한마음으로 힘을 합하여 전제 황권을 견고하게 할 것 ────▶ 자주 국권 운동
2. 외국과의 이권에 관한 계약과 조약은 각 대신과 중추원 의장이 합동 날인하여 시행할 것 ────▶ 이권 수호 운동
3. 국가 재정은 탁지부에서 전관하고, 예산과 결산을 국민에게 공포할 것 ────▶ 재정의 일원화, 근대 재정의 확립
4. 모든 중대 범죄를 공개 재판하되, 피고의 인권을 존중할 것 ────▶ 자유 민권 운동
5. 칙임관은 정부에 그 뜻을 물어 과반수가 동의하면 임명할 것 ────▶ 입헌 군주제 확립
6. 정해진 규정을 실천할 것

독립협회에 대한 비판과 탄압

- 비판 : 신은 법관 양성소의 졸업생으로서 국내외의 법률에 대해서 조금 알고 있습니다. 구라파(유럽)의 개명한 나라는 모두 민회가 있어 국사를 논하는 데에 참여하여 성과를 거두고 있습니다. 이에 반해 우리 민회는 교육이 미치지 못하고 법과 기강이 퍼지지 않은 상태로서, 군중들을 불러 모아 정부 관료를 능욕하고, 칙령에 항거하고 역적들과 결탁하고 있습니다.
- 비판 : 이석규가 글을 올렸다. "무슨 명목으로 만민공동회요 독립협회라고 부르는 것입니까. 임금에게 충성을 다하고 나라를 사랑한다는 것이 폐하와 나라에 화를 가져오며 인심을 선동하고 외부의 엿보는 놈들과 결탁할 뿐입니다." 〈고종실록〉
- 비판 : 관(官)과 민(民)은 다르거늘 관인을 위협하여 억지로 모임에 나오게 한 것, 민회 가운데 현직 관리자들이 사군치민할 도리는 생각하지 않고 민회에 참여하여 정부를 논박하니, 이는 월급은 정부에서 받고 이름은 민회에서 팔아먹으려는 것
- 익명서 사건 : 조병식 등은 잡배들로 하여금 광화문 밖의 내국 조방 및 큰길가에 익명서를 붙이도록 하였다. …… 익명서는 "독립협회가 11월 5일 본관에서 대회를 열고, 박정양을 대통령으로, 윤치호를 부통령으로, 이상재를 내부대신으로 …… 임명하여 나라의 체제를 공화정치 체제로 바꾸려 한다."라고 꾸며서 폐하게 모함하고자 한 것이다.
- 탄압 : 독립협회에 관해 한계를 정하고 그 이상 활동하지 못하도록 한 것은 규정을 따르도록 함이었다. …… 폐단을 수습한다고 빙자하여 백성들을 움직여 고위 관료를 위협하고 다닌다. …… 이른바 '협회'라고 이름한 것은 모두 혁파하라.
- 탄압에 대한 저항 : 이상재 등 17인을 잡아 경무청에 가두고 고등 재판소에 넘기니 …… 그 글이 어느 곳에서 나왔는지 모르거니와 1만 백성이 보지도 듣지도 못하였는데 …… 원컨대 폐하께서는 그 아뢴 자를 재판하셔서 만일 신 등이 죄가 있으면 죽어도 한이 없사오니 폐하께서는 헤아려 충신과 역적을 분간하여 판단하시기를 원합니다.

독립협회의 한계

- 정부에서 미국 사람과 서울에서 인천 사이에 철도를 약조하여 미국 돈 이백만 원 가량이 나라에 들어올 터인즉 이 일에 연연하여 벌어 먹고 살 사람이 조선 안에 여러 천 명 될 터이요, 철도가 된 후에는 농민과 상민들이 철도로 인연하여 직업들이 흥왕할 터이요. ……
- 일본이 월미도를 요구한 것에 대해서는 허락하고 러시아가 절영도를 요구한 것에 대해서는 거절하였습니다. 세상 사람들은 이들이 옳다고 여겨 추종하는 사람이 많아지고 마침내 그 세력이 강해졌습니다. 이에 자리를 옮겨 모임을 열기도 하고, 상소를 올려 성상의 의중을 떠보면서 역적들을 살려내기 위해 거리낌 없이 행동하기에 이르렀습니다.

고종의 환궁과 대한제국 선포

- 환궁 요구 : 폐하가 외국 공사관으로 옮긴 것은 마땅한 거처가 없어 한 것인데, 먼 이웃의 보호를 받고 각국의 공의에 의거하여 위험을 전환시켜 안전하게 만든 것입니다. 그러나 국모의 원수를 갚지 못하고 궁궐로 돌아오는 것을 지체한다면 나라의 위세가 위태롭고 여러 사람의 정서가 울적하니 어떠하겠습니까? …… 삼가 바라건대 폐하가 대궐로 돌아오는 것을 호위하여 나라를 다시 일으켜 세우고 독립하는 기초를 세우소서. 〈고종실록〉
- 고종의 환궁 : 지난번 거처를 옮긴 후에 한 해가 지나니 모든 법도가 무너져서 여러 사람들이 우려하였다. 짐이 어찌 밤낮으로 이것을 생각하지 않았겠는가? …… 이제 의정부의 간청에 의하여 경운궁에 환궁하였으니 중앙과 지방 신하와 백성들의 기대에 어느 정도 부응했을 것이다.
- 대한제국 선포 : 나라 이름을 '대한(大韓)'이라고 정한다. 이 해를 광무 원년(光武元年)으로 삼고, 백악의 남쪽에서 천지에

고유제를 지내고 종묘와 사직의 신위판을 태사(太祀)와 태직(太稷)으로 고쳐 썼다. 왕후 민씨를 황후로 책봉하고 왕태자를 황태자로 책봉하였다. 이리하여 밝은 명을 높이 받들어서 큰 의식을 거행하였다. 이후부터 서울에 있는 크고 작은 아문과 지방의 관찰사, 부윤, 군수, 진위대 장관들과 이서, 조역(助役)으로서 단지 뇌물만을 탐내어 법을 어기고 백성들을 착취하는 자들은 법에 비추어 죄를 다스리되 대사령 이전의 것은 제외한다.

광무개혁의 취지

- 옛 것에 안주하려는 자는 반드시 구례(舊例)를 모두 회복하려 하고, 공리(功利)에 급한 자는 반드시 한결같이 신식(新式)만을 따르려 합니다. 복구의 뜻은 반드시 모두 옳은 게 아니니 복구할 만한 것도 있고, 복구해서는 안 될 것도 있습니다. 새 것을 따르는 일은 반드시 모두 갖추어 있는 게 아니니 따를 것도 있고, 따라서는 안되는 것도 있습니다.
- 나라를 세운 초기에는 반드시 정치가 어떠하고 군권(君權)이 어떠한가 하는 것을 일정한 제도를 만들어 천하에 소상히 보인 뒤에야 신하와 백성에게 그대로 따르고 어김이 없게 하는 것입니다. …… 여러 사람들의 의견을 수집하고 공법(公法)을 참조하여 국제 1편을 정함으로써 본국의 정치는 어떤 정치이고 본국의 군권은 어떤 군권인가를 밝히려 합니다. 이것은 실로 법규의 대두뇌이며 대관건입니다.
- 옛날 호칭을 그대로 사용하는 것은 실로 천심(天心)을 받들고 백성의 표준이 되는 도리가 아닙니다. 지금 서둘러 황제의 칭호를 만국에 공포한다면, 시기하고 의심하는 마음은 날로 사그라지고 우의는 더욱 돈독해져 장차 영원히 만천하에 자랑스러울 것입니다. 독립과 자주는 이미 만국이 공인하였으니 황제의 자리에 오르는 것은 진실로 마땅히 행해야 할 성대한 의식입니다.

대한국 국제

제1조 대한국은 세계 만국이 공인한 자주 독립 제국이다.
제2조 대한국의 정치는 만세불변의 전제 정치이다.
제3조 대한국 대황제는 무한한 군권을 누린다.
제4조 대한국 신민이 대황제의 군권을 침해하면 신민의 도리를 잃은 자로 판단한다.
제5조 대한국 대황제는 육·해군을 통솔하고 계엄·해엄을 명한다.
제6조 대한국 대황제는 법률을 제정하여 그 반포와 집행을 명하고, 대사·특사·감형·복권 등을 명한다.
제7조 대한국 대황제는 행정 각 부의 관제를 정하고, 행정상 필요한 칙령을 발한다.
제8조 대한국 대황제는 관리의 출척·임면을 하고 작위·훈장과 영전(榮典) 수여·체탈을 한다.
제9조 대한국 대황제는 각 조약 체결 국가에 사신을 파견하고, 선전·강화 및 제반 조약을 체결한다.

군제 개혁

- 무관 학교 설치 : 군사는 수가 많지 않더라도 오직 정예해야 하는 것입니다. 노약자와 병든 사람들은 다 면제해 주고 다시 나이 젊고 건장한 사람들을 선발해서 대오(隊伍)를 보충할 것입니다. 특별히 무관 학교를 설립하여 총기 있고 준수한 젊은 이로서 시세도 밝고 경서와 역사에도 익숙한 사람을 뽑아 사관의 벼슬을 주어 교육하고 연습시켜 문무를 겸비하게 할 것입니다. 지방 진위대를 더 설치하여 해당 지방에서 뽑게 한다면 풍속에 익숙하고 노정에 익숙하여, 만약 급한 사변이 있을 때에도 방어와 수비가 편리할 것입니다. 〈고종실록〉
- 군대 증강 : 관동의 고성·통천은 바로 해변가의 중요한 지역이니, 마땅히 사전에 철저한 방비가 있어야 할 것이므로 지난 번에 경병(京兵)을 파견해서 주둔하게 하였다. 그런데 해당 군사가 오래도록 수고한 것을 생각해 주지 않을 수 없으니, 소환하여 고성군에 지방대를 특별히 설치하되 편성 방법은 원수부에서 마련하도록 하고, 경비는 부근 고을의 역토(驛土)를 군부와 탁지부가 적당히 활용하도록 하라.
- 원수부 설치 : 시대 상황에 맞게 해야 하며 옛 법을 고수해서도 안 되고 새로운 제도를 만들어서도 안 된다. 지금 각국의 군제는 반드시 옛것을 본받지는 않았지만, 훈련과 통제의 정밀하고 엄정함은 또한 옛것에서 벗어나지 않는다. 그러므로 서로 참작하여 원수부 규칙 1편을 만들어 반하(頒下)하니, 각기 공경히 준수하고 어기지 말라.

03 근대 국가 수립 운동

핵심 자료 읽기

원수부 관제

제 1관 대황제 폐하는 대원수이시니 군기를 총람하여 육해군을 통령하시고 황태자 전하는 원수(元帥)이시니 육해군을 일례로 통솔하사 원수부(元帥府)를 설치하심이라.

제1조 원수부는 국방과 용병과 군사에 명령을 관장하며 특립한 권한을 가지며 군부와 경외 각대를 지휘 감독함이라.

제2조 일응(一應) 명령을 대원수 폐하께옵서 원수 전하께로 유(由)하여 전하(傳下)하심이라.

제3조 원수부는 황궁 내에 설치함이라.

제 2관 제2조 군무국은 장관을 국장에 위임하여 군막에 군기를 도와 기획하며 다음의 사무를 관장한다.

지계 발급

• 전국을 나누어 구역을 정하고 구역에 지질을 측정하여 조리를 분명하게 하는 것은 나라의 큰 정치이다. …… 지금 정치를 유신할 때에 일대의 결함이 아니리오. 지금 토지 측량은 하루빨리 해야 할 일이므로 이를 회의에 부쳐야 한다.

• 지계를 발급하되 전답·산림·천택·가옥을 조사·측량하여 결부와 사표(四標)의 분명함과 칸 수 및 척량의 적확함과 시주(時主) 및 구권(舊券)의 증거를 확인한 후 발급하되, 해당 전답·산림·천택·가옥으로 인해 소송이 발생하거나 시주 및 구권이 근거가 없는 경우에는 현재 소유자를 공적(公蹟)에 기재한 후에야 관계를 발급할 것이다.　　〈지계감리응행사목〉

• 지계는 현재 관동에서 먼저 시행하고 있습니다만, 해당 지방의 토지 양안이 오래되어 낡고 해져서 상고하기 어렵습니다. 지금 지계를 발급하면서 정한 도량 규정은 사리에 합당합니다. 그러나 감독하고 경계하지 않는다면 일을 완수하기 어려울 듯합니다. 강원도 관찰사를 특별히 지계 감독으로 임명하여 양안의 사무까지 맡게 하여 속히 일을 마치도록 하겠습니다.

지계 훈령

• 현금 지계 사무를 강원도에서 실시하여 영동은 울진군부터 시작하고 영서는 춘천군부터 시작하여 토지를 개량한 후 관계(官契)를 반급하니 경향을 막론하고 전답가사를 해도에 치한 인민은 구권(舊券)을 지(持)하고 음력 8월 15일 내로 해도의 토지가 있는 군에 전왕(前往)하여 관계(官契)를 환거함이 가할 사.

• 제2조 전답·산림·천택·가옥을 매매·양도하는 경우 관계(官契)를 반납한다.

제3조 소유주가 관계를 받지 않거나, 저당 잡힐 때 관허가 없으면 모두 몰수한다.

제4조 대한제국 인민 외 소유주가 될 권리가 없고, 외국인에게 명의를 빌려주거나 사사로이 매매·저당·양도할 경우 법에 따라 처벌한다.　　〈순창군훈령총등〉

식산 흥업 정책

• 황제께서 조칙을 내리시길 "민은 오직 나라의 근본이라. 근본이 굳어야 나라가 평안한 것이다. 근본을 굳게 하는 방도는 제산안업(制産安業)하여 항심(恒心)이 있게 하는 것이니 누가 그 직책을 맡는 것인가 하면 정부일 뿐이다."라고 하였다.

• 우리나라에도 양잠가가 없음은 아니로되 기술이 정밀치 못하므로 큰 이익을 얻지 못한지라. 본국인 김한목, 방한영, 한성동, 윤수병, 강홍대 등이 외국에 유학하여 1년에 8~9차례씩 양잠하는 기술을 터득하고 귀국하는 고로, 회사를 조직하고 지단(地段)과 뽕나무 묘목을 구입하기 위해 자금을 모집하니 잠업에 뜻이 있는 분은 향연 합자 회사(香煙合資會社)로 오셔서 본회사 사무소를 물으시고, 일고금(= 초기 자금)은 10원씩이니 음력 2월 그믐 이내로 본사에 내서 이익을 공동함을 바랍니다.

도량형 개혁

조(詔)하여 말하기를 도량형을 획일케 하는 것은 나라의 선무(先務)로 …… 이에 평식원에 명하여 신구제(新舊制)에서 좋은 점을 참작하여 규칙을 만들어 반시(頒示)하고 새로 만든 바 두(斗)·승(升)·형(衡)·척(尺)을 이제 활용할 것이니 먼저 한성 및 각 항시(港市) 대도회로부터 촌리(村里)에 이르기까지 두루 미치게 하여 이로써 답습한 오류를 씻어 모두가 대동하게 해야 할 것이다.

자료 보기

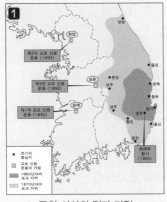

동학 사상의 전파 과정

동학농민운동의 전개 과정

청일전쟁

전통적 재판

근대적 재판

지방 행정 구역표

집배원

단발하는 모습

독립문

관민공동회

환구단(= 원구단, 1897)

황궁우(1899)

한성 전기 회사(1898)

서울의 전차

명동 성당(1898)

덕수궁 석조전(1900~1910)

04 국권 피탈 과정과 국권 수호 운동

1 국권 침탈 과정

(1) 러일전쟁 (1904.2~05.9)

- 배경 ┌ 러·일의 대립 ┌ 의도 : 러시아의 부동항·만주 확보 시도 vs 일본의 대륙 진출 시도
  │   └ 협상 : 1차(웨베르·고무라 각서, 1896) → 2차(로마노프·야마가타 의정서, 1896)
  │   → 3차(로젠·니시 협정, 1898)
  └ 열강의 일본 지원 : 제1차 영일동맹 체결(1902) + 영국·미국이 일본에 대한 전쟁 비용 지원

- 과정 ┌ 전쟁 前 ┌ 러시아 : 한반도 남하 시도 ex) 조선의 용암포를 기습 점거 → 조선에 용암포 조차 요구
  │   └ 대한제국 : 국외 엄정 중립 선언(1904.1)
  └ 전쟁 ┌ 발발 : 일본이 뤼순항(여순항)의 러시아군을 공격(1904.2.8) → 일본군의 러시아에 대한 선전포고
        ├ 일제 ┌ 한일의정서 체결 ┌ 한반도를 군사 용지로 사용 ┐
        │   │ (1904.2.23)   └ 독도에 망루 설치(1905.7) ┘→ 대한제국의 중립 선언을 무력화
        │   └ 군용 철도 건설 : 경부선 완공, 경의선 기공
        └ 전투 ┌ 육전 : 일본군이 봉천 전투에서 러시아군에게 결정적 승리를 쟁취(1905.3)
              └ 해전 : 일본이 러시아의 발트 함대 격파(1905.5)

- 결과 ┌ 미·영이 일본의 대한제국 지배권 인정 : 가쓰라·태프트 밀약(1905.7), 제2차 영일동맹(1905.8)
  └ 미국의 중재로 러시아와 일본이 포츠머스 강화 조약 체결(1905.9) → 일본의 승리로 종전

꼭! 알아두기 · 러일전쟁과 민족의 반응

1. 청일전쟁과 러일전쟁 비교

	청일전쟁(1894~95)	러일전쟁(1904~05)
배경	청·일 양군 진주 + 일본의 경복궁 침범	러시아의 용암포 점령
과정	일본의 풍도 공격 → 평양 전투	일본의 뤼순 공격 → 봉천 전투 + 발트 함대 격파
정부의 중립 선언	×	○
조선과 조약	조일 동맹 조약	한일의정서
미·영의 지원	×	○
종전	시모노세키 조약	포츠머스 강화 조약

2. 민족의 반응

- 협력 : 일진회 ┌ 주도 : 송병준 + 독립협회의 윤시병·유학주 + 동학의 이용구
  (1904~10) ├ 활동 ┌ 강령 : 황실 존중, 인민의 생명 및 재산 보호, 시정 개선, 군정·재정 정리
  │   └ 내용 : 반민족 행위 ex) 외교권의 일본 위임과 국권의 일본 양여 주장, 국채보상운동 비판
  ├ 기관지 : 국민신보
  └ 해산 : 한일 강제 병합 이후 일제에 의해 해산

- 순국 ┌ 이한응 : 외교관으로, 제1차 한일협약에 저항   cf) 사후 장충단에 제향
  ├ 민영환, 조병세, 송병선 : 제2차 한일협약(= 을사조약)에 저항
  ├ 박승환 : 시위대 대장으로 정미 7조약의 부수각서(= 군대 해산)에 저항
  └ 황현 : 일제의 강제 병합에 저항

(2) 국권 침탈 관련 조약

러일전쟁(1904.2) ⇐ 제1차 영일동맹(영, 1902.1)

↓

한일의정서
(1904.2)

군사 전략상 필요한 지역을 마음대로 사용 → 고종의 국외 중립 선언 무효화
일본의 한국에 대한 충고권 + 한국은 일본의 동의없이 제3국과 조약 체결 불가
→ 이후 일본은 경의선, 경원선 철도 부설권을 대한제국으로부터 획득

↓

제1차 한일협약
(1904.8)

일본의 외교(스티븐스), 재정(메가타) 고문 임명(고문 정치) → 내정 간섭
협약에 없는 군부 · 내부 등의 각 부에도 일본인 고문 파견

↓

포츠머스 강화 조약
(러, 1905.9)

⇐ 가쓰라 · 태프트 밀약(미, 1905.7)
제2차 영일동맹(영, 1905.8) → 한국에 대한 일본의 독점 지배권 인정

↓

제2차 한일협약
(1905.11)

배경 : 이토히로부미(= 이등박문)를 한국에 파견
과정 ┌ 대한제국의 대신들을 감금 · 위협하여 조약에 날인하도록 강요
     └ 고종의 태도 : 조약 체결에 반대 → 비준 절차(= 수결) 거부
장소 : 경운궁 중명전
결과 : 외교권 박탈, 외교를 전담할 통감부 설치 → 대한제국의 보호국화

↓

고종 퇴위, 순종 즉위(1907)
(양위식 : 경운궁 중화전)

⇐ 고종의 을사조약 무효화 노력 ┌ 헤이그에 밀사 파견(1907)
                              └ 미국에 헐버트 특사 파견(1905)

↓

한일 신협약
(= 정미7조약, 1907)

각 부에 일본인 차관 임명(차관 정치) → 내정 장악
cf) 정미7조약의 부수 각서 : 황궁 시위를 제외한 군대 해산

↓

기유 각서(1909.7)
경찰권 위임 각서(1910.6)

사법권과 감옥 사무권 강탈
경찰권 강탈

↓

한일 병합 조약 (1910.8)

과정 : 총리대신 이완용과 통감 데라우치의 합의
장소 : 통감부 + 창덕궁 대조전의 흥복헌
결과 : 대한제국의 주권 상실 → 조선 총독부 설치

◇ **확인해 둘까요!** ◀ **5대 악법의 제정 : 정미 7조약 이후**

• 내용 ┌ 1907년 : 보안법(결사 · 집회의 자유 통제) + 신문지법 ┌ 제정 : 국내 언론의 자유 통제
       │   └ 개정(1908) : 국외 언론, 국내 외국인 언론도 통제
       ├ 1908년 : 학회령(학회의 정치 활동 금지) + 사립학교령(사립학교 교육 통제)
       └ 1909년 : 출판법(출판 도서에 대한 사전 검열과 통제)
• 목적 : 일본이 조선인의 기본권(언론 · 출판 · 결사 · 집회의 자유) 제한

04 국권 피탈 과정과 국권 수호 운동
SECTION

2 항일 의병 운동

(1) 주요 활동

	을미의병(1895)	을사의병(1905)	정미의병(1907)
배경	• 을미사변(민씨 시해) • 을미개혁(단발령)	• 을사조약(외교권 상실)	• 헤이그 밀사 사건으로 고종 강제 퇴위 • 군대 해산 → 시위대 대장 박승환의 자결
특징	• 구성 ┌ 위정척사 유생 　　　└ 농민군의 잔여 세력 • 활동 ┌ 친일 관리 처단 　　　└ 개화 반대	• 의병장 ┌ 유생+전직 관료 　　　　└ 평민 • 의병 : 활빈당 잔여 세력의 합류 • 수성 전투 → 유격 전두로 전환	• 해산 군인 합류(원주 진위대, 강화 분견대) 　→ 의병 전쟁화 • 의병 전쟁이 간도·연해주로 확산 • 13도 창의군의 연합(양주) : 서울 신공 삭전
의병장	• 유인석(제천·충주 점령) • 이소응(춘천), 허위(선산) • 곽종석(산청), 기우만(장성)	• 양반 : 최익현(태인), 임병찬 • 전직 관리 : 민종식(홍주성 점령) • 평민 : 신돌석	• 서울 진공 작전 ┌ 이인영 　　　　　　　└ 허위 • 평민 : 홍범도(산포수 모집, 함경도 삼수)
한계	• 아관파천 이후 　고종의 효유조칙으로 해산	• 남원성 전투에서 임금의 군대와 　싸울 수 없다는 최익현의 투항	• 이인영 : 외국 공사관에 국제법상 교전 　　　　　단체로 인정해 줄 것을 요구 　　　　　but 외국의 외면으로 국제적 고립 • 서울 진공 작전에서는 평민 의병장 제외, 　총사령관 이인영이 부친상을 이유로 이탈

(2) 서울 진공 작전 이후 변화
- 활동 ┌ 지역별로 독자적 의병 전쟁 : 전국적 규모의 부대를 중심으로 유격 전술 전개 → 일제에 큰 타격
　　　└ 호남 의병 전쟁 ┌ 내용 : 호남을 중심으로 활발한 의병 활동 전개
　　　　　　　　　　└ 특징 : 하층민 출신 의병장의 주도 ex) 전해산, 심남일, 안규홍
- 탄압 : 남한 대토벌 ┌ 내용 : 국권 강탈을 위한 사전 작업으로 호남 의병에 대한 무차별 토벌전 전개
　　　　(1909) 　└ 영향 ┌ 의병 투쟁의 위축 → 지리산·소백산 등 깊은 산악 지형을 이용한 유격전 전개
　　　　　　　　　　├ 의병 부대가 간도·연해주로 이동 → 의병 기지 건설, 독립군으로 전환
　　　　　　　　　　└ 많은 의병이 학살당해 3·1 운동 당시에는 전라도의 시위 횟수와 참여 인원이 저조

◇확인해 둘까요! ◆ 민중 활동

- 을미의병 ┌ 내용 : 동학농민운동 실패 이후 위정척사 유생이 주도하는 을미의병에 참여
　(1895) ├ 한계 : 봉건적 신분 의식을 가진 유생 의병장과의 갈등, 고종의 효유조칙에 따라 해산
　　　　└ 변화 : 을미의병 이후 민중 단체 결성 ex) 영학당·남학당·동학당
- 활빈당 ┌ 시기 : 1900년대 전후
　　　　├ 주도 : 을미의병에 참여한 농민군 + 행상 + 유민 + 노동자
　　　　├ 지역 : 충청도와 경기도를 중심으로, 낙동강 동쪽 경상도에서도 활동
　　　　├ 활동 : 관리·부호의 수탈 비판, 부호·일본 상인 및 관청 습격, 무기와 재물 약탈 → 빈민에게 분배
　　　　├ 강령 : 대한 사민 논설(쌀 수출 반대, 외국의 상권 및 이권 침탈 비판, 토지 개혁 요구)
　　　　└ 한계 : 일본군 탄압으로 소멸 → 잔여 세력은 을사의병으로 흡수됨

(3) 의병 활동의 분화

- 국외 ┌ 의열 투쟁 ex) 안중근 ┌ 의병 참모중장으로서 하얼빈 역에서 이토히로부미 사살
  │ └ 뤼순 감옥에서 〈동양평화론〉 저술 but 사형 집행으로 미완성
  └ 만주 · 연해주 이주 ┬→ 독립 운동 기지 건설 ex) 연해주의 의병 연합체인 13도 의군 결성
  └→ 국내 진공 작전 ex) 홍범도 · 이범윤의 활동
- 국내 ┌ 지역별 활동 ──→ 산발적 활동 ex) 1910년대까지 활약했던 채응언 부대
  └ 조직 형태 변화 ──→ 비밀 결사 ┬→ 고종의 밀지로 독립의군부 결성
  └→ 애국계몽운동 계열 인사와 연합하여 대한광복회 결성

(4) 의의와 한계

- 의의 ┌ 일제하 항일 무장 투쟁의 기반 마련
  └ 상층민부터 하층민까지 전민족이 참여한 항일 운동으로 여성도 참여 ex) 윤희순 : 군자금 모금, 의병가 창작
- 한계 ┌ 봉건적 신분 질서를 고집하는 일부 양반 유생과 다수 농민 의병 간의 갈등
  ├ 을사조약 이후 외교권 상실로 인한 외국의 외면 → 국제적 고립
  └ 당시 애국계몽운동에 대한 부정적 태도 견지

꼭! 알아두기 · **민중 운동의 역사와 근대 의열 투쟁**

1. 민중 운동의 역사

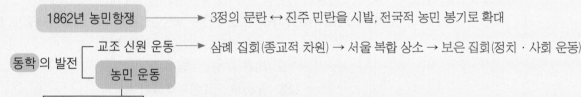

1862년 농민항쟁 ──→ 3정의 문란 ↔ 진주 민란을 시발, 전국적 농민 봉기로 확대

동학 의 발전 ┌ 교조 신원 운동 ──→ 삼례 집회(종교적 차원) → 서울 복합 상소 → 보은 집회(정치 · 사회 운동)
└ 농민 운동

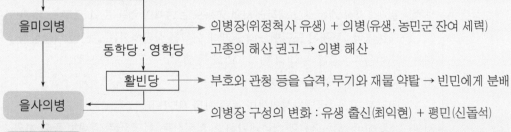

을미의병 ──→ 의병장(위정척사 유생) + 의병(유생, 농민군 잔여 세력)

동학당 · 영학당 │ 고종의 해산 권고 → 의병 해산

활빈당 ──→ 부호와 관청 등을 습격, 무기와 재물 약탈 → 빈민에게 분배

을사의병 ←── 의병장 구성의 변화 : 유생 출신(최익현) + 평민(신돌석)

정미의병 ←── 해산 군인 ──→ 의병장 구성비 : 유생(이인영) < 평민(김수민, 홍범도) + 해산 군인 + 기타

2. 근대 의열 투쟁

- 5적(박제순, 이지용, 이근택, 이완용, 권중현) 암살 시도 : 자신회(1907, 나철 · 오기호 등) cf) 5적 암살단(?)
- 스티븐스 처단(1908) : 장인환, 전명운
- 이토히로부미 처단(1909) : 안중근(연해주의 의병 참모 중장)
- 이완용 저격 시도(1909) : 이재명

3 애국계몽운동

(1) 특징

- 주도 : 서울과 지방의 지식인, 관료, 개혁적 유학자 등 개화 자강 계열의 지식인
- 활동 : 교육과 산업 진흥, 언론 등을 통해 실력을 양성하여 국권 회복 추구
- 사상 : 사회 진화론 ┌ 내용 : 적자생존, 약육강식, 우승열패의 논리
  └ 한계 : 강자의 논리 대변 → 제국주의 열강의 침략을 어쩔 수 없는 현실로 인식
- 한계 ┌ 대체로 무장 투쟁에는 부정적인 태도를 취함 → 의병 투쟁에 반대
  └ '先실력 양성, 後독립론'은 일제의 대한제국 지배를 용인하는 논리로 이용됨

(2) 활동

- 교육 ┌ 단체 조직 : 학회 ex) 서북학회, 호남학회, 기호흥학회, 관동학회 등
  ├ 시설 설립 ┌ 사립학교 ┌ 내용 ┌ 남성 ┌ 양정의숙(1905, 엄주익), 보성학교(1906, 이용익)
  │ │ │ │ ├ 휘문의숙(1906), 중동학교(1909)
  │ │ │ │ └ 신민회 주도 : 오산학교(1907, 이승훈), 대성학교(1908, 안창호)
  │ │ │ └ 여성 : 진명여학교(1906, 엄준원), 숙명여학교(1906, 엄귀비)
  │ │ └ 일제의 탄압 : 사립학교령(1908)
  │ └ 야학 · 강습소
  └ 내용 : 국학 연구 ┌ 국사 : 애국 계몽 사학(박은식, 신채호)
                    └ 국어 : 주시경의 연구(국문연구소 참여)
- 산업 ┌ 산업 장려 : 각종 회사 및 공장 설립 추진, 실업학교 설립
  (식산 흥업) ├ 상권 보호 : 상업 회의소, 협동 회의소 설립
  ├ 황무지개척 요구철회 ┌ 배경 : 러일전쟁 중 일본이 국가 · 황실 소유의 황무지 개간권을 요구
  │ └ 단체 ┌ 보안회 ┌ 주도 : 원세성, 송수만 → 보국안민을 목표로 한 유생과 정부 관리
  │ │ (1904) └ 결과 : 일본의 황무지 개간권 요구를 철회
  │ └ 농광회사 ┌ 주도 : 민간 실업인 + 정부 관료(이도재)
  │ (1904) └ 활동 : 우리 손으로 황무지 개간 시도
  └ 국채보상운동 ┌ 배경 ┌ 일제 : 시설 개선과 화폐정리사업 명목으로 거액의 차관 도입 요구 → 차관 도입
    (1907) │ └ 대한제국 : 차관은 도입했으나 일제에 외채를 상환하기는 곤란한 재정상황
    ├ 내용 : 남성(금주 · 금연) + 여성(반지 · 비녀 등 기부) → 국채 상환 노력
    ├ 지역 ┌ 시발 : 대구, 서상돈 · 김광제
    │ └ 전국적 확산 : 국채보상기성회 설립(서울, 양기탁)
    ├ 지원 : 각종 애국 계몽 단체와 대한매일신보, 황성신문, 제국신문, 만세보 등의 지원
    ├ 한계 : 민중의 자발적 참여 vs 상층민(명문가 · 지주 · 부호)의 미온적 태도
    └ 통감부의 탄압 ┌ 일진회를 이용한 탄압 → 모금 활동 중단
      └ 국채보상기성회의 간사 양기탁을 모금액 횡령 혐의로 구속 → 좌절
- 언론 ┌ 황성신문 : 장지연의 '시일야방성대곡' 게재 → 을사조약의 부당성과 조약에 동의한 정부 대신을 비판
  └ 대한매일신보 ┌ 주도 : 영국인 베델, 양기탁 → 신민회의 기관지로 활용
    ├ 활동 ┌ 민중의 무장 투쟁과 의병에 대해 일부 긍정적 평가 + 국채보상운동 후원
    │ └ 고종의 을사조약 반대(무효) 친서 게재

(3) 단체

- 보안회 ┬ 활동 : 일본의 황무지 개간권 요구 반대 투쟁
  (1904) └ 변화 : 일제의 감시와 탄압으로 협동회로 개칭 but 해산
- 헌정연구회 ┬ 주도 : 독립협회 출신 인사(이준, 양한묵, 윤효정)
  (1905) ├ 목표 : 민족의 정치 의식 고취 + 입헌 정치 체제 수립 지향
  └ 활동 : 일진회(1904~10)에 대한 반대 투쟁 전개 → 해산
- 대한자강회 ┬ 주도 : 헌정연구회를 계승하여 윤효정, 윤치호, 장지연 등이 설립
  (1906~07) ├ 활동 ┬ 실력 양성 활동 : 교육 운동, 산업 활동 → 지회 설립, 월보 간행, 강연회 개최
  │ └ 변화 ┬ 계기 : 국채보상운동(1907)
  │ └ 내용 : 국채보상운동에 적극 참여, 고종 황제의 강제 퇴위 반대 운동 전개, 일진회 성토
  └ 해산 : 통감부의 보안법(1907)에 의해 해산
- 대한협회 ┬ 주도 : 대한자강회를 계승하여 오세창 등이 설립
  (1907~10) ├ 활동 : 교육 보급과 산업 개발로 실력 양성 추구
  └ 한계 : 일제의 지배 강화로 약화되어 친일 단체로 변질 + 합병 이후 일제에 의해 해산

(4) 신민회 (1907~11)

- 조직 ┬ 비밀 결사 ┬ 인물 ┬ 지도부 : 회장(윤치호), 부회장(안창호)
  │ │ └ 주요 인사(양기탁, 이동휘, 이동녕) + 참가 인사(이승훈, 이상재, 윤치호, 김구, 신채호 등)
  │ └ 체계 : 총본부 – 감독부 – 총감소 – 군감소 – 반
  └ 지역 : 평안도(서북 지방, 평양)의 개신교 인사 중심
- 활동 ┬ 국내 ┬ 실력 양성 ┬ 교육 : 오산학교(정주), 대성학교(평양), 보창학교
  │ │ └ 산업 : 평양 자기회사, 방직 공장, 연초 공장 등
  │ └ 문화 : 태극서관 설립(평양 · 서울 · 대구(?), 서적 출간), 조선광문회 조직, 대한매일신보(기관지)
  └ 국외 : 독립 운동 기지 건설 ex) 서간도(삼원보)에 신흥강습소 설치(1911, 이회영)
- 목표 : 국권의 회복 → 공화 정체의 국민 국가 건설
- 해산 ┬ 안악 사건(안명근 사건) ┬ 배경 : 군자금을 모금하다 체포된 사건을 총독 암살 기도 사건으로 조작
  │ (1910) └ 결과 : 서북의 개신교인과 신민회 회원을 체포
  └ 105인 사건 ┬ 배경 : 데라우치 총독 암살 음모 사건으로 조작
  (1911) └ 내용 : 안창호, 윤치호, 양기탁, 이동휘 등 신민회 주요 인사 검거

꼭! 알아두기 · 을사조약에 대한 저항

- 순국 : 민영환, 조병세, 송병선
- 반대 상소 운동 : 이상설, 안병찬, 조병세
- 자신회 조직(1906~07, 나철 · 오기호)   cf) 5적 암살단(?)
- 장지연의 '시일야방성대곡'을 황성신문에 게재(1905)   cf) 대한매일신보에도 게재됨
- 고종의 노력 ┬ 언론 : 대한매일신보에 무효 · 반대 친서 게재
  └ 외교 : 미국에 특사 파견(헐버트) + 네덜란드 헤이그에 밀사 파견(이상설, 이준, 이위종)
- 을사의병 + 애국계몽운동 + 민중의 저항(상인들의 철시 + 학생들의 동맹 휴업)

국권 피탈 과정과 국권 수호 운동

SECTION 04

러일전쟁

- 고종의 엄정 중립 선언 : 러시아와 일본 간에 발생하고 있는 미묘한 관계를 보고, 그 문제를 해결하기 위해 당면할 어려운 문제들을 생각할 때 한국 정부는 그 두 국가와 한국과의 사전 협의가 어떻게 되든지를 불문하고 엄정 중립을 지킬 확고한 결심을 하였음을 황제 폐하의 어명을 받들어 선언하는 바이다.
- 러일전쟁에 임하는 일본의 입장 : 우리는 한국에 대해 충분한 권리를 요구하고, 교환의 대가로 만주는 저들에게 경영을 허락하는 범위 내에서 양보해 문제를 한번에 해결하자. 그러나 문제를 해결하기 위해 반드시 해결해야 할 것은 어떤 경우나 어려움에 처하더라도 한국을 양보해서는 안 된다는 점이다. 이 요구를 주창하려면 전쟁이라 할지라도 물러서면 안 된다.

한일의정서 (1904)

제1조 한·일 양국은 친교하고 동양 평화를 위해 대한제국은 일본 제국 정부를 확신하고 시정 개선에 관해 충고를 들을 것.

제3조 대일본 제국 정부는 대한제국의 독립과 영토 보전을 확실히 보증할 것.

제4조 제3국의 침해 또는 내란으로 대한제국 황실의 안녕과 영토의 보전에 위험이 있을 경우 일본 정부는 필요한 조치를 취할 것이며, 대한제국 정부는 대일본 제국이 용이하게 행동할 수 있도록 충분히 편의를 제공할 것. 일본 정부는 전항의 목적을 달성하기 위하여 전략상 필요한 지점을 수시 사용할 수 있을 것.

제5조 대한제국 정부와 일본제국 정부는 상호 승인을 없이는 본 협정의 취지에 위반되는 협약을 3국과 체결할 수 없을 것.

제1차 한일협약 (1904)

제1조 대한제국 정부는 일본제국 정부가 추천한 일본인 1명을 재정 고문에 초빙하여 재무에 관한 사항은 모두 그의 의견을 들어 시행할 것.

제2조 대한제국 정부는 일본 제국 정부가 추천한 외국인 1명을 외교 고문으로 초빙하여 외교에 관한 중요 업무는 모두 그의 의견을 들어 시행할 것.

제3조 한국 정부는 외국과의 조약 체결, 기타 중요한 외교 안건, 즉 외국인에 대한 특권 양여와 계약 등의 처리에 관하여는 미리 일본 정부와 협의할 것.

제1차 한일협약과 관련한 내용

- 일본의 목적 : 외정의 감독을 행해야 할 것이다. …… 외부 아문에 고문을 두어 정무를 감독 지휘케 한다. 이 고문은 외국인으로 채워 제국 공사의 감독 아래 그 직무를 담당하게 하면 내외에 대해 우리의 목적을 원활하게 달성할 수 있을 것이다.
- 이한응의 순국 : "오늘 나라가 받는 치욕은 갈수록 심해져 외국인으로부터 모욕을 받고 있다. 다른 나라와 교섭하는 사이에 부끄러움을 견디기 힘들다. 혈기가 치밀어 오른다. 그처럼 구차하게 살아가느니 별안간 아무것도 모르게 되는 게 낫겠다."

열강의 일본 지배 승인

- 가쓰라·태프트 밀약 (1905) : 일본은 필리핀에 대하여 하등의 침략적 의도를 품지 않으며, 미국의 필리핀 지배를 확인한다. 러일전쟁의 원인이 된 조선은 일본이 지배할 것을 승인한다. 극동의 평화를 위하여 미국·영국·일본 세 나라가 실질적으로 동맹 관계를 맺는다.
- 제2차 영일동맹 (1905) : 제3조 일본은 한국에 있어서 정치·군사·경제적으로 탁월한 이익을 가지므로 영국은 일본이 그 이익을 옹호·증진시키기 위하여 정당·필요하다고 인정하는 지도, 감리 및 보호의 조치를 한국에 있어서 취할 권리를 승인한다. 단, 이 조치는 항상 열국의 상공업상 기회 균등주의에 위배될 수 없다.
- 포츠머스 강화 조약 (1905) : 러시아 제국 정부는 일본 제국이 한국에서 정치, 군사 및 경제상의 탁월한 이익을 가지는 것을 인정하고 ……, 일본 정부가 한국에서 필요하다고 인정하는 지도, 보호 및 감리의 조치를 취함에 있어 간섭하지 않을 것을 약속한다.

제2차 한일협약과 관련한 내용

- 체결 과정 : 사람들은 내부대신 이지용, 외부대신 박제순, 학부대신 이완용 등이 몰래 서로 일을 꾸민 것이라고 생각하였다. 구완희 등이 왜군을 이끌고 와서 일본인들은 대궐 담장을 포위한 후 대포를 설치하였다. 이토히로부미가 어전에 들어가 5조 신약을 내놓으며 고종에게 서명하기를 요구하였으나 고종은 윤허하지 않았다. …… 이토히로부미는 온갖 위협과 유혹을 하였다. 고종이 "이것은 외부(外部)의 일이므로 대신들에게 물어보시오."라고 하자 박제순은 외부의 인장을 가져오게 하여 날인하였다. 이때 고종도 서명하지 않았고, 참정 대신 한규설도 날인하지 않았으며 분노하며 절규하였다.

- 체결 과정 : 조약에 대해 한규설은 대신과 협의할 때 모두 반대하였고, 일본 대사와 친견할 때도 다른 의견이 없더니 …… 의결하는 자리에서 탁지부대신 민영기, 법부대신 이하영은 논의를 거부하고, 이완용 등 대신들은 찬성하여 개정 가결하게 되었습니다. 특히 외부대신 박제순은 주무대신으로 잘못인 줄 알면서 조인을 거절하지 못하여 국사를 그르쳤습니다.

- 저항(민영환의 유서) : 아, 우리나라 우리 민족의 치욕이 이 지경에 이르렀구나. 생존경쟁이 심한 이 세상에 우리 민족의 운명이 장차 어찌 될 것인가. 살기를 원하는 사람은 반드시 죽고, 죽기를 맹세하는 사람은 살아 나갈 수 있으니 이는 여러분이 잘 알 것이다. 여러분은 양해하라. 영환은 한번 죽음으로써 황제의 은혜에 보답하고 2,000만 동포에게 사죄하노니 영환은 죽어도 혼은 죽지 아니하여 구천에서 여러분을 돕고자 한다. 동포 형제여, 천만배나 분려를 더하여 지기를 굳게 갖고 학문에 힘쓰며, 마음을 합하고 힘을 아울러 우리의 자유 독립을 회복할지어다. …… 대한제국 2천만 동포에게 마지막으로 고하노라.

제2차 한일협약 (= 을사조약, 1905)

제1조 일본국 정부는 재동경 외무성을 경유하여 금후 한국의 외국에 대한 관계 및 사무를 감리(監理), 지휘하며, 일본국의 외교 대표자 및 영사는 외국에 재류하는 한국의 신민(臣民) 및 이익을 보호한다.

제2조 일본국 정부는 한국과 타국 간에 현존하는 조약의 실행을 완수할 임무가 있으며, 한국 정부는 지금부터 일본국 정부의 중개를 거치지 않고서는 국제적 성질을 가진 어떤 조약이나 약속을 맺지 않을 것을 서로 약속한다.

제3조 일본국 정부는 그 대표자로 한국 황제 폐하 밑에 1명의 통감을 두되 통감은 오로지 외교에 관한 사항을 관리하기 위하여 경성에 주재하고 친히 한국 황제 폐하를 만날 수 있는 권리를 가진다.

고종의 강제 퇴위

- 배경(고종의 헤이그 특사 파견) : 러시아는 회의 초청장을 대일 견제와 설욕의 감정이 고조된 시기에 한국 측에 발송하였다. 회의에 대한 제국을 초청한 까닭은 주창국인 러시아가 패전에도 불구하고 한국의 '독립'을 명분삼아 그들의 기득권을 최대한 유지하기 위함이었다. 회의의 초청은 러시아가 일본의 '한국' 보호에 타격을 주기 위해 다수의 열강이 한국의 독립을 보장하도록 할 목적으로 특사 파견을 '의도적으로 유도하기' 위한 것이었다.

- 퇴위 결정 : 짐이 생각하건대 황위를 물려주는 것은 원래 시행해 오는 규례였고, 선대 임금들의 훌륭한 예의를 계승해야 할 것이다. 짐은 나라 일을 황태자로 하여금 대리하게 하노니, 의식 절차는 궁내부에게 마련하여 거행하도록 하라.

- 퇴위 과정 : 대례복을 갖추고 나아가 어좌에 앉자 총리대신이 탁자 앞에서 하례의 글을 낭독하고 연주가 시작되었다. 통감이 하례사를 낭독하고 외국 영사관 총대표가 하례사를 낭독하였다. 이후 총리대신이 어좌 앞에서 북쪽을 바라보고 서자 애국가가 연주되었다. 애국가 연주가 끝나자 총리대신이 손을 모아 머리 위로 들어 만세 삼창을 하고 문무백관도 일제히 소리 지르며 즉위식이 끝났다. 이렇게 하례를 끝내고 대기소로 돌아가셨다.

제3차 한일협약 (= 정미7조약, 1907)

제1조 한국 정부는 시정 개선에 관하여 통감의 지도를 받을 것.

제2조 한국 정부의 법령 제정 및 중요한 행정상의 처분은 미리 통감의 승인을 거칠 것.

제3조 한국의 사법사무는 보통 행정사무와 이를 구분할 것.

제4조 한국 고등 관리의 임면은 통감의 동의로써 이를 행할 것.

제5조 한국 정부는 통감이 추천한 일본인을 한국 관리에 고용할 것.

제6조 한국 정부는 통감의 동의 없이 외국인을 한국 관리에 임명하지 말 것.

제7조 1904년 8월 22일 조인한 한 · 일 외국인 고문 용빙에 관한 협정서 제1항을 폐지할 것.

04 국권 피탈 과정과 국권 수호 운동

SECTION

군대 해산

- 제3차 한일협약의 부수 각서(제3조) : 다음에 의하여 군비를 정리한다. 육군 1대대를 존치하여 황궁 수위를 담당하게 하고 기타 부대는 해체한다. 군부를 비롯한 육군에 관계되는 관아를 모두 폐지한다. 교육받은 사관은 한국에 머물 필요가 있는 자를 제외하고 기타는 일본 군대로 부속시켜 실지 연습을 시킨다. 해산한 하사졸 가운데 경찰관의 자격이 있는 자는 이를 경찰관으로 채용하고 기타는 가급적 실업에 종사토록 한다.
- 해산 조칙 : 짐이 생각건대 국사 다난한 때 쓸데없는 비용을 절약하여 이용후생에 응용함이 금일의 급무라. 현재 군대는 용병(傭兵)으로 조성한 까닭으로 상하가 일치하여 국가를 완전히 방위하기에 충분치 아니할 새, 짐은 지금부터 군제 쇄신을 꾀하여 사관 양성에 전력하고 나중에 징병법을 발포하여 공고한 병력을 구비하고자 함으로 짐이 이에 명하여 황실 시위에 필요한 자를 선택하고 기타는 일시 해대(解隊)하게 하노라.

기유각서 (1909)

- 체결 과정 : 이토와 소네 구 통감, 신 통감이 이완용, 박제순 두 사람을 통감 관저로 불러다가 사법권을 일본에 위임할 것과 군부를 폐지 시행을 말하였다. 두 사람은 이튿날 총리대신의 집에서 임시 내각 회의를 열어 두 안건에 대한 논의하였으나 대신들의 의견이 일치하지 않아서 총사직하기로 결정하고 이씨, 박씨가 다시 통감부에 가서 보고하니 통감이 듣지 아니하였다. 이들이 송구하여 물러가서 다시 회의를 열고 통감이 제출한 협약을 승인하게 되었다. 〈대한매일신보〉
- 내용 : 한국의 사법과 감옥 사무는 완비되었다고 인정되기까지 일본 정부에 위탁한다. 일본 정부는 일정한 자격이 있는 일본인과 한국인을 재한국 일본 재판소 및 감옥 관리로 임용한다. 한국 지방 관청 및 공사는 각각 그 직무에 따라 사법 및 감옥 사무에 있어서는 재한국 일본 당해 관청의 지휘·명령을 받고 또는 이를 보조한다.

안중근 의거

- 공판에서의 진술 : 나는 의병의 참모중장이지 폭도가 아니다. 일본군이야 말로 폭도이다. 내가 적장을 공격한 이유는 다음과 같다.

  첫째, 을사 5조약을 강제 체결한 것.   둘째, 정미 7조약을 강제 체결한 것.   셋째, 황제를 강제 폐위시킨 것.
  넷째, 군대를 해산시킨 것.   다섯째, 이권을 약탈한 것.   여섯째, 동양의 평화를 교란한 것.

안중근의 동양 평화론 : 1910년 경술 2월 대한국인 안중근, 여순 옥중에서 쓰다

- 러일전쟁이 시작될 때, 일본 국왕이 선전포고하는 글에 '동양 평화를 유지하고 대한 독립을 공고히 한다.'라고 했다. …… 러일전쟁은 백인종과 황인종의 경쟁이므로 지난 날의 원한은 사라지고 도리어 같은 종족을 사랑하는 마음으로 한 편이 되었다. …… 당시 한국과 청국의 뜻있는 이들은 일본의 전략이 탁월하고 대단하다고 생각하였다.
- 슬프다! (러일전쟁에서) 의외로 승리하고 개선한 후 가장 가깝고 친한 같은 인종인 한국을 억압하여 조약을 맺고 …… 서양이 동양으로 뻗쳐오는 환난을 동양 사람이 단결해서 방어함이 최상책이라는 것은 어린아이도 아는 일이다. …… 만약 일본이 정략을 고치지 않고 핍박이 심해진다면 차라리 다른 인종에게 망할지언정 차마 같은 인종에게 욕을 당하지 않겠다는 소리가 한·청 두 나라 사람의 폐부에서 용솟음쳐서 스스로 백인의 앞잡이가 될 것이 불 보듯 뻔한 형세이다. ……
- 러일전쟁 당시 일본 천황의 선전 조칙 중에 한국 독립을 부식하고 동양 평화를 유지한다는 구절이 있어, …… 그런데 뜻밖에 1905년 11월 이토히로부미가 대사로 한국에 와서 병력으로 황실과 정부를 위협하여 5조약을 제출하고, 우리 황제 폐하가 재가치 아니한 무효한 조약을 성립되었다고 칭하고 …… 또한 7조약을 강제로 체결하고 대황제 폐하를 폐위케 하고 사법권을 빼앗으며 국내의 이익을 몰수 약탈하므로, 이는 한국의 불행일 뿐만 아니라 동양 전체의 불행이라. 그렇기 때문에 동양 평화를 위한 일본과의 의로운 싸움을 하얼빈에서 개시하고, 뤼순 항구를 담판하는 자리로 정하였다.

황현의 절명시

새 짐승도 슬피 울고 산악 해수 다 찡기는 듯 / 무궁화 삼천리가 이미 영락되다니
가을 밤 등불 아래 책을 덮고서 옛일 곰곰이 생각해 보니 / 이승에서 지식인 노릇하기 정히 어렵구나.

한일 병합 조약 (1910)

제1조 한국 황제 폐하는 한국 전부에 관한 모든 통치권을 완전 또는 영구히 일본 황제 폐하에게 양여한다.

제2조 일본국 황제 폐하는 전조에 기재한 양여를 수락하고 완전히 한국을 일본 제국에 병합함을 승낙한다.

제5조 일본국 황제 폐하는 훈공이 있는 한국인으로서, 표창에 적당하다고 인정된 자에 대하여 영작과 은금을 줄 것이다.

제7조 일본국 정부는 성의로써 충실하게 신제도를 존중하는 한국인을 한국에 있어서의 일본국 관리로 등용할 것이다.

대한 시설 강령 (1904.5)

1. 한국 내지 및 연안에 군 전략상 필요한 지역을 수용하는 것은 제국 정부의 당연한 일이며 또 필요한 권리이다.

2. 한국 정부로 하여금 외국과의 조약 체결, 중요 외교 안건의 처리에 미리 제국 정부의 동의를 약속케 하도록 노력한다.

3. 우리 사람 중에서한 고문관을 들여와 재정이 문란해지는 것을 막고, 화폐 개혁 등 한국 재무의 실권을 장악해야 한다.

4. 교통과 통신 기관을 우리가 장악, 그중 교통 기관이나 철도 사업은 한국 경영의 골자라고 말할 수 있다.

5. 우리 농민을 한국 내지에 많이 들여 보낼 수 있게 된다면 의 부족한 식량 공급을 증대시킬 수 있다.

신문지법 개정 (1908.4)

제1조 신문지를 발행하려는 자는 발행지를 관할하는 관찰사를 경유하여 내부대신에게 청원하여 허가를 받아야 한다.

제12조 기밀에 관한 관청의 문서 및 의사(議事)는 해당 관청의 허가를 받지 않고는 기재할 수 없다.

제21조 내부대신은 신문지가 안녕질서를 방해하거나 풍속을 어지럽힌다고 인정될 때 발매 · 반포 · 발행을 금지할 수 있다.

제34조 외국에서 발행하는 국문, 국한문 혹은 한문으로 된 신문과 또는 외국인이 국내에서 발행한 국문, 국한문 또는 한문의 신문으로 치안을 방해하거나 풍속을 해친다면, 내부대신은 해당 신문을 국내에서 발매 · 반포를 금지할 수 있다.

보안법 (1907.7)

제1조 내부대신은 안녕질서를 지키기 위해 필요한 경우에 결사의 해산을 명할 수 있다.

제2조 경찰관은 안녕질서를 지키기 위해 필요한 경우에 집회 또는 대중의 운동 또는 군집을 제한 · 금지 · 해산시킬 수 있다.

제4조 경찰관은 가로(街路)나 기타 공개된 장소에서 문서 · 도서의 게시 및 분포 · 낭독 또는 언어 형용 및 기타의 행위가 안녕질서를 문란시킬 우려가 있다고 인정될 때는 금지를 명할 수 있다.

사립학교령 (1908.8)

제1조 사립학교를 설립할 때에는 학부(學部)의 승인을 얻도록 한다.

제2조 학부대신은 ① 법령의 규정에 위반하는 경우 ② 안녕질서를 문란시키거나 풍속을 괴란할 우려가 있는 경우 ③ 6개월 이상 규정의 수업을 하지 않은 경우 ④ 적합하지 않은 교원을 임용한 경우 ⑤ 교과서 가운데 통감부의 시책에 맞지 않는 것을 사용하는 경우 등에 해당 사립학교를 폐쇄시킬 수 있었다.

학회령 (1908.9)

제2조 학회를 설립하고자 하는 자는 학부대신의 인가를 받아야 한다.

제5조 학회는 영리 사업을 하거나 정사(政事)에 관여할 수 없다.

제8조 학회에서 본령 또는 설립 인가의 조건을 위배하거나 공익을 해할 때 학부대신은 그 인가를 취소할 수 있다.

출판법 (1909.2)

제2조 문서 · 도서를 출판하고자 하는 때는 지방 장관을 경유하여 내부대신에게 허가를 신청해야 한다.

제11조 허가 없이 출판한 저작자 · 발행인은 아래 구별에 의해 처단한다.

1. 국교를 저해하고 정체를 바꾸고자 하거나 국헌을 문란하는 문서나 도서를 출판하는 때는 3년 이하의 역형(役刑)

2. 외교 및 군사의 기밀에 관한 문서나 도서를 출판하는 때는 2년 이하의 역형

04 국권 피탈 과정과 국권 수호 운동
SECTION

핵심 자료 읽기

을미의병

- 봉기(유인석 격문) : 원통함을 어찌하리, 국모의 원수를 생각하며 이를 갈았는데, 참혹함이 심해져 임금께서 또 머리를 깎으시는 지경에 이르렀다. 의관을 찢긴 데다가 또 이런 망극한 화를 만났으니, …… 부모에게 받은 몸을 금수로 만드니 무슨 일이며, 우리 부모에게 받은 머리카락을 풀 베듯이 베어버리니 무슨 변고란 말인가. …… 각도 충의의 인사들은 임금의 보살핌을 받은 몸이니 환난을 회피하기란 죽음보다 괴로우며 멸망을 앉아서 기다릴진대 싸워보는 것만 같지 못하다. 오늘 병사를 일으키려는 것은 또한 자위하려는 것이 아니고 국모의 원수를 갚으려는 것이다. 만약 아들이 어머니의 원수가 있으면 아버지의 명을 기다린 후 복수한다면 이것이 어찌 아들이 어머니의 원수를 갚는 것이겠는가? 지아비도 지어미의 원수를 갚는 것이다. …… 동지와 더불어 약속하고 마음으로 복수를 맹세할 따름이며 삼가 여기에 게시한다.
- 해산(고종이 효유조칙) : 보수적 백성들이 의분을 못 이겨 봉기하여 헛소문을 퍼뜨리고, 서로 살생하는 것은 우리가 원하는 바가 아니다. 군대는 우리의 자손이고, 각지에서 일어나는 폭도들도 마찬가지이다. …… 너희들이 의병을 일으킨 것은 국가를 위하여 난신적자를 성토하려 함이니, …… 그러나 천도(天道)가 부정한 자에게 재앙을 내려 난신은 처단당하고 남은 수괴들은 이미 귀양 갔으니 …… 너희들 백성들에게 알리니, 명령이 이르는 곳마다 군대는 서울로 돌아오고 폭도들은 고향으로 돌아가 생업에 종사해주기를 바랄 뿐이다. 단발령에 관해서는 누구도 강요를 받지 않을 것이다.

을미의병의 한계

- 선비와는 함께 일을 할 수 없구나. 장수가 밖에 있을 때에는 임금의 명령도 받지 아니하는 수가 있거늘, 이는 적의 협박을 받은 것으로 우리 임금의 본심이 아님에랴. 이 군사가 한 번 파하면 우리 무리는 모두 왜놈이 될 뿐이다.
- 충주성 전투에서 유인석 의병 부대에는 유생 의병장과 함께 평민 출신 김백선이 큰 활약을 하였다. 포수 출신인 김백선은 선봉대로 전투력을 발휘하여 충주성을 점령하는 데 큰 공을 세웠으나 후원하기로 한 유생 의병장의 부대가 도착하지 않아 성을 빼앗기고 말았다. 총대장 유인석은 이를 문제삼고 항의하는 김백선을 '양반에게 버릇없이 굴었다'며 처형했다.

을사의병

- 아! 지난 10월 20일의 변은 일찍이 없었던 것이다. 우리에게 이웃 나라가 있어도 스스로 결교(結交)하지 못하고 타인을 시켜 결교하게 하니 이것은 나라가 없는 것이요, 우리에게 토지와 인민이 있어도 스스로 주장하지 못하고 타인을 시켜 대신 감독하게 하니, 이것은 임금이 없는 것이다. 나라가 없고 임금이 없으니 우리 인민은 모두 노예이며 신첩일 뿐이다. 남의 노예가 되고 남의 신첩이 된다면 살았다 하여도 죽는 것만 못하다.
- 오호라. 난신 적자(亂臣賊子)의 변란이 어느 대에 없었으리요마는 누가 오늘날의 역적 같은 자가 있으며, 오랑캐의 화란이 어느 나라에 없었으리요마는 어디에 오늘날의 왜적 같은 자가 있는가. …… 오호라. 작년 10월에 저들이 한 행위는 만고에 일찍이 없던 일로서, 억압으로 한 조각의 종이에 조인하여 5백 년 전해오던 종묘사직이 드디어 하룻밤 사이에 망하였으니, 천지신명도 놀라고 조종의 영혼도 슬퍼하였다. 나라를 들어 적국에 넘겨 준 이지용 등은 실로 우리나라 만대의 변할 수 없는 원수요, 자기 나라 임금을 죽이고 다른 나라 임금까지 침범한 이등박문은 마땅히 세계 여러 나라가 함께 토벌해야 할 역적이다. …… 나라가 이와 같이 망해 갈진대 어찌 한번 싸우지 않을 수 있는가. 우리 의병 군사의 올바름을 믿고, 적의 강대함을 두려워하지 말자. 이에 격문을 돌리니 도와 일어나라.
- 한계 : 한때 을사조약 이후 결성된 의병 가운데 최대 규모를 자랑했던 최익현의 의병 부대는 서울로 진격하여 일본군을 몰아내기로 작정하고 군대를 이동시켰다. 이때 이를 진압하고자 내려온 진위대와 맞부딪치게 되자, 최익현은 '임금의 군대와 싸울 수 없다'며 전투를 하지 않다가 결국 체포되었고, 부대도 해산되었다.

정미의병의 배경

- 시위대 참령 ○○○이 …… "내가 군사를 거느리고 있었는데, 갑자기 해산을 당하고 말았으니 내 병정들을 대할 면목이 없다."라고 말하고 차고 있던 군도를 빼어 스스로 목을 찔러 죽으니 병정들이 분기를 이기지 못하였다고 한다.
- 이등박문 통감의 요청 : 경성에는 6천 명의 한국군이 있어 언제 봉기할는지 모르는 일이니 무기를 빼앗을 필요가 있다. 이 수단을 실행하고 또 이 실행에 수반하여 일어날지도 모를 소란을 방지하고, 외국영사관을 비롯하여 거류민을 보호하기 위해 다수의 우세한 병력을 필요로 하니 조속히 출병시킴이 긴요하다.

핵심 자료 읽기

정미의병

- 융희 원년(1907) 8월 19일 가평 · 원주 · 제천의 의병 봉기는 모두가 해산 군인들로 서양 총을 가지고 있고 조련을 거쳤으며 규율이 있어 일병과 교전에서는 살상이 심히 많고 세력이 대단히 장대하여 의병 수가 4~5천 명이라고 한다.
- 안동 · 원주 양 진위대는 군대 해산에 앞서 기회를 틈타 총을 메고 흩어져 왜(倭)가 크게 고민하였다. …… 이들 병정들이 많이 섞여 있는 비류(匪類)는 일반 폭도(이전의 지방 의병)에 비하여 대오를 이루고 전투하는 방법과 사격술을 지득(知得)하고 있으므로 그 저항력이 완강한 것은 그 때문인 것이다. 〈매천야록〉

서울 진공 작전

- 대한 관동 창의대장 이인영 : 오호, 통재라! 왜적이 국권을 임의로 조종하여 황제를 양위할 꾀가 결정되었고, 흉악한 칼날로 위협하여 임금을 섬나라로 납치할 것을 음모하였다. 조약을 강제로 체결하여 우리나라를 빼앗고, 우리 입을 막았다 …… 군대를 움직이는 데 가장 중요한 것은 고립을 피하고 일치 단결하는 것에 있다. 즉, 각 도 의병을 통일하여 둑을 무너뜨리는 기세로 경기(京畿)로 진공(進攻)하면 온 천하는 우리의 것이 되고, 한국 문제 해결에 있어서 유리할 것이다. 우리는 일본놈들과 그들의 첩자, 그들의 동맹인과 제국주의 군인을 죽이는 데 힘을 다해야 한다. 〈해외 동포에게 드리는 격문〉
- 우리의 싸움은 광무 황제의 칙령에 따른 한국의 독립 전쟁이다. 마땅히 국제법상 교전 단체이므로 전쟁에 관한 모든 법규가 적용되어야 한다. 일본은 진보와 인간성의 적이다. 모든 일본인과 그 주구들과 야만적인 군대를 격멸할 것이다. 사기를 고무하여 서울 진공의 영을 발하니, 그 목적은 서울로 들어가 통감부를 쳐부수고 성하(城下)의 맹(盟)을 이루어 저들의 소위 신협약 등을 파기하여 대대적 활동을 기도함이라. 〈대한매일신보〉
- 1909년 7월 30일 군사장(허위)은 미리 군비를 신속히 정돈하여 전군에 명령을 내려 일제히 진군을 재촉하여 동대문 밖으로 진군하였다. 대군은 천천히 전진하게 하고, 3백 명을 인솔하고 선두에 서서 동대문 밖 삼십 리 부근에 나아가고, 전군이 오기를 기다려 일거에 서울을 공격하여 들어오기로 계획하였다. 전군이 모여드는 시기가 어긋나고 일본군이 갑자기 진격하는지라. 여러 시간을 격렬히 사격하다가 후원이 이르지 않으므로 할 수 없이 마침내 퇴진하였더라. 〈대한매일신보〉

정미의병의 한계

- 13도 창의군 성립 당시 각도 부대를 재편하는 가운데, 평민 의병장이었던 홍범도, 신돌석, 김수민 등이 제외되었다.
- 13도 의병 총대장인 이인영은 서울 진공 작전을 앞두고 부친 사망의 부음을 받자 뒷일을 군사장 허위에게 부탁하고 통문으로 의병 운동을 중지하라고 각 진에 통달한 후 그 날로 문경으로 돌아갔다. 장례가 끝난 뒤 각지 의병들이 다시 그에게 일어설 것을 요청하자, 그는 3년상의 효도를 다한 후에 재기하여 일인을 소탕하겠노라고 말하면서 의병들의 권고를 사절하였다. 그는 상주, 황간에 거주하다가 일본 헌병에게 체포되어 경성 감옥에서 처형되었다.

호남 의병 전쟁

전라남도의 폭도 가운데 거괴인 심남일, 머슴 출신의 안규홍 등의 일당은 약간 그 취향이 달라서 오로지 한국인을 선동하여 폭동을 계속하고, 도당의 역량 강화에 힘쓰는 자들 같다. 그리하여 그들의 목적은 일본의 대륙 정책의 실패를 가져오게 하고, …… 한국 독립을 안고(安固)하게 할 수 있다는 망상을 품고 있는 자들이다.

일제의 남한 대토벌 작전

- 일본군이 길을 나누어 호남 지방의 의병을 수색하였다. 위로는 금산, 진산, 김제, 만경으로부터 동쪽으로는 진주, 하동, 남쪽으로는 목포로부터 사방을 그물 치듯 포위하여 마을을 수색하고 집집마다 뒤져서 조금이라도 의심이 나면 모두 죽였다. 이 때문에 행인이 끊어지고 이웃의 왕래도 끊겼다. 의병들은 삼삼오오 도망하여 흩어졌으나 숨을 곳이 없었다. 굳센 자는 나와 싸우다 죽어 갔고 약한 자는 도망가다가 칼을 맞았다. 〈매천야록〉
- 내가 제천에 도착한 것은 이른 가을 날이었다. 햇빛이 언덕 위에 나부끼는 일장기를 쪼이고 일본군 보초의 총검을 비추었다. 나는 일찍이 이렇게 철저한 파괴를 본 적이 없었다. 불과 1개월 전까지는 번잡하고 유복하던 촌락이 지금은 완전히 자취를 감추고 기와 조각과 회색의 잿더미가 줄지어 있었다. 〈맥켄지, 자유를 위한 한국인의 투쟁〉

04 SECTION 국권 피탈 과정과 국권 수호 운동

핵심 자료 읽기

의병 운동의 애국계몽운동에 대한 비판
대한 광무 갑오년에 왜적이 침범하여 옛 법을 모두 고쳐 개화하기 시작했네

관제도 모두 고쳐 의복도 모두 고쳐 이리저리 몇 년만에 인심은 산란하고 이 회 저 회 무슨 회가 그렇게도 많은지

청년회도 일어나고 동양회도 일어나고 자강회도 일어나고 황국회도 일어나고 교육회도 일어나고 설교회도 일어나고

학회도 일어나고 일진회도 일어났네 보국안민 버려두고 난국이민 웬말이냐 〈창의가〉

사회 진화론
- 천지가 있은 이래로 경쟁이 없는 때가 없었니, 승자는 주인이 되고 패자는 노예가 되었으며, 승자는 영예를 차지하고 패자는 굴욕을 당하였다. …… 경쟁의 시대에 처하여 타인에게 승리할 것을 구하지 않는 자가 있겠는가? 비록 간단한 노름일지라도 승리를 좋아하고 패배를 싫어하거늘, 하물며 국가의 존망이 달린 큰 문제에 있어서랴! 〈서우〉
- 대한 제국의 신지식인들은 생존 경쟁의 논리를 강조하면서 경쟁을 위한 대응의 한 형태로 과학을 강조하였다. 그들은 위생이 문명 사회에서 중시된다는 인식을 공유하면서 위생을 통한 일상생활의 과학화에 관심을 보였다. "건강한 신체에 건강한 정신이 있기" 때문에 신체 위생은 바로 정신 위생을 의미했다. 이런 입장에서 정신적인 소양을 풍부히 함으로써 신체 위생과 정신 위생을 균형적으로 발전시킬 것을 강조하였다.

애국 계몽 단체
- 헌정연구회 1. 제왕의 권위는 헌법에 정해진 바에 따라 존중될 것
  2. 정부의 명령은 법률·규칙에 정해진 바에 따라 복종할 것
  3. 국민의 권리는 법률에 정해진 바에 따라 자유로이 행사될 것
- 대한자강회 : 나라의 독립은 오직 자강할 수 있느냐 못 하느냐에 달려 있는 것이다. 우리 대한이 종전에 자강의 방도를 강구치 아니하여 인민이 스스로 우매함에 갇히고 국력이 스스로 쇠퇴하게 되었고 나아가서 금일의 힘난한 지경에 이르렀고 외국인의 '보호'까지 받게 되었다. …… 그러나 자강의 방도를 강구하려 할 것 같으면, 다른 곳에 있지 않고 교육을 진작하고 산업을 일으키는 데 있으니, 무릇 교육이 일어나지 않으면 민지(民智)가 열리지 않고, 산업이 일어나지 않으면 국부(國富)가 증가하지 못하는 것이다. …… 교육과 산업의 발달이 곧 자강의 방도임을 알 수 있는 것이다. 〈대한자강회 월보〉

신민회의 조직과 강령
- 조직 : 신민회는 당수에 해당하는 총감독을 양기탁이 맡고, 총서기에 이동녕, 재무는 전덕기, 집행원은 안창호가 담당하였다. 다른 창건 위원들은 각 도의 총감을 맡았다. 안창호가 맡은 집행원의 직책은 국내 동지들이 추천한 신입 회원의 자격 심사를 담당하는 것이었다.
- 설립 취지문 : 신민회는 무엇을 위하여 일어남뇨? 민습(民習)의 완고 부패에 신사상이 시급하며, 민습의 우미(愚迷: 어리석고 사리에 어두움)에 신교육이 시급하며, 열심의 냉각에 신제창이 시급하며, 원기의 모패(耗敗: 줄고 시들다)에 신수양이 시급하며, 도덕의 타락에 신윤리가 시급하며, 실업의 조췌(凋悴: 시들다)에 신규범이 시급하며, 정치의 부패에 신개혁이 시급이라. 천만가지 일에 신(新)을 기다리지 않는 바 없도다. …… 우리 대한인은 통일 연합으로써 그 진로를 정하고 독립 자유로써 그 목적을 세움이니, 이것이 신민회의 원하는 바이며 신민회의 품어 생각하는 까닭이니, 간단히 말하면 오직 신정신을 불러 깨우쳐서 신단체를 조직한 후에 신국(新國)을 건설할 뿐이다.
- 강령 1. 국민에게 민족 의식과 독립 사상을 고취할 것
  2. 동지를 찾아 단합하여 민족 운동의 역량을 축적할 것
  3. 신문 잡지 및 서적을 간행하여 인민의 지식을 계발케 할 것
  4. 교육 기관을 각지에 설치하여 청소년 교육을 진흥할 것
  5. 각처 학교의 교육 방침을 지도할 것
  6. 실업가에게 권고하여 영업 방침을 지도할 것
  7. 각종 상공업 기관을 만들어 단체의 재정과 국민의 부력(富力)을 증진할 것 〈일본 헌병대 기밀 보고〉

신민회의 국외 독립 운동 기지 건설

• 1909년 봄, 의병 운동이 퇴조할 무렵 신민회의 지도부들은 총감독 양기탁의 집에 모여서 전국 간부 회의를 열고 국외에 적당한 후보지를 골라 독립군 기지를 만들어서 무관 학교를 설립하고 독립군 사관을 양성하여 현대전에서 승리할 수 있는 강력한 독립군을 창건하기로 결정하고 독립 전쟁 방략을 결정하였다.

• 독립군 기지는 일제의 통치력이 미치지 않는 청국령 만주 일대를 자유 지대로 보고 이곳에 설치하되, 후일 독립군의 국내 진입에 가장 편리한 지대를 최적지로 한다. 최적지가 선정되면 자금을 모아 일정 면적의 토지를 구입 …… 한다. 애국적 인사들과 애국 청년들을 중심으로 '계획적으로', '단체 이주를 시켜' 신한민촌을 건설하고, 한편으로 토지를 개간하여 농업 경영을 통하여 경제적으로 자립을 실현하도록 한다. 새로이 건설된 신한민촌에서는 이주민과 애국 청년들을 망라하여 무관 학교를 설립하여 문무 쌍전의 교육을 실시하고 무관을 양성하도록 한다. 독립군이 강력하게 양성되면 최적의 기회를 포착하여 독립 전쟁을 일으켜서 국내로 진입하기로 한다.

애국계몽운동의 한계 : 의병 운동에 대한 비판

• 의병의 무리는 나라에 화를 가져다주는 요망한 재앙이요, 백성을 해치는 악독한 병이라. 허망한 명분을 빌어 폭동을 일으키다가 결과는 집과 나라에 화를 미치게 하며 그 자신의 아내와 자식이 치욕에 빠지게 할 따름이니. 〈황성신문〉

• 한국은 또다시 의병의 소동을 보게 되었으니, 그 유래가 어찌 까닭이 없을 수 있겠는가. 무릇 대한의 신민된 사람이라면, 누가 가슴을 치고 읍혈(泣血: 슬퍼서 피눈물이 나도록 우는 것)하고 부심절치하여, 만 번 죽어도 이 한 번 싸우고야 말리라고 결심하며 나서려고 하지 않을 사람이 있겠는가. 그러나 국가의 관계란 것은 개인의 일과는 자못 같지 않은 것이 있으니, 지금 가령 개인이 자기 부모의 원수나 치욕을 갚으려고 한다면, 다만 칼 한 자루를 준비해 들고 일조일석(一朝一夕) 사이에 해치워도 된다. 그러나 국가의 크나큰 원수에 있어서는 불가불 때와 힘을 헤아리고, 피차를 알아 해낼 만한 승산을 잡은 뒤에 도모하지 않으면 아니 된다. 〈대한매일신보〉

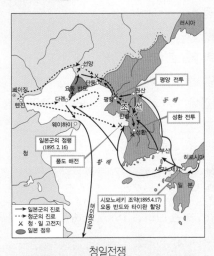

청일전쟁

러일전쟁

개화기 의병 활동

의병 부대의 모습

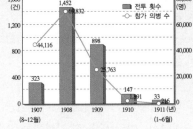

전투 횟수와 참가 의병 수

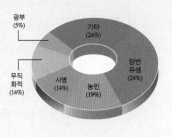

정미의병 당시 의병장의 출신 비율

05 SECTION

근대의 경제와 사회

1 경제 침탈

(1) 일본 상인의 경제 침탈 시작 : 강화도 조약(1876) 이후

- 배경 ┌ 조일수호조규 부록(1876) : 일본 상인의 간행이정을 10리로 제한 + 일본 화폐 사용 허가
  └ 조일무역규칙(1차 조일통상장정, 1876) : 곡물의 무제한 유출 허가, 수출입 무관세
- 특징 ┌ 거류지 무역 ┌ 일본 상인 : 제한적 활동
  │ └ 조선 중개 상인 : 객주, 여각, 보부상 등이 개항장에서 수출입 상품을 중개하여 이익 증대
  └ 중계 무역 : 미·면 교환 체제 ┌ 수입 ┌ 품목 : 영국산 면제품과 공산품   cf) 당시 일본의 생산품은 성냥
  │ └ 영향 : 농촌의 면직물 공업(= 가내 수공업)에 타격
  └ 수출 ┌ 품목 : 조선의 곡물(쌀·콩), 쇠가죽, 금
  └ 영향 : 조선 내 쌀 부족으로 쌀값 폭등 → 도시 영세민의 불만 초래

cf) 조선의 개항 순서 : 부산(1876) → 원산(1880) → 인천(1883)

(2) 청·일 상인의 경제 침탈 본격화 : 임오군란(1882) 이후

- 배경 ┌ 청 : 조청 상민수륙 무역장정(1882) → 내지통상권 획득   cf) 열강도 최혜국 대우를 근거로 내지통상권 획득
  └ 일 ┌ 조일수호조규 속약(1882) : 일본 상인의 간행 이정 확대(10리 → 50리 → 100리, 양화진 개시)
  └ 조일통상장정(개정 조일통상장정) ┌ 최혜국 대우 조항
  (1883, 2차 조일통상장정) └ 관세 부과 + 방곡령 규정
- 결과 ┌ 상권 침탈 경쟁 ┌ 청 : 개항장보다 서울을 중심으로 육의전 상권을 침탈
  │ └ 일본 : 용산을 중심으로 수출품 판로 확장 + 1880년대 후반에는 일본산 면제품도 수출
  └ 청과의 무역 비중이 증가하여 일본과 거의 대등(1892) → 청일전쟁 발발(1894)
- 영향 ┌ 상인 ┌ 외국 상인의 활동 범위 확대 → 외국 상품의 유통을 맡던 중개 상인의 몰락
  (조선) │ └ 청·일 상인에 의한 도시 상권 잠식 → 시전 상인의 어려움
  └ 하층민 ┌ 도시 영세민 : 쌀 유출로 인한 쌀값 폭등 → 생활의 고통
  └ 농민 ┌ 농업 : 입도선매 방식으로 일본 상인에게 쌀을 헐값으로 매각 → 농촌 경제의 파탄
  └ 수공업 : 면제품 생산을 바탕으로 한 가내 수공업 몰락

cf) 일부 지주·상인 : 쌀 수출에 적극 가담 → 큰 이익을 획득하여 토지 매입에 투자 or 토지 획득 → 대지주로 성장

(3) 열강의 이권 침탈 : 아관파천(1896) 이후

- 배경 : 최혜국 대우 조항을 근거로 광산 채굴권, 삼림 채벌권, 교통·통신 시설 부설권, 전기 부설권을 침탈
- 내용 ┌ 러시아 ┌ 광산 채굴권 : 경원·종성(1896), 경성(1896)
  │ └ 삼림 채벌권 : 두만강·압록강 유역, 울릉도(1896)   cf) 해관 관리권(1897), 동해안 포경권(1899)
  ├ 미국 ┌ 광산 채굴권 : 갑산(1896), 평안도 운산의 금광(1896)
  │ └ 철도 부설권 : 경인선(1896) → 일본에 양도(1897)   cf) 서울의 전등·전차 경영권(1896)
  ├ 영국 : 평안도 은산의 금광 채굴권(1900), 해관 관리권(1896)
  ├ 프랑스 : 경의선 부설권(1896) → 대한제국이 회수하여 독자적으로 부설 시도 but 일본에 양도
  ├ 독일 : 강원도 당현의 금광 채굴권(1897)
  └ 일본 ┌ 광산 채굴권 : 충청도 직산의 금광(1900)
  └ 철도 부설권 ┌ 원래 획득 : 경부선(1901 기공 – 1904 완공 – 1905 개통), 경원선(1905 → 1914년 완공)
  └ 인수 ┌ 경인선 : 미국(1896)의 부설권을 인수하여 1899년에 개통, 1900년 완공
  └ 경의선 : 프랑스(1896)의 부설권이 반환된 후, 이를 획득하여 1906년에 완공

(4) 일본의 토지 침탈 : 러일전쟁(1904)을 계기로 본격화

- 러일전쟁 이전 ┬ 개항 직후 : 개항장의 일부 토지 임대 + 고리대를 이용하여 농민 토지를 약탈 → 농장 확대
  └ 청일전쟁 이후 : 일본인 대자본가들이 전주 · 군산 · 나주 일대에 대농장 설치
- 러일전쟁 이후 ┬ 철도 부지 : 국유지는 무상으로 약탈 + 사유지는 조선 정부가 매입하여 일본에 무상 제공
  ├ 군용지 : 한일의정서를 근거로 국유지 · 역둔토(역참의 소유 토지 + 관아의 소유 토지) 강탈
  ├ 국가 소유의 황무지 개간권 요구(1904)
  └ 토지가옥 증명 규칙 ┬ 개항장 외 외국인의 부동산 소유 확대 허용
    (1906)　　　　　 └ 매매 · 저당 등의 법적 기초 마련
- 정미 7조약 이후 : 동양척식주식회사 설립 ┬ 목적 : 약탈 토지 관리 + 일본인의 이주 장려
  　　　　　　　　　　　　　　(1908)　 └ 설립 방식 : 일본의 자본 투자 + 조선 정부의 토지 투자

(5) 일본의 금융 · 재정 지배 정책 : 러일전쟁(1904)을 계기로 본격화

- 은행 설립 ┬ 제일은행 ┬ 활동 ┬ 개항 이후 : 은행 업무 + 조선의 세관 업무를 위탁받아 관리
  　　　　 │ (1878, 부산)│　　 └ 청일전쟁 · 러일전쟁 중 : 군자금 관리 → 침략의 첨병
  　　　　 │　　　　　　 └ 변화(1904) : 화폐정리사업으로 불법 발행한 은행권(1902)을 법정 통화로 전환
  　　　　 └ 농공은행(1906) : 전국에 설립된 지방은행으로, 이주 일본인에게 자금 지원 → 조선 식산은행에 흡수
- 화폐정리사업 ┬ 주도 : 메가타(1차 한일협약 체결을 계기로 파견된 재정 고문)
  　 (1905)　 ├ 명분 : 기존 화폐(엽전, 백동화)의 화폐 가치에 대한 불신 + 구 백동화의 남발에 따른 물가 상승
  　　　　　 ├ 내용 ┬ 조선의 기존 화폐(엽전, 백동화)를 일본의 제일은행이 발행한 화폐로 교환
  　　　　　 │　　 ├ 발행 기관 : 전환국(×) → 일본 제일은행(제일은행권 = 법정 통화)
  　　　　　 │　　 └ 본위 화폐 제도 : 은 본위제 → 금 본위제
  　　　　　 ├ 문제 ┬ 교환 기간 1년 이내로 규정 + 홍보도 미흡하였고, 소액권은 교환 자체가 안됨
  　　　　　 │　　 ├ 조선 화폐를 평가 절하 : 백동화를 질에 따라 갑 · 을 · 병의 3종으로 분류
  　　　　　 │　　 ├ → 교환 액수에 차등을 두고 병종은 교환에서 아예 제외(백동화는 을종 · 병종으로 판정)
  　　　　　 │　　 └ 미리 정보를 알았던 일본 상인은 병종 백동화를 이용하여 상품 구입 → 이익 획득
  　　　　　 └ 결과 ┬ 국내 자본 은행(대한천일은행, 한성은행) : 파산 or 일본계 은행에 합병
  　　　　　　　　 ├ 전황 발생 → 물가 폭락으로 국내 중소 상공업에 큰 타격, 기업 도산
  　　　　　　　　 └ 사업 시행으로 막대한 재정 부담 발생 → 일본으로부터 차관 도입
- 재정 침탈 ┬ 차관 제공 ┬ 목적 : 청일전쟁 이후(조선의 내정 간섭) → 러일전쟁 이후(대한제국의 재정 예속화)
  　　　　 │　　　　　 └ 명목 : 화폐정리사업 비용, 식민 지배를 위한 시설 개선 비용
  　　　　 └ 재정 정리 사업 ┬ 황실 소유의 재정 해체 : 내장원의 홍삼전매와 역둔토 수입을 국고로 귀속
  　　　　　　　　　　　 └ 징세 기구 개편 → 조세액 증가

꼭! 알아두기

조일 수호 조규 부록(76)과 속약(82)의 비교	
	간행 이정
조일 수호 조규 부록	10리로 제한
조일 수호 조규 속약	50리(2년 뒤 100리)
	1년 뒤 양화진 허용

조일 무역 규칙과 조일 통상 장정의 비교		
시기	조일 무역 규칙(1876)	조일 통상 장정(1883)
최혜국 대우	×	○
관세 조항	×	○
방곡령의 근거	×	○

2 경제적 구국 운동

(1) 임오군란 이후

- 상권 수호 운동 ┬ 배경 : 1880년대 외국 상인에 대한 내지 통상권 허용 → 청·일 상인의 침투
  (시전 상인) ├ 활동 : 외국 상인의 철수 요구, 상권 수호를 위한 조약 개정 요구
             └ 단체 : 황국중앙총상회 ┬ 외국 상인의 불법적인 내지 상업에 대한 엄단 요구
                        (1898)   ├ 근대적 생산 공장인 종로 직조사의 설립·운영에 투자
                                  └ 독립협회와 함께 자유 민권 운동 전개 → 독립협회와 더불어 해산(1898)
- 방곡령 ┬ 배경 : 일본으로의 곡물 유출 증가 + 흉년 → 곡물 가격의 폭등 → 농촌의 황폐화
       ├ 목적 : 일본 상인들의 농촌 시장 침투와 지나친 곡물 반출을 막기 위해
       ├ 지역 : 함경도(1889, 조병식), 황해도(1890, 조병철), 충청도를 중심으로 전개
       └ 과정 : 조일 통상 장정(1883) 37조를 근거로 일본이 항의 → 방곡령 철회, 배상금 지불(방곡령 사건)
          cf) 1차 갑오개혁(1894) : '평상시 지방관의 방곡령 임시 선포 금지' 조항 규정

(2) 아관파천 이후

- 이권 수호 운동 ┬ 러시아 ┬ 저탄소 설치를 위한 절영도 조차 요구 철회 + 목포·증남포 부근 도서 매도 요구 저지
  (독립협회) │   └ 재정 고문 알렉세예프의 해임 + 한러 은행 폐쇄(1898)
             └ 프랑스·독일의 광산 채굴권 요구 저지

(3) 러일전쟁 이후

- 황무지 개간권 요구 반대 ┬ 보안회 ┬ 조직 : 원세성·송수만 → 유생과 정부 관리를 중심으로 결성
                      │ (1904) ├ 활동 : 매일 가두 집회를 개최하여 일제의 요구 규탄 → 일제의 요구 철회
                      │   └ 변화 : 일제의 탄압으로 협동회로 개명
                      └ 농광회사(1904) : 일부 민간 실업인과 정부 관리를 중심으로 자주적 황무지 개간 시도
- 국채보상운동 ┬ 목적 : 일제의 차관 제공에 의한 경제적 예속화 정책에 저항
  (1907)   ├ 지역 ┬ 시발 : 대구(서상돈, 김광제) → 모금을 위한 국민 대회 개최, "국채 상환하여 국권 회복하자"
             │   └ 전국 확산 : 국채보상기성회 조직(서울, 양기탁)
             ├ 과정 ┬ 내용 : 금주·금연, 비녀·가락지 기부 운동 → 여성 단체들도 적극적으로 참여
             │   └ 지원 : 언론(대한매일신보·황성신문·만세보 등), 애국계몽운동 단체(대한자강회 등)
             └ 한계 ┬ 하층민의 적극적 참여 vs 명문가·부호 등 상층민의 소극적 태도
                   └ 통감부의 탄압 ┬ 일진회를 이용해 탄압 → 모금 활동 중단
                                └ 국채보상기성회의 간사 양기탁을 모금액 횡령 혐의로 구속 → 좌절

◈확인해 둘까요! ◂ 근대의 화폐

- 화폐 ┬ 당백전(1866, 경복궁 중건) → 대동은전=대동폐(1882~83, 최초 근대 화폐) → 당오전(1883, 묄렌도르프)
      └ 신식화폐조례 ┬ 본위화(은화) + 보조화(동화) ex) 백동화(1892~1904, 많은 위조 화폐 제작으로 통화 교란)
         (1892)   └ 자금 지원을 약속한 일본인의 자금 양도 거절로 화폐 발행도 중단되고, 조례도 폐지
- 발행 기관 : 전환국(1883~1904, 광무개혁 당시 내장원 소속 전환) → 일본 제일은행(1905)
- 본위 화폐 ┬ 은본위제 : 1차 갑오개혁의 신식화폐발행장정(신식화폐의 다량 주조 시기까지 외국화폐 혼용을 인정)
           └ 금본위제 : 화폐 정리 사업으로 시행   cf) 광무개혁 : 금본위제 개정 화폐조례 발표(1901)

③ 근대적 민족 자본의 성장

(1) 상업 자본

- 상회사 설립 ┬ 배경 ┬ 외부 : 내지 통상권 허용 이후 외국 유통 자본에 대한 대응 필요
  (= 동업 조합) │   └ 내부 : 국내 상업 자본의 성장 + 외국 회사 제도에 대한 인식 변화
  │   ├ 내용 ┬ 1880년대 ┬ 객주회(개항장 객주), 대동상회(평양, 외아문 관장), 장통회사(서울, 내아문 관장)
  │   │   │   └ 종삼회사(개성) : 송상이 일본 상인의 인삼 재배 · 판매권 침해에 대항하여 설립
  │   │   └ 1890년대 : 창신상회, 태평상회
  │   └ 발전 ┬ 성격 변화 : 동업자 조합의 성격 → 근대적 주식회사
  │   └ 갑오개혁 이후 특정 상품을 특정 기관에 납품하는 전문회사로 발전
- 유통 자본 형성 ┬ 배경 : 일본이 증기선으로 정부 세곡 운송권 독점 + 일본 유통 자본에 대한 대응
  └ 내용 ┬ 경강상인 : 증기선 구입 → 세곡 운반 시도, 승객 · 화물 운송
         └ 대한제국의 지원하에 국내 자본으로 해운회사, 육운회사, 철도회사, 광업회사 설립

(2) 산업 자본

- 유기 공업 : 조선유기상회(서울, 합자 회사) 설립
- 방직업 : 대한직조공장 · 종로직조사 등의 직조공장 설립
- 기타 : 연초 공장과 사기 공장 설립, 평양자기회사 설립(신민회)

(3) 금융 자본 : 은행 설립

- 배경 : 개항 이후 제일은행을 비롯한 일본 금융 기관의 침투 + 일본 상인에 의한 고리대 성행
- 내용 ┬ 최초 : 조선은행 ┬ 배경 : 갑오개혁 이후 조세의 금납화
  │   (1896~1901) ├ 주도 : 전 · 현직 관료와 지주 자본이 중심
  │   ├ 활동 : 민간은행으로서 국고 출납 업무를 대행 + 지방에 지점 설치
  │   └ 한계 : 영업 부진으로 폐쇄
  └ 본격적 설립 ┬ 시기 : 광무개혁
               ├ 사례 : 한성은행(1897)과 대한천일은행(1899) 등
               └ 한계 ┬ 자금 부족과 금융 기술 및 운영 방식의 미숙으로 원활한 운영이 어려움
                      └ 일제의 화폐정리사업을 계기로 몰락하거나 자주성 변질 → 사실상 일본 자본에 예속

(4) 정부의 정책 : 광무개혁

- 상공업 ┬ 산업 ┬ 지원 ┬ 대한 협동 우선회사
  │   │   │   ├ 인천 우선회사
  │   │   │   └ 대한철도회사(박기종)
  │   │   └ 설립 : 농상회사, 인공 양잠전습소
  │   └ 금융 : 근대적 은행 설립 지원
  └ 교육 ┬ 실업학교 설립 ┬ 상공 학교 → 농상공 학교
         │   └ 광무학교
         └ 일본에 유학생 파견

> **◇확인해 둘까요!** ◀ **보부상 관련 기구 · 단체**
>
> - 기구 ┬ 혜상공국 ┬ 설치 : 1883년(임오군란 이후)
>   │   │   └ 폐지 주장 : 갑신정변
>   │   ├ 상리국 ┬ 개칭 : 1885년(갑신정변 이후)
>   │   │   └ 폐지 : 1894년(2차 갑오개혁)
>   │   └ 상무사 ┬ 설치 : 1899년(광무개혁)
>   │   └ 변화 : 육의전과 통합
>   - 단체 : 황국협회 ┬ 설치 : 1898년
>   └ 해산 : 1898년

4 평등 사회로의 이행

(1) 제도적 개혁

- 배경 ┬ 사상 ┬ 서학(= 천주교) : 중인, 평민 및 부녀자 사이에 평등 의식 확산
  │   ├ 동학 : 인내천, 시천주와 같은 평등 사상 강조 → 여자와 어린이에 대한 사회적 평등 중시
  │   └ 개신교 : 선교를 통한 한글 보급, 미신 타파, 남녀 평등사상 보급
  └ 세력 : 오경석, 유홍기 등의 중인이 개화 사상 형성에 기여
- 과정 ┬ 갑신정변 : 문벌 폐지와 인민 평등권 확립 요구   cf) 정변 실패 이후 : 노비 세습제 폐지(1886)
  │   ├ 동학농민운동 ┬ 신분 폐지 요구 : 노비 문서 소각, 7종 천인의 처우 개선
  │   │   └ 봉건적 인습 타파 요구 : 청상과부의 개가 허용
  │   └ 갑오개혁 ┬ 내용 ┬ 신분 폐지 : 공·사 노비 제도 폐지, 인신매매 금지   cf) 공노비 해방(1801, 순조)
  │   │   └ 봉건적 인습 폐지 : 조혼 금지, 과부의 개가 허용, 고문과 연좌제 폐지
  │   ├ 의의 : 개화파와 동학농민군의 요구가 반영된 개혁 → 근대적 평등 사회를 향한 기틀 마련
  │   └ 변화 : 호구 조사 규칙 공포(1896)로 호적에 신분 대신 직업을 기재

(2) 민권 사상 보급과 사회 의식 확산 ← 갑오개혁의 한계로 민중 계몽 운동의 필요성 절감

- 독립협회 ┬ 활동 ┬ 민중 계몽 : 독립신문 발행 → 민중의 정치적·사회적 의식 형성
  │   │   └ 민중과 함께 자주 국권 운동과 자유 민권 운동 전개 → 의회 설립 운동과 국민 참정 운동 전개
  │   └ 평등 의식 확산 ┬ 만민공동회(1898.3.10)에서 시전 상인(현덕호)을 회장으로 선출
  │   └ 관민공동회에서 백정 출신인 박성춘이 연설(1898)
- 애국계몽운동 ┬ 활동 ┬ 교육·경제·언론을 통해 국민의 근대 민족 의식을 고취 → 국권 회복 운동 전개
  │   │   └ 국채 보상 운동 ┬ 내용 : 남녀노소, 신분, 지역을 넘어 각계 각층의 참여
  │   │   └ 영향 : 서로의 차이를 넘어 하나의 국민이라는 의식 확산
  │   └ 발전 : 신민회의 근대 국민 국가 수립 구상 → 공화 정체의 국가 건설 추구

◈확인해 둘까요! •──── 여성의 사회 활동

- 배경 ┬ 여성에게 남성과 평등한 교육의 기회 보장 : 소학교령 발표(2차 갑오개혁 ?)
  │   ├ 독립협회 : 독립신문을 통해 혼인 제도 개혁, 평등한 부부 중심의 가족, 여성의 사회 활동 필요성 등을 주장
  │   └ 언론 : 이종일이 부녀자를 대상으로 순 한글로 된 제국신문 발행(1898)
- 단체 ┬ 찬양회 ┬ 구성 : 서울의 북촌 부인들을 중심
  │   │ (1898) ├ 활동 ┬ <여권통문> 발표 : 최초의 여성 인권 선언문으로 여성의 참정권·직업권·교육권 주장
  │   │   │   ├ 여성 계몽을 위한 연설회와 토론회 개최
  │   │   │   └ 여성 교육을 위해 순성 여학교 설립(1899)을 후원
  │   │   └ 한계 : 공립 여학교 설립을 위해 고종에게 상소 but 고종이 약속하였으나 재정 부족으로 실패
  │   └ 여자교육회(1906) : 양규의숙(1906) 설립과 재정 지원
- 학교 ┬ 개신교 계열 : 이화학당(1886, 스크랜턴), 정신여학교(1887, 엘레스)
  │   └ 애국 계몽 운동 계열 : 진명여학교(1906), 숙명여학교(1906)   cf) 양규의숙(1906)
- 활동 ┬ 정치 : 국채보상운동 참여 ex) 남일패물폐지부인회(대구), 부인감찬회(서울), 진명부인회 등
  │   ├ 사회 : 교육·의료(박 에스더 : 최초의 여의사)·종교·의병 운동(윤희순 : 최초 여성 의병 지도자) 진출
  │   └ 경제 : 생산직 공장과 회사 등으로 진출

5 생활 모습의 변화

(1) 의식주의 변화

- 의생활
  - 예복
    - 갑오개혁 이후 : 관복 간소화
    - 을미개혁 이후 : 관리와 민간인 간의 의복 차이 소멸, 의복 제도에 외국 제도 채용을 허용
    - 문관 복장 규칙(1900) : 예복의 양복화 성행 → 한복과 양복 문화의 혼합
  - 남성
    - 일부 상류층과 개화파 : 상투를 자르고 단발, 양복을 입고 양말과 구두 착용
    - 일반 남성 : 임오군란 때 납치되었던 흥선대원군의 영향으로 저고리 위에 마고자와 조끼 착용
  - 여성
    - 신여성 · 여학생 : 개량 한복 착용(양장의 영향으로 저고리를 약간 길게, 치마를 다소 짧게)
    - 일반 여성 : 외출할 때 두루마기 착용 및 양산 이용 확산
- 식생활
  - 특징 : 두레상(모두가 한자리에서 밥을 나눠 먹음)과 겸상(한 상에 두 사람이 마주 보고 앉아 먹음)의 증가
  - 외래 음식 전래
    - 내용
      - 서양 음식 : 궁중과 일부 상류층에 커피 · 홍차 · 양과자 · 빵 등이 전래됨
      - 중국 음식 : 임오군란 이후 자장면, 만두와 빵 판매
      - 일본 음식 : 초밥 · 우동 · 어묵 · 단팥죽 · 단무지 · 청주 등이 소개됨
    - 한계 : 서민의 음식에는 영향을 미치지 못함
- 주생활
  - 특징 : 가옥의 규모나 건축 양식에 대한 신분 규제 해제
  - 근대식 건물 건립
    - 배경 : 서울과 개항지에 각국의 공사관과 영사관 건립, 서양인과 일본인이 거주
    - 내용
      - 건축물
        - 대불호텔(1888), 명동성당(1898), 손탁호텔(1902, 독일인 손탁)
        - 덕수궁 중명전(1901), 덕수궁 석조전(1910 완공)
      - 일본으로부터 남포등(= 램프) 수입, 스팀난방 수입
    - 영향 : 1890년대 민간에서도 한옥과 양옥을 절충한 건축물 등장
  - 근대적 공원 설립 : (인천) 만국 공원(1888~90 ?), (서울) 탑골 공원(1897, 광무개혁)
  - 도로 정비
    - 치도국 설치 : 김옥균의 〈치도약론〉에 근거하여 서울 시내의 도로 정비를 위해 박영효가 설치
    - 광무개혁 : 서울의 도시개조사업 추진(이채연) → 방사상 도로 체계 도입

(2) 국외 이주 동포

- 간도
  - 19c : 세도 정치로 인한 수탈을 피해 함경도와 평안도 주민이 본격적으로 이주
  - 20c
    - 이범윤은 포병을 양성하고 조세를 거둬 자위군을 양성
    - 독립 운동을 위한 이주 증가 → 독립 운동 기지 건설
- 연해주
  - 이주 배경
    - 러시아 : 1860년 이후 연해주를 개척할 목적으로 이주 허가 → 토지 지급
    - 조선 : 함경도의 빈농들이 생활고를 타개하기 위해 이주
  - 활동
    - 국권 피탈 이전부터 독립 운동 기지 건설 : 블라디보스토크에 신한촌 건설
    - 신문 발행 : 해조신문(1908), 대동공보
- 미주
  - 초기 이주 : 유학이나 정치적 망명
  - 본격 이주
    - 계기 : 20c 이후(1902) 미국인 알렌의 주선으로 정부의 해외 취업 알선
    - 관련기구 · 회사 : 수민원(1902, 정부의 여권 담당기구), 동서개발회사(미국인 데슬러가 설립한 이민 모집회사)
    - 지역 : 하와이 → 미국 본토 · 멕시코 · 쿠바로 확산
    - 시련 : 사탕수수 농장, 철도 공사 · 개간 사업 등 노예처럼 고된 일을 담당 + 인종 차별
    - 활동
      - 자치 단체 결성
        - 공립 협회 + 한인 합성협회 → 국민회(1909)
        - 대동보국회 + 국민회 → 대한인 국민회(1910)
      - 신문 발행 : 신한민보(1909)

05 근대의 경제와 사회

SECTION

핵심 | 자료 읽기

조일 수호 조규 부록 (1876)
제4조 부산에서 일본인의 간행이정을 10리로 제한한다.
제7조 일본국 국민은 본국에서 사용되는 화폐를 조선국 인민이 보유하고 있는 물자와 교환할 수 있다.

조일 수호 조규 속약 (1882)
일본국과 조선국은 앞으로 더욱 친선을 표시하고 무역을 편리하게 하기 위하여 속약 2관을 아래와 같이 정한다.
제1조 부산, 원산, 인천 각 항구의 간행이정을 이제부터 사방 각 50리로 넓히고, 2년이 지난 뒤 다시 각각 100리로 한다. 지금부터 1년 뒤에는 양화진을 개시(開市)로 한다.
제2조 일본국 공사와 영사 및 그 수행원과 가족은 마음대로 조선의 내지 각 곳을 유력(遊歷)할 수 있다. 유력할 지방을 정하면 예조에서 호조(護照)를 발급하고, 지방 관청은 호조를 확인하고 호송한다.

조일 무역 규칙 (1876) = 1차 조일 통상 장정 = 조일 통상 장정 잠정안
제6관 한국에 머무르는 일본인은 쌀과 잡곡을 수출할 수 있다.
제7관 일본국 소속의 선박은 항구세를 납부하지 않으며, 수출입 상품도 관세를 부과하지 않는다.

조일 통상 장정 (1883) = 2차 조일 통상 장정 = 조일 통상 장정 확정안
제9조 입항하거나 출항하는 각 화물이 해관을 통과할 때는 본 조약에 첨부된 세칙(稅則)에 따라 관세를 납부해야 한다.
제37조 조선국에서 가뭄과 홍수, 전쟁 등의 일로 인하여 국내에 양식이 결핍할 것을 우려하여 일시 쌀 수출을 금지하려고 할 때에는 1개월 전에 지방관이 일본 영사관에게 통지하여 미리 그 기간을 항구에 있는 일본 상인들에게 전달하여 일률적으로 준수하는 데 편리하게 한다.
제42조 현재나 앞으로 조선 정부에서 어떠한 권리와 특전 및 혜택과 우대를 다른 나라 관리와 백성에게 베풀 때에는 일본국 관리와 백성도 마찬가지로 일체 그 혜택을 받는다.

조청 상민수륙 무역장정 (1882)
이 장정은 중국이 속방을 우대하는 후의에서 나온 만큼 다른 각국과 일체 균점하는 예와 같지 않다.
제1조 청 상무위원을 서울에 파견하고 조선 대관을 천진에 파견한다. 청의 북양 대신과 조선 국왕은 대등한 지위를 가진다.
제2조 조선 내에서의 청 상무위원의 치외법권을 인정한다.
제3조 조난 구호 및 평안·황해도와 산동·봉천 연안 지방에서의 어채 허용과 관세를 규정한다.
제4조 중국 상민은 조선의 양화진과 한성에서 행잔(상점, 창고, 여관)을 개설할 수 있다.
제5조 양국 상민이 피차의 내지에서 상점을 개설못하고 상품 판매도 못하되, 다만 내지 행상이 필요할 경우 지방관의 허가서를 받아야 한다. 피차의 상무위원과 지방관이 발행하는 호조(여행권)를 받을 경우 토화(본국 상품)를 구매할 수 있다.
제6조 조선 상인이 청에 갖고 들어가는 홍삼은 관세를 100분의 15로 매긴다.
제7조 청 선박의 항로 개설권, 청 병선의 조선 연해 내왕권 등을 허용한다.
제8조 장정의 수정은 북양 대신과 조선 국왕의 자문으로 결정한다.

조미 수호 통상 조약 (1882.4)
제5관 무역을 목적으로 조선국에 오는 미국 상인 및 상선은 모든 수출입 상품에 대하여 관세를 지불해야 한다. 관세부과권은 응당 조선국 정부에 속한다. …… 다음과 같이 정한다. 일용품의 수출입품에 관한 관세율은 종가세 10%를 초과하지 않으며 사치품 등에 대해서는 30%를 넘지 못하는 협정 세율을 정한다.
제14관 조약을 체결한 뒤 통상 무역 상호 교류 등에서 본 조약에 부여되지 않은 어떠한 권리나 특혜를 다른 나라에 허가할 때에는 자동적으로 미합중국 관민에게도 똑같이 주어진다.

핵심 자료 읽기

조영 수호 통상 조약

대조선 대군주는 본 조약의 실시일 이후 각종 수출입 관세 세칙 및 모든 업무에 있어서 금후 어떠한 혜택이나 이권이든지 타국 및 타국 신민에게 부여하는 일체의 권한을 영국 및 영국 신민에게도 모두 균점하게 할 것을 약정한다.

청 · 일 상인의 각축

• (1893년 10월 21일) "어떠한 벽촌이라고 하더라도 장날에 청나라 상인이 오지 않는 곳이 없다고 한다."
• 요즘 들어 안성 시장에 청나라 상인이 늘어나 점차 상권을 빼앗겨 폐업하는 자가 많아졌다. …… 공주, 강경 같은 곳은 자기 집을 갖고 장사를 하고 있다. 전라도 전주 같은 곳은 청나라 상인이 30명 정도 들어왔다.
• 특히 남대문 큰길과 수표다리 건너와 정동과 그 외 각처 요긴한 자리에 청 · 일 장사의 집이 날마다 늘어가니 내 나라 도성에 내 나라 백성이 용납지 못하게 될 일.

민족 자본 형성 노력

• 상회사 설립 : 평안도인이 상회를 설립하여 명칭을 대동상회라 하였고, 외아문이 관장 · 보호하고 있고, 서울 중촌인이 상회를 설립하여 명칭을 장통상회라 하였고, 내아문이 관장 · 보호하고 있다. 그 밖에 권연국, 양춘국, 두병국이 설치되었다.
• 회사라는 것은 여러 사람의 자본을 합하여 몇 사람에게 맡겨서 농 · 공 · 상의 사무를 변리시키는 것이다. 농 · 공 · 상의 사무는 한 가지가 아니므로 회사의 종류 역시 적지 않다. 그 밖의 사업도 모두 회사를 만들어 의논한다. 정부에서도 사업을 장려하여 회사는 날로 성대하게 발전한다. …… 그래서 크고 작은 회사들이 꼬리를 물고 일어난다.   〈한성순보〉

방곡령 통고서

조회함. 우리 고을에 흉년이 든 것은 귀하도 잘 알고 있을 것이다. 궁지에 몰리고 먹을 것이 없어 비참하다. 곡물이 유출되는 것은 당분간 방지하지 않을 수 없다. 이에 조일 통상 장정 제37조에 근거하여 기일에 앞서 통지하니 바라건대 귀국의 상민들에게 통지하여 음력 을유년(1885년) 12월 20일부터 만 한 달 이후부터는 곡물을 유출하지 못하도록 할 것이다.

상권 수호 운동

• 일본인이 호남 지방에서 목면을 매입 · 운반하여 와서 매매하므로, 저희들이 진고개(충무로 일대)로 가서 관청의 서식대로 일본 영사관에 항의를 했습니다. 그런데 일본 영사관의 답은 "본토 사람들은 판매하지 못하더라도 일본은 판매할 수 있다."는 것입니다. …… 나라에서 일본 영사관에 공문을 보내어 금지하게 하여 만민을 구해주신다면 천만다행이겠습니다.
• (1890년 1월 30일) 서울 상인 수백 명이 통리아문에 모여들어 청 · 일 양국 상인들의 점포를 철수하도록 요구하였다. 독판(통리아문)은 낭패하여 잘 알아듣도록 타일렀다. 시전 상인들은 즉각 철수시키겠다는 확답을 얻지 못하면 해산하지 않겠다고 하였다. 통리아문 안은 물론 근방 시가에 자리를 깔고 연좌 데모를 하면서 독판의 회답을 촉구하였다.
• 시전 상인의 요구 : 도하(都下 : 수도)의 외국 장사를 항구로 내쫓을 것, 나라 안의 외국 군사를 물러가게 할 것, 외국 상인의 내륙 행상을 금지할 것, 외국 화폐의 유통을 금지할 것

황국중앙총상회의 활동

• 외국인이 내지의 각부 각군 요지에 점포 가옥을 사서 장사를 하고 전답을 구입하니 이것은 외국과 교섭하는 약조 속에 없는 일이라. 외국인들이 내지에 와서 점포를 열어 장사를 하고 전답을 사들이면 대한 인민들은 살 집도 없어지고 농사지을 전답도 없어지겠으니 독립협회와 황국중앙총상회가 전국 이천만 동포를 대표하였는지라. …… 외국과 약조한 문적을 먼저 상고시켜 외국 사람들이 내지에 잡거하라는 조관이 없다면 두 회에서 외부(外部)에 편지하고, 우리나라 각 지방에 잡거하는 외국 사람들을 모두 다 내보내고 집과 전답 사는 일을 일절 엄금해야 할지니라.
• 서울 안의 지계(地界)를 정하여 외국인의 상행위를 허락하지 말고, 지계 밖의 본국 각 전(廛)은 총상회에서 관할할 것.

05 근대의 경제와 사회

SECTION

핵심 자료 읽기

독립협회의 활동

• 한러은행을 3월 1일에 창설한다고 합니다. 그런데 이미 '한러'라는 명칭이 붙은 것을 보면 대한(大韓) 정부가 어찌 듣지도 못하고 모를리가 있겠습니까. 그렇다면 오늘날 정부에는 외부서리(外部署理) 한 사람만 있을 뿐이며, 신 등과 같은 사람은 있으나 마나한 존재인 것입니다. 그 직임과 일을 수행하지도 못하고 자리나 차지하고 있으니, 어쩌다 하겠습니까.

• 아라사(러시아)가 조계를 정한 안에 팔만 미터를 석탄고로 만들려고 정부에 달라 하였다. …… 또 목포와 증남포(평안도 남포)에 외국 거류지로 작정한 속에서 아라사가 18만 미터씩을 영사관 짓게 달라 하였다. …… 이 경계로 아라사 공사에게 말하고 못하겠다 하면 그만이요, 설령 아라사가 이 까닭에 으르더라도 차라리 아라사에게 으르는 것은 받을지언정, 그른 일을 하고 다른 약조한 제국에게 시비 듣는 것은 대한을 위하여 크게 해로운 일이라.

• 국내에서 금·은·석탄광이 있으면 마땅히 스스로 채굴하여 그 이익을 얻을지니, 하필 외국에 양여하여 몰래 넘보게 하고 흘러 나가게 하여, 점점 자기 나라는 날로 빈천하게 하고 다른 나라로 하여금 부강하게 하리요, 그러므로 국내의 철도·전선과 금·은·석탄광 등을 타국인에게 빌려 주고 양여함은 곧 전국을 타국인에게 방매(放賣)하는 것이다.

독립협회의 한계

• 정부에서 미국 사람과 서울에서 인천 사이에 철도를 약조하여 미국 돈 이백만 원 가량이 들어오면 이 일로 벌어 먹고 살 사람이 조선 안에 여러 천 명 될 터이요, 철도가 된 후에는 농민과 상민들이 철도로 직업들이 흥왕할 터이요. ……

• 일본이 월미도를 요구한 것에 대해서는 허락하고 러시아가 절영도를 요구한 것에 대해서는 거절하였습니다. 그런데 세상의 사람들은 이들이 옳다고 여겨 추종하는 사람이 많아지고 세력이 강해지게 되었습니다. 이에 모임을 열기도 하고, 더러는 상소를 올려 성상의 의중을 떠보면서 구차하게 역적들을 살려내기 위해 거리낌없이 행동하기에 이르렀습니다.

금 본위제 실시 시도 : 태환금권 조례

제1조 태환금권(兌換金券)은 중앙은행 조례 제9조 제2항에 의하여 동(同) 은행에서 발행하며 금화로써 태환(兌換)할 사.

제2조 중앙은행은 태환금권 발행액에 대하여 동가(同價) 금화 및 금괴를 저치(貯置)하고 그 교환의 준비로 할 사. 중앙은행은 전항 외에 시장 상황에 따라 유통 화폐를 증가하기 위해 필요한 경우에는 탁지부 대신의 허가를 얻어 정부 발행 공채증서, 탁지부 증권, 기타 확실한 증권 및 상업표를 보증하고 태환금권 발행함을 얻을 사.

제3조 태환금권의 종류는 1환, 5환, 10환, 50환, 100환의 5종으로 정하고 각종의 발행하는 액은 탁지부 대신이 정할 사.

황무지 개간권 요구 (1904.6)

• 능·묘·시(寺)·금산(禁山)·분묘와 현재 궁내부나 관청이 소유한 땅으로 이미 개간되었거나 민유지로 소유 관계가 명백한 토지·전답·산림·원야를 제외한 나머지 대한제국 팔도에 흩어져 있는 토지·산림·임야 기타 일체 황무지의 개간과 정리, 개량과 척식 등 일체 경영을 나가모리에게 위임할 것.

• 나가모리는 해당 특허에 기인하여 자기의 재산으로써 전조의 황무지를 개척하되, 개간지는 만 5개년 후에야 세금을 비로소 궁내부로 납부할 것. 합동 기한을 50개년으로 정하되, 사후에 다시 계약함을 얻을 것. 궁내부는 계약자 이외에 제3자에게 이 조약과 저촉되는 특허를 주지 못할 것.

보안회 활동

• 취지 : 산림, 천택, 원야의 황무지를 일인들이 요구하고 있으니 이는 일국 존망의 때요, 백성의 생사가 달려있는 때니라. 우리 대한의 신민이 된 자는 한 치의 땅도 용납할 수 없어 종로의 백목전 도가에 회의소를 설치하였으니, 임시 회의소에 오시어 크나큰 의논의 장을 만들도록 합시다. 전국의 산림, 천택, 원야의 황무지를 (일본인이) 요구하면 모두 모여 싸우도록 한다. 회원의 일은 단지 위 문제의 원만한 타결에 있다.

• 왜국 공사 하야시 곤스케가 서울로 돌아왔다. 당시 황무지 개간을 허락한 일로 백성의 여론이 들끓어 모여드는 사람들이 날마다 수만 명이나 되었고, 외부(外部)에서 왜국 공사관으로 보낸 조회문도 수십 통이나 되어 왜놈들도 괴로워했다. 이에 돌려준다고 거짓으로 말하고는 외부와 함께 다시 처리하겠다고 했다.

농광회사 설립

1. 본사의 자금은 고금(지금의 출자금)으로 성립한다. 본사의 고금(股金, 주권)은 액면 50원씩이고, 총 1천만 원을 발행하고, 주당 불입금은 5년간 총 10회 5원씩 나눠서 낸다.
2. 고표(지금의 주식)는 아들·사위·동생·조카 외에 타인에게 저당 잡히거나 매도할 수 없다.
3. 본사는 국내 진황지 개간·관개 사무와 산림천택(山林川澤), 식양채벌(殖養採伐) 등 사무 외, 금·은·동·철·석유 등의 각종 채굴 사무에 종사할 것.

동양척식 주식회사 설립

일본 정부는 일정기간 상당액의 보급을 시행하고, 한국 정부는 사업 융자의 일부로 국유지를 출자하게 함으로써 자원 개발 식산 진흥을 담당케 하며, 일본으로부터 선량, 근면하고 경험이 풍부한 농민을 이식하고 진보된 농법을 시범함과 동시에 기업자에게도 저리의 자금을 공급하여 식산 산업에 이바지하게 되었다. 이게 본사 설립의 목적이다.

칙령 제2호 화폐 조례 실시에 관한 안건

1. 대한 제국 화폐의 기초 및 발행 화폐를 일본과 같게 한다.
2. 대한 제국 화폐와 동일한 일본 화폐의 유통을 인정한다.
3. 본위 화폐 및 태환권을 일본 것으로 하거나 또는 일본 정부의 감독 및 보증에 의해 발행된 은행권으로 한다. 그 외 구화폐의 교환, 환수에 관한 규정을 칙령으로 발표한다.
4. 본국 화폐의 가격은 금으로 본위 화폐의 근거를 공고하게 한다.

칙령 제4호 구화폐를 기한으로 정하여 교환하는 데 대한 안건

제1조 '화폐 조례'에 준거하여 본위 화폐를 금으로 하기 때문에 이전에 발행한 통화는 아래에 기록한 각조에 의거해서 신화폐와 교환하거나 환수한다.
제2조 구화 은 10냥은 신화 금 1환에 맞먹는 비율로 정부의 편의에 따라 점차로 교환하거나 환수한다.
제3조 구 백동화폐의 교환과 환수는 광무 9년 7월 1일부터 시작한다.
제4조 구 백동화폐의 교환을 끝내는 기한은 만 1년 이상으로 탁지부 대신이 편의에 따라 정한다.
제5조 구 백동화폐의 교환 기한이 끝난 후에는 그 통용을 금지한다. 단, 통용 금지 후 6개월은 공납에는 쓸 수 있게 한다.

화폐 정리 사업 실시와 반발

• 교환을 위해 제공하는 구 백동화는 화폐 감정역이 감정하며 화폐 교환소는 우선 경성, 평양, 인천, 증남포 등에 설치한다. 구 백동화의 상태가 매우 양호한 갑종 백동화는 개당 2전 5리의 가격으로 새 돈과 교환하여 주고, 상태가 좋지 않은 을종 백동화는 개당 1전의 가격으로 정부에서 매수하며, 매수를 원치 않는 자에 대해서는 정부가 절단하여 돌려준다. 단 형질이 조악하여 화폐로 인정키 어려운 병종 백동화는 매수하지 않는다.
• 아무런 예고도 주지 않고 돌연히 이와 같은 발표를 하고 바로 실시함은 이를 알지 못한 백성을 죽이는 것으로 어떤 근거도 찾을 수 없다. 〈경성 상업 회의소 의원이 일본 정부에 보낸 청원서〉

국채보상운동

• 지금은 우리들이 정신을 새로이 하고 충의를 떨칠 때이니 국채 1300만 원은 바로 우리 대한제국의 존망과 직결되는 것이라. 이것을 갚으면 나라가 존재하고 갚지 못하면 나라가 망할 것은 필연적 사실이나 지금 국고는 도저히 상환할 능력이 없으며, …… 우리 국민들은 의무하는 점에서 보더라도 이 국채를 모르겠다고 할 수 없는 것이다. 〈대한매일신보〉
• 피고 양기탁은 대한매일신보사에 재직하여 동사 사장 영국인 베델과 협의한 후 대한매일신보이라는 이름 아래 성금을 모집하고, 따로 베델과 기타의 사람과 협의하여 설립한 동 지원금 총합소의 일꾼으로 그 회계 사무를 담당하였다. 대한매일신보사에서 1908년 4월 30일까지 모집한 총 금액은 적어도 132,982원 32전으로 인정한다. 그런데 피고는 대한매일신보사에서는 겨우 61,042원 33전 2리를 받아들인 것과 같이 동보 지상에 보고하여, 일반 의연자를 기만하고 그 차액 71,939원 98전 3리를 횡령하였다.

05 근대의 경제와 사회

SECTION

핵심 자료 읽기

탑골 공원

외국 사람들이 조계지를 지키지 않고 도성의 좋은 곳에 있는 집은 후한 값으로 사고 터를 넓히니 잔폐(殘廢)한 인민의 거주지가 침범을 당한다. 또한 여러 해 동안 도로를 놓고 있기 때문에 집들이 줄어들었다. 탑동(塔洞) 등지에 집을 헐고 공원을 만든다 하니 …… 결국 집 없는 사람이 태반이 될 것이다.   〈매일신문〉

노비 세습제 폐지

개인 집을 놓고 말하면 한 번 노비의 명색을 지니게 되면 종신토록 복종해 섬기게 되며, 대대로 그 역(役)을 지면서 명색을 고치지 못하기까지 하는데, 이것은 어진 정사에 흠이 될 뿐 아니라 또한 화기(和氣)를 손상시키기에 충분한 하나의 조건이 된다. 명분은 원래 엄한 법이 있으므로 사역(使役)은 단지 낭사사 한 몸에만 그쳐야 하고 대대로 복역하게 헤시는 안 된다는 내용으로 한성부의 당상관이 총리대신과 토의해 절목을 만들어 온 나라에 반포해서 상서로운 화기를 맞이하게 하라.

박성춘의 연설 (1898)

나는 우리나라에서 가장 천대받는 사람이오. 아무것도 모르는 사람이지만 지금 나라에 이롭고 백성이 평안한 길은 관민이 합심해야 이룩될 수 있소. 원컨대 관민이 합심하여 우리 모두 황제 폐하의 성덕에 보답하고 나라를 오래도록 누리게 합시다.

대한 사민 논설

…… 가장 급한 국정과 민원 13조목을 다음과 기록하고 임금의 말씀을 엎드려 바라나이다.

1. 요순의 법을 행할 것.
2. 선왕의 복제를 본받을 것.
3. 상하가 원망 없는 정법을 행할 것.
4. 나라의 흥인(興仁)을 꾀할 것.
5. 방곡을 실시하여 구민법을 채용할 것.
6. 시장에 외국 상인의 출입을 엄금시킬 것.
7. 행상에 징세하는 폐해를 제거할 것.
8. 금광의 채굴을 엄금할 것.
9. 사전을 혁파하고 균전법을 시행할 것.
10. 곡가를 낮추어 안정시킬 것.
11. 악형의 제 법을 혁파할 것.
12. 소 도살을 엄금할 것.
13. 철도 부설권을 허락하지 말 것.

여성의 활동

- 찬양회 : 북촌의 어떤 여자 중에서 군자(君子) 수 삼 인이 개명(開明)에 뜻이 있어 여학교를 설시하라는 통문(通文)이 있기에 놀랍고 신기하여 우리 논설을 삭제하고 다음에 기재한다."
- 여권통문 : 첫째, 여성은 병신이 아닌 온전한 인간이어야 한다. 온전한 인간이란 남성과 평등한 권리를 갖는 인간이다. 새 시대를 맞이하여 여성들만이 옛 법을 지키고 있으니 귀먹고 눈 어두운 병신과 같다. 여성은 의식의 병신으로부터 해방되어야 한다. 둘째, 온전한 신체를 가진 평등한 인간인 여성이 어째서 평생 동안 남성의 절제를 받아야만 하는가. 이는 여성이 남성에만 의지하여 사는 경제적으로 무능력한 병신이기 때문이다. 여성도 경제 능력을 가져야 평등한 인간 권리를 누릴 수 있다. 셋째, 여성 의식을 깨우치고 사회 진출 능력을 갖기 위해서는 무엇보다 여성들이 남성과 동등한 교육을 받아야 한다. 여성이 당당한 사회의 일원으로 살아갈 수 있도록 여학교를 설립하겠다.

국채보상운동에서의 여성의 활동

- 나라 위하는 마음과 백성된 도리에는 남녀의 차이가 없는 것인데 거국적인 운동에 부인 참여의 방법은 논하지 않았으나, 여자는 나라의 백성이 아니며, 화육중일물(化育中一物)이 아닌가? 남자들은 단연(斷烟)으로 구국대열에 참여하였는데 반해 우리 여자는 패물(佩物) 폐지로 참여하였다.   〈대구 남일동 패물폐지 부인회〉
- 우리나라 여자로 말하면 규중(閨中)에서 밖의 일을 말하지 않는 것이 당연한 도리로 알았는데 지금 세계 각국을 보면 남녀의 분별은 있으나 권리는 남자와 조금도 등분이 없는 것을 본 즉 이것이 떳떳한 이치. 여자도 우리 대황제 폐하의 적자이기는 일반이온데 어찌 녹녹히 예법을 지키고 안연히 부동하오리까.   〈인천 적성회〉

자료 보기

▪ 면제품의 수입 경로

```
                보부상
          ┌→  개항장 객주
          │   소매상
조선인  ←┤
소비자     서울 육의전  ←  일본인 무역 상인
          │
          └   보부상  ←  내지 객주  ←  홍콩·상하이·영국 상인
```

거류지 무역

▪ 곡물의 수출 경로

```
              ┌→ 생산지 객주, 여각 → 개항장 객주, 여각
조선          │
농민  ──────┼──→ 일본인 중개상 ──→ 일본인 무역상 ──→ 일본
```

거류지 무역

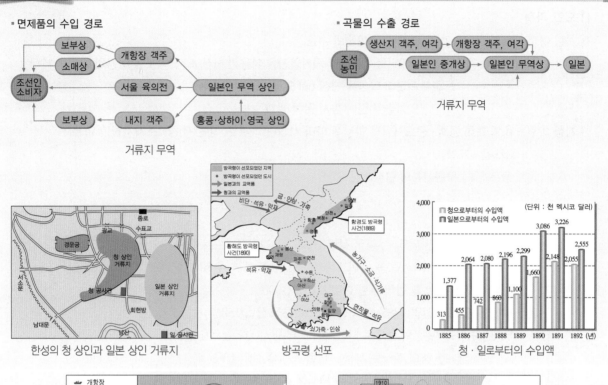

한성의 청 상인과 일본 상인 거류지

방곡령 선포

청·일로부터의 수입액

외세의 경제적 침투

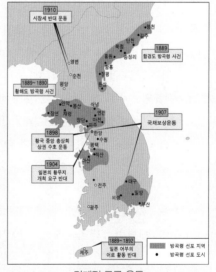

경제적 구국 운동

두레상

서양식 오찬 모습

남포등

명동성당

덕수궁 석조전

06 근대의 문화

SECTION

1 근대 문물 수용

(1) 도입 과정

- 개항 이전 ┬ 실학자 : 17c 이후 서양 과학 기술의 수용
  └ 흥선대원군 ┬ 내용 : 제너럴셔먼호의 증기기관을 이용한 철선 제작, 솜옷을 이용한 방탄복 제작
  　　　　　　 └ 한계 ┬ 군비 확충에 관심 but 외국과의 수교 거부
  　　　　　　　　　　└ 기술 수준이 높지 않아 성과는 낮음
- 개항 이후 ┬ 초기 개화 정책 : 동도서기적 입장에 따라 시찰단 파견 ex) 영선사(청), 조사시찰단(일본)
  　　　　　├ 3차 을미개혁
  　　　　　└ 광무개혁 : 구본신참의 입장에서 수용

(2) 도입 내용

- 통신 ┬ 우편 ┬ 국내 ┬ 갑신정변 직전 : 우정국 설립(1884) but 갑신정변으로 중단
  │　　│　　　└ 1895년 : 재설립 → 을미개혁 이후 사무 확대(?), 우체사 증설(?)
  │　　└ 국제 : 광무개혁 때 만국 우편 연합에 가입(1900)
  ├ 전신 ┬ 기관 : 전보국 설립(1885) → 서울에 전보 총국 설립(1885)
  │　　　└ 과정 ┬ 국외 : 일본의 주도로 나가사키 ~ 부산 사이에 설치(1884)
  │　　　　　　 └ 국내 ┬ 청의 주도로 서울 ~ 인천 사이에 설치(1885)
  │　　　　　　　　　　└ 기타 ┬ 서울 ~ 의주 사이에 설치(1885)
  │　　　　　　　　　　　　　 └ 서울 ~ 부산 사이에 설치(1888)
  └ 전화 ┬ 도입 : 경운궁(= 덕수궁) 내에 가설(1896? or 1898?)
  　　　　└ 시외 전화 업무 개시(1902)
- 병원 ┬ 최초 : 광혜원 ┬ 주체 : 정부의 주도로 알렌이 참여하여 세운 최초의 근대식 병원
  │　　　　(1885) └ 변화 : 제중원으로 개칭(1885) → 세브란스 병원에 업무 인수(1904)
  ├ 정부 설립 ┬ 광제원 ┬ 특징 : 광무개혁 당시 설립한 국립 병원
  │　　　　　 │ (1899) └ 변화 : 대한의원 ┬ 의학 · 약학 · 산파 · 간호과 설치
  │　　　　　 │　　　　　　　　(1907) └ 의료 인력 양성
  │　　　　　 └ 자혜의원(1909) : 전국 각지에 설치된 근대식 국립의료원, 도립 병원의 전신
  └ 민간 설립 : 세브란스 병원 ┬ 배경 : 대한제국 정부로부터 미국 북장로교 선교부가 제중원을 인수
  　　　　　　　　(1904) └ 운영 : 미국인 세브란스로부터 기부받아 세브란스 병원으로 개칭하고 운영
  　cf) 종두법 보급 : 지석영의 노력, 3차 을미개혁

◇확인해 둘까요! ▶ **초기 개화 정책의 근대 시설**

- 박문국(1883~84, 1886~88) : 한성순보 발행 → 한성주보 발행
- 광인사(1884) : 최초의 근대식 민간 출판사 겸 인쇄소
- 기기창(1883~94) : 영선사의 건의로 설치, 근대적 무기 제조
- 전환국(1883~1904) : 화폐 주조, 1892년 이후 주로 백동화를 주조

- 교통 ┬ 철도 ┬ 경인선 ┬ 기공(1897) : 미국
  │   │   (최초) └ 개통(1899) : 일본에 의해 제물포부터 노량진까지 개통 cf) 완공은 용산까지 개통된 1900년
  │   ├ 경부선 : 기공(1901, 일본) → 완공(1904) → 개통(1905)
  │   └ 경의선 ┬ 부설권 ┬ 프랑스 ┬ 처음에 피브릴사가 허가받음(1896)
  │   │   │   └ 허가받은 프랑스 회사가 자금난으로 대한제국 정부에 반환(1899)
  │   │   ├ 대한제국 ┬ 민간 ┬ 내용 : 박기종이 설립한 대한철도회사에 허가(1899)
  │   │   │   │   └ 반환 : 약속대로 설립하지 못하고 대한제국 정부에 반환
  │   │   │   └ 정부 ┬ 궁내부 산하에 서북 철도국 설치
  │   │   │   └ 서울 ~ 개성 사이의 기공식 거행(1902)
  │   │   └ 일본 : 러일전쟁이 발발하자 철도 부설권 인수를 일방적으로 통고(1904)
  │   └ 부설 : 기공(1904, 일본) → 완공(1906)
  │
  │   cf) 경원선 : 기공(1905, 일본) → 완공 · 개통(1914)
  │
  └ 전차 ┬ 계기 : 한성 전기 회사 ┬ 설립 : 대한제국 황실과 미국인 콜브란의 합작 회사
        │   (1898)   └ 내용 : 전차 운영
        └ 내용 : 서대문부터 청량리까지 개통(1899)   cf) 최초의 전등 가설 : 경복궁 건청궁에 설치(1887)

- 건축 ┬ 공사관 : 러시아 공사관(1890, 르네상스 양식), 프랑스 공사관(1896, 바로크 양식)
  ├ 성당 : 약현성당(1892, 최초 근대식 성당), 명동성당(=종현성당, 1898, 고딕 양식, 김범우의 집터)
  ├ 독립문(1896~97) : 프랑스 개선문 모방
  ├ 호텔 : 대불호텔(1888 ?, 인천, 최초의 호텔), 손탁호텔(1902, 현재 소실되어 없음)
  ├ 세브란스 병원(1904) : 르네상스 양식 건축
  ├ 덕수궁 중명전(1901) : 원래 이름은 수옥헌, 궁중에 건축된 최초의 서양식 건물(?), 을사조약 체결지
  └ 덕수궁 석조전 ┬ 특징 : 유럽의 궁전 건축 양식(신고전주의) 모방 + 당시 최대 규모의 서양 건축물
    (1900~1910) └ 구조 : 1층(거실), 2층(접견실 · 홀), 3층(황제 · 황후의 침실)
- cf) 세레딘사바틴 ┬ 건축 : 세창양행 사택, 인천 만국공원, 러시아 공사관, 독립문, 경운궁 정관헌 · 중명전, 손탁호텔
    (러시아)   └ 기타 : 을미사변의 목격자

(3) 의의와 한계

- 의의 : 일반민의 생활 편의 증대
- 한계 ┬ 기술과 관리를 외국인에게 전적으로 의존 → 국가 재정의 곤란
  └ 외세의 이권 침탈 대상 → 외세의 정치적 침략, 경제적 수탈의 수단
  cf) 철도 부설 : 철도 주변 토지에 대한 강제 수용과 백성에 대한 강제 노역 동원 vs 민중의 철도 파괴 운동 전개

◈확인해 둘까요! ▶ 의료 인력 양성과 의료법

- 의료 요원 양성 ┬ 시기 : 광무개혁 이후
  └ 내용 : 관립의학교로 경성의학교 설립(1899), 대한의원 설립(1907)
- 의료 방법 보급 ┬ 지석영의 노력 : 우두국 설치(1882~93)   cf) 종두소 설치(1898)
  └ 을미개혁 : 종두법 시행을 의무화
- 정부 기구 : 내무아문 산하에 위생국 설치(1894)

근대의 문화

2 언론

(1) 임오군란 이후

- **한성순보** ┌ 배경 : 국민 계몽과 정부의 개화 정책에 대한 지지를 유도하기 위해 발행
  (1883~84) ├ 발행 주체 : 초기 개화 정책 추진 과정에서 박문국을 통해 발행
  ├ 대상과 문체 : 관리를 대상으로, 순한문체로 발행 → 정부의 공문서를 취급하는 관보적 성격
  ├ 특징 ┌ 최초의 신문으로 10일마다 발행
  │   └ 국내 소식과 외국의 사건, 정치 · 법률 · 과학을 번역하여 소개
  └ 변화 : 갑신정변 실패 이후 폐간

(2) 갑신정변 이후

- **한성주보** ┌ 발행 주체 : 갑신정변 실패 이후 다시 설치된 박문국(1885~88)을 통해 발행
  (1886~88) ├ 문체 : 최초로 국한문 혼용체를 사용
  ├ 특징 : 최초의 상업 광고 게재
  └ 변화 : 만성적 적자에 시달리다가 박문국이 폐지됨에 따라 폐간

(3) 아관파천 이후

- **독립신문** ┌ 배경 : 아관파천 이후 정부의 개혁 정책 홍보
  (1896~99) ├ 발행 주체 : 독립협회(서재필)에서 발행
  ├ 대상과 문체 : 민중과 외국인을 대상으로, 순한글체과 영문체로 발행
  ├ 특징 ┌ 최초의 민간 신문으로 국민 여론을 수렴하여 정부 정책에 반영되도록 노력
  │   ├ 서양 문물 소개, 민권 의식 고취에 기여 → 자유 민권 운동과 자주 국권 운동 주도
  │   └ 회사 설립이나 상품과 서적에 대한 상업 광고 게재
  └ 변화 : 독립협회 해산 이후 선교사 아펜젤러와 엠벌리가 운영했으나 쇠퇴 → 폐간

(4) 광무개혁 이후

- **황성신문** ┌ 발행 주체 : 남궁억   cf) 한일 강제 병합 이후 강제로 '한성신문'으로 바뀌어 발행되다가 폐간
  (1898~1910) ├ 대상과 문체 : 주로 개신 유학자를 대상으로(일명 '숫신문'), 국한문 혼용체로 발행
  ├ 특징 ┌ 구본신참의 광무개혁을 지지하여 온건하면서도 점진적인 개혁을 제시
  │   ├ 민권의 신장을 도모하고 관민의 단결을 강조
  │   ├ 제국주의 침략 비판 : 일제의 황무지 개간권 요구에 반대 운동을 전개하는 보안회를 지지
  │   └ 의병 활동에 비판적인 기사를 게재, 서양 문물의 수용을 주장
  └ 대표적 논설 : 장지연의 '시일야방성대곡'
- **제국신문** ┌ 발행 주체 : 이종일
  (1898~1910) ├ 대상과 문체 : 하층민과 부녀자를 대상으로(일명 '암신문'), 순한글체로 발행
  └ 특징 ┌ 여성 단체 '찬양회'의 기관지임을 자처
         ├ 한글의 중요성 강조, 국민의 지식 확대 → 신교육, 실업 발전 강조
         └ 정부의 무능한 태도와 사회 비리를 비판, 일본인이 발행한 한성신보와 논쟁 전개
- **매일신문** ┌ 발행 주체 : 양홍묵 → 배재학당의 학생 단체인 협성회 회보의 후신으로 창간
  (1898~99) └ 특징 ┌ 최초의 일간 신문, 순한글체로 언문일치의 문장을 사용
                    └ 열강의 이권 침탈에 대한 비판 but 1년 만에 폐간

(5) 러일전쟁 이후

- 애국계몽운동 ┬ 대한매일신보 ┬ 발행 주체 : 베델 + 양기탁
  (1904~10) │　　　　　　├ 문체 : 순한글 + 영문판 → 국한문 혼용 + 영문판
  　　　　　　　│　　　　　　├ 특징 ┬ 반일적 논조 → 민중의 애국심과 정치 의식 고취
  　　　　　　　│　　　　　　│　　　├ 민중의 무장 투쟁과 의병 활동에 호의적, 국채보상운동에 기여
  　　　　　　　│　　　　　　│　　　├ 가장 많은 독자층을 확보 → 큰 영향력 발휘 + 신민회의 기관지로 활용
  　　　　　　　│　　　　　　│　　　└ 고종이 을사조약의 불법성을 폭로하는 친서(무효화 선언)를 발표
  　　　　　　　│　　　　　　└ 한계 : 일제에 의해 강제로 인수되어 총독부 기관지 〈매일신보〉로 변질
  　　　　　　　├ 대한민보 ┬ 발행 주체 : 대한협회(오세창)
  　　　　　　　│ (1909~10) ├ 문체 : 국한문 혼용체로 발행
  　　　　　　　│　　　　　　└ 특징 : 민중 계몽, 실력 양성 운동을 전개
  　　　　　　　└ 경남일보 ┬ 발행 주체 : 김홍조 ← 경남 지역의 유생, 지주, 상공업자의 지원
  　　　　　　　　(1909~14) └ 특징 : 최초의 지방 신문으로 주필은 장지연 → 매천 황현의 절명시 게재
- 종교 신문 ┬ 만세보 ┬ 발행 주체 : 천도교(손병희, 오세창)
  　　　　　　│ (1906~07) ├ 문체 : 국한문 혼용체로 발행
  　　　　　　│　　　　　　└ 특징 ┬ 일진회 비판, 여성 교육과 여권 신장에 관심
  　　　　　　│　　　　　　　　　 └ 신소설 보급에 기여 → 〈혈의 누〉를 신문에 게재
  　　　　　　└ 경향신문 ┬ 발행 주체 : 천주교(프랑스인 신부 드망즈)
  　　　　　　　(1906~10) ├ 문체 : 순한글체로 발행
  　　　　　　　　　　　　 └ 특징 : 서울과 지방의 전국민을 대상으로 한다는 뜻으로 신문의 제호를 '경향'으로 함
- 국외 발행 ┬ 신한민보 ┬ 발행 주체 : 미국 동포, 국민회의 기관지로 창간
  　　　　　　│ (1909~) ├ 문체 : 국문체 + 영문체로 발행
  　　　　　　│　　　　　 └ 특징 : 한국의 상황과 일본의 제국주의 정책에 대한 비판 게재
  　　　　　　├ 해조신문 ┬ 발행 주체 : 연해주 동포
  　　　　　　│ (1908) ├ 문체 : 국문체로 발행
  　　　　　　│　　　　　 └ 특징 : 교민 사회의 동향과 항일 구국 논설을 게재
  　　　　　　└ 대동공보 ┬ 발행 주체 : 연해주 동포(차석보)
  　　　　　　　(1908~10) └ 특징 : 러시아의 교민 사회 + 상하이 · 미주 등지까지 발송, 국내에도 비밀리에 배송
- 친일 신문 ┬ 매일신보 : 대한매일신보를 총독부 기관지로 재발행
  　　　　　　├ 국민신보(1906~10) : 일진회의 기관지
  　　　　　　└ 대한신문(1907~10) : 이완용 내각의 기관지

◇**확인해 둘까요!** ·◁ **대한제국 시기 신문의 한계**

- 사상적 한계 ┬ 내용 : 문명개화론 및 사회진화론 수용 → 의병의 무장 투쟁에 대해 매우 비판적 태도
  　　　　　　 └ 예외 : 대한매일신보
- 일제의 탄압 ┬ 신문지법 ┬ 제정(1907) : 국내에서 발행되는 민족 신문 탄압
  　　　　　　 │　　　　　　 └ 개정(1908) : 국내의 외국인이 발행하는 신문 + 국외에서 발행되는 민족 신문도 탄압
  　　　　　　 └ 대부분의 신문들은 국권 피탈 이후 폐간

3 교육

(1) 임오군란 이후

- 사립학교 : 원산학사 ┌ 설립 주체 : 덕원부사 정현석 + 원산 주민 → 최초의 근대 학교
  (1883~) └ 구성 : 문예반(한문 · 과학 · 기계 · 농업 · 역사 · 지리 교육) + 무예반(병서 · 무예 교육)
- 관립학교(?) : 동문학 ┌ 주도 : 정부의 지원을 받은 묄렌도르프
  (1883~86) └ 특징 : 영어 강습 → 통역관 양성

(2) 갑신정변 이후

- 관립학교 ┌ 육영공원 ┌ 설립 : 보빙사로 미국에 다녀온 민영익의 건의로 설립
  │ (1886~94) ├ 내용 ┌ 상류층 자제를 대상으로 하여 근대 학문 교육
  │ │ └ 미국인 교사 초빙 ex) 헐버트(세계지리지 <사민필지> 저술), 길모어 등
  │ ├ 구성 : 좌원반(현직 관료 중 젊은 사람을 선발) + 우원반(양반 자제 중 총명한 자를 선발)
  │ └ 변화 : 관립 영어 학교로 변경 → 한성 외국어학교로 통합
  └ 연무공원(1888~94) : 미국 군사 교관(다이, 커민즈 등) 파견을 계기로 설립된 근대 사관 양성 학교
- 사립학교 ┌ 설립 : 개신교 선교사들의 선교 목적 → 근대 학문 교육   cf) 흥화학교 : 민영환 설립(1895? or 1898?)
  └ 내용 ┌ 배재학당(1885, 아펜젤러) : 서울 소재, 최초의 개신교 사립학교, 졸업생(주시경, 이승만 등)
  ├ 이화학당(1886, 스크랜턴) : 서울 소재, 최초의 여학교
  ├ 경신학교(1886, 언더우드) : 서울 소재, 최초의 전문 실업 교육 기관
  ├ 정신여학교(1887, 엘레스) : 서울 소재, 제중원 사택에 설립한 여학교
  └ 숭실학교(1897, 베어드) : 평양 소재, 최초의 개신교 지방 사립 교육 기관

(3) 갑오개혁 이후

- 정부 정책 ┌ 고종의 <교육입국조서> 발표
  ├ 교육 부처 설치 : 1차 갑오개혁(학무아문) → 2차 갑오개혁(학부)
  ├ 근대적 교과서 편찬 : <국민 소학 독본>, <신정 심상 소학>
  └ 법령 제정 : 사범학교 관제, 외국어학교 관제, 소학교령 발표(?)
- 학교 설립 ┌ 2차 갑오개혁 : ○○ 사범학교, ○○ 외국어학교
  ├ 3차 을미개혁 :   ○○ 소학교
  └ 광무개혁 : 전문학교(한성 법학교, 경성 의학교)   ○○ 중학교, 실업학교 ex) 상공학교, 광무학교

(4) 러일전쟁 이후

- 특징 : 애국계몽운동 계열의 사립학교 설립
- 학교 ┌ 남성 ┌ 양정의숙(1905, 엄주익, 손기정 · 남승룡 배출), 보성학교(1906, 이용익), 휘문의숙(1906), 중동학교(1909)
  │ └ 신민회 주도 : 대성학교(1908, 안창호, 평양), 오산학교(1907, 이승훈, 정주)
  └ 여성 : 진명여학교(1906, 엄준원), 숙명여학교(1906, 엄귀비)
- 내용 : 서양의 신학문과 사상 교육, 국어 · 국사 · 한국 지리를 중점적으로 교육

(5) 일본의 탄압 : 한일 신협약 이후   cf) 보통학교령 ┌ 주도 : 조선통감부
- <사립학교령> 제정(1908) : 사립학교 설립과 운영에 대한 통제   (1906) └ 내용 ┌ 소학교(5~6년) → 보통학교(4년)
- <교과용 도서 검정 규정> 제정(1908) : 애국적 내용의 교과서 불허   └ 일어 교육 강화

4 국학 연구

(1) 국사 연구 : 러일전쟁 이후

- 애국계몽사학 ┬ 목표 : 애국심, 민족 의식 고취
  - 역사서 ┬ 위인 전기 ┬ 신채호 : <성웅 이순신>, <을지문덕>, <동국거걸 최도통전>
  - │ │ └ 박은식 : <김유신전>
  - │ └ 외국 흥망 ┬ <미국독립사>(현은 번역), <월남망국사>(현채 번역)
  - │ └ <이태리건국삼걸전>(신채호 번역), <서사건국지>(박은식 번역)
  - 사론 ┬ <역사와 애국심과의 관계> : 역사 = 애국심의 원천, 제국주의에 대항하는 민족주의 강조
  - (신채호) ├ <독사신론> ┬ 역사 서술의 주체를 민족으로 설정 ┬ 중국 중심의 화이론적 사관 극복
  - │ │ └ 왕조 중심의 전통 사관 극복
  - │ ├ 일본의 식민사관(고대사 왜곡) 비판 + 왜곡된 근대 교과서 비판
  - │ └ 근대 민족주의 역사학의 연구 방향 제시
  - 한계 : 근대 민족 사학으로 자리잡기에는 미흡 + 일제는 출판법을 제정(1909)하여 탄압
- 조선광문회 ┬ 주도 : 최남선, 박은식
  - (1910) └ 활동 ┬ 실학자의 저서와 춘향전 · 심청전 등 민족 고전을 정리 · 간행
  - └ 역사서 편찬 : <삼국사기>, <삼국유사>, <동국통감>, <발해고>, <동사강목>
- 교과 도서 저술 ┬ 내용 ┬ 현채 ┬ <동국사략>(중등용)
  - │ │ └ <유년필독>(아동용) : 일제의 출판법에 따라 가장 많이 압수된 서적
  - │ ├ 황현 : <매천야록>(고종부터 순종까지의 역사를 편년체 형식으로 서술)
  - │ └ 정교 : <대한계년사>
  - └ 문제점 : 근대 역사 연구 방법에서 일본인의 한국사 연구를 무비판적으로 수용

(2) 국어 연구

- 문체 ┬ 국한문 혼용 ┬ 신문 : 한성주보, 황성신문
  - │ ├ 서적 : 유길준의 <서유견문> 저술(1885~89) cf) 출간은 1895년(갑오개혁의 사상적 배경)
  - │ └ 갑오개혁 : 관립 학교 설립에 따라 국한문 혼용의 교과서 발행
  - └ 한글 전용(신문) : 독립신문, 제국신문, 대한매일신보
- 국문연구소 ┬ 직제 : 학부 산하의 한글 연구 기관
  - (1907) ├ 주도 : 위원장(윤치오) + 위원(장헌식, 이능화, 주시경, 이종일, 지석영 등)
  - ├ 배경 ┬ 정부가 발표한 <신정국문>(지석영, 1905)의 결함을 보완할 필요성 제기
  - │ └ 이능화가 학부에 제출한 <국문일정의견>에서 문자 체계의 통일을 촉구
  - ├ 활동 : <국문연구 의정안>과 보고서를 학부에 제출 → 현재 맞춤법 원리의 효시
  - ├ 변화 : 국어학 연구소 설립 → 국어 맞춤법에 대한 연구와 정리
  - └ 인물 ┬ 주시경 ┬ 활동 : '한글' 명칭을 최초로 사용, 언문일치의 필요성 강조(국문론)
  - │ ├ 단체 : 국문 동식회(독립신문 산하의 최초의 국문 연구 단체), 조선광문회
  - │ └ 신문 : 협성회보, 독립신문
  - └ 지석영 : <신정국문> 저술
- 문법서 편찬 ┬ 유길준 : <조선문전>, <대한문전>(유길준이 설립한 흥사단을 통해 발간)
  - └ 주시경 ┬ <국문문법>, <대한국어문법>, <국어문법>
  - └ <조선어 문법>(1911), <말의 소리>(1914) cf) 최초 근대 문법서(?) : <국문정리>(1897, 이봉운)

근대의 문화

5 문학과 예술 그리고 종교

(1) 문학

- 산문 : 신소설 ┬ 작품 ┬ 이인직 <혈의 누>(1906) : 서양을 발전 모델로 상정, 친일적 성향
  - └ 안국선 <금수회의록>(1908), 이해조 <자유종>(1910)
  - ├ 특징 ┬ 순한글체, 언문일치의 문장
    - └ 근대 문학적 요소 : 자주 독립 의식 고취, 미신 타파 · 신식 교육 강조, 남녀 평등 강조
  - └ 한계 ┬ 고전 소설의 요소 존재 ex) 권선징악
    - └ 서양을 발전 모델로 상정, 지나친 문명 개화 강조 → 일본 예찬 + 일본의 정치 선전에 가담
- 운문 ┬ 신체시 ┬ 최초의 작품 : 잡지 <소년>의 창간호에 발표한 최남선의 <해에게서 소년에게>(1908)
  - └ 특징 : 전통시에서 근대시로 넘어가는 과도기적 성격
  - ├ 우국 가사 ┬ 형식 : 조선 후기 가사 계승, 4 · 4조
    - └ 내용 : 문명 개화와 자주 독립 예찬, 친일 세력 비판
  - └ 한문시 : 자유와 평등 표현
- 외국 문학 번역 ┬ 작품 ┬ 개신교 계통 : <성경>, <천로역정>
  - └ 문학 작품 : <빌헬름 텔>, <로빈슨 크루소>, <이솝 이야기>
  - └ 영향 : 신문학 발달에 기여, 근대 의식의 보급

(2) 예술

- 연극 ┬ 원각사 설립 ┬ 주도 : 이인직
  - (1908) ├ 활동 : 자신의 <은세계>, <치악산> 등을 처음으로 신극으로 상연, 창극 공연
  - └ 한계 : 문명 개화 강조 → 친일적 성격
  - └ 민속 가면극 유행 : 민중을 대상으로 공연
- 음악 ┬ 서양 음악 도입 ┬ 찬송가를 통해 서양 근대 음악 소개
  - └ 서양 음악의 7음계(도-레-미-파-솔-라-시) 도입
  - ├ 창가 등장 : 서양 악곡에 우리말 가사를 붙여 부름 ex) 독립가, 권학가, 애국가(민족 의식 고취)
  - └ 판소리 ┬ 신재효에 의해 판소리를 여섯 마당으로 정리
    - └ 창극(기존의 판소리를 여러 사람이 배역을 맡아 나누어 부르는 형식) 등장 → 협률사 설립(1902)
- 미술 ┬ 전통회화 : 전문 화가의 활동 ┬ 장승업 : 산수화, 고사 인물화, 화조영모화 ex) 홍백매도, 군마도, 삼인문년도
  - └ 안중식 : 장승업의 제자
  - └ 서양의 화풍 소개 → 서양식 유화 등장

(3) 종교

- 천주교 ┬ 선교의 자유 획득 : 조불 수호 통상 조약(1886)
  - └ 활동 ┬ 복지 사업 전개 : 학교, 고아원, 양로원 설립
    - └ 언론 활동 : 경향신문과 잡지 <경향> 간행
- 개신교 ┬ 특징 : 가장 활발한 근대화 운동 + 대부흥 운동(영적 각성 운동, 평양 장대현교회)
  - ├ 활동 ┬ 서양 의술 보급 : 광혜원(?) → 제중원(?) → 세브란스 병원
    - └ 의학 교육 기관을 비롯한 학교 설립 : 배○학교, 경○학교, 숭○학교
  - ├ 영향 : 선교 과정에서 한글 보급, 미신 타파, 평등 사상 전파, 근대 문명 소개
  - └ 한계 : 지나치게 복음주의를 강조하여 제국주의 열강과 일제의 침략을 옹호하기도 함

- 동학 ┬ 개혁 운동 ┬ 배경 : 이용구 등 일부 신도가 친일 단체인 일진회를 조직하여 동학의 친일화 시도(1904)
- │ └ 내용 : 손병희가 천도교로 개칭(1905) → 민족 종교로 발전
- └ 활동 ┬ 언론 : 보성사(인쇄소) 운영 → 만세보 발행, <천도교 월보> 간행
-      └ 교육 : 보성학교, 동덕여학교 운영
- 유교 ┬ 개혁 운동 ┬ 배경 : 기존의 유교가 개화 · 개혁을 외면하여 근대화를 추구하는 시대의 흐름에 역행
- │ ├ 주도 : 박은식
- │ └ 내용 : 유교구신론 제창 ┬ 이론 중심적인 성리학 비판 → 지행합일의 실천적 양명학 강조
- │   (1909) └ 유교와 사회 진화론의 진보 논리를 조화시킨 대동 사상 주창
- └ 대동교 창설 : 박은식은 보편 · 평등한 인(仁) 사상을 바탕으로 애국의 지행합일과 세계 평화주의 강조
- 불교 ┬ 활동 : 한용운의 <조선불교유신론> 저술(1910~13)
-    └ 내용 : 불교의 미신적 요소 및 왜색화 배격 → 불교의 쇄신과 자주성 회복 주장
- 대종교 ┬ 창시(1909) : 오적 암살단(자신회)을 조직한 나철
-    ├ 성격 : 단군 숭배 → 보수적 민족주의
-    └ 변화 : 국권 피탈 이후 교단의 총본사를 간도로 이전 → 항일 무장 투쟁 주도

자료 보기

전차 개통

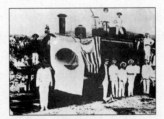
경인선 개통

철도 공사를 방해하여 처형당하는 조선인

광혜원

전화 교환수

명동성당

덕수궁 석조전

원각사

금수회의록

한성의 근대 건물과 학교

06 SECTION

근대의 문화

근대 문물 수용

- 우정국 설립 : 각국과 통상한 이래로 내외의 관섭(關涉)이 날로 증가하고 관상(官商)의 소식도 따라서 많아지니, 체전(遞傳)을 편리하게 하는 조치가 없으면 소식을 연락하는 방법이 아님은 원근이 마찬가지이다. 그러므로 우정국을 설립하여 연해의 각 항구로 왕래하는 우편물을 관할하게 하니, 내지의 우편까지도 점차 확장하여 공사의 이익을 거두게 해야 할 것이다. 병조참판 홍영식을 우정국 총판으로 차하하여 관리(辦理)하게 하라.

- 전등 가설 : 경복궁 내에 있는 향원정의 취향교와 우물 사이의 중간 연못에 서양식 건물이 세워지고 건물 안에는 여러 가지 기계가 설치되었다. 그 공사는 서양인이 감독하였다. 궁내의 큰 마루와 뜰에 등롱(燈籠)같은 것이 설치되어 서양인이 기계를 움직이자 연못의 물을 빨아 올려 끓는 소리와 우렛소리와 같은 시끄러운 소리가 났다. 그리고 얼마 있지 않아 궁전 내의 가지 모양의 유리에 휘황한 불빛이 대낮같이 섬화되어 모두가 놀라움을 금치 못했다. 밖의 궁궐에 있는 궁인들이 이 전등을 구경하기 위해 어떤 핑계를 만들어서는 내전 안으로 몰려들었다.

- 전차 개통 : 고종 36년(1899) 5월 왕이 말씀하셨다. "전차가 운행되면서 다치고 죽는 백성이 많다고 들었다. 매우 놀랍고 참혹한 일이다. 내부에서 한 사람 한 사람 구제금을 넉넉히 주어 나라가 불쌍히 여기고 있음을 보여 주라. 의정부에서는 농상공부, 경무청, 한성부에 특별히 당부하여 방법을 강구하게 하라. 전차를 운행할 때는 반드시 사람들이 철길에 들어서지 못하게 살펴 다시는 차에 치여 죽는 폐단이 없도록 거듭 타일러라."

경인선

- 부설권 이양 : 조선국 정부는 다음을 제정 재결함. 조선국 정부는 미국인 제임스 알 모스 및 그 양수인(讓受人)에 대하여 다음 조건하에 철도의 건설·운전·보존 및 한강에 철도교 가설의 권리를 허가함. 조선국 정부는 그 철도 전 노선에서 건설 및 운전상 필요한 용지 곧 정거장·창고 및 공장 부지·운전 용지를 포함한 상당 면적에 대하여 교통권을 특정함. …… 본 철도 완성 후 15년을 경과할 경우 조선국 정부는 본 철도 및 전 재산을 당시의 시가로 매수할 수 있음.

- 개통 : 경인선 회사에서 어제 개업 예식을 거행하는데, 인천에서 화륜거가 떠나 삼개 건너편 영등포로 와서 경성의 내외국인 빈객들을 수레에 영접하여 앉히고 오전 9시에 떠나 인천으로 향하는데, 화륜거 구르는 소리가 우레와 같아 천지가 진동하고 기관거의 굴뚝 연기는 반공에 솟아오르더라. 차창에 앉아서 밖을 내다보니 산천초목이 모두 움직이는 것 같고, 나는 새도 미처 따르지 못하더라.

경부선

- 부설권 이양 : 한국 정부는 경성-부산 사이에 철도를 부설 사용하는 건 및 경과하는 곳의 강과 내에 다리를 놓는 권리로 일본의 경부철도회사 발인에 허가하고 ……

- 침략적 성격 : 그 종점이 되는 초량 등은 혹시 그럴 수도 있으므로 괴이할 것이 없으나 중간 장시나 향촌의 참(站)에는 화물이 풍부하지 않고 탑승객이 많지 않은데 어찌 그 부지로 20만 평이나 쓰는가. 이는 일본인의 식민 계략이니, …… 또한 본 철도 선로가 완성되면 물산 제조와 정치상 사업이 진보하여 얼마간 확장되는 면이 있겠으나 일본의 식민 욕심은 이 때문에 더욱 절실해질 것이다.

　　　　　　　　　　　　　　　　　　　　　　　　　　　　　　　　　　　-『황성신문』, 1901년 10월 7일 -

한성순보 창간사

오늘날 풍기는 점차 열리고 인간의 지혜는 날로 발전하여 화륜선이 대양을 달리고 전선이 사방에 연결되고 있다. 그리고 이상한 모습을 한 외국인과 만나게 되었다. 사물의 변화와 문물제도의 발전에 대해 시무에 관심을 가진 자들은 반드시 알아야 할 것이다. 이 때문에 우리 조정에서는 박문국을 설치하고 직원을 두었다. 외국 소식을 번역하고 국내 소식을 실어 국내외에 반포하는 것이다. 독자는 근시안적이 되어 새 지식에 어둡고 낡은 것에만 얽매이면 우물 안 개구리가 되고 말 것이다. 시세를 잘 살피고 취사선택을 잘하며 공정함을 잃지 않아야 할 것이다. …… 여러 가지 의문점을 풀어주고, 상리(商利)에도 도움을 주고자 하였으니, 중국·서양의 관보(官報)·신보(申報)와 우편으로 교신하는 것도 그런 뜻에서이다.

한성주보 발행

통리교섭통상사무아문에서 아뢰기를, "지난해 변란이 일어났을 때 이 기구도 파괴되어 업무가 중지되었습니다. 이제 다시 광인사에 옮겨 설치하였으니, 해국(該局)의 관원을 시켜 이전대로 계속 간행하게 하는 것이 어떻겠습니까?"라고 하니, 윤허하였다. 그리하여 계미년 7월에 통리교섭통상사무아문에서 처음 설치하였는데, 부사과 김인식을 주사로 삼고, 유학 장박 · 오용묵 · 김기준을 사사로 삼고, 일본인 이노우에 가쿠고로가 편수를 주관하였다.

독립신문 창간사

• 우리가 독립신문을 오늘 출판하는데, 조선 속에 있는 내외국 인민에게 우리의 주의를 말씀하여 아시게 하노라. 우리는 첫째, 편벽되지 아니한 고로 무슨 당에도 관심이 없고, 상하 귀천을 달리 대접하지 아니하고, 모두 조선 사람으로만 알고, 조선만을 위하며, 공평히 인민에게 말할 터인데, 우리가 조선 전국 인민을 위하여 무슨 일이든지 대언(代言)하여 주려 한다. 우리는 바른대로만 신문을 할 터인 고로, 정부 관원이라도 잘못하는 이 있으면 우리가 말할 터이요, 탐관오리들을 알면 세상에 그 사람의 행적을 펴일 터이요, 사사로운 백성이라도 무법한 일을 하는 사람을 찾아 신문에 설명할 터이오.

• 우리 신문은 빈부귀천과 상관없이 외국 물정과 국내 사정을 알게 하려는 뜻이니 …… 정부에서 하시는 일을 백성에게 전할 터이요, 백성의 정세를 정부에 전할 터이니, 백성이 정부 일을 자세히 알고 정부에서 백성의 일을 자세히 아시면 유익한 일이 많이 있을 터이요, 불평한 마음과 의심하는 생각이 없어질 터이다. 한쪽에 영문으로 기록하기는 외국 인민이 조선 사정을 자세히 모른즉, 편벽된 말만 듣고 조선을 잘못 생각할까 보아 사정을 알게 하고자 하여 영문으로 기록함이요.

• 우리 독립신문이 생긴 이후 한 가지 개명된 것은 인민들이 차차 신문이 긴요한 물건인 줄을 알아, 이전에는 신문이 무엇인지도 몰라 덮어놓고 시비하는 자도 있고 비웃는 자도 있고 당초에 볼 생각을 아니하는 자가 많이 있더니, 근일에는 그런 사람들도 차차 신문이 없어서는 세상이 컴컴하여 견딜 수 없다고 하는 이가 많이 있으니 …… 실상을 말하거니와 인민이 이만큼 열린 것은 독립신문의 효험이라 할 수 있겠다.

제국신문 창간사

본사에서 몇몇 유지한 친구들을 모아 회사를 조직하여 새로 신문을 발간하여 순국문으로 날마다 출판할 터이니, 여러분께서는 많이 주의들 하여 보시오. 신문의 명칭은 곧 이 신문이 우리 대황제 폐하의 당당한 대한국 백성에게 속한 신문이라는 뜻에서 지은 것이니 또한 중대하도다. 실로 대한국이 되고 대황제 존호를 받으시기는 하늘같으신 우리 황상(皇上) 폐하께오서 처음으로 창업하신 기초라.

황성신문 창간사

(광무 2년 9월) 대황제 폐하께서 갑오중흥지회(甲午中興之會)를 만나셔 자주독립하는 기초를 정립하시고 일신경장하시는 정령을 반포하실 때 기자의 유전하신 문자와 선왕의 창조하신 문자로 병행코져 하셔 공사문첩(公私文牒)을 국 · 한문으로 혼용하라신 칙교를 내리시니 모든 벼슬아치가 이를 받들어 직책을 행하느라 분주하니 …… 본사에서도 이 신문을 확장하는 데 먼저 국 · 한문을 함께 사용하는 것은 전혀 대황제 폐하의 성칙을 따르는 것이 본의요, 그 다음은 고문(古文)과 금문(今文)을 함께 전하고자 함이며, 그 다음은 유생들이 보는 데 편리하게 함이라.

장지연의 '시일야방성대곡(是日也放聲大哭)'

이날에 목 놓아 크게 통곡한다. …… 지난번 이토히로부미 후작이 한국에 왔을 때, 어리석은 우리 인민들이 순진하게 "후작은 평소 동양 3국이 정족(鼎足:세 세력이 솥발과 같이 서로 균등하게 대립함)하는 안녕을 주선한다고 자처하던 사람이었으니, 오늘날 한국에 온 것은 필시 우리나라 독립을 공고히 부식(扶植: 뿌리내리게 하다)할 방략을 권고하리라."고 하여 서울에서 시골에 이르기까지 모두가 환영하였더니, 세상 일이 측량하기 어렵도다.

06 근대의 문화

핵심 자료 읽기

천만 뜻밖에도 5조약을 어떤 연유로 제출하였는고. 이 조약은 비단 우리나라만이 아니라 동양 3국이 분열하는 조짐을 나타낸 것인즉, 이토의 본래 뜻이 어디에 있느냐? 그러나 우리 대황제 폐하께서 강경하신 거룩한 뜻으로 거절하고 말았으니, 이 조약이 성립하지 못한다는 것은 상상컨대, 이토 후작이 스스로 알 수 있을 바이거늘.

오호라! 저 개, 돼지만도 못한 소위 우리 정부 대신이란 자들이 영달과 이득을 바라고 거짓된 위협에 겁을 먹고서 머뭇거리고 벌벌 떨면서 달갑게 나라를 파는 도적이 되어, 4천년 강토와 5백년 종사(宗社)를 남에게 바치고 2천만 목숨을 몰아 다른 사람의 노예로 만들었으니, …… 아! 원통한지고, 아! 분한지고. 우리 2천만 동포여, 노예된 동포여! 살았는가, 죽었는가?

〈황성신문〉

대한매일신보

- 영국인 배설(베델)이 서울에 신문사를 설립하고 신문을 발행하였다. 박은식을 초빙하여 주필로 삼았는데, 그는 황해도 사람으로 본래 경술(經術)을 좋아하고 신학문에도 밝았으며 논의도 자못 바탕이 있어 장지연과 백중을 다투었다. 배설은 본국 정부에 기대 신문을 발간하여 왜놈 꾸짖는 것을 주지로 삼았다.

- 대저 독립을 이룸에 실력이 일부 큰 요소라 함은 가할지언정 부강한 후에야 독립을 이룬다 함은 불가한 바라. 시험삼아 생각해 보라. 옛날부터 독립을 이룬 자가 과연 모두 실력의 부강을 의뢰하였는가. 실력이 전혀 없다 함은 불가할지언정 실력의 부강을 요한다 함은 또 불가하니 미국, 이집트, 이탈리아 등 독립사를 시험 삼아 읽어 보라. 부강이 독립의 전제를 만든다 함보다 오히려 독립이 부강의 전제 조건이 된다.

- 지금 우리들은 정신을 새로이 하고 충의를 떨칠 때이니, 국채 1,300만 원은 우리 한 제국의 존망에 직결된 것입니다. 이것을 갚으면 나라가 보존되고 이것을 갚지 못하면 나라가 망할 것은 필연적인 사실이나, 지금 국고에서는 도저히 갚을 능력이 없으며, 만일 나라에서 못 갚는다면 그 때는 이미 3천리 강토는 내 나라 내 민족의 소유가 못 될 것입니다. …… 2천 만 인민들이 3개월 동안 담배를 끊고 그 대금으로 매 1인마다 20전씩 징수하면 1,300만 원이 될 수 있습니다. 설령 그만큼 차지 않는 경우가 있다 할지라도 1원부터 10원, 100원, 1,000원을 출연하는 자가 있어 채울 수 있을 것입니다.

만세보

우리들은 이러한 시대에 인민 교육을 대표하는 의무로 거금을 소비하여 신보사를 설립하고 정교한 기계 활자를 준비하며 신구 학문에 정통한 기자를 초빙하여 공명정대한 논술과 확정 신속한 보도를 일층 주의하야 이 달 17일 일요일에 제1호를 발간하니 이는 우리 인민을 교육할 그릇인 만세보라.

원산학사

덕원부사 정현석이 장계를 올립니다. 신이 다스리는 읍은 해안의 요충지에 있고 아울러 개항지가 되어 소중함이 다른 곳에 비할 바가 못 됩니다. 개항지를 빈틈없이 운영해 나가는 방도는 인재를 선발하여 쓰는 데 달려 있고, 인재 선발의 요체는 교육에 있습니다. 그러므로 학교를 설립하여 연소하고 총명한 자를 뽑아 교육하고자 합니다.

동문학

- 통상아문에서 영어 학숙을 개설하고 생도를 모집하였다. 작년 7월에 영국인을 초빙하여 교사로 삼았는데 일어까지 통한 데다 학술도 있어서 교수 방법이 좋았으므로 생도들이 발전일로에 있다. …… 하루는 장어, 단어, 문장을 해독·변통하는 법을 가르치며, …… 날로 정진하고 있으므로 앞으로 각 곳에 파견하여 견문을 넓힐 예정이다.

- 15세 이상의 총명한 자제를 선발하여 영문과 영어를 가르쳤는데, …… 해마다 6월과 12월에 재예(才藝)를 시험 보여 뛰어난 사람을 뽑아 정진하기를 권장하였다. 그 가운데 우수한 학생으로 남궁억, 신낙균, 권종린, 홍우관, 성익영, 김규희는 이미 관에 임용되었는데, 통상 교역에 있어 많은 도움이 되었다. 이철의, 류홍렬, 이자연, 송달현은 전보국에 파견하여 영문 전보를 번역하는 것으로 겸하여 학습시켜 모두 민첩하고 숙달케 하였다.

육영공원

- 보빙사로 미국에 다녀온 민영익의 건의에 따라 학교를 설립하기로 결심한 고종은 미국 정부에 교사 추천을 요청하고 이에 따라 3명의 미국인 교사가 내한하였다. 그 중 한 명인 길모어는 당시 상황을 다음과 같이 묘사하였다. "학생은 대부분 상류층 가정의 자제였다. 우리 반에는 35명의 학생이 있었는데, 아무도 영어에 대한 지식이 없으므로 우리는 알파벳부터 시작했다. ……" 육영공원에서 학습하는 전공 분야는 언어·문자뿐만 아니라 농상·의학·공기(工技)·상무·이용·후생 등 여러 방면의 기술 분야를 두루 설치하여 제각기 체계를 갖추도록 하였다.

- 문·무관, 유생 중에 어리고 총명한 자 40명을 뽑아 입학시키고 벙커와 길모어 등을 교사로 초빙하여 서양 문자를 가르쳤다. 문관으로는 김승규와 신대균 등 여러 명이 있고, 유사 로는 이만재와 서상훈 등 여러 명이 있었다. 사색 당파를 골고루 배정하여 당대 명문 집안에서 선발하였다. <매천야록>

- 중국은 조선이 진보하는 것을 늦추기 위해 한결같이 노력하고 있다. 따라서 진보적인 수단으로 국왕을 지원할 준비를 갖춘 사람들을 지속적으로 충원할 필요가 있다. 우리 학교는 이러한 구실을 하리라 기대되었다. 계몽이 주는 좋은 점을 가슴 깊이 느끼고 서구 문화와 학문적 지식을 전달하는 사람들과 교류하면서 이들이 민주주의자가 되어 확고하게 왕을 지지하는 세력으로 뿌리내리는 것이 바로 그것이었다.

헐버트

한국인들은 타락되고 경멸을 받을 민족이며 훌륭한 일을 할 수 있는 능력이 없을 뿐 아니라, 지식수준이 낮기 때문에 독립 국가로 존속하는 것보다 일본의 통치를 받는 편이 좋다고 말하는 것을 미국인들은 여러 번 들었다. 특별한 목적을 위하여 꾸며진 이와 같은 비난에 대해 필자는 여러 가지 방법으로 답변할 수 있을 것이다. 그 특별한 목적은 1905년 11월 17일 밤에 훌륭한 결실을 보았는데, 그 날 밤 한국은 칼로 겨눠진 채 자신의 독립을 결정적으로 파괴하는 행위에 대해 '자발적으로' 동의하도록 위협을 받았다. 독자들은 필자의 이 책을 읽는 동안 한국이 이토록 위기에 빠지게 되었으며, 미국을 포함한 여러 열강들이 그 비극을 연출하는데 어떤 역할을 하였는가를 알게 될 것이다. <대한 제국 멸망사(The Passing of Korea)>

교육 입국 조서 (1895)

세계의 형세를 보면, 부강하고 독립하여 잘사는 모든 나라는 다 국민의 지식이 밝기 때문이다. 이 지식을 밝히는 것은 교육으로 된 것이니, 교육은 실로 국가를 보존하는 근본이 된다. 그러므로 짐이 임금과 스승의 자리에 있으면서 교육하는 책임을 스스로 떠맡고 있다. …… 이제 짐은 교육하는 강령을 제시하여 허명을 제거하고 실용을 높인다. …… 이제 짐은 정부에 명하여 널리 학교를 세우고 인재를 길러 새로운 국민의 학식으로써 국가 중흥의 큰 공을 세우고자 하니, 국민들은 나라를 위하는 마음으로 덕(德)과 체(體)와 지(智)를 기를지어다. 왕실의 안전이 국민들의 교육에 있고, 국가의 부강도 국민들의 교육에 있도다.

한성사범학교 규칙

소학교를 널리 보급하기 위해 교관을 양성하는 것을 목표로 함.

정신 단련과 덕과 재주를 쌓는 일은 교육자에게 있어서 중요한 것이니 평소에 이에 유의할 것.

존왕 애국의 의기는 교육자에게 있어서 중요한 것이니 평소에 충효 대의를 밝히고 국민의 지조를 분기시킬 것을 요함.

신체 건강은 업무 수행의 기본이니 평소에 위생에 유의하고 체조에 힘쓰고 건강을 증진시킬 것을 요함.

교수 방법은 교육자에게 있어서 주요한 것이니 소학교 규칙에 맞도록 힘쓸 것.

본과 및 속성과를 두되 본과는 2년, 속성과는 6개월에 졸업함.

본과에 입학할 수 있는 자는 연령 20세 이상·25세 이하로 하고, 속성과는 22세 이상·35세 이하로 함.

06 근대의 문화

SECTION

핵심 자료 읽기

소학교

지금 시국이 크게 바뀌었다. 모든 제도가 다 새로워져야 하지만 영재 교육이 제일 급한 일이다. 이제 23부에 학교를 아직 다 설치하지 못하였거니와 본 아문에서 학교를 세워 먼저 서울에서 장동, 정동, 묘동, 계동의 네 곳에 설립하여 행하려 하니, 위로 공경 대부의 아들로부터 아래로 서민 자제까지 다 이 학교에 들어와 여러 학문을 배우고 익히도록 하라. 부형되는 자는 그 자제를 대동하고 본부에 와서 입학 허가장을 받은 후 학교에 가서 학업을 닦도록 하되 혹 나태하여 끊어짐이 없기를 바란다.

경성 의학교

• 인민을 위하여 의학교의 병원을 설치한 것이 한 곳도 없는 것은 대한에 참 수치가 되는 일이라. 우리 정부에서 의학교를 설치한다는 말을 듣고 얼마만큼 치하하며 고명한 의원을 고빙하여 잘 실시되게 하기를 바라더니 지금 의학교를 실시하라고 반포한 규칙을 본즉 정밀하기로 또한 반갑게 여겨 좌에 기재하노라.

• 죽은 김홍집의 집을 교사로 삼았으며, 지석영을 교장으로 임명하였다.

사립학교

• 이화학교 : 양반집 딸들은 내외가 심해 서양인이 접근조차 할 수 없었고, 가난한 집에서는 일손 하나가 부족해 아이를 내놓지 않았다. 공부하고자 찾아온 첫 번째 사람은 ○○○씨로 양반의 첩으로 영어를 배워 왕비의 통역을 맡겠다는 야심을 갖고 있었다. ○○○는 너무 가난해서 어머니가 맡기고 간 아이였는데, 스크랜턴 부인은 ○○○ 엄마에게 ○○○를 서양으로 데려가지 않겠다는 서약서를 써 줘야 했다.

• 개신교 계열 학교 : 학교 사업을 위한 가옥 매입을 기쁘게 생각합니다. 학교 근처에 고아원도 열 것입니다. 조선인들의 영어를 배우려는 열기는 언제나 대단합니다. "왜 영어를 공부합니까?"라고 물어보면 하나같이 "벼슬을 얻으려고."라고 대답합니다. 1886년 10월 현재 학생은 20명입니다. 현재 조선의 사회·정치적 상황에서 공개적인 전도 사업을 시도하지 않는 것이 좋다고 판단됩니다.

• 애국계몽운동 계열 학교 : 지금 나라가 기울어져 가는데 우리가 그저 앉아 있을 수는 없다. 이 아름다운 강산, 선인들이 지켜온 강토를 원수인 일본인들에게 내어 맡길 수 없다. 총을 드는 사람, 칼을 드는 사람도 있어야 할 것이다. 그러나 그보다 더 중요한 일은 백성들이 깨어나는 것이다. 세상이 어떻게 돌아가는 것인지를 모르고 있으니 그들을 깨우치는 일이 제일 급한 일이다. 우리는 우리를 누르는 자를 나무라기만 해서는 안 된다. 내가 못생겼으니 남의 업신 여김을 받는 것이 아니냐. …… 내가 학교를 세우는 것도 후손을 가르쳐 나라에 도움이 되기를 바라기 때문이다.

애국 계몽 사학(신채호)

• 역사와 애국심과의 관계 : 오호라, 어떻게 하면 우리 이천만 동포의 귀에 애국이란 단어가 못이 박히도록 할까? 오직 역사로써 해야 할 것이다. 오호라, 어떻게 하면 우리 이천만 동포의 눈에 항상 애국이란 단어가 어른거리게 할까? 오직 역사로써 해야 할 것이다. …… 오호라 내가 나라를 사랑하려거든 역사를 읽을 지며, 사람들로 하여금 나라를 사랑하게 하려거든 역사를 읽게 할 지어다.

• 독사신론 : 국가의 역사는 민족의 소장성쇠의 상태를 서술할지라. 민족을 빼면 역사가 없으며 역사를 빼버리면 민족의 그 국가에 대한 관념이 크지 않을지니, 오호라! 역사가의 책임이 무거울진저. …… 역사를 집필하는 자는 반드시 그 나라의 주인공이 되는 한 민족을 선명히 내놓고 그를 주체로 삼아야 한다. 그리하여 그의 정치가 어떻게 긴장되고 해이해졌으며, 그 실업은 어떻게 발전하고 정체되었으며, 그 무역은 어떻게 성쇠하였으며, 그 습속이 어떻게 변하였으며, 기타 다른 나라들과 어떻게 외교하고 무역하였는지를 서술하여야 한다. …… 만일 그렇지 아니하면 이는 정신이 없는 역사라. 정신이 없는 역사는 정신이 없는 민족을 만들며 정신이 없는 국가를 만들지니, 어찌 가히 두려워하지 아니하리요. …… 그러나 오늘의 사소한 견문과 사소한 연구로 급작스럽게 스스로 작자(作者)로 처함이 옳지 않을 뿐더러, 또한 그 시비와 득실도 스스로 판단하기 어려워 독사(讀史)의 여가에 느끼는 대로 기록한 바를 들어서 국내 동지에게 묻고자 한다.

국문론(주시경)

우리 동방도 사천여 년 전부터 개국한 이천만 중 사회에 통용하는 말을 입으로만 서로 전하던 것도 큰 흠절이어늘 국문이 난 후 기백년에 사전 한 권도 만들지 않고 한문만 숭상한 것이 부끄럽지 아니하리오. 지금 이후부터는 우리 국어와 국문을 업수이 여기지 말고 힘써 그 문법과 이치를 탐구하며, 사전과 문법과 독본들을 잘 만들어 더 좋고 더 편리한 말과 글이 되게 할 뿐 아니라, 우리 온 나라 사람이 다 국어와 국문을 우리나라 근본의 주장 글로 숭상하고 사랑하여 쓰기를 바라노라.

신소설

• 혈의 누(이인직) : 옥련이 조선 인부를 교육할 마음이 간절하여 구씨(구완서)와 함께 혼인 언약을 맺으니, 구씨의 목적은 공부를 힘써하여 귀국한 후에 우리나라를 독일국과 같이 연방을 삼되, 일본과 만주를 한 데 합하여 문명한 강국을 만들고자 하는 비사맥(비스마르크)같은 마음이요, …… 구완서와 옥련이가 나이 어려서 외국에 간 사람들이라. 조선 사람들이 이렇게 야만되고 용렬한 줄은 모르고, …… 기쁜 마음을 이기지 못하고 있는 것은 제 나라 형편을 모르고 외국에 유학한 소녀학생의 의기에서 나오는 마음이랴, …… 옥련이는 공부를 하고 귀국한 뒤에 우리나라 부인의 지식을 넓혀서 남자에게 압제받지 않고 동등한 권리를 찾게 하며 또 부인도 나라에 유익한 백성이 되고 사회에 명예있는 사람이 되도록 교육할 마음이라, …… 당초에 옥련이가 피난 갈 때에 모란봉 아래서 부모 간 곳 모르고 어머니를 부르면서 발을 동동 구르다가 난데없이 총을 맞아 왼편 다리에 박혀 넘어졌다. …… 군의관의 말을 따르면 청군의 총알을 맞았으면 온 몸에 독이 퍼져 하룻밤 만에 죽었을 것이나 일본군의 총알에 맞았으니 다행히도 치료하기 무척 쉽다고 했다.

• 금수회의록(안국선) : 지금 세상 사람들은 하느님의 위엄을 빌려야 할 터인데, 외국 세력에 의뢰하여 몸을 보전하고 벼슬을 얻으려 하며, 타국 사람에게 빌붙어 제 나라를 망하게 하고 제 동포를 압박하니, 그것이 우리 여우보다 나은 일이오? …… 각국은 하느님의 위엄을 빌려서 도덕으로 평화를 유지해야 할 터인데, 오로지 병장기의 위엄으로 평화를 보전하려 하니, 우리 여우가 호랑이의 위엄을 빌려서 제 몸 죽을 것을 피한 것과 비교할 때 어떤 것이 옳은 일이오?

창가

아세아의 대조선이, 자주 독립 분명하다. 에야에야 애국하세, 나라 위해 죽어보세.
깊은 잠을 어서 깨어, 부국강병 진보하세. 남의 천대 받게 되니, 후회막급 없이 하세.
남녀 없이 입학하야, 세계 학식 배와 보자. 교육해야 개화되고, 개화해야 사람되네. ⟨이필균, 자주독립가(1896)⟩

종교계의 변화

• 유교구신론(박은식) : 현재 공자의 가르침이 날로 엷어지고 날로 폐기되어 두려운 마음으로 등에 땀이 날 정도이다. …… 나는 감히 외람됨을 무릅쓰고 3대 문제를 들어서 개량 구신의 의견을 바치노라. 이른바 3대 문제는 무엇인고. 첫째는, 유교파의 정신이 오로지 제왕의 편에 있고, 인민 사회에 보급할 정신이 부족한 것이다. 둘째는, 여러 나라를 돌면서 천하의 주의들을 강구하려 하지 않고, 내가 어린이를 구하는 것이 아니라 어린이가 나를 구한다는 주의만을 지키는 것이다. 셋째는, 우리 대한의 유가에서는 쉽고 정확한 법문(양명학)을 구하지 아니하고 질질 끌고 되어가는 대로 내버려 두는 공부(주자학)를 전적으로 숭상하는 것이다.

• 대종교 창시(나철) : 대종교는 그 전 이름을 단군교라 칭하고 1909년 음력 정월 15일 조선 경성부에서 나철이 창시하였다. 조선 민족 간의 신앙에 있어 조선 민족의 시조이며 국조라고 전승하여 온 단군을 숭봉(崇奉)하였다. 조선 민족 정신의 순화 통일과 조선 민족 의식의 앙양을 도모함과 동시에 조선 민족 결합의 강화에 의하여 독립 국가로서 조선의 존속을 목표로 하고, 다수 동지와 함께 결성하여 ……

연도	통신	의료	전기 + 교통	언론
1876				
77				
78				
79				
1880				
81				
82				
83				한성순보(박문국)
1884	우정국 개국 시도			
85	전보국 설치	광혜원 설립		
86				한성주보(~88)
87			전등 설치	
88				
89				
90				
91				
92				
93				
1894				
95	우편 사무	종두법 보급		
96	전화 개통(?)			독립신문(~99)
1897				
98	경운궁에 전화 설치(?)		한성전기회사 설립	황성신문 vs 제국신문
99		관립의학교+광제원	경인선 · 전차 개통	
00	만국우편연합 가입		경인선 완공	
01				
02				
03				
1904		세브란스 병원	경부선 완공, 경의선 기공	대한매일신보
05		적십자 병원	경부선 개통	
06			경의선 완공	만세보+경향신문
07		대한의원		신문지법
08				해조신문 · 대동공보
09		자혜의원		신한민보, 경남일보
1910				

세로축 구분: 초기개화 (1880~1884), 개혁공백 (1884~1894), 갑오을미 (1894~1897), 광무개혁 (1897~1904), 국권피탈 (1904~1910)

관립학교	사립학교 + 국학	예술 + 종교	금융	건축
			대동은전(대동폐)	
동문학(?)	원산학사		전환국(~04)·당오전	
	배재학당			
육영 공원(~94)	이화학당			
연무공원				대불호텔
				만국공원(1889~90)
			은화·(백)동화	약현성당
사범학교·외국어학교			신식 화폐 발행 장정	
소학교령(?)	흥화학교(1898 ?)			
	국문동식회		조선은행	독립문(1896~97)
	숭실학교, <국문정리>		한성은행	탑골 공원
				명동 성당
			천일은행	
중학교 + 실업학교				
			화폐 조례	덕수궁 중명전
				손탁호텔
	양정·보성	천도교 개칭	화폐정리사업	
	진명·숙명·휘문	<혈의 누>		
	오산학교, 국문연구소			
	대성학교, <독사신론>	<해에게서~>, 원각사		
		대종교 창시, <유교 구신론>		
	조선광문회	<조선불교유신론> 탈고		덕수궁 석조전(1900~10)

02 영토 수호 노력

부 록

1-1 독도 : 민족 영토인 근거

(1) 신라
- 지증왕(6c) : 명주의 군주인 이사부 장군의 우산국 정복

(2) 조선
- 자료 ┌ 지리지 ┌ <고려사> ┌ 지리지, 세가, 열전 등에 우산국과 울릉도에 관해 기록
  │　　　│　　　　└ 우산국에서 고려 정부에 토산물을 바친 기록이 존재
  │　　　└ <세종실록지리지> : 독도(우산도)를 울릉도(무릉도)와 함께 강원도 울진현 소속으로 기록
  └ 지도 ┌ 팔도총도(1530) : <신증동국여지승람>에 포함된 독도를 표기한 최초의 지도
  　　　　├ 동국지도(18c 중엽) : 정상기의 제작, 독도(우산도)의 위치를 울릉도 동쪽에 정확히 표시
  　　　　├ 해좌전도(19c 중엽) : 울릉도 동쪽에 독도를 표시
  　　　　└ 조선전도(1846) : 김대건 신부의 제작, 프랑스어로 독도를 우산으로 표기
- 정책 ┌ 세종 ┌ 쇄환 정책(= 공도 정책) 실시 → 섬 주민을 육지로 쇄환하여 거주하도록 지시
  │　　　└ 쇄환 정책 유지를 위해 관리(안무사, 순심경차관)를 섬에 자주 파견 → 조선의 영토임을 확인
  └ 숙종 : 수토관(쇄환 정책으로 비워 둔 도서 지역을 순시하는 관리) 파견

1-2 독도 : 일제의 강탈과 반환

(1) 일제의 강탈 : 러일전쟁 中
- 내용 ┌ 러일전쟁 中 ┌ 한일의정서를 근거로 러시아 함대 감시를 위한 망루를 독도에 설치
  │　　　　　　　├ 일본 내각 : 내각 회의를 통해 독도를 무주지라는 명목으로 일본 영토에 강제 편입(1905.2.22)
  │　　　　　　　└ '시마네현 고시 40호'(1905.2) : 독도의 일본 영토 편입을 게재
  └ 시마네현의 사무관이 독도 조사를 마친 후 강제 편입 사실을 울릉군 군수에게 통고(1906.3)
- 한계 : 을사조약 체결로 외교권이 박탈되어 일본에 항의할 방법이 존재하지 않음

(2) 반환 : 해방 이후
- 명칭 : 연합국 최고사령관 지령 제677호(SCAPIN, 1946.1.29) = 일본에 대한 정의
- 내용 ┌ 한국에 반환해야 할 섬으로 울릉도 · 독도(리앙쿠르 암 = 다케시마) · 제주도를 규정
  └ 주한 미군정의 관할 아래 두었다가 한국에 독립 정부가 수립되면 인도할 계획
- 문제점 : 샌프란시스코 강화 조약(1951)에서 조약문을 최대한 간결하게 작성 → 무인도는 조약문에서 생략
  　　　　→ 일본은 조약문에 독도 명칭이 빠진 것을 근거로 독도가 일본 영토임을 연합국이 인정한 것이라 주장
- 반박 ┌ 샌프란시스코 강화 조약에서 일본 영토의 판단 기준 시점을 청일전쟁 연도인 1894년 1월 1일로 채택
  └ 1905년 2월에 일본 영토로 불법 편입된 독도는 당연히 한국에 반환되어야 할 영토

◇ 확인해 둘까요! ▶ 무주지(無主地) 선점론

- 내용 : 주인없는 땅에 대해서는 먼저 점유한 자가 영토로 편입한다는 주장
- 근거 : 일본 어부 나카이가 무주지인 독도를 선점 → 일본의 영토가 되었으니, 다케시마로 칭한다는 일본 내각의 결정
- 목적 : 일본이 독도에 대한 영유권을 주장하는 근거

1-3 독도 : 영유권 수호 노력

(1) 근대 이전 : 조선
- 정책 ┬ 세종 : 쇄환 정책 ┬ 내용 : 섬 주민을 육지로 쇄환하여 거주하도록 지시
  │ (= 공도 정책) ├ 활동 : 쇄환 정책 유지를 위해 관리를 섬에 자주 파견
  │ └ 의미 : 조선의 영토임을 확인
  └ 숙종 : 수토관 파견
- 사건 : 울릉도 쟁계 사건 ┬ 명칭 : 안용복 사건   cf) 일본 : '다케시마 일건'이라 표현, 독도를 송도로 표현
  (1693~97) └ 내용 ┬ 안용복(숙종)이 울릉도에 들어온 일본인을 2차례에 걸쳐 축출
    └ 일본으로 직접 가서 에도 막부에 울릉도 · 독도가 우리 영토임을 천명

(2) 근대
- 정책 ┬ 쇄환 정책(= 공도 정책) 중단
  └ 울릉도 개척령 반포(1882) : 울릉도에 관리 파견, 주민 이주 장려
- 대한제국 칙령 41호 ┬ 내용 ┬ 울릉도와 독도(= 석도), 죽도를 강원도의 27번째 군(울도군)으로 승격
  (1900) │ └ 울도군 ┬ 구성 : 남면과 북면으로 분할, 독도는 남면에 부속
    │   └ 관리 : 초대 군수로 배계주를 임명
    ├ 의미 ┬ 독도를 대한제국의 지방 관제에 편입
    │   └ 울릉도와 독도가 대한제국 영토라는 사실을 근대 국제법 체계에 따라 선언
    └ 일본의 대응 : 이에 대해 어떤 반대 의견이나 다른 의견을 제시한 바 없음

(3) 현대
- 이승만 정부 ┬ 정부 ┬ '국무원 고시 14호' 발표 ┬ 명칭 : 인접 해양에 대한 주권에 관한 대통령 선언(평화선 선언)
  │ │ (1952, 이승만 라인) └ 내용 : 동해의 어족 자원 보호, 독도 수호
  │ └ 일본 정부의 국제 사법 재판소 제소 제의를 단호히 거절(1954)
  └ 민간 : 독도의용수비대 조직 ┬ 구성 : 대장 홍순칠과 상이군인 등으로 구성된 33인
    (1953~56) ├ 활동 : 독도에 접근하는 일본 순시선 저지 등 독도 수호 활동 전개
      └ 변화 : 독도의용수비대의 업무를 울릉 경찰서에 인계(1956)
- 박정희 정부 : 한일 기본 협정 ┬ 내용 : 한 · 일 간의 국교 정상화를 위한 본협정과 4개의 부속 협정으로 구성
  (1965) └ 한계 : 부속협정인 '어업에 관한 협정'에 독도 영유권에 대한 규정이 존재하지 않음
- 노무현 정부 : 독도를 한국의 배타적 경제 수역 기점으로 선언(2006)

◆ 확인해 둘까요! ▶ 독도에 대한 유인도화 정책

- 주민 거주 : 최종덕씨(1965, 1981년에 독도에 주민 등록) → 김성도, 김신렬씨 부부(1991)
- 주소지 설정 ┬ 과정 : 울릉군 의회의 '독도리 신설과 관련된 조례안' 의결 · 공포(2000)
  └ 내용 : 독도 지역에 울릉군 울릉읍 독도리 1~96번지의 주소 부여

영토 수호 노력

1-4 독도 영유권 : 일본의 논리적 모순

(1) 일제의 침탈 시도

- 근대 이전 ┬ 내용 : 에도 막부가 두 어부 가문(오야, 무라카와)에 다케시마(울릉도)에 대한 도해 면허를 허가(1625)
  └ 시정 : 에도 막부는 울릉도·독도(일본명 송도)에 대한 줄어 금지령을 발표함으로써 잘못을 인정(1696)
- 근대 : 강탈 ┬ 계기 ┬ 어부 나카이 : 독도 근해의 강치잡이 독점권을 대한제국에 신청하려 일본 정부와 협의
  (1905) └ 일본 정부 : 나카이에게 독도(일본명 송도)에 대한 영토 편입을 신청하도록 요구
  └ 내용 : 일본 내각회의는 '무주지 선점론'에 근거해 시마네현 고시 제40호를 통해 독도 편입을 게재
- 현대 ┬ 중앙 정부 : 순시선에 관리와 청년들을 태우고 독도에 상륙 → 일본 영토 표지판을 세우고 퇴각(1953)
  └ 시마네현 의회 : 2월 22일을 '다케시마의 날'로 정하는 조례안 통과(2005)

(2) 한국의 독도 영유권을 인정한 일본 자료

- 근대 이전 ┬ <은주시청합기> ┬ 정의 : 일본 운슈의 지방관이 오키 섬을 순시하면서 최초로 독도를 기록한 보고서
  │ (1667) └ 내용 : 일본의 서북쪽 국경을 독도가 아닌 오키 섬으로 인식
  ├ <삼국통람도설>(1785)의 부속 지도인 '삼국접양지도' : 울릉도와 독도를 조선의 영토로 기록
  └ 하치에몬의 다케시마 도해 사건 ┬ 막부가 도해면허 없이 다케시마(울릉도)를 다녀온 하치에몬을 처형
  (1832) └ 하치에몬이 그린 지도에 울릉도·독도가 조선과 같은 색으로 채색됨
- 근대 ┬ 조선국세견전도(1873) : 소메자키 노부후사가 울릉도와 우산도(독도)를 강원도와 같은 색으로 채색하여 제작
  ├ 조선국교제시말내탐서 ┬ 제작 : 일본 외무성
  │ (1870) └ 내용 : 일본 외무성이 당시 울릉도와 독도가 조선의 영토임을 인식
  ├ 태정관 문서 ┬ 계기 : 시마네현 관리가 울릉도와 독도를 지적도에 포함시킬지 여부를 문의
  │ (1877) ├ 제작 : 태정관(일본 메이지 정부의 총리대신과 내무대신)
  │ └ 내용 : '울릉도와 일도(마쓰시마 = 독도)는 일본과 관계없다'라는 공문을 작성
  ├ 조선전도(1875) : 육군성 참모국이 독도를 조선 영토로 표시하여 제작
  ├ 조선동해안도(1876) : 일본 해군성이 울릉도와 독도를 조선 동해안에 포함시켜 조선 영토로 표시하여 제작
  └ 환영수로지(1886)→조선수로지(1894) : 독도를 '리앙쿠르 암'이라는 호칭으로 조선 동해안에 포함

자료 보기

팔도총도

삼국접양지도

간도의 위치

▶ 일본에서 제작된 고지도
▶ 울릉도와 독도가 조선의 영토로 표시됨

2-1 간도 : 귀속 논쟁

(1) 근대 이전 : 백두산 정계비(1712, 숙종)

- 배경 ┌ 청의 정책(봉금) : 명을 멸망시킨 후 여진족(만주족)의 발원지였던 만주를 성역화하여 주민의 이주를 제한
  └ 갈등 ┌ 압록강 건너 삼도구에서 조선 채삼인들이 백두산 부근을 답사하던 청국의 관원을 습격(1685, 숙종)
        └ 조선인들이 압록강 · 두만강을 건너 청국인을 살해(1690, 1704, 1710)
- 경과 ┌ 조선과 청의 국경 갈등에 대한 청국 정부의 항의
  └ 청의 오라총관 목극등과 조선의 접반사 박권이 현지 답사후 국경선 획정에 합의
- 내용 : 청과 조선의 국경은 서로는 압록강을 경계로, 동으로는 토문강을 경계로 한다.

(2) 근대 : 청과 조선 사이에서 귀속권 문제 발생

- 배경 ┌ 청 : 러시아의 연해주 진출(1860)에 만주 개발 필요성 절감 → 봉금 정책 해제(1881), 주민 이주를 장려
  └ 조선 : 19c 세도 정치로 인한 생활 곤란 혹은 기근으로 인한 간도 이주 증가
        → 간도에 사는 조선인과 중국인 사이의 마찰 증가
- 과정 ┌ 갈등 ┌ 청 : 간도에서의 조선인 철수 요구
  │   └ 조선 : 어윤중을 서북경략사로 파견 ┌ 토문강이 송화강 상류이므로 우리 영토라고 주장
  │   (1883)   └ 청에 백두산 정계비와 토문강 발원지에 대한 공동 조사 요구
  └ 감계회담 ┌ 주도 : 조선의 이중하(토문감계사)와 청의 덕옥 · 가원계 · 진영 등 사이의 회담
    (1885~88) └ 주장 ┌ 청 : '토문강 = 도문강(= 두만강)'으로 해석 → 조선인의 철수를 요구
                   └ 조선 ┌ 근거 : 백두산 정계비
                         └ 내용 : '토문강 = 송화강의 상류 ≠ 도문강(= 두만강)'으로 해석
                              → 조선의 영유권 주장
- 결과 : 영유권 보호 노력 ┌ 이범윤을 간도 시찰원(사)으로 파견(1902) → (북변) 간도 관리사로 임명(1903)
    (대한제국)   └ 이범윤은 동포를 보호하며 간도를 함경도의 행정 구역으로 편입 · 관리
              cf) 이범윤 : 간도의 포수들을 모아 자위군 편성 → 간도 항일 운동의 기반, 국내 진공 작전 전개

2-2 간도 : 영유권 박탈 (러일전쟁 이후 일제의 모순된 정책)

(1) 통감부 출장소(파출소) 설치 (1907)

- 주체 : 일제의 통감부
- 결론 : 간도에 대한 한국의 영유권 인정

(2) 간도협약 체결 (1909)

- 목적 : 일제가 청으로부터 만주 이권(특히 남만주(안동−봉천) 철도 부설권, 광산 채굴권)을 획득
- 내용 ┌ '토문강 = 도문강(= 두만강)'이라는 청의 해석 인정 → 간도를 청의 영토로 인정
  └ 간도를 잡거 구역으로 설정하여 조선인의 거주는 인정
- 결론 : 간도에 대한 한국의 영유권 부정
- 문제점 ┌ 간도협약 : 일제는 을사조약을 근거로 한국의 외교권을 행사 → 청과 간도협약 체결
  └ 을사조약 : 고종의 비준이 없어 효력이 발효되지 않음
     → 결론 : 발효되지 않은 을사조약에 근거하여 체결된 간도협약이므로 법적으로 무효함

02 영토 수호 노력

부록

한국의 독도 영유권을 확인하는 자료

- <삼국사기> : 지증왕 13년 우산국이 항복하고 매년 토산물을 공물로 바쳤다. 우산국은 명주(강릉) 바다에 있는 섬으로 울릉도라고 한다. 땅은 사방 백 리로 이곳 사람들이 복종하지 않자, 이찬 이사부가 하슬라주 군주가 되어 말하기를 "우산국 사람들은 어리석고 성질이 사나워 꾀를 써서 복종시키겠다."고 하였다. 이에 나무로 된 가짜 사자를 만들어 전함에 싣고 우산국에 이르러 말하기를 "너희가 복종하지 않는다면 이 맹수들을 풀어 밟아 죽이겠다."고 하니 사람들이 항복하였다.
- <고려사> : 왕이 동해 가운데 우릉도라는 섬이 있어 땅이 넓고 토질이 기름져서 예전에 주현이 있었던 곳으로 사람이 살 수 있다는 말을 듣고, 명주도 전중내급사 김유립을 보내 보게 하였다. 유립이 돌아와 아뢰기를 "땅에 암석이 많아 백성들이 살 수 없겠더이다."라고 하니, 논의를 그만두었다.
- <세종실록지리지> : 우산(= 독도)과 무릉(우릉 = 울릉도) 두 섬은 울진현 바로 동쪽 바다에 있다. 두 섬의 거리가 멀지 아니하여 날씨가 맑은 날이면 가히 바라 볼 수 있다. 신라 시대에는 우산국이라고 칭하였다.
- <만기요람> : 울릉과 우산은 모두 우산국 땅이며, 이 우산을 왜인들은 송도라고 부른다.

쇄환 · 수토 정책

- 전 판장기현사 김인우를 우산 · 무릉 등처의 안무사로 삼았다. …… 인우가 군인 50명을 거느리고 군사 장비와 3개월 치 양식을 갖춘 다음 배를 타고 나섰다. 섬은 동해 가운데 있고, 인우는 삼척 사람이다. <세종실록>
- 유상운이 말하기를 "울릉도에 대한 일은 이제 이미 명백하게 한 곳으로 귀착되었으니, 틈틈이 사람을 보내어 순시하고 단속해야 합니다."하니, 임금이 2년 간격으로 울릉도에 들어가도록 명하였다. <숙종실록>

대한제국 칙령 제41호

울릉도를 울도로 이름을 바꾸고, 도감을 군수로 개정하는 건

제1조 울릉도를 울도군이라 개칭하여 강원도에 소속하고, 도감을 군수로 개정하여 관제 중에 편입할 일

제2조 군청 위치는 대하동으로 정하고 구역은 울릉전도와 죽도(= 죽서도), 석도(= 독도)를 관할할 일

일본의 독도에 대한 모순된 인식

- <은주시청합기> : 오키 섬에서 이틀을 가면 마쓰시마(독도)가 있고, 또 하루 낮을 가면 다케시마(울릉도)가 있다. 이 두 섬에는 사람이 살지 않는데, 이 섬에서 고려를 보는 것이 운슈에서 인슈(오키 섬)를 보는 것과 같다. 그러므로 일본의 서북쪽 국경은 이주(오키 섬)를 한계로 삼는다.
- <조선국교제시말내탐서> : 송도(독도)는 죽도(울릉도) 옆에 있는 섬입니다. 송도(독도)에 관해 지금까지 기록이 없지만, 죽도(울릉도)에 관해서는 원록 연간에 주고 받은 서한에 기록이 있습니다. 원록 연간 이후 조선이 거류하는 사람을 파견하였으나, 지금은 무인도가 되어 있습니다. 대나무와 갈대가 자라고, 인삼도 나며, 어획도 된다고 합니다. 이상은 조선국의 사정을 현지 정찰을 기록한 것입니다. 자세한 것은 돌아가서 사안별로 서류와 그림, 도면 등을 첨부하여 말씀드리겠습니다.
- <태정관문서> : 위는 원록 5년 조선인이 입도한 이래 구정부(舊政府)와 해국(該國, 조선)과의 왕복의 결과 마침내 본방(本邦, 일본)은 관계가 없다는 것을 들어 상신한 품의의 취지를 듣고, 다음과 같이 지령을 작성함이 가한지 이에 품의한 것에 대해 품의한 죽도(竹島) 외 일도(一島)에 대해 본방(일본)은 관계가 없다는 것을 심득(心得)할 것이다.
- <명치 38년 1월 28일 각의 결정> : 별지 내무대신이 청한 안건 무인도 소속에 관한 건을 심사해 보니, 북위 37도 9분 30초, 동경 131도 55분, 오키시마에서 거리가 서북으로 85리에 있는 이 무인도는 다른 나라가 이를 점유했다고 인정할 형적이 없다. 지난 1905년 나카이 요사부로가 어사(漁舍)를 만들고, 인부를 데리고 가 엽구(獵具)를 갖추어서 해려잡이(강치)에 착수하였다. 이번에 영토 편입 및 대하를 출원한 바, 이때 소속 및 섬의 이름을 확정할 필요가 있으므로, 이 섬을 다케시마라고 이름하고 이제 시마네현 소속 오키도사의 소관으로 하려고 하는 데 있다. 이를 심사하니 나카이 요사부로란 자가 이 섬에 이주하고 어업에 종사한 것은 관계 서류에 의하여 밝혀지며, 국제법상 점령의 사실이 있는 것이라고 인정하여 이를 우

리나라의 소속으로 하고 시마네현 소속 오키도사의 소관으로 함이 무리없는 건이라 사고하여 각의 결정이 성립되었음을 인정한다.

연합국의 독도에 대한 인식

- 맥아더 라인 : 일본인의 선박과 승무원은 1946.6.22 이후 북위 37도 15분, 동경 131도 53분에 있는 독도의 12해리 이내에 접근할 수 없으며, 독도에 대한 어떠한 접근도 금지한다. 〈연합국 최고사령관 지령 제1033호 제3조 b항〉
- 일본은 한국의 독립을 인정하고, 제주도 · 거문도와 울릉도를 포함한 한국에 대한 모든 권리와 권원 및 청구권을 포기한다. 〈샌프란시스코 강화 조약 제2장 제2조 a항〉

대한민국 정부의 국제 사법 재판소 거부 통고서

- 국제사법재판소 거부 통고서 : 분쟁을 국제 사법 재판소에 제출하자는 일본의 제안은 잘못된 주장을 법률적 위장으로 꾸미려는 시도에 불과한 것이다. 한국은 독도에 대해 처음부터 영유권을 갖고 있으며, 한국은 어떠한 국제 재판소에서도 그 영유권 증명을 구해야 할 하등의 이유가 없다. 영토 분쟁이 존재하지 않는데도 '가짜 영토 분쟁'을 꾸며 내고 있는 것은 일본이다. 독도 문제를 국제사법재판소에 제출하자고 제안함으로써, 일본의 입지를 소위 '독도 영토 분쟁'과 관련하여 한국과 대등한 입지에 두려고 일본은 획책하고 있다. 그리하여 타협의 여지없이 완전하고 분쟁의 여지없는 한국의 독도 영유권에 대하여 일본은 '유사 주장'을 설정하려고 획책하고 있는 것이다.

백두산 정계비문

烏喇摠官穆克登 오라총관 목극등이
奉旨查邊至比審視 성지를 받들어 변경을 답사하여 이곳에 와서 살펴보니
西爲鴨綠東爲土門 서쪽은 압록이 되고 동쪽은 토문이 되므로
故於分水嶺上勒石爲記 분수령 위에 돌에 새겨 기록한다.

(북변) 간도 관리사 파견

- "나라의 경계에 대해 논하는 데 분수령(分水嶺) 정계비 아래 토문강 이남의 구역은 우리나라 경계로 확정되었으니 결수에 따라 세(稅)를 정해야 할 것인데, …… 우선 관리를 두고 이 지역 백성들의 청원대로 시찰관 이범윤을 관리로 차임하여 해당 지역에 주재시켜 사무를 관장하여 이 지역 백성들을 보살피는 것이 어떻겠습니까?"라고 하니, 윤허하였다.
- 북간도 관리사 이범윤이 내부에 보고하되, "청나라 군사들이 조선인들을 묶어서 몽둥이로 두들겨 패고, 재산을 빼앗고 하는 말이 조선 사람일 망정 청나라 땅에서 살면서 어찌 한복을 입을 수 있느냐면서 흰 초립을 쓴 자는 빼앗아 찢어 없애고 붙잡아 가서 머리를 깎고 협박과 공갈을 하니, 간도의 조선인 민심이 떠들썩합니다."라고 하였다. 〈황성신문, 1904.3.3〉

간도협약 (1909)

1. 일본국과 청국 두 나라 정부는 도문강(圖們江)을 청국과 한국의 국경으로 하고, 강 원천지에 있는 정계비를 기점으로 하여 석을수(石乙水)를 두 나라 경계로 한다.
2. 일본 정부는 간도를 청의 영토로 인정하는 동시에 청은 토문강 이북의 간지를 한국민의 잡거 구역으로 인정한다.
3. 잡거 구역 내에 거주하는 한국민은 청의 법률에 복종하고, 일체의 행정상의 처우는 청 국민과 같은 대우를 한다.
5. 지린 · 장춘 철도를 연길 이남으로 연장하여 한국의 회령에서 한국의 철도와 연결할 수 있다. 그 처리법은 지린 · 장춘 철도와 똑같이 하며 공사를 시작하는 시기는 청국 정부에서 형편을 참작하여 일본국 정부와 상의한 뒤 정한다.

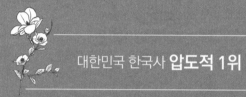

대한민국 한국사 **압도적 1위**

PART

VII

민족 독립 운동

20c 전반의 세계

1 제1차 세계 대전(1914 ~ 18)과 영향

(1) 제1차 세계 대전 : 제국주의 열강 사이의 식민지 쟁탈전

- 발발 : 사라예보 사건 ┌ 내용 : 발칸 반도의 사라예보에서 세르비아 청년이 오스트리아의 황태자 부부를 암살
  (1914) └ 결과 : 오스트리아가 세르비아에 선전 포고
- 확대 ┌ 동맹국과 협상국의 충돌 ┌ 동맹국 : 독일, 오스트리아, 오스만 제국, 불가리아
  │ └ 협상국 : 프랑스, 영국, 러시아, 미국, 일본
  └ 제국주의 국가들이 아프리카 · 인도 등 식민지 국민을 전쟁에 동원
- 과정 : 독일의 벨기에 점령, 오스만 제국이 동맹국에 가담 but 삼국 동맹의 일원이던 이탈리아가 협상국에 가담
  → 전쟁의 장기화 → 독일은 정체된 전쟁을 타개하기 위해 무제한 잠수함 작전을 시행
  but 이에 대한 반발로 미국이 협상국에 가담
  → 러시아가 독일과 단독 강화 조약을 체결하여 협상국에서 이탈
- 결과 ┌ 동맹국 : 오스만 제국, 불가리아, 오스트리아 → 항복
  └ 독일 : 킬 군항 수병 반란으로 혁명 발생 → 빌헬름 2세 퇴위 이후 임시정부의 휴전 협정 체결(1918)
- cf) 1차 대전 중 일본의 대륙 침략 ┌ 산둥 반도와 남태평양 일대의 독일령 제도 점령
  └ 러시아 사회주의 혁명에 무력 간섭을 하기 위해 시베리아 출병(1918~22)

(2) 제1차 세계 대전 이후 수습

- 파리 강화 회의 ┌ 원칙 : 미 대통령 윌슨의 14개조 평화 원칙 → 민족 자결주의, 비밀 외교 금지, 군비 축소
  ├ 한계 : 승전국 식민지에는 민족 자결주의 적용(×) → 승전국 일본의 식민지인 한국에도 적용(×)
  └ 베르사유 조약 체결 ┌ 내용 : 독일의 식민지 상실과 영토 · 군비 축소, 배상금 지불
  (1919) └ 결과 : 승전국의 패권 강화
- 평화를 위한 노력 ┌ 국제 연맹 창설(1920) but 강대국 불참(미국의 불참, 소련과 독일 배제), 군사력 부재
  ├ 안전 보장 노력 : 로카르노 조약(1925) → 켈로그–브리앙 조약(= 부전조약, 1928)
  └ 군비 축소 노력 : 런던 군축 회의(1930)
- 영향 ┌ 인적 · 물적 피해 발생 → 반전 의식 강화
  ├ 미국의 영향력 강화 → 세계 최대의 경제 대국으로 성장
  └ 민주주의의 발전 : 공화정 수립, 보통 선거 확산

확인해 둘까요! ▸ 제1차 세계 대전 이전의 상황

- 삼국 동맹 ┌ 주도 : 후발 자본주의 국가(독일, 오스트리아, 이탈리아) → 독일의 3B 정책
  (1882) └ 목적 : 프랑스 고립화 정책
- 삼국 협상 ┌ 주도 : 선발 자본주의 국가(영국, 프랑스, 러시아) → 영국의 3C 정책
  (1907) └ 목적 : 독일 빌헬름 2세의 팽창주의 정책 추진(3B 정책) 견제
- 국제 긴장의 고조 ┌ 모로코 사건(1905, 1911)
  └ 제 1 · 2차 발칸 전쟁 ┌ 내용 : 발칸 동맹과 오스만제국의 전쟁
  (1912~13) └ 영향 : 제1차 세계 대전의 발단으로 작용

2 사회주의 국가의 등장과 아시아의 민족 운동

(1) 러시아 혁명

- 3월 혁명 ─ 상황 ┬ 러 · 일 전쟁 패배로 차르의 전제 정치에 대한 불만 고조
  (1917.3) └ 노동자 계층과 사회주의 세력 성장, 피의 일요일 사건(1905)
  ├ 직접적 배경 : 제1차 세계 대전의 장기화 → 국민 생활 궁핍
  ├ 과정 : 민중 봉기 발생(식량 배급 및 전쟁 중지 요구, 전제 정치 타도 시위)
  │   → 노동자 · 병사의 소비에트 결성
  └ 결과 : 로마노프 왕조 멸망(니콜라이 2세 축출) → 자유주의적인 임시정부 수립(멘셰비키 중심)
- 11월 혁명 ┬ 배경 : 멘셰비키 임시정부의 개혁 실패 ex) 전쟁 지속, 토지 개혁 연기, 보통 선거 요구 무시
  (1917.11) ├ 과정 : 볼셰비키 혁명 발생(레닌과 트로츠키 중심) → 멘셰비키 중심의 임시정부 타도
  ├ 결과 : 소비에트 정부 수립 → 독일과 단독 강화, 사회주의 개혁 추진
  └ 자본주의 국가의 대응 : 11월 혁명에 대항하는 반혁명 세력을 지원 ex) 일본 등의 시베리아 침공

(2) 소련의 수립(1922)

- 과정 ┬ 레닌의 사회주의 개혁 : 독일과 단독 강화, 토지 개혁, 산업 국유화
  ├ 반혁명 세력과의 내전에서 승리 → 신경제 정책(NEP) 실시(시장 경제 체제 일부 인정)
  └ 코민테른 창설
- 결과 : 소비에트 사회주의 공화국 연방(소련) 수립
- 변질 : 스탈린 집권 이후 ┬ 일당 독재 체제 강화
  └ 사회주의 경제 건설 노력 : 중공업 육성, 농업의 집단화

(3) 아시아의 민족 운동

- 중국 ┬ 5 · 4 운동 ┬ 배경 : 일본의 21개조 요구
  │   (1919) └ 성격 : 反제국주의, 反군벌 성격의 신문화 민족 운동
  └ 국공 합작 ┬ 1차 합작 ┬ 목표 : 군벌 타도(주도 : 쑨원)
      │   (1924~27) └ 한계 : 쑨원 사후 장제스의 공산당 탄압 → 공산당의 대장정(1934~35)
      └ 2차 합작 ┬ 목표 : 대일 항전
         (1937) └ 주도 : 장제스, 마오쩌둥
- 인도 : 간디의 비폭력 · 불복종 운동 → 네루의 인도 독립 동맹 결성
- 터키 : 무스타파 케말의 터키 공화국 수립(1923) → 개혁 추진
- 베트남 : 호찌민의 베트남 공산당 결성
- 인도네시아 : 수카르노의 인도네시아 국민당 결성

> ◇확인해 둘까요! ▸ **일본의 21개조 요구**
>
> - 배경 : 1차 세계대전 중 일본이 중국 내 독일의 조차지를 점령
> - 내용 : 일본이 구 독일의 중국 내 이권을 계승할 것을 요구
> - 반발 : 파리 강화 회의에서 중국 대표가 21개조 요구를 파기할 것을 주장하였으나 묵살당함
> - 결과 : 워싱턴 회의에서 21개조 요구를 파기(1922)

3 전체주의의 대두와 제2차 세계 대전

(1) 대공황과 전체주의의 대두

- 대공황 ┬ 배경 ┬ 공급 : 전후 산업 복구와 제1차 세계 대전 이후 미국의 경제 호황에 따른 과잉 생산
- (1929) │ └ 수요 : 자작농의 몰락과 노동자의 임금 억제 등으로 구매력 저하 → 수요 · 공급의 균형 붕괴
- ├ 결과 : 미국의 주가 대폭락, 기업과 은행 파산 → 대공황이 전 세계로 확산
- └ 대응 ┬ 미국 : 수정 자본주의 정책 ┬ 뉴딜 정책 추진(대규모 공공사업, 노동 3권 보장, 최저 임금제 도입)
- │ └ 통제 경제 강화, 라틴 아메리카와 선린 외교 추진
- ├ 영국 : 자유 무역주의 폐기, 파운드 블록 형성
- └ 프랑스 : 노동자 권익 보호 정책, 프랑 경제 블록 형성, 복지 정책 추진
- 전체주의 ┬ 이탈리아 ┬ 주도 : 무솔리니의 파시스트당(1919~)
- │ ├ 집권 과정 : 파시스트의 로마 진군(1922) → 정권 장악(1925)
- │ └ 내용 ┬ 일당 독재, 국가 지상주의 → 언론 · 출판 · 집회의 자유 억압
- │ └ 팽창 정책 실시(알바니아 보호국화, 에티오피아 침공) → 국제 연맹 탈퇴(1937)
- ├ 독일 ┬ 상황 : 바이마르 공화국의 무능과 경제 혼란
- │ ├ 주도 : 히틀러의 나치당
- │ └ 내용 ┬ 극단적 민족주의(범게르만주의, 인종주의), 비밀경찰을 동원한 국민 생활 통제
- │ └ 베르사유 조약 폐기, 국제 연맹 탈퇴, 재군비 선언(라인란트 침공)
- └ 일본 ┬ 주도 : 군부 강경파와 재벌
- └ 내용 : 군국주의, 정권 장악 후 대륙 침략(만주 사변, 중 · 일 전쟁)

(2) 제2차 세계 대전

- 일제의 침략 ┬ 만주 사변 ┬ 배경 : 대공황의 위기와 군국주의 강화
- │ (1931) ├ 과정 : 남만주 철도 폭발 사고 → 일제의 만주 침략 → 일제의 상하이 침략
- │ │ (만주 사변, 1931) (상하이 사변, 1932)
- │ └ 결과 : 만주국 성립(1932) → 일본의 국제 연맹 탈퇴
- └ 중 · 일 전쟁 ┬ 발단 : 루거우차오 사건
- (1937) ├ 과정 : 일본의 중국 관내 침략 → 난징 대학살 자행
- └ 중국의 대응 : 제2차 국공 합작
- 제2차 세계 대전 ┬ 배경 ┬ 대공황을 극복하기 위한 경제 블록의 형성 → 세계 무역 악화
- (1939~45) │ └ 3국 방공 협정 체결(이탈리아, 독일, 일본의 추축국 형성) cf) 독 · 소 불가침 조약
- ├ 구도 : 추축국(이탈리아, 독일, 일본) vs 연합국(영국, 프랑스, 미국 + 소련)
- ├ 과정 ┬ 유럽 ┬ 발발 : 독일의 폴란드 침공 → 독일의 파리 함락
- │ │ └ 반격 ┬ 영국 대독 항전 → 독 · 소 개전
- │ │ └ 미 · 영의 대서양 헌장 발표 → 노르망디 상륙 작전 → 독일 항복
- │ └ 아 · 태 ┬ 발발 : 일본의 동남아시아 침공 및 진주만 공격 → 남태평양 진출
- │ └ 반격 : 미국의 미드웨이 해전 승리 → 일본에 원폭 투하(히로시마, 나가사키)
- │ → 일본 항복
- ├ 결과 ┬ 독일의 동서 분할
- │ └ 패전국의 식민지 상실 → 일본의 식민지인 한국도 해방
- └ 전후 체제 정비 : 샌프란시스코 강화 회의 개최 + 국제 연합 결성

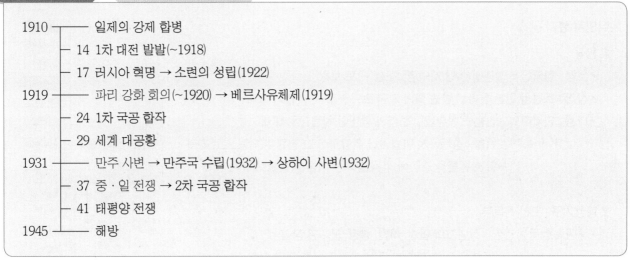

◈ 확인해 둘까요! ● 20c 전반의 주요 연표

1910 ─── 일제의 강제 합병
　　├ 14 1차 대전 발발(~1918)
　　├ 17 러시아 혁명 → 소련의 성립(1922)
1919 ─── 파리 강화 회의(~1920) → 베르사유체제(1919)
　　├ 24 1차 국공 합작
　　├ 29 세계 대공황
1931 ─── 만주 사변 → 만주국 수립(1932) → 상하이 사변(1932)
　　├ 37 중 · 일 전쟁 → 2차 국공 합작
　　├ 41 태평양 전쟁
1945 ─── 해방

핵심 | 자료 읽기

윌슨의 14개조 원칙

제1조　공개적으로 체결된 강화 조약 외에 어떠한 비밀 외교도 있을 수 없다.

제5조　모든 식민지의 문제를 결정함에 있어서는 해당 식민지 주민의 이해가 그 지배권의 결정권을 가지는 정부의 요구와 동등한 비중을 가진다.

제10조　오스트리아 · 헝가리 국민들의 자결권을 인정한다.

제12조　오스만 제국의 통치를 받고 있는 다른 민족들에게 자결권을 부여하고 다르다넬스 해협 통행을 자유화한다.

제14조　강대국과 약소국을 막론하고, 동등하게 정치적 독립 및 영토 보전의 상호 보장을 목적으로 특정한 협정 아래 국제 연맹 기구를 구성한다.

코민테른의 민족 운동 지원 약속

• 부르주아의 속박에서 벗어나기 위한 프롤레타리아 투쟁의 선봉인 공산당은, 민족 문제에도 관심을 기울여야 한다. …… 민족과 식민 문제에 대한 코민테른의 모든 정책은, 지주와 부르주아를 타도하기 위한 혁명적인 투쟁의 연대를 위해 모든 국가 및 민족의 프롤레타리아와 노동 대중의 밀접한 연합에 초석을 두어야 한다. …… 프롤레타리아 그리고 세계의 모든 민족과 국가의 고통 당하고 있는 대중이 연대와 연합해 자발적으로 힘쓰지 않는다면 자본주의에 대한 승리는 성공적으로 완수될 수 없다.

• 외국의 압제는 사회적 세력의 자유로운 발전을 저해하고 있다. 그러므로 식민지에서 혁명의 제일보는 압제의 타도여야 한다. 식민지에서 외국의 압제 타도를 돕는다고 해서 그것이 토착 부르주아의 민족주의적 노력에 대한 지지를 의미하지는 않으며, 단지 피압박 식민지 프롤레타리아에게 방법을 소개한다는 것을 의미할 뿐이다.

〈레닌, '민족과 식민 문제에 관한 테제', 1920년〉

이탈리아의 파시즘

파시스트의 국가 개념은 모든 것을 포괄하며, 국가를 떠나서는 인간과 영혼의 가치도 존재하지 않는다. 국민이 국가를 만드는 것이 아니라, 국가가 국민을 창조한다. 전쟁만이 인간의 모든 정력을 최대한 고양시키며, 그것에 직면할 용기를 가진 국민에게 고귀함을 부여한다.

〈무솔리니, '파시즘독트린'〉

◇ 확인해 둘까요! •

식민지 통치

1. 원칙

• 호칭 : 한국을 국가명이 아닌 지역명 '조선'으로 호칭
• 성격 : 조선을 일본 헌법과 법률 외의 지역으로 규정 → 反법치주의
• 내용 : 인치주의 ┌ 헌법(최상위법) : 천황의 명령인 칙령으로 대체
  (人治主義) ├ 법률 : 총독에게 입법권을 위임하여 그 명령인 제령으로 통치
  └ 일본 법률을 조선에 적용할 때는 이를 칙령으로 규정

2. 행정 기구 : 조선 총독부

• 중앙 ┌ 총독 ┌ 권한 ┌ 식민지의 입법, 사법, 행정, 군사권 장악
  │ │ └ 이왕직(李王職)과 조선 귀족에 대한 권한 장악
  │ ├ 자격 : 현직 육해군 대장 혹은 대장 출신자만 임명
  │ ├ 지위 : 일본 왕 직속, 일본의 내각 총리와 동격으로 일본 내각이나 의회의 간섭을 받지 않음
  │ └ 산하 조직 ┌ 정무총감 : 행정 담당, 행정 사무 총지휘
  │ └ 경무총감 : 경찰과 치안 업무 담당, 1910년대 헌병 사령관이 겸임
  └ 중추원 ┌ 기능 : 국권 강탈의 공로로 일본 작위를 받은 친일파로 구성된 총독 자문 기구로서 어용 기구
    └ 직제 : 의장(정무총감)-참의(고문·찬의·부찬의) 등 but 3·1 운동 이전까지 소집된 바 없음
• 지방 : 도(지사) ~ 부(부윤)·군(군수) ~ 면(면장)

3. 사법 기구와 입법 기구

• 입법 기구 ┌ 구성 ┌ 조선 의회 : 설립된 바 없음, 조선인의 일본 의회 참여도 허용된 바 없음
  │ └ 지방 자문기구(≒의회) : 도평의회(도회) ~ 부협의회(부회) ~ 면협의회
  └ 특징 : 지방은 주로 1920년 이후 설립된 자문 기구 but 1930년 이후 일부 의결 기구의 성격도 띰
• 사법 기구 ┌ 구성(3심제) : 1심(지방법원) ~ 2심(복심법원) ~ 3심(고등법원)
  └ 한계 : 총독을 정점으로 하는 행정부 아래에 존재 → 한국인을 탄압·수탈하기 위한 절차에 불과

총독부 관제 조직도

```
                     ┌ 정무 총감 ─┬─ 총독 관방
                     │            ├─ 총무부
                     │            ├─ 내무부
                     │            ├─ 탁지부
          총독 ──────┤            ├─ 농상공부
                     │            └─ 사법부
                     │
                     ├ 경무 총감 ─── 경무 총감부
                     │
                     └ 약탈 기구 ─┬─ 철도국
                                  ├─ 통신국
                                  ├─ 세관
                                  ├─ 임시 토지 조사국
                                  └─ 전매국
```

총독부 관제

역대 총독

기간	이름	주요 내용
• 1대 (1910~16)	데라우치 마사다케	조선인은 죽든지 일본법을 따르든지……
• 2대 (1916~19)	하세가와 요시미치	3·1 운동 발생
• 3대 (1919~27)	사이토 마코토	일시동인(一視同仁) 강조, 강우규 의거
• 4대 (1927~29)	야마나시 한조	
• 5대 (1929~31)	사이토 마코토	
• 6대 (1931~36)	우가키 가즈시케	만주사변 발발
• 7대 (1936~42)	미나미 지로	내선일체, 황국신민화 강조
• 8대 (1942~44)	고이소 구니아키	
• 9대 (1944~45)	아베 노부유키	정무총감 엔도와 여운형의 협상

1-1 1910년대 : 통치 정책

(1) 무단 통치

- 성격 ┬ 구호 : "조선인은 우리 법규에 복종하든지 아니면 죽음을 택하든지 그 어느 것도 택하지 않으면 안 된다"
  └ 주요 기관에 군인 배치 : 총독(육군 대장), 경무총감(헌병 대장)

- 헌병 경찰 ┬ 내용 : 전국에 헌병 경찰과 헌병 보조원 배치 → 헌병이 일반 경찰을 지휘 · 감독, 경찰 업무 수행
  ├ 업무 ┬ 일반 경찰 ┬ 일반 행정(신문 및 출판물 단속, 집회 및 결사 단속 등) + 교육과 보건
  │   │   └ 사법(범죄자 즉결 처분, 검사 업무 대리 등) + 재정(납세 독촉, 밀수입 단속 등)
  │   └ 독립 운동 탄압 : 의병 토벌, 첩보 수집
  ├ 권한 : 3개월 이하의 징역에 해당하는 범죄에 대해 구류, 태형 등의 즉결 처분권 행사
  └ 관련 법규 ┬ 범죄 즉결례(1910) → 경찰범 처벌 규칙(1912) : 재판을 거치지 않고 조선인 처벌 가능
          └ 조선 태형령 ┬ 갑오개혁 때 폐지한 태형 부활 → 조선인에게만 차별 적용된 악법
            (1912) └ 3 · 1 운동 이후 문화 통치를 표방하면서 폐지

- 기본권 제한 ┬ 법률 ┬ 신문지법 ┬ 내용 : 황성신문, 대한매일신보 등의 민족 언론 폐간
  │   │   (1907→08) └ 예외 : 총독부의 매일신보와 종교 소식지는 발행 허용
  │   ├ 출판법(1909) : <유년필독>과 애국 계몽 사학 계열의 역사서, 잡지 간행 금지
  │   ├ 보안법(1907) : 민족 단체뿐만 아니라 일진회도 해산 + 모든 정치적 집회 금지
  │   └ 학회령(1908) : 서북학회 등 활동 금지
  └ 탄압 ┬ 안악 사건 ┬ 내용 : 안명근이 황해도 안악에서 독립 운동 자금을 모금하다가 검거된 사건
       │   (1910) └ 영향 : 황해도의 유력 인사 160여 명을 검거 · 탄압
       └ 105인 사건 ┬ 배경 : 일제가 안악 사건을 데라우치 총독 암살 모의 사건으로 조작
         (1911) └ 내용 : 신민회 회원 600여 명 검거 · 고문 → 105명을 기소하여 신민회 해산

(2) 1차 조선 교육령(1911~22)   cf) 보통학교령(1906) : 소학교 → 보통학교

- 특징 ┬ 일반 관리뿐 아니라 교사들까지 제복을 입고 칼을 찬 채로 수업
  ├ 일본어와 수신(=도덕) 교육 강조
  └ 교육 기회 축소 : 보통학교 수업 기간 축소(6년 → 4년), 면 3개에 학교 1개를 설립(3면 1교주의, 1918~22)
- 목적 : 식민지 지배를 수월하게 하기 위한 조선인 우민화 교육 → 천황에 대한 충성심 확보
- 학제 ┬ 보통 교육 ┬ 조선인 : 보통학교(1906, 4년) → 고등보통학교(4년) or 여자 고등보통학교
  │   └ 일본인 : 소학교(6년)   →   중학교(5년) or 고등 여학교
  └ 전문 교육(전문 학교) + 실업 교육(실업 학교)
- 탄압 : 사립학교 규칙(1911), 서당 규칙(1918) 제정

◇ **확인해 둘까요!** ◀ **일제의 대한제국 격하**

- 황실 격하 ┬ 이왕직(李王職) : '이왕직 관제' 공포(1910)로 대한제국 황제를 '이왕'으로 격하
  └ 궁내부 ┬ 변화 : 이왕직 관제로 축소되어 일본 궁내성 소속 but 실질적으로 조선 총독부 관할
       └ 기능 : 근시(近侍)와 제사, 능묘 관리, 박물관 · 동물원 · 식물원 관리
- 문화재 훼손 ┬ 경복궁 : 근정전 앞에 조선총독부 청사 건립 but 김영삼 정부 때 총독부 건물을 철거하여 복원(1996)
  └ 창경궁은 일부 건물을 헐고 창경원으로 격하, 경희궁은 폐쇄

01 일제의 정책

1-2 1910년대 : 수탈 정책

(1) 토지조사사업 (1912~18)

- **목적**
  - **표면적**
    - 근대적 토지 소유권 확립 → 토지 매매의 활성화와 토지 이용 증진
    - 근대적 지세 제도 확립 → 지세 부담의 공평화
  - **실제적**
    - 일본인의 토지 매매에 편의 제공 → 일본인의 토지 투자 활성화 및 소유 합법화
    - 정확한 토지 면적과 생산량 측정, 은결 색출 → 지세 수입 증대(식민지 지배를 위한 재정 마련)

- **과정**
  - **법령** : 토지조사령(1912)을 발표하여, 기한부 신고제로 운영
  - **원칙**
    - **신고주의**
      - 토지 소유권을 주장하는 사람이 필요한 서류를 구비하여 기일 내 신고해야 소유권 인정
      - 토지의 등급, 지적, 결수, 지목 등을 신고
    - **증거주의** : 총독부의 소유권 결정에 불복하는 자는 토지 소유권의 증거를 바탕으로 판정 받음
  - **결정** : 조선 총독 또는 그 권한을 위촉 받은 자가 토지 소유권을 확정

- **결과**
  - **미등록 신고지 多**
    - **이유**
      - 복잡한 절차, 부족한 홍보, 민족적 감정으로 신고가 미미함
      - 공동 소유 토지(문중 소유 토지 or 마을 공유지)에 대한 특정 개인의 신고가 어려움
    - **결과** : 총독부의 소유로 전환 ─────┐
  - **황실과 정부 소유지**(역둔토, 궁방전 = 궁장토) : 총독부의 소유로 전환 ──┘ → 조선인의 토지를 강탈

- **영향**
  - **일본 이주민 증가**
    - **배경**
      - 동양척식 주식회사는 일본에서 조선으로 이주할 일본인을 모집
      - 총독부는 몰수 토지를 동양척식 주식회사를 통해 이주 일본인에게 헐값에 불하
    - **결과** : 일본인 지주와 농업 회사의 조선 진출, 일본 이주민이 대지주로 성장
  - **식민지 지주제 확산** : 총독부는 지주의 소유권만을 인정 → 지주의 횡포 심화, 지주의 소작료 인상
  - **농민의 몰락**
    - **배경** : 총독부가 소작 농민의 전통적 권리(관습적 경작권, 도지권, 입회권)를 인정하지 않음
    - **결과**
      - **국내**
        - 불리한 조건으로 지주와 계약을 해야 하는 기한부 계약제 소작농으로 전락
        - 소작 농민의 토지 이탈 : 일부 농민의 화전민화, 도시로 이주 후 임노동자화
      - **국외** : 만주 혹은 연해주로 이주

(2) 산업과 금융 · 재정

- **회사령**
  (1910~20)
  - **목적**
    - 민족 자본 성장의 억제 및 외국 자본의 진출 통제 → 일본 상품의 판매 시장과 원료 공급지 확보
    - 한국 내의 일본 영세 자본을 보호 + 조선의 산업 장악 → 식민지 산업 구조로 재편성 시도
    - 일본의 국내 자본 축적을 위해 대규모 일본 자본의 조선 유출 방지(?)
  - **내용**
    - 회사설립을 조선 총독의 허가제로 운영 + 한국인은 허가 조건을 어렵게 하여 회사 설립 제한
    - 회사설립 허가 조건을 어겼을 때는 조선 총독에 의해 회사의 해산 가능
  - **결과**
    - **일본인**
      - **대자본** : 미쓰이 · 미쓰비시 같은 일본 대기업이 전기, 철도, 금융 산업 장악
      - **중소자본** : 유통 · 농산물 가공업 · 방직업 등에 제한적인 투자, 고리대 등에 종사
    - **한국인** : 일본의 이익을 침해하지 않는 제조업(정미업, 피혁업) · 판매업에 한정 cf) 백산상회(1914)

- **금융 · 재정**
  - **금융**
    - 조선은행 설립(1911) : 중앙은행 역할 담당
    - 동양척식 주식회사 내에 금융부 설치(1911) : 일본의 외채를 바탕으로 금융 업무 실시
    - 조선식산은행 설치(1918) : 6개의 농공은행을 합병하여 설립
  - **재정**
    - **지세령**
      (1914, 18 개정)
      - **내용** : 결부제 폐지 + 지가(地價)에 따라 지세를 부과
      - **결과** : 세율 인상과 과세 대상 확대
    - 조선 관세 정률령(1912) : 주요 수입 상품에 대해 저율 관세(7.5%)를 부과
- cf) 전매국 : 설치(1910) but 행정 기구 간소화를 위한 관제 개정으로 폐지(1912) → 신설(1921)

(3) 자원 약탈 : 한국을 원료 공급지로 전환

- 삼림 ┌ 내용 : 압록강 · 두만강 유역의 목재에 대한 대규모 벌채
  └ 법령 ┌ 삼림령 ┌ 내용 ┌ 대부분 임야를 국유지로 강제 편입 → 일본인 자본가 · 이민자들에게 매각
        │ (1911) │   └ 삼림에서의 연료 채취를 금지
        │   └ 결과 : 화전민의 생존권 박탈
        └ 임야 조사령 ┌ 내용 : 신고주의를 원칙으로 소유권 확정
          (1918)   └ 결과 : 많은 사유림의 국유림화 → 조선인의 임야 강탈

- 어업 ┌ 법령 : 조선 어업령 공포(1911)
  └ 내용 : 어업을 총독의 허가 사항으로 운영 ┌ 저인망 등의 근대 어업과 양식업은 일본인에게만 허가
                                        └ 어업 조합 설립과 운영은 일본인 중심으로 실시

- 광산 ┌ 배경 : 제1차 세계 대전을 계기로 군수 광물의 수요가 증가 → 일본 대자본이 광산 채굴 사업에 침투
  ├ 법령 : 조선 광업령 공포(1915)
  ├ 내용 ┌ 광물 자원에 대한 조사 실시(1911~17) → 채굴에 대한 허가제를 실시하고, 위반시 허가를 취소
  │   └ 광산 등록제 실시 → 한국인 경영 광산의 등록 거부, 경제성이 있는 광산은 일본인에게 이관
  └ 결과 : 일제는 제련소(진남포), 금 · 은 선광장(노량진), 제철소(겸이포) 등의 시설을 설치

- 기간 시설 ┌ 내용 : 도로(2700km의 신작로 건설), 철도(호남선 · 경원선 완공, 함경선 기공), 항만(시설 정비)
  └ 목적 : 한국에서 생산되는 식량과 원료의 일본 수송 편의, 일본 상품의 한국 판매 효율화

꼭! 알아두기 · 식민지 수탈을 위한 일제의 준비

1. 동양척식 주식회사(1908~45)

- 설립 : 일본의 자본 투자 + 조선의 토지 투자
- 활동 : 조선의 토지 침탈 + 일본인의 조선 이주 도모
- 민족의 저항 : 의열단원 나석주의 의거(1926)
- 변화 : 해방 이후 미 군정이 관할 재산을 신한공사로 이관

2. 철도 부설

- 부설권 침탈 ┌ 경인선 : 미국(1896) → 일본(1898)
  ├ 경부선 : 일본(1898)
  ├ 경의선 ┌ 프랑스(1896)
  │   ├ 한국 : 대한철도회사(1899) → 서북철도국(1900)
  │   └ 일본(1904)
  └ 경원선 : 일본(1904)

- 부설 시기 ┌ 경인선 : 1897(착공) → 1899(개통) → 1900(완공)
  ├ 경부선 : 1901(착공) → 1904(완공) → 1905(개통)
  ├ 경의선 : 1904(착공) → 1906(완공 · 개통)
  ├ 경원선 : 1905(착공) → 1914(완공 · 개통)
  ├ 호남선 : 1911(착공) → 1914(완공 · 개통)
  └ 함경선 : 1914(착공) → 1928(완공 · 개통)

01 일제의 정책

SECTION

2-1 1920년대 : 통치 정책

(1) 문화 통치

- 배경 ┬ 국내 : 3·1 운동을 계기로 일제는 무단 통치의 한계를 절감
  └ 국외 ┬ 일제의 강압적 통치에 대한 국제 여론 악화
      └ 일본의 민주주의 발달 ex) 다이쇼 민주주의 : 일본의 보통 선거 실시, 정당 정치 실시, 사회 운동 발전

- 구호 ┬ "조선인의 문화 창달과 민력의 증진"
  └ "조선인의 문화와 관습을 존중하고 조선인의 행복과 이익을 증진한다"

- 내용과 실제

내용	실제
• 총독 임명 : 문관 출신도 가능	• 단 한 명의 문관 총독도 임명(×)
• 경찰 : 보통 경찰제, 태형 폐지 　　cf) 교원의 제복과 대검 착용 폐지	• 경찰 수와 장비 증가 : 1군 1경찰서, 1면 1주재소 확립 • 고등 경찰 제도 실시
• 기본적 자유를 부분적 허용 ┌ 언론·출판 ┬ 신문 : 조선일보(20), 동아일보(20) │　　　　　└ 잡지 : 개벽(1920), 신생활, 신천지 └ 집회·결사 : 자유를 일부 허용	• 기본적 자유도 식민 지배를 인정하는 범위 내에서만 허용 ┌ 신문·잡지에 대한 ┬ 사전 검열과 기사 삭제 │　　　　　　　　　└ 허가제를 통해 정간·폐간 └ 악법 제정 : 정치 관련 처벌법 + 치안유지법(1925)
• 도 평의회, 부·면 협의회 설치(참정권 허용) • 지방 의회에 일부 조선인 참여 허용	• 지방 의회 ┬ 대부분을 선거제가 아닌, 임명제로 구성 　　　　　　└ 의결권 없는 자문 기관, 조선 의회는 설립 안함 • 참정권 제한 : 일부 친일파와 지주, 자본가만이 참여

- 결과 ┬ 의도 : 우리 민족에 대한 기만 → 가혹한 식민 통치 은폐
  ├ 영향 : 민족성 개조론 등장 → 자치 운동(참정권 운동 = 타협적 민족주의)으로 발전
  │　　　　ex) 이광수 : <민족 개조론>(1922, 개벽) → <민족적 경륜> (1924, 동아일보)
  └ 본질 ┬ 민족주의 내부의 분화 → 비타협적 민족주의 vs 타협적 민족주의(민족 개량주의)
      └ 소수의 친일 인사 양성 → 민족 내 이간·분열 획책 → 민족 독립 운동 약화

(2) 2차 조선교육령 (1922~38) : 一視同人(일시동인)

- 내용 ┬ '1면 1교' 주의(1928~36)
  ├ 일본인과 같은 교육 기간 : 보통학교(4년 → 6년), 고등보통학교(4년 → 5년), 여자고등보통학교(3년 → 4년)
  └ 대학 교육과 사범학교에 대한 규정 신설 : 경성제국대학 설립(1924)
- 실제 ┬ 보통 교육 ┬ 교육 내용이 초급 학문과 단순 기술 교육에 한정
  │　　　　　　├ 무상이 아닌 유상 교육으로 인해, 취학률이 낮고 상급학교 진학률도 낮음
  │　　　　　　└ 조선인 학교와 일본인 학교의 구분은 여전히 존재 ex) 보통학교 vs 소학교
  └ 대학 교육 : 민립대학 설립운동 탄압

꼭! 알아두기 ▶ 치안유지법(1925 ~ 45)

- 내용 ┬ 처벌 대상 : 국체 변혁, 사유재산 부인을 목적으로 결사를 조직한 자와 가입한 자, 돕는 자 등
  └ 실제 : 사회주의자뿐 아니라 비타협적 민족주의자도 처벌
- 변화 : 해방 이후 폐지되었으나, 여순사건(1948)을 계기로 국가보안법(1948)으로 다시 제정

2-2 1920년대 : 수탈 정책

(1) 산미증식계획 (1920~34)

- 배경 ┌ 일본의 급격한 공업화 : 농촌 인구의 감소와 도시 인구의 증가 → 일본 내의 식량 부족 사태(쌀 폭동)
  └ 조선에서 쌀 920만 석 증산 : 확보한 식량을 일본으로 수출하여 일본의 식량 문제 해결 시도

- 내용 ┌ 방법 ┌ 농사 개량 사업 : 품종 · 농법 · 시비 개량 → 비료 사용 증대
  │   └ 토지 개량 사업 : 수리 조합 조직 → 수리 시설 개선 · 확충
  │
  ├ 계획 ┌ 1차(1920~25) ┌ 결과 : 성과가 별로 없음
  │   │   └ 이유 : 불황으로 재원 조달이 어려움 + 지주들이 토지 개량보다 토지 구매에 집중
  │   └ 2차(1926~34) ┌ 조선 농회령 제정(1926) : 투자 자본 중 정부 자금의 비중을 높여 지주의 부담 경감
  │   └ 결과 ┌ 일본인 대지주와 한국인 대지주의 토지 집적 강화
  │   └ 조선인 중소 지주(1~3 정보 이상 소유)의 수는 감소
  │
  └ 실제 ┌ 조선의 증산(쌀의 30% 증산)은 계획대로 되지 않음 ──┐
       └ 일본으로의 수출은 계획대로 진행(이전보다 8배 증가) ┘ → 증산량보다 수출량이 훨씬 많음

- 결과 ┌ 조선의 식량 사정 악화 → 대책 : 만주로부터 잡곡을 수입
  ├ 쌀 단작화(밭 → 논)로 다양한 작물 재배가 축소되어 가격 변동에 취약한 곡물 생산 구조의 심화
  └ 지주는 쌀 증산 비용(수리 조합비, 비료 대금 등)을 소작 농민에게 전가

- 영향 ┌ 식민지 지주제 심화 ┌ 토지 회사와 지주 : 농민의 곤궁한 처지를 이용하여 대농장 확대
  │   └ 농민 생활의 악화 : 자영농과 자소작농의 몰락, 소작 농민의 궁핍화
  │   → 소작 농민이 화전민, 토막민으로 전락 or 만주나 연해주로 이동
  └ 농민의 대응 : 소작쟁의의 활성화

- 변화 : 중단 ┌ 배경 : 1930년대 일본 내부의 쌀 공급 과잉(농업 공황)으로 쌀값 폭락
  (1934) └ 결과 : 일본 지주 · 농민의 조선 쌀 수입 반대 운동 전개

(2) 회사령 폐지 (1920) : 신고제로 운영

- 배경 : 1차 대전 이후 일본 공업 자본의 성장 → 일본의 자본 진출을 통한 식민지 공업화 필요성 증대

- 결과 ┌ 일본인 ┌ 경공업 중심의 중소 자본의 투자 급증 : 제사, 면방직, 식료품 분야
  │   └ 일부 대자본 투자 : 북부 지방 중심 ┌ 기업 : 미쓰비시, 미쓰이, 노구찌
  │   └ 사례 : 부전강 수력 발전소(1925? 26?), 흥남 질소 비료 공장(1927)
  └ 조선인 ┌ 사례 ┌ 대자본 : 김성수의 경성 방직 주식회사(1919)
         │   └ 중소 자본 : 유통업, 양조업, 정미업 등의 소규모 제조업에 진출
         └ 목적 : 한국인 지주와 자본가의 반일 세력화를 미연에 방지

- 영향 : 노동자 수의 증가 + 열악한 노동 조건 → 노동자의 대응 : 노동쟁의 활성화

(3) 기타 정책

- 관세 철폐 ┌ 내용 : 일본 상품의 조선 진출을 위한 관세 철폐(면직물과 주류는 제외)
  (1923) ├ 결과 : 일본 상품의 조선 수출 확대 → 한국 기업의 상품 판매에 큰 타격
        └ 대응 : 물산 장려 운동 전개

- 신은행령 발표(1928) : 조선인 소유의 은행을 조선은행(중앙은행)으로 강제 합병

- 연초전매령 발표 ┌ 총독부에 전매국 재설치(1921)
  (1921)   └ 담배를 조합에서 수매하는 본격적 연초 전매 실시 → 일본인 업자에 특혜 제공

일제의 정책

3 1930년대 전반

(1) 민족말살 통치의 시작 (1931~37)

- 배경 : 세계 대공황으로 인한 일본의 대륙 침략 시작 ex) 만주사변(1931)
- 내용 ┬ 사상 통제 : 조선 사상범 보호 관찰령(1936)
  ├ 활동 통제 ┬ 브나로드 운동(동아일보) 등 농촌계몽운동 금지(1935)
  │   └ 일장기 말소 사건(1936, 조선중앙일보, 동아일보)
  └ 일본어 강요 : 일본어 강습소 설치의 증가, 관공서의 민원 접수는 오직 일본어로만 가능

(2) 농공 병진 정책

- 농업 ┬ 산미증식계획 중단(1934)
  └ 남면북양 정책 ┬ 배경 : 대공황 이후 선진 자본 국가의 보호 무역 강화로 인한 면방직 원료의 공급 부족
  │   → 면방직 산업의 원료 확보를 통한 일본의 방직 자본가 보호
  └ 내용 : 공업 원료의 증산 → 남부(면화 재배), 북부(면양 사육)
- 공업 ┬ 목표 : 일본의 독점 자본이 한국의 값싼 노동력과 자원을 이용하여 생산 → '일본-한국-만주' 경제 블록 형성
  ├ 정책 ┬ 조선 공업화 ┬ 내용 ┬ 발전소(압록강 · 두만강 일대) 건립, 광업(철, 석탄, 마그네슘, 알루미늄 등) 성장
  │   │   │   └ 중화학 공업(전기, 화학, 기계, 금속 등) 육성
  │   │   └ 지역 : 북동부(함경도 흥남), 북서부(진남포, 신의주)   cf) 경인(서울, 인천)
  │   └ 병참기지화 : 군수 공장을 중심으로 군수 물자 생산
  ├ 결과 ┬ 산업 : 농림어업의 비중 축소, 광공업의 비중 확대 → 경공업 생산 < 중화학 공업 생산
  │   └ 사회 ┬ 1930년대 공장 생산력 급증 → 자본주의적 소비 풍조와 문화 등장 : 화신백화점(1931)
  │   └ 노동자 수의 증가 + 남부 지역 주민이 북부 지역으로 이동
  └ 한계 ┬ 일본 대기업 중심의 공업화 정책 + 군수품 위주의 생산으로 소비재 생산은 위축되어 생활의 어려움
        ├ 일본인이 기술을 독점하여 한국인은 단순 노무에만 종사 → 해방 후 일본인의 귀국으로 경제 혼란
        └ 일본 내 노동자 보호를 위한 공장법 및 주요 산업 통제법을 한반도에 적용(×) → 가혹한 노동 현실

(3) 농촌 진흥 운동 (1932~40)

- 배경 ┬ 산미증식계획으로 인한 쌀 단작화로 곡물 가격 변동에 취약 → 대공황 이후 농산물 가격의 폭락
  └ 식민지 지주제로 인한 소작 농민의 피폐화 : 농가 부채 증가로 1920년대 후반 이후 소작 쟁의의 격화
- 구호 : '자력 갱생을 통한 농가 경제 갱생' → 춘궁(春窮) 퇴치, 농가 부채 근절
- 내용 ┬ 농가 갱생 계획(1933) : 식량의 충실한 보급, 금전 경제의 수지 균형, 부채 근절을 위해 농가의 소득 증대
  ├ 조선 소작조정령 : 재판소 · 조정위원회를 통해 소작쟁의 중재 but 소작료는 지주의 권한
  ├ 조선 농지령(1934) : 소작 기간의 법적 보장, 소작지 관리자(마름)를 행정 기관의 명령으로 교체 가능
  ├ 소작료 통제령(1939)
  ├ 자작농 창정 계획 : 소작농의 자영농화를 위해 소작농에게 낮은 이자로 토지 구입 자금을 대출
  └ 心田 개발 운동 ┬ 주장 : "게으르고 무지한 한국인의 민족성은 일본인을 본받아 개조한다"
    (정신 개조 운동) └ 내용 ┬ 마을에 농촌진흥회를 조직하여 농민 생활을 지도 관리
                          └ 세탁 비용 절감과 노동 시간 확대를 위해 색의(色衣) 착용 권장 + 가계부 적기 권장
- 목적 : 농촌을 통제하여 소작 쟁의를 억제하고, 일제에 협력하는 농민을 육성하여 식민지 지배 체제를 안정
- 한계 : 중일전쟁 이후 군량미 확보를 위한 농산물 확보 정책으로 전환됨에 따라 성과는 미약

4 1930년대 후반 이후

(1) 민족말살 통치의 강화 (1937~45)

- 배경 : 침략 전쟁의 본격화 ex) 중일 전쟁(1937) → 태평양 전쟁(1941)
- 내용
  - 구호
    - 일선동조론(日鮮同祖論) : 일본과 조선은 민족의 뿌리가 같다는 주장
    - 내선일체(內鮮一體) : 내지(일본)와 조선은 하나라는 주장
  - 황국신민화 정책 (皇國臣民化)
    - 황국신민서사 암송 강요 + 궁성요배 강요 + 정오묵도 강요
    - 신사참배 강요 : 읍 · 면에 일본의 신을 모신 신궁 · 신사를 건립하여 참배 강요
    - 창씨개명 강요 : 우리의 성과 이름도 일본식으로 바꾸도록 강요
  - 기본권 제약 : 언론 · 출판 · 집회 · 결사의 자유 금지 ex) 조선일보와 동아일보 폐간(1940)
  - 통제 강화
    - 사상
      - 단체 : 시국대응 전선사상 보국연맹 결성(1938) → 대화숙으로 통합(1940)
      - 법령 : 조선 사상범 예방 구금령(1941) → 독립 운동가를 재판 없이 예방 구금소에 구금
    - 생활 : 국민정신 총동원 조선 연맹(→ 국민 총력 조선 연맹) 아래 애국반 조직
  - 유림 숙정 및 反시국적 고비 철거 : 황산대첩비(남원 운봉), 사명대사석장비(합천 해인사), 명량대첩비(해남) 등
    (儒林)　　　　　　　　　　　　(古碑) cf) 북관대첩비(길주, 파괴가 아닌 일본으로 반출(1905), 노무현 정부 때 반환)

(2) 3 · 4차 조선 교육령

- 3차 (1938)
  - 목적 : 일왕 숭배 강화, 조선 민족 문화 말살 → 구호 : '국체명징', '내선일체', '인고단련'
  - 내용
    - 학교 명칭 : 일본인 학교와 동일화 ex) 보통학교 → (심상 + 고등) 소학교, 고등보통학교 → 중학교
    - 조선어 : 수의(선택)과목화, 국어 상용 정책(일상에서 조선어 사용 금지), 조선어학회 강제 해산(1942)
    - 국사(일본사), 수신, 체육 교육 강화
- 국민학교령 발표(1941) : 소학교를 국민학교로 개정
- 4차 (1943)
  - 보통 교육의 수업 기간 축소 + 조선어 과목 폐지
  - 전쟁 동원 : 남학생(학도지원병제, 1943), 여학생(여자 정신 근로령, 1944), 군사 훈련(교련) 실시

(3) 인적 · 물적 수탈

- 기반
  - 법률 : 국가총동원법 제정(1938) but 병역법의 적용을 방해할 수 없음
  - 단체 : 국민정신 총동원 조선 연맹(1938) → 국민 총력 조선 연맹(1940)
  - 국민정신 총동원 운동
    - 방식
      - 마을마다 애국반 설치 → 인력 · 물자 동원 및 주민 통제에 활용
      - 친일 단체와 친일 문학 · 예술인 등이 전쟁 참여를 독려하는 강연과 선전
    - 내용 : 강제 저축, 위문 금품 모금, 국방 헌금 강요
- 물적 수탈
  - 중일 전쟁 이후
    - 미곡증산계획 + 미곡공출제 실시(1939, 미곡 소비 통제) → 식량관리령 제정(1943)
    - 식량배급제 실시(1939) → 물자통제령 공포(배급제 확대)
  - 태평양 전쟁 이후 : 금속류회수령(1941) → 금속제 그릇 공출, 금 · 석탄 · 특수 광물 등의 지하 자원 약탈
- 인적 수탈
  - 남성 : 징용제 실시 (1939)
    - 과정 : 국민징용령 공포 → 모집 과정과 알선 과정에서 강제력이 수반됨
    - 결과 : 1940년대 조선에서 일본으로의 인구 이동이 가장 크게 증가
  - 여성
    - 국민근로보국령 공포(1941)　　　cf) 군위안부 동원은 1930년대부터 있었으나 법령은 1944년
    - 여자 정신근로령 발표 (여자정신대근무령, 1944)
      - 미혼 여성을 군수 공장에 강제 노동
      - 일부 여성을 일본군 위안부로도 동원
  - 전시 복장 강요 : 국민복, 부인 표준복(몸뻬)
- cf) 군 동원 : 지원병제 실시(1938, 육군특별지원병령) → 학도 지원병 실시(1943) → 징병제 실시(1944)

01
SECTION

일제의 정책

	초등 교육		중등 교육		대학 교육	전문 교육	조선어 교육
	명칭	연한	명칭	연한			
1차	보통학교	4년	고등보통학교	4년(3년)	×	○	규정 없음
2차	보통학교	6년	고등보통학교	5년(4년)	○	○	규정 없음
3차	소학교, 국민학교	6년	중학교	5년(4년)	○	○	수의 과목
4차	국민학교	단축	중학교	단축	○	○	폐지

핵심 자료 읽기

한국에 대한 시정 방침 결정 건 (1910. 6)
1. 합방 후 조선에는 일본 헌법을 적용하지 않고 소위 '천황의 대권(칙령)'으로 통치할 것
2. 일체의 정무를 무관 총독의 명령(제령)으로 독재할 것

중추원 관제
제1조 조선 총독부에 두고, 조선 총독의 자문에 응한다.
제3조 의장은 조선 총독부 정무총감으로 한다.

헌병 경찰
- 지위 ┌ 조선 총독부에 경무총감부를 둔다. 경무총장에는 조선주차 헌병대 사령관인 육군 장관으로 충원하고 총독의 명을 받아 조선에 있어서의 경찰 사무를 총괄하여 경찰관서의 직원을 지휘 · 감독한다.
  ├ 조선주차 헌병은 치안 유지에 관한 경찰 및 군사 경찰을 관장한다.
  └ 조선주차 헌병은 육군 대신 관할하에 속하며, 그 직무에 관해서는 조선 총독의 지휘 · 감독을 받고 군사 경찰에 관해서는 육군 대신 및 해군 대신의 지휘를 받는다.
- 업무 ┌ 군사 경찰 : 의병 토벌, 첩보 수집
  ├ 정치 경찰 : 신문지 및 출판물 단속, 집회 및 결사 단속, 종교 단속, 기부금 단속 등
  └ 경제 경찰 : 납세 독촉, 국경 세관 업무, 밀수입 단속, 국고금 및 공금 경호, 부업 · 농사 · 산 · 광업의 단속

경찰범 처벌 규칙 (1912)
다음 각 호에 해당하는 자는 구류 또는 과료에 처한다.
제2조 일정한 주거 또는 생업 없이 이곳저곳 배회하는 자
제8조 단체 가입을 강요하는 자
제19조 함부로 다중(多衆)을 취합해서 관공서에 청원 또는 진정을 남용하는 자
제20조 불온한 연설을 하거나 또는 불온한 문서, 도서, 시가(詩歌)를 게시, 반포, 낭독하거나 큰 소리로 읊는 자
제21조 남을 유혹하는 유언비어 또는 허위 보도를 하는 자

105인 사건
피고 유동열은 윤치호, 안창호 등과 함께 국권 회복 후 공화 정치를 수립하기로 했다. 그들은 목적을 달성하고자 비밀 결사를 조직하고 그 단체가 뽑은 조선 13도의 대표가 되었다. 피고는 이 단체에 속한 주요 인물과 모의하여 총독이 압록강 철교 개통식에 참석할 때 그를 암살하기로 계획했다. 피고는 이 사실을 극구 부인하고 있지만, 우리는 그가 유죄라고 생각한다.

조선 태형령

제1조 3개월 이하의 징역 또는 구류에 처해야 할 자는 그 정상에 따라 태형에 처할 수 있다.

제4조 태형에 처하거나 또는 벌금이나 과료를 태형으로 바꾸는 경우에는 1일 또는 1원을 태 하나로 친다.

제7조 태형은 태 30 이상일 경우에는 한 번에 집행하지 않고 30을 넘길 때마다 1회를 증가시킨다.

제11조 태형은 감옥 또는 즉결 관서에서 비밀리에 행한다.

제13조 조선인에 한하여 5대 이상의 태형에 처할 수 있다.

시행 규칙 1조 태형은 형을 받는 자의 양손을 좌우로 벌려 형틀 위에 거적을 펴 엎드리게 하고, 양손 관절 및 양 다리에 수갑을 채우고 옷을 벗겨 둔부를 드러나게 하여 집행한다.

　　　　12조 집행 중 수행자가 비명을 지를 우려가 있을 때는 물에 적신 천으로 입을 막는다.

1차 조선 교육령

제2조 교육은 '교육에 관한 칙어'에 입각하여 충량한 국민을 양성하는 것을 본의로 한다.

제4조 교육은 크게 보통 교육, 실업 교육 및 전문 교육으로 한다.

제5조 보통 교육은 보통 지식, 기능을 부여하고 특히 국민된 성격을 함양하며, 국어를 보급함을 목적으로 한다.

제28조 공립 또는 사립의 보통학교, 고등보통학교, 여자 고등보통학교, 실업학교 및 전문학교의 설치 또는 폐지는 조선 총독의 허가를 받아야 한다.

일제의 교육 기관 통제 : 규칙 제정

- 사립학교　제1조 모든 사립학교는 조선 총독부의 설립 인가를 다시 받아야 한다.
  (1911)　제2조 사립학교의 설립자·교장·교원은 당국의 인가를 받아야 한다.
  　　　　제4조 교과용 도서는 당국이 편찬한 것이나 그 검정을 받은 것에 한한다.
  　　　　제5조 교원은 총독부 학무국 발행의 자격증을 가진 자라야 하고 일본어에 능통하여야 한다.

- 서당　제1조 서당을 개설하려고 할 때에는 도지사의 인가를 받아야 한다. 서당에서 국어(일본어), 조선어, 산술 등을 교수
  (1918)　　　하는 경우 그 교수용 도서는 조선 총독부 편찬 교과서를 사용해야 한다.
  　　　제4조 금고 이상의 형에 처한 자 또는 성행이 불량한 자는 서당의 개설자 또는 교사를 할 수 없다.
  　　　제5조 도지사는 서당의 개폐 또는 교사의 변경, 기타 필요한 조치를 명할 수 있다.

총독 데라우치의 훈시 : 토지조사사업 실시

재산 가운데 가장 중요한 토지 소유권을 정하는 방법이 완비되지 않았다. 이 때문에 지방에 따라 넓고 좁기가 고르지 않다. 토지 재산권은 〈대전회통〉과 몇 년 전(1906)에 발표한 토지 전당 규칙, 토지 가옥 증명 규칙, 국유 미간지 이용법, 토지 가옥 소유권 증명 규칙 등으로 개인의 권리를 인정하였다. …… 이와 같이 토지 소유자는 권리의 득실, 이전과 변경을 사문기(私文記)나 점유를 하고 있다는 사실로 각 사람의 권리를 원용함을 상례로 하였다. 이 때문에 분쟁이 끊이지 않고 해결이 어려웠다. 이에 토지조사국을 설치하여 지적(地籍)의 어지러움을 정리하고 소유권을 확인하며 재정의 기초를 세우게 하려고 한다.

토지조사령 (1912)

제1조 토지의 조사 및 측량은 본령에 의한다.

제2조 소유권의 주장은 신고주의를 원칙으로 하고, 승복하지 않는 사람에 대해서는 증거주의를 채택한다.

제4조 토지 소유자는 조선 총독이 정하는 기간 안에 주소, 씨명·명칭 및 소유지의 소재, 지목, 번호, 사표(四標), 등급, 지적, 결수(結數)를 임시 토지 조사국장에게 신고해야 한다. 국유지는 보관 관청이 임시 토지 조사국장에게 통지해야 한다.

제5조 토지 소유자나 임차인, 기타 관리인은 조선 총독이 정하는 기간 안에 토지의 사방 경계에 표식을 세우고 지목과 번호 및 민유지에서는 소유자의 씨명·명칭을, 국유지는 보관 관청명을 써야 한다.

제6조 토지의 조사 및 측량을 할 때, 지역 내 지주로 총대를 선정하고 조사 및 측량에 관한 사무에 종사할 수 있다.

제17조 임시 토지조사국은 토지 대장 및 지도를 작성하고 토지의 조사 및 측량에 대한 사항을 이에 등록한다.

핵심 | 자료 읽기

토지 조사 사업의 결과

• 지주총대가 말하기를 내 소유 토지인데도 예전의 결수 연명부에 들어가 있지 않은 것이 있다면 이 정책에 따라 이번에 작성하는 신고서에 모두 적어 신고하라고 했다. 그 말에 따라 신고서를 작성하고 며칠 전에 제출했다. 얼마 지나지 않아 신고한 토지에 대한 등기가 발급되더니, 오늘 드디어 지세가 처음으로 부과되었다. 예전에는 결수에 따라 일정한 액수를 세금으로 매기더니 이 정책에 따라 이제부터 지가를 결정하고, 그 지가의 일정 비율을 지세로 부과한다고 한다.

• 동양척식 주식회사의 조선 이주민 모집 광고 : 조선은 기후와 풍토가 일본과 다름없고, 작물 종류와 재배 방법도 같다. 토지 가격은 조선 총독부의 인가를 받은 시기로 결정되지만, 대개 단보당 70~80엔에서 300엔이다. 일본에서 1단보를 살 수 있는 금액으로 조선에서는 7단보를 살 수 있다. 토지 가격은 앞으로 더욱 오를 것이다. 회사로부터 양도받은 토지는 철도나 일본인 부락 부근이다. 이미 회사가 경작하던 토지이기 때문에 홋카이도나 사할린같이 새로이 개간된 토지와 근본적으로 다르다. 교통도 편리하고 수해와 한해의 염려도 없다.

회사령

제1조 회사의 설립은 조선 총독의 허가를 받아야 한다.

제2조 조선 외에서 설립한 회사가 조선에 본점 또는 지점을 설립하고자 할 때는 조선 총독의 허가를 받아야 한다.

제5조 회사가 본령이나 혹 본령에 의거하여 발하는 명령과 허가 조건에 위반하거나 또는 공공질서와 선량한 풍속에 반하는 행위를 할 때, 조선 총독은 사업의 정지, 지점의 폐쇄 또는 회사의 해산을 명한다.

삼림령

제1조 조선 총독이 국토의 보안, 위해의 방지 등이 필요하다고 인정할 때에는 삼림을 보안림으로 편입할 수 있다.

제2조 보안림은 지방 장관의 허가를 받지 않으면 삼림을 벌채 · 개간, 삼림 부산물을 채취 · 채굴 · 방목할 수 없다.

제6조 국유 삼림으로 국토 보안 또는 국유 임야의 경영상 국유 보존이 필요한 삼림은 매각, 양여, 교환 또는 대부할 수 없다.

제7조 조선 총독은 조림을 목적으로 국유 삼림을 대부받은 자가 사업에 성공한 경우 그 삼림을 양여할 수 있다.

사이토 총독의 취임사

*일시동인(一視同人) : 모든 사람을 하나로 보아 똑같이 사랑한다는 뜻

• 사이토 총독의 취임사 : 관제를 개정하는 취지는 …… 한 · 일 병합의 본뜻에 기초하여 *일시동인(一視同人)으로 누구나 혜택을 누리도록 시세에 맞게 제도를 정하여 편리하게 이용하려는 데에 있다. 이 뜻에 따라 …… 조선인의 임용, 대우에 더 많은 고려를 하고자 한다. 정부는 관제를 개혁하여 총독 임용의 범위를 확장하고 경찰 제도를 개정하고 또한 일반 관리나 교원 등의 복제를 폐지함으로써 시대의 흐름에 순응하고 시정의 간첩(簡捷:간략하고 빠름)과 치화(治化)의 보급을 도모하였다. …… 이제부터 공명정대한 정치를 베풀어 많은 사람들의 편익과 민의의 창달을 도모하고, 조선인의 임용과 대우 등에 관해 각각 그 할 바를 얻게 하고 조선의 문화 및 옛 관습 중 채택할 것이 있다면 이를 채택하여 통치의 자료로 제공할 것이다. 나아가 제반 행정을 쇄신하고 기회를 보아 지방 자치 제도를 실시하여 국민 생활을 안정시키고 복리를 증진시킬 것이다. 이에 관민은 가슴을 터놓고 협력하여 조선 문화를 향상시키고 문화 정치의 기초를 확립시켜 천황의 고명한 덕을 받들기 바란다. 함부로 불령한 언동을 하며 인심을 교란시키는 따위의 일을 하는 자가 있다면, 이는 공공의 안녕을 가장 저해하는 일이 될 것이다. 준엄한 형벌로 가차없이 다루고자 하니 일반 민중은 양해하기 바란다.

• 한계 : 신임 총독은 전임 총독이 시행한 정책에 대신해 새로운 정책을 실시하였다고 말한다. …… 신임 총독의 정책 중에서 그나마 주목할 만한 것이 있다면 지방 제도를 개정해 일정 금액 이상의 세금을 내는 조선인들에게 선거권을 주고 부 협의회 선거를 처음으로 실시한 것 정도이다. 하지만 그것도 자문 기구에 불과하다.

사이토의 '조선 민족 운동에 대한 대책' (1920)

• 조선인 사이에 사상이 더욱 악화되는 경향이 있다는 것은 말할 필요도 없다. 그러나 근래 조선 청년들은 기존의 성급하고

열광적인 운동이 효과가 없음을 자각하고 실력을 양성하여 일본의 속박에서 벗어나 독립을 회복하려 하고 있다. 생각건대 장래의 운동은 봄에 일어난 만세 소동처럼 어린아이 장난 같은 것이 아니다. …… 배일파에게는 직·간접적으로 행동을 구속할 방책을 마련하고, 친일파에게는 사정이 허락하는 한 편의와 원조를 할 필요가 있다.

- 신명(身命)을 바칠 친일적 인물을 물색하고 이들을 귀족, 양반, 유생, 부호, 교육가, 종교가에 침투하여 계급과 사정을 참작하여 각종 친일 단체를 조직케 할 것.
- 종교적 사회 활동을 이용하기 위해 사찰령을 개정하고 불교 각 종파의 본산을 경성에 두고, 이의 관장과 회장에 친일 분자를 배치하며 한편 기독교에 대해서도 상당한 편의와 원조를 제공할 것.
- 양반 유생 중 무직자에게 생활 방도를 만들어 주고, 이들을 선전과 민정 정찰에 이용할 것.
- 친일적 민간 유지 속에서 상당한 학식을 가지면서도 유식자가 되어 있는 자를 구제할 것.
- 조선인 부호에게는 노동쟁의·소작쟁의를 통해 노동자·농민과의 대립을 인식시키고 또 일본 자본을 도입해 그것과 연계를 맺도록 해 매판화시켜 일본측으로 끌어들일 것.
- '민간의 유지'에게 편의와 원조를 주고 '일선 융화'의 수제회를 조직시켜 이들에게 국유림의 일부를 불하해주고 입회권을 주어 농촌 지도에 힘쓰게 할 것.

치안유지법 (1925)

제1조 국체를 변혁하는 것을 목적으로 결사를 조직하는 자 또는 결사의 임원, 그 외 지도자로서 임무에 종사하는 자는 사형, 무기, 또는 5년 이상의 징역 또는 금고에 처한다. 사정을 알고서 결사에 가입하는 자 또는 결사의 목적 수행을 위한 행위를 돕는 자는 2년 이상의 유기 징역 또는 금고에 처한다.

제2조 사유 재산 제도를 부인하는 것을 목적으로 결사를 조직하는 자, 결사에 가입하는 자, 또는 결사의 목적 수행을 위한 행위를 돕는 자는 10년 이하의 징역 또는 금고에 처한다. 전 2항의 미수죄도 벌한다.

제7조 본 법은 누구를 막론하고 본 법 시행 구역 밖에서 죄를 범한 자에도 통용된다.

2차 조선 교육령

제2조 국어(일본어)를 상용하는 자의 보통 교육은 소학교령, 중학교령 및 고등 여학교령에 의한다.

제3조 국어를 상용하지 않는 자에게 보통 교육을 하는 학교는 보통학교, 고등보통학교 및 여자 고등보통학교로 한다.

제5조 보통학교의 수업 연한은 6년으로 한다.

제7조 고등보통학교의 수업 연한은 5년으로 한다.

제12조 전문 교육은 전문학교령에, 대학 교육 및 그 예비 교육은 대학령에 의한다.

조선 산미증식계획 요강

일본에서 쌀 소비는 연간 약 6천 5백만 석이다. 일본 내 생산고는 약 5천 8백만 석을 넘지 못한다. 해마다 부족분을 다른 제국 판도 및 외국에 의지해야 한다. 일본 인구는 해마다 70만 명씩 늘어나고, 국민 생활이 향상되면 1인당 소비량도 점차 늘어나게 될 것이므로 앞으로 쌀은 계속 모자랄 것이다. 따라서 지금 미곡 증식 계획을 수립하여 일본 제국의 식량 문제를 해결하는 데 도움을 주는 것은 진실로 국책상 급무라고 믿는다. ……

농촌의 변화

지주에 대한 소작인의 불평과 불만은 없는 곳이 없다. 이전에는 지세도 지주 측에서 부담할 뿐만 아니라 소출을 반반씩 나누어 주는 반분작을 마다하고 도조로 하여 주기를 희망할 만큼 후하였는데, 지금 그 반분작을 바랄 수도 없다고 한다. 너야 굶어 죽든 말든 내 배만 부르면 그만이라는 셈으로, 한번 매겨 놓은 토지는 수확이 좋든 나쁘든 감해 주지 않고 그대로 받아가는데, 흉년에도 불벼락같이 받아갈 것을 받아갔다. 원성의 표적이 되는 것은 대부분 일본인 지주들이다. 비교적 후하다고 하던 조선인 지주들도 돌변하여 소작인에게 가혹한 태도를 취하게 된 것도 일본인 지주가 생긴 후부터라고 한다.

핵심 자료 읽기

조선 총독 미나미의 훈시

- **황국신민화** : 간곡히 바라는 바는 천황의 칙령에 따라 국체의 본의에 철저하고, 황국 신민이라는 자각을 철저히 향상시키며, 내선일체의 결과가 결코 헛된 형식적 동조로 추락하는 것을 한탄하며, 이로써 오직 하나 천양무궁의 황운을 보좌하여 받드는 결실을 보이고자 할 뿐이다. 이것은 단순히 반도 동포만의 영광된 장래를 개척·향상시키는 것이 아니라, 찬란한 대동아 경륜의 실현에 참가하는 길이다.

- **병참기지화** : 첫째는 제국의 대륙 병참 기지로서 조선의 사명을 명확히 파악해야 하겠다. 이번 사변에 있어 우리 조선은 대 중국 작전군에 대해 식량, 잡화 등 상당량의 군수 물자를 공출하여 어느 정도의 효과를 올렸다. 그러나 이 정도를 가지고는 아직도 불충분하며, 장래 어떠한 큰 사태에 직면하였을 때, 가령 어느 기간 동안 중국 대륙 작전군에 대해 일본 내지로부터 해상 수송이 차단당하는 경우가 있더라도 조선의 힘만으로 이를 보충할 수 있을 정도로 조선 산업 분야를 다각화해야 하며, 특히 군수 공업의 육성에 역점을 두어 만전을 기할 필요가 있을 것이다.

손기정·남승룡의 베를린 올림픽 선전

그대들의 첩보를 전하는 호외 뒷장에
붓을 달리는 이 손은 형용 못할 감격에 떨린다!
이역의 하늘 아래서, 그대들의 심장 속에서 용솟음치던 피가
이천 삼백 만의 한 사람인 내 혈관에도 달리기 때문이다 .　　　　　　　　　　　　　　　〈오오, 조선의 남아여!〉

대동아 공영 선언

애초 세계 각국이 각자의 것을 얻어 서로 의지하고 도우며 만방 공영의 즐거움을 함께 함은 세계 평화 확립의 근본 의의이다. 그런데 미·영은 자국의 번영을 위해서 타국가, 타민족을 억압하고 특히 대동아에 대해서는 끊임없이 침략·착취를 행하여 대동아 노예화의 야망을 마음대로 펼치려 하고 …… 대동아 각국은 서로 제휴하여 대동아 전쟁을 완수하고 대동아를 미·영의 질곡으로부터 해방시켜 그 자존 자위를 완수하여 아래의 강력에 기초한 대동아를 건설함으로써 세계 평화의 확립에 기여하려 한다.

내선일체

- 내선일체는 반도 통치의 최고 지도 목표이다. 내가 항상 역설하는 것은 내선일체는 서로 손을 잡는다든가, 형태가 융합한다든가 하는 그런 미적지근한 것이 아니다. 손을 잡은 것도 떨어지면 또한 별개가 된다. 물과 기름도 무리하게 혼합하면 융합된 형태로 되지만 그것으로도 안 된다. 형태도, 마음도, 피도, 육체도 모두 일체가 되지 않으면 안된다. 내선일체의 강화 구현이야말로 동아 신건설의 핵심을 이루는 것이고 그것이 아니고서는 만주국을 형제국으로하고 중국과 제휴하는 어떠한 것도 말할 수 없다.　　　　　　　　　　　　　　　　　　　　　　　　　　〈미나미 총독, 1939〉

- 내선일체는 단순한 정책적 슬로건이 아니라 이것은 우리들 조선 민중에게는 생활 전체를 의미한다. 나 자신의 사활 문제요, 내 자손의 사활 문제다. …… 대체 내선일체란 무엇이냐 하면 내가 재래의 조선적인 것을 버리고 일본적인 것을 배우는 것이다. 그리하여서 조선 2천 3백만이 모두 호적을 들추어보기 전에는 일본인인지 조선인인지 구별할 수 없게 되는 것이 그 최후의 이상이다.　　　　　　　　　　　　　　　　　　　　　　　　　　〈이광수의 내선일체론, 1940〉

창씨개명

- 창씨를 안 한 자들의 자녀에 대해서는 각급 학교의 입학과 진학을 거부한다.
- 창씨를 안 한 어린이들은 일본인 교사들이 구타·질책하는 등 그를 증오함으로써 어린이로 하여금 애소로써 부모들에게 창씨를 하게 한다.
- 창씨를 안 한 자는 공사 기관에 일체 채용하지 않는다. 또 현직자도 점차 해임 조치한다.
- 창씨를 안 한 자는 행정 기관에서 다루는 모든 사무를 취급해주지 않는다.

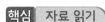

핵심 **자료 읽기**

황국신민서사

- 아동용
  우리는 대일본 제국의 신민입니다.

  우리들은 마음을 합하여 천황 폐하에게 충의를 다합니다.

  우리들은 괴로움을 참고 견디며 단련을 하여 훌륭하고 강한 국민이 되겠습니다.
- 성인용
  우리들은 황국신민이며 충성으로써 군국(君國)에 보답하자.

  우리 황국신민은 서로 신애 협력하여 단결을 굳게 하자.

  우리 황국신민은 인고단련의 힘을 양성하여 황도(皇道)를 선양하자.

3차 조선 교육령

제2조 보통교육은 소학교령, 중학교령 및 고등 여학교령에 의한다. 소학교는 심상 소학교와 고등 소학교로 나눈다.

제13조 심상 소학교의 교과목은 수신, 국어, 산술, 국사, 지리, 이과, 직업, 도화, 수공, 창가, 체조이다. 조선어는 수의 과목으로 한다.

부칙 조선의 보통학교, 고등보통학교는 각각 이를 본령에 의하여 설립된 소학교, 중학교, 고등 여학교로 한다.

3차 조선 교육령의 목적과 결과

- 목적 : 작년 마련된 개정 교육령은 반도 국민에게 내선(內鮮) 구별을 배제하고 황국 신민 의식을 불타게 하여 지원병 제도의 효과를 기대한다. 이 경우 교육 담당자의 소질과 신념이 학제 개혁의 취지 달성을 지배하는 요소가 된다. 각자 교육의 실제에 대하여 검토하고 충분히 지도 · 독려하며, 질적 향상을 중시하여 신학제의 본지를 펼치도록 유의하기 바란다.
- 결과 : 조선 교육령이 개정되어 발표되었다. 내용을 보면 '국어상용자'와 '아닌 자'의 구분이 없어지고 한 · 일 공학(共學)이 명목상 가능해지며 '충량유위(忠良有爲)한 황국 신민 육성'의 교육으로 통일되었다. 교과 과정은 조선어를 제외하고는 모두 일본과 동일해졌지만, '조선어'로 명맥을 유지하던 한국어가 선택 과목으로 떨어져 폐지된 것과 다를 바 없다.

농촌 진흥 운동

- 농가 갱생 계획 계획은 개별 농가의 경제 갱생을 위한 방책을 위주로 하고 정신 생활 의의를 충분히 천명하도록 할 것.

  계획은 지방 실정에 맞추어 식량 충실, 금전 정책의 수지 균형, 부채 근절 등을 목표로 계획을 수립할 것.
- 조선 농지령 제1조 본 법령은 경작을 목적으로 하는 토지의 임대차에 적용한다.

  제3조 임대인이 마름 등 소작지의 관리자를 둘 때 조선 총독이 정하는 바에 의해 부윤, 군수에게 신청한다.

  제7조 소작지의 임대차 기간은 3년을 내려갈 수 없다.

  제19조 임대인은 임차인의 배신 행위가 없는 한 임대차의 갱신을 거절할 수 없다. 단, 임대인에게 정당한 사유가 있을 경우에는 이 조항의 적용을 받지 않는다 .

국가총동원법 (1938)

제1조 국가총동원이란 전시(전시에 준할 경우도 포함)에 국방 목적을 달성하기 위해 국가의 전력(全力)을 가장 유효하게 발휘하도록 인적 및 물적 자원을 운용하는 것을 말한다.

제4조 정부는 전시에 국가총동원상 필요할 때는 칙령이 정하는 바에 따라 제국 신민을 징용하여 총동원 업무에 종사하게 할 수 있다. 단 병역법의 적용을 방해하지 않는다.

제7조 정부는 칙령이 정하는 바에 따라 노동 쟁의 예방 혹은 해결에 관한 명령, 작업소 폐쇄, 작업 혹은 노무의 중지 …… 등을 명할 수 있다.

제8조 정부는 전시에 국가총동원상 필요할 때는 칙령이 정하는 바에 따라 물자 생산, 수리, 배급, 양도, 기타의 처분, 사용, 소비, 소지 및 이동에 관하여 필요한 명령을 내릴 수 있다.

제20조 정부는 전시에 국가총동원상 필요할 때는 칙령이 정하는 바에 따라 신문지, 기타 출판물의 게재에 대하여 제한 또는 금지를 행할 수 있다.

01 일제의 정책
SECTION

핵심 | 자료 읽기

징병제 실시

- 우리 반도 청년들도 어깨에 총을 메고 나라를 위하여 싸울 수 있게 되었습니다. 전쟁에 나간다면 이보다 기쁜 일이 없고 더 영광스런 일이 없습니다. 비로소 사람 값을 하게 되었고 세상에 나온 보람을 느끼게 되었습니다. 〈반도의 빛〉
- 조선인을 무장(武裝)시키는 일은 일본의 전력 증강을 위한 것이다. …… 그러니 이것을 위한 선전과 계몽 활동은 또 다른 정치의 일면이라고 하겠다. 민도(民度)를 참작하여 그 성사 여부를 따질 겨를도 없이 이것을 실시해야 한다는 시국의 요구는 참으로 급박하다. 〈사상 월보〉

정신대 동원

지금까지 우리 반도 여성은 그저 내 아늘, 내 남편, 내 집이라는 범위에서 떠나보지를 못했다. 떠나볼 기회가 없었다. 따라서 자칫하면 국가라는 것을 잊어버린 것처럼 보인 일도 있었을 것이다. 그러나 반도 여성에게 애국적 정열이 없는 것은 아니다. 그것을 나타낼 기회가 적었을 뿐이다. …… 이제 우리에게도 국민으로서의 최대 책임을 다할 기회가 왔고, 그 책임을 다함으로써 진정한 황국 신민으로서의 영광을 누리게 된 것이다. 생각하면 얼마나 황송한 일인지 알 수 없다. 〈신시대〉

신고산 타령 : 일제의 인적 · 물적 수탈

신고산이 우루루 화물차 가는 소리에 / 지원병 보낸 어머니 가슴만 쥐어뜯고요
어랑 어랑 어허야 양곡 배급 적어서 콩깻묵만 먹고 사누나
신고산이 우루루 화물차 가는 소리에 / 정신대 보낸 어머니 딸이 가엾어 울고요
어랑 어랑 어허야 풀만 씹는 어미 소 배가 고파서 우누나
신고산이 우루루 화물차 가는 소리에 / 금붙이, 쇠붙이, 밥그릇마저 모조리 긁어갔고요
어랑 어랑 어허야 이름 석 자 잃고서 족보만 들고 우누나

자료 보기

조선 총독부

태형 도구

헌병 경찰의 모습

칼을 차고 있는 교사

조선 총독부의 언론 검열 · 삭제

황국신민서사 암송

내선일체

궁성요배 강요

남산 조선신궁

신사참배 동원

자료 보기

군사 훈련하는 여학생들

여성 근로 보국대

일본군 위안부들

국민복

몸뻬

과목 학년	수신	국어	조선어 및 한문	산술	이과	창가, 체조	계
1	1	10	6	6		3	26
2	1	10	6	6		3	26
3	1	10	6	6	2	3	28
4	1	10	6	6	2	3	28

1차 조선 교육령 당시 보통학교의 수업 연한

과목 학년	수신	국어	조선 어	산술	이과	창가	…	계
1	1	10	5	5		3	…	24
2	1	12	5	5		3	…	26
3	1	12	3	6		1	…	27
4	1	12	3	6	2	1	…	31
5	1	9	2	4	2	1	…	31
6	1	9	2	4	2	1	…	31

2차 조선 교육령 당시 보통학교의 수업 연한

동양척식 주식회사의 소유지

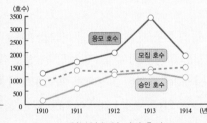
일본인 농업 이민 추이

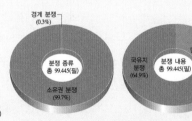
토지 조사 분쟁 내용

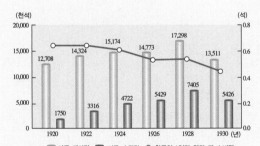
산미증식계획과 농민 경제

연도	지주	자작농	자작 겸 소작농	소작농
1916년	2.5	20.1	40.6	36.8
1919년	3.4	19.7	39.2	37.6
1922년	3.7	19.7	35.8	40.8
1925년	3.8	19.9	33.2	42.2
1928년	3.7	18.3	32.0	44.9
1932년	3.6	16.3	25.3	52.8

(단위 : %)

농가 경영별 농민 계급 구성 비율

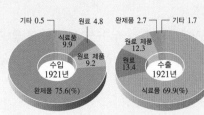

일제 강점기의 품목별 대일 수입·수출액 비율

국내 독립 운동

1 1910년대 : 비밀 결사 조직

(1) 기존의 항일 운동

- 형태 ┌ 항일 의병 ┌ 주도 : 대한제국 군인 출신인 채응언의 부대
  │   └ 활동 : 서북 지방을 중심으로 활약 but 체포(1915)
  └ 애국계몽운동 : 안악 사건(1910) → 105인 사건으로 신민회 해산(1911)
- 변화 ┌ 배경 : 헌병 경찰의 활동과 보안법 집행 등 일제의 무단 통치로 점차 소멸
  └ 내용 : 지식인 · 교사와 학생 및 종교인 규합, 농민 · 노동자와의 연계 + 비밀결사의 조직 형태로 활동

(2) 주요 비밀 결사

- 대한 광복회 ┌ 조직 ┌ 출신 ┌ 조선 국권 회복단(대구, 1915~19) + 풍기 광복단 (경상도, 1913~15)
  (대구, 1915~18) │   │   └ 의병 운동 + 애국계몽운동 → 군대식 조직으로 국내와 만주에 지부 설치
  │   │   └ 주도 : 박상진, 김좌진   cf) 단체 해산 후 일부는 의열단에서 활동
  │   ├ 활동 ┌ 만주에 사관학교를 세워 사관 양성 시도 → 독립군 기지 건설 시도
  │   │   └ 부호로부터 의연금 등의 군자금 모집 + 친일 부호(장승원, 박용하 등) 처단
  │   └ 목표 : 공화제 추구
- 독립 의군부 ┌ 조직 ┌ 주도 : 임병찬
  (호남, 1912~14) │   └ 구성 : 고종의 밀명을 받아 유생들이 조직, 고종이 임병찬을 전라도 순무대장으로 임명
  │   ├ 활동 ┌ 일본 총리와 조선 총독을 대상으로 국권 반환 요구서 제출 시도 but 사전에 발각되어 실패
  │   │   └ 의병 전쟁 계획
  │   └ 목표 : 복벽주의(군주제 회복 추구 → 대한제국의 회복을 추구)
- 송죽회 ┌ 조직 : 평양 숭의 여학교의 교사와 학생 중심(주도 : 김경희) → 해외까지 조직 확대
  (1913~?) └ 활동 ┌ 독립 운동 자금 모금 + 국내에 잠입한 회원에게 숙식과 여비 제공
  └ 여학교와 교회를 통한 민족 의식 고양 + 여성에 대한 계몽 운동

> **◇확인해 둘까요!** ◆ **1910년대 그 밖의 국내 비밀 결사**
>
> - 조선 국권회복단 ┌ 주도 : 윤상태, 서상일, 이시영 등 경상도 지방 유생 → 공화주의 지향
>   (1915~19)   ├ 특징 : 단군 숭배 → 대종교와 관련
>   └ 활동 ┌ 3 · 1 운동에 적극 참여하여 각 지방의 만세 운동을 주도
>   └ 대한민국 임시정부에 군자금 송금, 파리 강화 회의에 독립 청원서 제출
> - 풍기 광복단 ┌ 주도 : 경상도 풍기에서 채기중 등이 결성
>   (1913~15) └ 활동 : 독립군 양성을 위한 무기 구입 및 군자금 모집 활동
> - 조선 산직장려계 ┌ 조직 : 경성 고등보통학교 부설 교원 양성소 소속 학생들의 발의 + 교원과 지식인의 합류
>   (1915~17) └ 활동 : 경제 자립 운동을 통한 국권 회복 추구
> - 조선 국민회 ┌ 조직 : 평양 숭실학교의 개신교 청년 학생 → 하와이 대조선 국민군단(박용만)의 국내 지부
>   (1915~18) └ 활동 : 군자금 모금, 간도 · 중국과 연결해 무기 구입 → 목표 : 공화 정체의 국가 건설
> - 기성단(1914~15) : 대성학교 중심의 비밀 결사, 산업 활동과 청년 교육
> - 자립단 (1915~16) : 함경도 중심의 독립 단체
> - 선명단(1915) : 조선 총독부 총독을 비롯한 일제의 요인 암살을 목적으로 조직, 공화주의 추구

1. 사회주의

- 수용 ┬ 배경 ┬ 제1차 대전 이후 ┬ 국제 회의에서 한국 독립 문제가 논의되기를 기대
- └ 서구 열강이 한국 문제에 대한 논의를 거부 → 열강에 대한 실망감 고조
- └ 소련 지도자 레닌이 피압박 민족 해방 운동에 대한 지원을 약속
- └ 과정 ┬ 지역 : 연해주의 한인 사회, 일본 유학생을 통해 국내로 유입
- └ 대상 : 청년과 지식인층을 중심으로 전파
- 목표 ┬ 인식 ┬ 구조 : 일본은 지주 · 자본가의 국가로 인식 + 식민지 조선인은 노동자 · 농민으로 인식
- └ 방식 : 일제 타도를 위해서는 노동자 · 농민이 주체가 되어 일제에 맞서 싸울 것을 주장
- └ 결론 : 민족 해방과 노동자 · 농민의 계급 해방을 동시에 추구
- 활동 ┬ 정치 ┬ 사상 단체 ┬ 서울 청년회(1921) : 조선청년총동맹 결성(1924) 주도, 조선민흥회(1926) 주도
- ├ 무산자 동지회(1922) : 무산자 계급의 해방 목표, 국내 최초의 사상 운동 단체
- ├ 신사상 연구회(1923) : 홍명희 등이 주도, 화요회로 발전
- ├ 화요회(1924) : 박헌영(상하이파) · 조봉암(이르쿠츠크파)의 1차 조선공산당 주도
- └ 북풍회(1924) : 김약수 등이 조직한 북성회(도쿄)의 국내 조직
- └ 정당 : 조선공산당 결성(1925)　　　cf) 산하의 청년 조직으로 고려 공산청년회 결성(1925)
- ├ 경제 ┬ 내용 : 경제적 민족 운동(소작 쟁의, 노동 쟁의)을 지원
- └ 발전 : 혁명적 농민 운동과 노동 운동으로 발전하는 데 기여
- ├ 사회 : 사회적 민족 운동 활성에 기여 ex) 여성 운동(조선여성 동우회), 형평 운동(조선 형평사)
- └ 문화 ┬ 문학 : 카프(1925)를 중심으로 신경향파 문학 전개 → 프로 문학으로 발전
- └ 역사 : 유물 사관(경제 결정론)을 기반으로 사회경제 사학 전개(백남운, 이청원)
- 한계 ┬ 일제의 탄압 : 치안유지법 제정(1925)
- ├ 문제점 : 일제뿐만 아니라 조선의 지주 · 자본가도 타도 대상으로 간주하여 민족주의 계열과 갈등
- └ 해결책 모색 : 민족 유일당 운동 전개

2. 조선공산당

- 1차 조선공산당 ┬ 구성 : 책임비서 김재봉, 화요회와 북풍회를 중심으로 박헌영과 조봉암 참여
  (1925.4~25.12) └ 해산 : 신의주에서 발각 → 일제는 치안유지법을 제정하여 탄압 · 해산
- 2차 조선공산당 ┬ 구성 : 화요회 주도로 재건
  (1926.2~26.6) └ 해산 : 천도교계와 6 · 10 만세 운동을 준비하는 과정에서 일제에게 발각 → 해산
- 3차 조선공산당 ┬ 구성 : 책임비서 김철수
  (1926.12~28.2) └ 활동 ┬ 정우회 선언(1926) → 신간회 활동에 참여
- └ 조선 노농 총동맹을 조선 농민 총동맹과 조선 노동 총동맹으로 분리(1927)
- 4차 조선공산당 ┬ 활동 : 신간회 활동 참여, 노동자 중심의 역량 강화 노력
  (1928.2~28.5) └ 해산 : 코민테른의 '12월 테제'로 지식인 중심의 4차 조선공산당 해산
- 당 재건 활동 ┬ 해방 이전 : 경성콤그룹(1939~41, 박헌영) but 당 재건에는 실패
- └ 해방 이후 ┬ 조선공산당 재건(1945) : 조선 정판사 위폐 사건(1945.10)으로 불법화
- └ 남조선 노동당 창당 ┬ 미군정의 검거로 활동에 한계
  (1946) └ 북한에서 북조선 노동당과 합당으로 조선 노동당 창당(1949)

02 국내 독립 운동

2 1920년대 : 대중 운동(만세 운동)

(1) 3·1운동(1919)

- 배경 ┬ 국제 정세 : 파리 강화 회의 개최 → 패전국 식민지에 대한 미국 대통령 윌슨의 민족 자결주의 채택
  ├ 민족 노력 ┬ 독립 청원 활동 ┬ 중국 : 신한청년당은 민족 대표로 김규식을 파리에 파견
  │   │   ├ 미주 : 대한인 국민회는 미국에 독립 청원서를 제출
  │   │   └ 연해주 : 대한 국민의회는 대표단을 파리에 파견
  │   └ 독립 선언 ┬ 대한 독립 선언 ┬ 주도 : 조소앙, 중광단 인사 등
  │   │ (무오 선언, 1918) └ 내용 : 무장 투쟁을 통한 독립을 주장
  │   ├ 2·8 독립 선언 ┬ 주도 : 조선 청년 독립단(최팔용·이광수 등의 도쿄 유학생 조직)
  │   │ (1919)   └ 내용 : '민족 대회 소집 청원서'와 '독립 선언서'를 작성하여 발표
  │   └ 기미 독립 선언 ┬ 주도 ┬ 천도교(손병희, 오세창, 권동진)
  │   (1919)   │   └ 개신교(이승훈, 신한청년당과 연계) + 불교(한용운)
  │   └ 참여 : 학생들이 각 학교별로 대표를 구성 → 독자적 시위 계획
  └ 고종의 죽음 → 고종 독살설 유포
- 과정 ┬ 독립선언서 낭독 ┬ 선언서 작성 : 최남선이 본문 작성, 한용운이 공약 3장 작성 → 민족 대표 33인의 서명
  │   (1단계)   ├ 독립 선언서 배포 : 이종일이 비밀리에 종교 교단을 중심으로 전국에 미리 배포
  │   ├ 선언서 낭독 : 민족 대표들이 태화관에서 낭독 but 총독부에 자진 투옥
  │   └ 선언서 재낭독 : 탑골 공원에서 학생이 이미 배포된 '독립 선언서' 낭독 → 서울 시위 발생
  ├ 전국 도시 확산 ┬ 특징 ┬ 학생·시민·상인과 노동자의 주도로 확산
  │ (2단계)   │   └ 지방의 군 단위에서도 시위 발생
  │   └ 사례 : 상인의 철시 투쟁, 노동자 파업(경성 철도 노동자 파업, 총독부 인쇄공 파업)
  ├ 농촌·산간 확대 ┬ 장터를 중심으로 시위 확산 + 비밀 결사의 조직적 시위 ex) 천안 아우내 장터(유관순)
  │ (3단계)   └ 폭력 시위 증가 : 농민들이 면사무소·헌병 주재소·친일 지주 등을 공격
  ├ 해외 확산 ┬ 북간도 : 용정에서 독립 선언서 낭독 + 만세 시위 전개, 훈춘·봉천에서 만세 시위 개최
  │ (4단계) ├ 서간도 : 삼원보와 통화현 금두 부락에서 최초 시위 발생
  │   ├ 연해주 : 대한 국민의회 주최로 독립 선언과 시위 전개
  │   ├ 미주 : 대한인 국민회가 미주 동포 전체 회의 개최, 필라델피아에서 한인 자유 대회 개최
  │   └ 일본 : 도쿄 유학생 및 오사카 동포들의 만세 시위 개최
  └ 일제의 탄압 : 시위 군중에 대한 무차별 발포 등 일제의 가혹한 탄압으로 실패 ex) 제암리 교회 사건
- 특징 ┬ 주도 세력 : 지식인에서 농민·노동자로 변화
  ├ 지역 : 초기에 남부 지역보다는 북부 지역을 중심으로 활성화, 특히 전라도 지역 운동의 약세
  └ 방식 : 도시의 평화적 시위에서 농촌의 무력 투쟁으로 발전 ex) 식민 통치 기관 파괴, 친일 지주 습격
- 영향 ┬ 대외 ┬ 일제를 규탄하는 국제 여론 확산으로 일본 정책의 변화 : 무단 통치 → 문화 통치
  │   │   └ 세계 민족 운동에 영향 : 중국의 5·4 운동, 인도의 비폭력 운동
  │   └ 대내 ┬ 정부 수립 운동의 활성화 : 대한 국민의회(연해주), 한성 정부(서울), 상하이 임시정부
  │   ├ 무장 전투 전개 : 항일 무장 투쟁을 자극하여 만주 무장 독립군의 국내 진공 작전 활성화
  │   └ 독립 운동 변화 ┬ 이념 : 복벽주의 쇠퇴, 국내에 사회주의 유입
  │   ├ 방법 : 독립 운동 노선의 다양화 ex) 외교론, 무장투쟁론, 실력양성론, 계급투쟁론
  │   └ 주도 ┬ 학생들이 민족 운동의 중심으로 활동 : 서울 지역에 학생 운동 등장
  │   └ 농민, 노동자, 여성 운동 활성화

(2) 6 · 10 만세 운동 (1926)
- 배경 ┬ 학생 운동의 성장 ┬ 배경 : 식민지 차별 교육에 대한 학생들의 반발
  │   └ 내용 : 3 · 1 운동 이후 서울에 학생 운동 조직 결성 ex) 조선학생 과학연구회
  └ 순종의 죽음으로 민족의 반일 감정 고조
- 과정 ┬ 준비 : 2차 조선공산당과 천도교 구파를 중심으로 만세 시위 준비 but 일제에 사전 발각, 주요 인사가 검거됨
  ├ 주도 : 조선학생 과학연구회 ┬ 성격 : 사회주의 계열
  │   └ 주장 : 사회과학 보급, 학생의 사상 통일과 단결, 조선인 본위의 교육 실시
  ├ 내용 : 산발적 만세 시위(돈화문 ~ 동묘)
  └ 일제의 대응 : 치안유지법과 보안법을 적용하여 탄압
- 영향 ┬ 학생층이 민족 운동의 독자적 주체로 성장 → 대중적 성격의 운동으로 발전, 지방에 학생 운동 조직 등장
  ├ 민족주의와 사회주의 계열의 연대 계기 마련 → 신간회 결성
  └ 당시 상영된 나운규의 영화 '아리랑'이 전국적 흥행에 성공

(3) 광주 학생 운동 (1929)
- 배경 ┬ 일제의 식민지 차별 교육에 대한 반발
  └ 학생 운동의 발달 ┬ 서울 조직 중심에서 지방 단위 조직으로 확산 → 동맹 휴학 빈발
  　　　　　　　　　 └ 비밀 결사 조직 ex) 성진회(광주), 독서회 중앙 본부
- 과정 ┬ 발단 : 광주 통학 열차에서 일본인 학생의 조선인 여학생에 대한 희롱
  │   → 조선인 학생과 일본인 학생의 폭력 사태 발생
  │   → 출동한 경찰이 일본 학생만 옹호하며 부당하게 사건 처리 → 조선 학생의 불만 고조
  ├ 조선 학생의 대응 ┬ 일본 국왕의 생일인 명치절(11월 3일)에 일본 국가 제창 거부
  │   └ 일본 학생과 조선 학생 2차 충돌 → 조선 학생들이 총독부의 어용 신문인 광주일보 습격
  ├ 신간회의 지원 ┬ 진상 조사단 파견 ┬ 내용 : 민족적 · 민중적 운동으로 확산시키기 위해 민중 대회 계획
  │   │   └ 한계 : 일제에 사전 발각되어 신간회의 주요 인사가 검거됨
  │   └ 신간회 지회를 중심으로 근우회 등이 광주 학생 운동을 전국적으로 확산시킴
  └ 만주 · 일본 등 국외 학생들에게도 확산
- 의의 : 3 · 1 운동 이후 최대의 민족 운동

◇ 확인해 둘까요! ▶ 1920년대 학생 운동의 변화

- 전반 ┬ 내용 ┬ 학내 문제 해결 요구
  │   └ 일본인 교사의 민족 차별에 저항
  │   └ 변화의 계기 : 6 · 10 만세 운동
- 후반 ┬ 내용 ┬ 식민지 차별 교육 철폐 요구
  │   └ 조선인 본위의 교육 실시 요구
  └ 결과 ┬ 일제의 식민 통치에 저항하는 항일 운동으로 발전
  　　　 └ 동맹 휴학 건수 증가

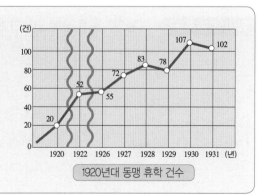

1920년대 동맹 휴학 건수

02 국내 독립 운동

SECTION

3-1 경제적 민족 운동(사회주의) : 농민 운동

(1) 1920년대 : 지주를 대상으로 하는, 경제적 · 생존권 투쟁

- 배경 ┬ 일제의 수탈 정책 ┬ 토지조사사업(1912~18) ┐
  │   └ 산미증식계획 ──────┘ → 식민지 지주제 심화
  └ 농민 ┬ 생활 악화 ┬ 배경 ┬ 관습적 경작권 · 도지권 · 입회권 · 개간권 부정 → 기한부 계약제 소작농으로 전락
        │   │   └ 부담 증가 : 고율의 소작료 + 기타 비용(비료 대금, 수리 조합비, 지세 등) 부담
        │   └ 결과 : 일부 농민의 토지 이탈 → 화전민, 토막민 등으로 전락
        └ 의식 성장 : 3 · 1 운동 후 사회주의 사상 보급 + 학생들의 계몽 운동 → 농민 의식 성장
- 과정 ┬ 주장 ┬ 지주 대상 ┬ '소작료를 인하하라', '소작권 이전을 반대한다'
      │   │   └ '지주는 지세를 부담하라', '마름의 횡포를 시정하라'
      │   └ 일본 대상 : '동척이 주도하는 일본인 이민을 반대한다', '수리 조합을 반대한다'
      └ 사례 ┬ '소작인 선언' (1922)
            ├ 암태도 소작쟁의(1923~24, 전라도) : 지주 문재철과의 투쟁 → 소작료 인하 성공
            └ 불이흥업 농장의 소작쟁의(1925~32, 평안도)
- 발전 ┬ 지역 단위 : 개별적 투쟁 → 조직화(전국 각지의 농촌에 소작인 조합과 농민 조합 결성)
      └ 전국 단위 ┬ 조선 노동 공제회(1920) : 노동자 권익 옹호 단체, 하위 조직으로 농민부 · 소작인부 조직
                ├ 조선 노농 총동맹(1924) : 농민 단체와 노동 단체를 통합한 조직
                └ 조선 농민 총동맹(1927) : 조선 노농 총동맹이 조선 노동 총동맹과 조선 농민 총동맹으로 분화
- 결과 : 일제의 산미증식계획에 큰 타격을 줌

(2) 1930년대 : 일제를 대상으로 하는, 정치적 · 항일 민족 운동

- 배경 ┬ 세계 경제 대공황(1929)의 여파로 농업 공황 발생 → 농산물 가격 폭락으로 농촌 경제 파탄
      └ 농민 조합의 변화 ┬ 배경 ┬ 코민테른의 노선 변화 ┐
                       │   └ 신간회 해산 ──────┘ 사회주의자들이 농민 조합에 대거 참여
                       └ 내용 : 적색 · 혁명적 · 비합법적 농민 조합으로 전환
- 과정 ┬ 주장 ┬ '토지는 일하는 농민에게로', '식민지 지주제를 철폐하라'
      │   └ '항일 무장 투쟁을 지지한다', '제국주의를 타도하자', '일제의 부역 동원을 반대한다'
      └ 한계 ┬ 일제의 농민 회유 정책 : 농촌 진흥 운동 전개(1932~40)
            └ 중일 전쟁(1937) 이후 일제의 전시 동원 체제 강화 → 농민 운동의 약화

◇확인해 둘까요! ▶ 농민 · 노동 운동 단체의 분화

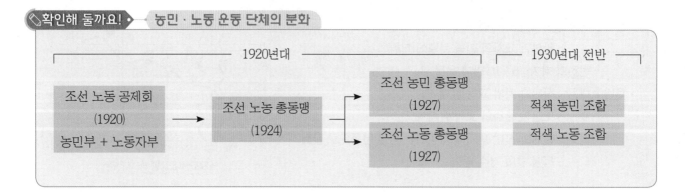

1920년대			1930년대 전반
조선 노동 공제회 (1920) 농민부 + 노동자부	조선 노농 총동맹 (1924)	조선 농민 총동맹 (1927) 조선 노동 총동맹 (1927)	적색 농민 조합 적색 노동 조합

3-2 **경제적 민족 운동**(사회주의) : **노동 운동**

(1) 1920년대 : 자본가를 대상으로 하는, 경제적 · 생존권 투쟁
- 배경 ┌ 회사령 ┌ 제정 : 1910년대에는 회사 · 공장의 수가 적어 고용된 노동자 수 부족 → 노동 운동이 미미
-      │   └ 폐지 : 1920년대에는 식민지에서 회사 · 공장의 증가 → 노동자 수 증가
-      ├ 상황 ┌ 노동자 조건 ┌ 빈농과 도시 하층민의 노동자화 → 노동자에 대한 수요에 비해 공급 증가
-      │   │   └ 살인적 노동 시간과 생존을 위협받을 정도의 저임금 등 노동 조건 악화
-      │   └ 조선인 조건 ┌ 일본인 노동자에 비해 열악한 노동 조건 + 일본인 감독의 횡포
-      │   └ 노동자의 계급 의식과 민족 의식을 동시에 일깨움
-      └ 사상 : 1920년대 이후 사회주의 사상 유입 → 노동자의 의식 성장
- 과정 ┌ 주장 : '임금을 인상하라', '노동 조건을 개선하라', '임금 인하에 반대한다'
-      ├ 사례 ┌ 부산 부두 파업(1921)
-      │   ├ 경성 고무공장 파업(1923) : 경성고무 직공조합 결성 → 아사동맹 조직 + 전국적 지지
-      │   ├ 목포 제유공장 파업(1926)
-      │   ├ 원산 총파업 ┌ 발단 : 일본인 감독(영국계 문평 석유 공장 Rising Sun) vs 조선 노동자(원산 노동 연합회)
-      │   │   (1929)   ├ 과정 : 일본, 중국, 소련, 프랑스 노동자들이 동조 파업을 벌이거나 격려 전문 송신
-      │   │   ├ 결과 : 일본이 총파업에 개입(파업 지도부 검거) → 파업 중단
-      │   │   └ 영향 : 경제적, 생존권 투쟁에서 정치적 항일 운동으로 전환
-      │   └ 평원 고무공장 파업(1931, 평양) : 강주룡(여성)의 을밀대 지붕 위 농성(최초의 고공 농성)
- 발전 ┌ 지역 단위 : 개별적 투쟁 → 조직화(노동조합 결성)
-      └ 전국 단위 : 조선 노동 공제회(1920) → 조선 노농 총동맹(1924) → 조선 노동 총동맹(1927)

(2) 1930년대 : 일제를 대상으로 하는, 정치적 · 항일 민족 운동
- 배경 ┌ 일제의 정책 ┌ 배경 : 조선 공업화 정책으로 일본 자본의 조선 투자가 본격화
-      │   └ 결과 : 투자된 일본 기업의 이윤 확보를 위해 조선 노동자의 노동 조건 악화
-      ├ 원산 노동자 총파업 이후 노동자의 각성
-      └ 노동 조합의 변화 ┌ 배경 : 코민테른의 노선 변화에 따른 신간회 해산 → 좌익들이 노동 조합에 대거 참여
-                        └ 내용 : 적색 · 혁명적 · 비합법적 노동 조합으로 전환
- 과정 ┌ 주장 ┌ '식민지 노동력 수탈을 반대한다', '8시간 노동제를 쟁취하자'
-      │   └ '노동 계급을 해방하자', '제국주의를 타도하자'
-      └ 한계 : 중일 전쟁(1937) 이후 일제의 전시 동원 체제 강화 → 노동 운동의 약화, 산발적 투쟁 전개

꼭! 알아두기 ▶ **농민 · 노동 운동의 변화**

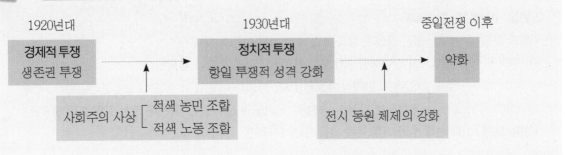

02 국내 독립 운동
SECTION

4 민족 실력 양성 운동(1920년대 이후, 민족주의)

(1) 민족 기업 성장
- 배경 : 회사령 철폐(1920) 이후 일본 자본의 경제적 침투
- 내용 ┌민족 기업 ┌지주 자본 : 경성 방직 주식 회사(1919, 호남의 김성수), 백산 상회(1914, 부산의 안희제)
  │   └서민 자본 : 평양 메리야스 공장, 평양 고무신 공장, 양말 공장
  └민족 은행 : 경남 해동은행, 경일은행, 호남은행, 동래은행, 삼남은행 등 설립
- 한계 ┌1920년대 : 식민지 금융을 장악한 일제와의 타협 없이는 기업의 지속적인 성장이 어려움
  └1930년대 : 병참기지화 정책에 따라 군수 기업 중심의 자원 분배 → 일제와 결탁한 反민족 자본가만이 생존

(2) 물산 장려 운동
- 배경 ┌일제의 회사령 철폐(1920) 이후 조선에 대한 일본 자본의 투자 급증
  └일본과 조선의 교역에서 상품의 관세 철폐 → 일본 상품의 수입 증가로 민족 자본의 성장이 어려워짐
- 내용 ┌단체 ┌대표 : 물산 장려회 ─ 주도 : 평양(서북 지방)의 조만식 등 개신교 인사
  │   │   (평양, 1920) └확산 : 조선 물산 장려회 결성(서울, 1923) → 전국으로 확산
  │   └기타 : 학생(자작회, 자작 자급회) + 여성(토산 장려회, 토산 애용 부인회)
  └활동 ┌주장 : 국산품 장려 + 근검 절약(금주, 금연)을 통한 민족 산업 육성 노력
       ├방식 : 운동의 확산을 위해 노래 제작, 순회 강연회 개최 but 모금 운동 전개(×)
       └잡지 발행 : 〈자활〉, 〈장산〉 등
- 비판 ┌배경 : 국산품 수요 증가에 비해 상품의 공급 부족 + 새로운 회사나 공장의 설립도 미진
  (좌익)└내용 ┌상인 · 자본가 계급에게 이용되어 상품의 가격만 올려 놓는 결과 초래
            └민족을 앞세워 자본가와 기업의 이윤만을 늘리려는 "중산 계급의 이기적 운동"이라 비판
- 쇠퇴 ┌한계 : 농민의 몰락으로 구매력 저하
  └일제의 탄압 : 친일 세력 참여(박영효 등) → 이상재 등 비타협적 민족주의자 이탈, 민중의 외면

꼭! 알아두기 • 민족 실력 양성 운동에 대한 개관

1. 전개 과정
- 배경 ┌3 · 1 운동 이후 즉각적 독립에 대해 회의적인 지식인 등장 + 사회 진화론(적자생존, 우승열패)의 영향
  └일제의 정책 변화 : 총독부의 문화 통치와 회사령 철폐 → 민족 실력 양성에 대한 기대 상승
- 내용 ┌주장 : 사회 개조와 신문화 건설
  └분야 : 민족 교육 운동 + 민족 기업 육성 운동 (← 러일 전쟁 이후 애국 계몽 운동을 주도)
- 한계 : 일제가 허용하는 범위 안에서 전개 → '선 실력 양성, 후 독립' 론 = '선 자치, 후 독립' 론을 표방

2. 변질 : 1920년대 중반 이후
- 자치 운동 ┌배경 : 물산 장려 운동과 민립 대학 설립 운동의 실패
  (참정권 운동)├논리 : "실력 양성을 위해서는 최소한의 정치 권력이 필요하다"
            └주도 ┌이광수 : 민족성 개조론(1922, 개벽) → 〈민족적 경륜〉(1924, 동아일보)
                 └동아일보(김성수, 송진우) + 천도교 신파(최린, 일본에 조선 의회 설립 청원)
- 친일 노선 : 1930년대 후반 이후 독립 운동 본연에서 이탈

(3) 민립대학 설립운동

- 배경 ┌ 민족 : 3 · 1 운동 이후 교육열 고조, 독립을 위해 고등 교육 기관의 필요성 인식
  └ 일제의 2차 조선교육령 제정 : 대학 교육에 관한 규정과 사범학교에 대한 규정 신설
- 내용 ┌ 주도 : 이상재, 이승훈, 윤치호, 한규설 등
  ├ 단체 : 조선 교육회(회장 이상재)를 중심으로 민립대학기성회 설립(1922)
  └ 활동 : 구호 '한민족 일천만이 한 사람이 1원씩' → 국내와 만주 · 미국 · 하와이에서 1000만원 모금 운동
- 한계 ┌ 일제의 탄압 : 관동 대참변(1923) 소식의 전파를 막기 위해 민립대학 설립을 위한 강연도 금지
  ├ 1924 · 25년 남부 지방의 가뭄과 전국적 수해로 모금 활동이 저조하여 실패
  └ 오산 학교, 연희 전문학교, 보성 전문학교의 대학 승격 운동 전개 but 일제의 방해로 실패
- cf) 경성제국대학 ┌ 목적 ┌ 한국인의 고등 교육에 대한 열망 무마 + 친일 관리 양성
  (1924) │   └ 한국에 거주하는 일본인의 고등 교육 → 입학생(한국인 학생 수 < 일본인 학생 수)
  ├ 특징 : 한국 학생 + 일본 · 만주 · 대만 · 중국 학생도 입교 허용
  └ 운영 : 1920년대(법문학부 · 의학부 설치) → 1940년대(과학 · 기술학부와 인문학부 설치)

(4) 문맹 퇴치 운동

- 야학 운동 ┌ 배경 : 일제의 식민지 차별 교육 → 교육 기회를 상실한 다수의 문맹자 존재
  ├ 활동 ┌ 형태 : 노동 · 농민 · 아동 · 여자 야학 등
  │   └ 내용 : <유년필독> 등 한국 역사와 <국어문법> 등의 한글 교육 실시 → 민족 교육 강화
  └ 일제의 대응 : 야학 탄압 + '1면 1교주의' 실시(1928~36) → 공립 보통학교 증설
- 농촌계몽 운동 ┌ 문자보급 운동 ┌ 주도 : 조선일보 + 학생 → 구호 : "아는 것이 힘, 배워야 산다"
  │   (1929~34)   └ 내용 : 학생들이 귀향하여 <한글 원본> 등의 교재로 문자 보급 활동 전개
  └ 브나로드 운동 ┌ 주도 : 동아일보 + 학생(계몽대, 기자대) → 구호 : "배우자, 가르치자, 브나로드"
                (1931~34) └ 내용 ┌ 민중 계몽(축첩 반대, 미신 금지 등), 생활 개선(위생 개선, 금주 권유 등)
                              └ 한글 교재로 문맹 퇴치와 한글 보급에 노력
- cf) 조선어학회 ┌ 한글 교재 제작을 위한 한글 표준화 : 한글 맞춤법 통일안 제정, 표준어 제정, 외래어 표기법 제정
  └ 전국을 순회하며 한글 강습회 개최

◇ **확인해 둘까요!** ▶ **실력 양성 운동의 변화**

1. 민족 교육 운동

1910년대	1920년대	1930년대	중일 전쟁 이후
개량 서당, 사립 학교 →	야학 중심, 조선 교육회 →	신문사 중심(농촌 계몽 운동) →	약화

2. 국채 보상 운동과의 비교

	국채 보상 운동(1907)	물산 장려 운동(1920년대)
목표	일제에 의한 재정 예속화 방지 → 국권 회복	국산품 장려를 통한 민족 산업 육성 → 경제 자립
주도	대구 → 서상돈, 김광제, 양기탁(애국 계몽 운동)	평양 → 조만식(민족주의 계열)
활동	모금 : 여성(가락지 · 비녀 기부), 남성(금주, 금연)	국산품 애용, 소비 절약(금주, 금연)
결과	통감부의 방해로 실패	농민 몰락, 친일파 참여, 민족주의자 이탈 → 실패

02 SECTION 국내 독립 운동

5-1 민족유일당 운동

(1) 배경

- 국내
  - 민족주의
    - 민족 개량주의 (= 타협적 세력)
      - 내용 ┌ 일본의 지배 인정 + 일본으로부터 자치권 획득을 목표로 운동 전개
      -      └ 일본 의회에 한국 대표 파견 or 한국의 독자적 의회 구성
      - 활동 ┌ 자치 운동(= 참정권 운동) 전개
      -      └ 연정회 결성 시도(1924, 1926) but 민흥회의 규탄으로 좌절
      - 한계 : 일본 법률이 허용하는 범위 내의 운동, 일제의 지배 인정(= 독립 포기)
    - 비타협 민족주의
      - 주도 : 조선일보 + 천도교 구파 세력 → 이상재, 안재홍 등
      - 내용 ┌ 자치 운동에 대한 비판
      -      └ 사회주의 세력과의 연대 모색 → 조선민흥회 결성(1926.7)
  - 사회주의
    - 배경 ┌ 내부 ┌ 계속된 좌익 내부의 파벌 갈등을 극복하기 위한 노력
    -      │   └ 치안유지법 등 일제의 탄압을 피할 수 있는 합법적 공간의 필요성
    -      └ 외부 : 6 · 10 만세 운동 준비 과정에서 좌 · 우익 간 협력 분위기 조성
    - 내용 : 정우회 선언(1926.11) → 사회주의 단체인 정우회가 민족주의 세력과의 연대 제의
- 국외
  - 외국 ┌ 중국 : 군벌 타도와 제국주의 타도를 위한 국민당과 공산당의 1차 국공 합작(1924)
  -      └ 소련 : 코민테른이 식민지의 반제(反帝) 연합전선론 채택(1925) ex) '한국 문제에 관한 의정서' 발표
  - 민족 세력 : 국민대표회의 이후 많은 독립 운동가들이 이탈 → 대한민국 임시정부의 약화
- 일제의 의도 : 민족 운동 내부의 상황에 대한 정확한 파악

(2) 전개 과정

- 중국 관내 : 안창호의 한국 독립 유일당 북경 촉성회 결성(1926) + 상하이 · 광둥 · 우한 · 난징 지역 촉성회 조직
  → 상하이에서 한국독립당 관내 촉성회 연합회 개최(1927.11)
- 만주 : 3부(참의부, 정의부, 신민부)의 통합 운동 전개 → 국민부로 통합   cf) 혁신의회는 잔존
- 국내 ┌ 조선 민흥회 결성(1926.7) : 조선 물산장려회(명제세 · 류청, 민족주의) + 在경성 서울청년회(사회주의)
  -    └ 정우회 선언 발표(1926.11) → 신간회 결성

꼭! 알아두기 ` 신간회 결성 과정

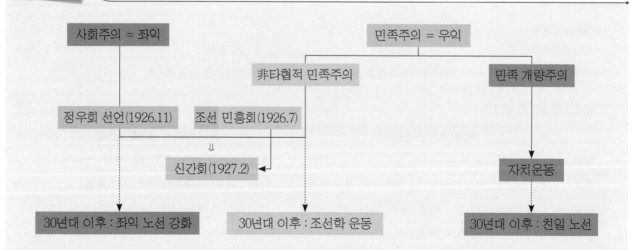

5-2 **신간회** (1927~31)

(1) 성립

- 구성 ┬ 지도부 ┬ 비타협적 민족주의(회장 이상재) : 종교계(개신교, 천도교 구파, 유림, 불교) + 언론계(조선일보)
  │   └ 사회주의(부회장 : 홍명희) : 3차 조선공산당
  │
  └ 회원 : 대다수는 농민과 노동자 + 상인, 회사원, 교사 등 각계각층의 참여
- 조직 ┬ 국내 ┬ 중앙 본부 : 비타협적 민족주의자들의 주도 but 구체적 활동은 미미
  │   └ 지방 지회 : 해당 지역에서 활동하던 청년 운동가 등 사회주의 세력이 주도 → 활발한 활동 전개
  └ 국외 : 만주와 일본에도 지회 조직

(2) 활동

- 주장 ┬ 한국인 착취 기관 철폐(동양척식 주식회사 폐지), 최저임금제 요구, 일본인의 조선 이민 반대, 생활 개선
  └ 타협적 정치 운동 배격, 한국인 본위의 교육 실시, 사회 과학 사상 연구의 자유 보장
- 내용 ┬ 민중 계몽 활동 : 노동 야학 참여, 전국 순회 강연 → 민족 의식 고취
  │ ├ 재만 동포 옹호 운동, 수재민 구호 운동, 형평 운동 지원
  │ ├ 노동 · 농민 운동 지원 ┬ 원산노동자총파업(1929)과 단천산림조합시행령 반대운동 지원
  │ │   └ 선산의 수리 조합 반대 투쟁과 동양척식 주식회사 농장(전북)의 소작쟁의 지원
  │ ├ 여성 운동과 연계 : 자매 단체로 근우회 결성(1927) → 여성의 법률적 · 사회적 차별 폐지 주장
  │ └ 학생 운동 지원 ┬ 내용 : 광주학생운동에 진상 조사단 파견 → 서울에서 민중 대회 개최 시도
  │   └ 결과 : 일제에 의해 허헌 등 중앙 간부진이 사전에 검거됨 → 민중 대회 개최 무산

(3) 해체

- 배경 ┬ 국내 : 일제의 탄압 + 신간회 내부의 갈등 ┬ 중앙 본부의 새 집행부장 : 온건 자치론자와 제휴 주장(우경화)
  │   └ 지방 지회 : 중앙 본부에 대한 비판론 제기
  └ 국외 : 코민테른의 노선 변화 ┬ 배경 : 장제스의 반공 쿠데타 → 1차 국공 합작의 실패
                                 └ 결과 : 노동자 · 농민 중심의 좌익 노선 강화(좌경화)
- 과정 ┬ 사회주의 : 해소론 제기 ─────────────┐
  └ 비타협적 민족주의 : 안재홍 등이 해소 반대론 제기 ┘ 해소 대회를 개최하여 해소안이 가결됨 → 해체

◇확인해 둘까요! ▶ **그밖의 국내 민족 운동**

- 사회적 민족 운동 ┬ 시기 : 1920년대 ~ 1930년대
  │   └ 내용 : 여성 운동(근우회 등), 소년 운동(천도교 소년회 등), 형평 운동(조선 형평사)
- 무장 투쟁 ┬ 시기 : 1920년대 전반
  │   └ 단체 : 천마산대, 구월산대, 보합단 등
- 비밀 결사 ┬ 시기 : 1940년대
  └ 단체 ┬ 조선 건국동맹 ┬ 주도 : 여운형, 이여성, 이만규 등 → 민족 연합 전선(사회주의 + 민족주의)
         │   (1944)   ├ 활동 : 서울과 지방에 비밀 조직 결성, 군사위원회 설치 → 무장 봉기 준비
         │   └ 연합 시도 : 조선독립동맹에 연락원 파견, 임시정부(충칭)와 연계 도모
         └ 대한 애국청년당 ┬ 주도 : 조문기, 유만수, 강윤국, 우동학, 권준
               (1945)   └ 활동 : 부민관 폭파 사건(대의당의 박춘금 암살 시도)

02 국내 독립 운동

SECTION

핵심 자료 읽기

대한 광복회

- **강령** : 부호의 의연금 및 일인이 불법 징수하는 세금을 압수하여 무장한다. 일인 고관 및 친일 반역자를 수시 수처에서 처단하는 행형부를 둔다. 만주에 사관학교를 설치하여 독립 전사를 양성한다. 종래의 의병, 해산 군인과 만주 이주민을 소집하여 훈련한다. 무력이 완비되는 대로 일본인 섬멸전을 단행하여 최후 목적을 달성한다.
- **계획** : 섬 오랑캐의 폭정이 심해지고 조국 회복의 뜻을 금하기 어려우니 우리가 비밀리 단체를 만든 이유이다. 충의를 가진 사람들이 모여 병사를 양성하고자 하는데, 곤란한 것이 금전이다. 재산가로서 이 경고를 배반하지 않는 것은 나라의 행복이 될 것이다. 하지만 우리의 비밀을 누설하고자 하는 자가 있으면, 우리는 결사단을 파견하여 복수할 것이다.
- **활동** : 부호에게 협박문을 보내어 군자금을 징수하고, 만약 응하지 않을 경우 처단한다. 충남 직산 금광을 습격하고, 중국에 가서 통화를 위조하여 정화로 바꾸고, 만주에서 한국인 장정을 훈련하여 군대를 편성하는 한편, 국내 유지에 1개소 1만 원의 자본으로 1백 개소의 잡화점을 개업하여 그 이익으로 국권 회복 자금을 마련하고 무기를 구입하여 준비를 마친다. …… 일시에 일어나 일본에 항전하면 일본은 조선을 포기한다.

독립 의군부와 송죽회

- **독립의군부** : 황제께서 측근 중에 한 사람을 주무대신(主務大臣)으로 삼고 종2품 가선대부인 임병찬을 전라도 순무대장으로 임명하는 등 각 도(道)에 2명을 정하여 …… 매 부(府)에 2명을 정하여 …… 매 군(君)에 2명을 정하였다.
- **송죽회** : 그녀들은 송형제가 되고 앞으로는 각각 개별적으로 자기들 본위의 사람을 얻어 죽형제를 맺자 하였다. …… 비밀이 절대 신조다. 부모나 동기 간에도 말하지 않는다. 한 품에 드는 남편에게도 이 일만은 숨긴다.

독립 선언

- **대한 독립 선언(무오 독립 선언, 1918, 만주 길림)** : 우리 대한 동족 남매와 온 세계 우방 동포여, 우리 대한은 완전한 자주 독립과 우리들의 평등 복리를 우리 자손들에게 대대로 전하기 위하여 여기 이민족 전제의 학대와 압박을 벗어나서 대한 민주의 자립을 선포하노라 …… 정의는 무적의 칼이니 이로써 하늘에 거스르는 악마와 나라를 도적질하는 적을 한 손으로 무찌르라. 일제히 궐기하라 독립군! …… 황천의 명령을 받들고 일제의 못된 굴레에서 해탈하는 건국임을 확신하여 육탄 혈전으로 독립을 완성할지어다.
- **2·8 독립 선언(조선청년독립단 선언)** : 조선 청년 독립단은 우리 2천만 민족을 대표하여 정의와 자유를 쟁취한 세계 모든 나라 앞에 독립을 성취할 것을 선언한다. …… 우리 민족은 일본의 군국주의적 야심에서 비롯한 기만과 폭력 아래 우리 민족의 의사에 반대되는 운명을 당하였으니, 정의로 세계를 개혁하는 지금 우리는 시정을 세계에 요구할 권리가 있으며, 미국과 영국은 한국의 보호와 합병을 솔선하여 승인한 과거의 잘못의 대가를 지불할 의무가 있다. …… 우리 민족은 정당한 방법으로 우리 민족의 자유를 추구한 것이나, 이번에 성공하지 못하면 우리 민족은 생존의 권리를 위하여 온갖 자유 행동을 취하여 최후의 일인까지 자유를 위해 뜨거운 피를 흘릴 것이니, …… 일본이 만일 우리 민족의 정당한 요구에 불응한다면 우리는 일본에 대하여 영원의 혈전을 선포하노라. …… 본 단체는 한일 합병이 우리 민족의 자유의사에서 나온 것이 아니며 우리 민족의 생존 발전을 위협하고 동양의 평화를 어지럽히는 원인이 된다는 이유로써 독립을 주장한다. 본 단체는 일본 의회와 정부에 조선 민족 대회를 소집하여 대회 결의로 우리 민족의 운명을 결정할 기회를 주기를 요구한다. 본 단체는 만국평화회의의 민족자결주의를 우리 민족에게 적용하기를 요구한다. 〈재일본 동경 조선 청년 독립단 대표 11인〉

대한인 국민회의 독립 청원서

미국, 하와이, 멕시코, 중국 그리고 러시아에 거주하는 한인들은 1500만 동포의 의사를 대변하여 다음과 같은 사실들을 미국 대통령 각하 앞에 개진하려 합니다. …… 한민족에게도 자신들이 그 밑에서 살고 싶어 하는 정부를 선택할 수 있는 타고나서부터 소유한 권리를 회복할 수 있게 힘써 주시기를 간절히 바라고 있습니다.

3 · 1 운동의 배경

- 한국에서 벌어진 소요 사태를 조사하기 위해 파견된 모리야코노스케 의원의 보고에 따르면, 폭동의 원인은 다음과 같다.
  - 한국인에 대한 부당한 대우인데, 한국인들은 공직 취임과 급료에서 일본인과 동등한 대우를 받고 있지 못하다.
  - 대중적 언론에 대한 극단적인 억압으로, 한국인들은 불평이 총독에게 도달할 수 있는 조직을 갖고 있지 못하다.
  - 민족 자결주의의 파급인데, 이는 세계 민족들의 발흥하는 신사조로서 한국인들의 가슴 속에 깊은 영향을 주었다.
- 오, 황제는 참담한 심정으로 돌아가셨다. 황제께서 어째서 돌아가셨는지는 이해할 수 없지만 충성되고 한국을 사랑하는 형제들에게 황제께서 어떻게 죽음을 당하셨는지 설명하려고 한다. 최근 강화 회의에서 14개의 결의안이 채택됐고, 거기에 세계 많은 나라의 자유가 걸려 있다. 자유를 선택할 수 있는 국가의 권리가 지켜져야 한다는 것이 회의에서 확인되었다.

기미 독립 선언서와 공약 3장

- 우리는 우리 조선이 독립된 나라인 것과 조선 사람이 자주하는 국민인 것을 선언하노라. 세계 모든 나라에 알려 인류가 평등하다는 큰 뜻을 밝히며, 이것으로써 자손만대에 일러 겨레가 스스로 존재하는 마땅한 권리를 영원히 누리도록 하노라.
- 오인의 차거는 정의, 인도, 생존, 존영을 위한 민족 요구이니, 자유 정신을 발휘할 것이요, 배타적 감정으로 일주하지 말라. 최후의 일인까지, 최후의 일각까지 민족의 정당한 요구를 쾌히 발표하라.
  일제의 행동은 가장 질서를 존중하며, 오인의 주장과 태도로 하여금 어디까지든지 광명정대하게 하라.

3 · 1 운동 당시에 널리 불렸던 노래

터졌구나 터졌구나 대한 독립성 / 십년을 참고 참아 이제야 터졌네 / 삼천리 금수강산 이천만 민족
살았구나 살았구나 이 한 소리에 / 만세 만세 독립인 만만세 만만세 / 대한 만만세 대한 만만세

3 · 1 운동의 전개

- 서울에서 수천 명의 한인들이 집회를 열고 가두를 따라 시위를 벌였다. …… 시위자들은 독립선언서를 배포하였고 행인들을 향해 연설했다. 지방의 백성들도 서울로 올라와 전 황제의 국장을 지켜보았다. 헌병들이 몇백 명을 연행했다고 한다.
- 강경에서 지난 10일에 군중이 소요를 일으킨 사실을 이미 보도한 바 있거니와 그때 주모자 17명을 검거한 이후 잠시 진정되었다가 20일 장날에 또 군중이 태극기를 들고 만세를 불러 형세가 불온하다더라. 〈○○ 신문 보도〉
- 25일 회령우체국 앞에서 약 300명의 개신교인이 태극기를 앞세우고 만세를 부르는 등 불온한 행동을 하고자 하였으나 헌병 분대원에게 제지되었다더라. 〈○○ 신문 보도〉
- 황해도의 시위대는 헌병 분견소를 찾아가 "이제 조선은 독립이 되었으니 일본인들은 떠나라."고 요구하였다.
- 서울 용산의 조선 총독부 인쇄소 노동자 20명이 "조선 독립 만세!"를 선창하자 야간 작업을 위해 남아 있던 200명의 노동자들이 시위 운동을 벌여 주동자 19명이 일본 헌병경찰에 구속당하였다.
- 서울의 전차 차장과 운전수가 동맹 파업을 하여 전차 운행이 중단되었다. 이 파업은 20일간 진행되어 시내가 마비되었다.

3 · 1 운동의 성격 변화 : 폭력 투쟁화

- 미리 낫, 괭이, 몽둥이 등 흉기를 가지고 전투 준비를 갖추었다. 군중은 오로지 지휘자의 명령에 따랐다. 미리 훈련받은 정규병과 같은 모습을 띠었다. 이들은 집합하자마자 독립 만세를 높이 외쳐 기세를 올렸다. 나아가 면사무소, 군청 등 저항력이 빈약한 데를 습격함으로써 군중의 사기를 높이고 경찰 관서를 습격하여 파괴적 행동에 빠지려 하였다. 〈일본 헌병대〉
- 삼천리 강토를 일본의 통치에 맡긴다는 것은 있을 수 없는 일이다. 우리들은 폭력을 써서라도 독립을 하지 않으면 아니 되겠다. 이번 기회는 세계 평화를 위해 각 약소국가가 독립을 한다하므로 이 행동을 취하게 된 것이다. 수백만 대중이 궐기해서 온 힘을 다하므로 목적을 달성하리라고 믿는다.

02 국내 독립 운동

핵심 자료 읽기

3·1 운동의 국외 확산

1. 재미 한인은 중국 상하이에 건설한 대한민국 임시정부를 지지하며 후원하기를 결의함
2. 구미 각국에 대한민국 외교 사무소를 설치하기로 함
3. 구미 각국 민중으로 하여금 우리 독립 선언의 주장과 국내의 실정을 이해하게 하는 데 노력하기로 함
4. 미국 정부와 국제 연맹에 대한민국 임시정부 승인을 요구하기로 함 〈필라델피아 한인 대회 결의문〉

3·1 운동에 대한 일제의 탄압

· 만세 시위가 확산되자, 일제는 헌병 경찰은 물론이고 군인까지 출동시켜 시위 군중을 무차별 살상하였다. 일본 군경의 총격으로 수십 명의 사상자를 냈으며, 화성 제암리에서는 전 주민을 교회에 집합, 감금하고 불을 질러 학살하였다.

· …… 오늘은 한국의 위대한 날이다. …… 각급 학교들이 일본의 한국 지배에 항거하는 시위를 벌였고, 거리로 나가 '대한 독립 만세'를 외치며 행진을 하기 시작했다. …… 일본 정부는 소위 '역도들'을 제압할 수 있는 더 '근본적인 대책'을 마련했다고 한다. 우리는 맨손으로 '독립 만세'를 외치는 사람들에게 …… 보병대 2사단, 포병대 1사단, 기병대 2사단이 일본으로부터 파병되고 난 후 …… 마을들이 불타고 있다는 소문이 무성하다는 것이다. 〈노블일지〉

3·1 운동이 다른 민족 운동에 끼친 영향

· 중국 5·4 운동 : 조선은 독립을 꾀하여 "독립하지 못하면 차라리 죽겠다."라고 하였다. 국가가 망하고 영토를 넘겨 주어야 하는 문제가 눈앞에 닥쳐도 국민이 큰 결심을 하여 떨쳐 일어서지 않는다면, 이는 20c의 열등 민족이며, 인류의 대열에 서 있다고 말할 수도 없다. …… 중국이 살아남느냐 망하느냐 하는 것이 이번 일에 달려 있다. 〈천안문 선언, 1919.5.4〉

· 인도 : 조선 민족은 독립을 위한 항쟁을 전개하였다. 그 중에서 중요한 것은 1919년의 독립 만세 운동이었다. 조선의 청년들은 맨 주먹으로 적에 항거하여 투쟁하였다. 3·1 운동은 조선 민족이 단결하여 자유와 독립을 찾으려고 죽어 가고, 일본 경찰에 잡혀가서 모진 고문을 당하면서도 굴하지 않았던 독립 정신을 보여 주었다. 〈네루가 딸에게 보낸 편지, 1932〉

3·1 운동 이후 민족 운동가의 대책 : 정부 수립 운동 전개

전국 각지에서 일어나는 만세 시위만 해도 그랬다. 이것이 통수 계통을 가지고 조직적으로 일어나는 운동이 아니고 당장 독립이 된 듯이 흥분된 군중들이 들고 일어나는 산발적 운동인지라, 갈수록 희생자만 늘어나고 성과를 거둘 수가 없었다. 우리 동지들은 비밀 연락을 취하여 이 운동을 조직화할 것을 궁리하게 되었다. 그리고 이 기회에 임시정부를 수립하고 국내외에 알리면, 당장 독립은 전취할 수 없더라도 이를 바탕으로 독립 투쟁을 위한 전열을 정비하는 구심점이 되리라고 생각하였다.

6·10 만세 운동의 배경

· 학생 운동의 성장 : 한일 합병에서 1919년 소요 사건 발발까지 조선에서 동맹 휴교 등은 극히 적었다. 그러나 소요 사건 뒤 조선의 민족 운동이 노골적으로 나타나 조선 통치에 대한 반항심에 사태를 악화시키려는 경향이 생겨났다. 학생 생도의 배일 맹휴(동맹 휴학)도 점차 증가하고 축제일 등에 참석을 하지 않는 등 사건이 빈발하였다. 〈총독부 경찰 보고〉

· 우리는 일찍이 민족과 국제 평화를 위해 19년 3월 1일 우리의 독립을 선언하였다. 우리는 역사적 국수주의를 반복하려는 것은 아니다. 다만 우리들의 국권과 자유를 회복하려는 것이다. …… 슬프도다. 2300만 형제자매들이여, 오늘에 있어 융희 황제에 대해 칼과 활을 사이에 두고 통곡한다는 것이 과연 어떠한 감동에서 나온 것인가. …… 현재 세계 대세는 식민지 대 제국주의 군벌의 전쟁과 무산자 계급 대 자본가 계급의 전쟁으로 전개되어 있다.

6 · 10 만세 운동의 과정

- 50~60만이라는 흰옷 입은 대중이 서울에 모여 절을 하였던, 지난 인산일 이후 8년 만에 보는 대규모의 제2차 조선○○선언의 계획을 세웠다. 그렇지만 거사 전에 발각되어 경찰의 손에 천도교 본부를 포함한 시내 각처가 수색받았다.
- 6월 6일 : 운동 계획이 발각되어 천도교 간부와 권오설을 비롯한 사회주의자가 검거됨
  6월 7일 : 일본군은 이 운동의 확산을 막기 위해 평양, 함흥, 동경에 주둔하고 있던 5000여 군인을 서울에 집결시킴
  6월 10일 : 종로 3가 앞에서 국장 행렬이 통과한 뒤 중앙고보생들이 만세를 부르며 격문과 태극기를 살포함. 연희 전문, 중앙 고보 등의 학생들이 전단을 살포하고 독립 만세 시위를 전개하여 100여 명의 학생이 검거됨. 만세 시위를 주도하던 조선학생 과학연구회 간부 박두종이 현장에서 일경에 체포됨.
- 돈화문을 떠나기 시작한 인산 행렬이 황금정에까지 뻗치고 큰 상여가 관수교를 지나가며 그 뒤에 이왕 전하, 이강공 전하가 타신 마차가 지날 때 행렬 동편에 있던 보성 전문학교 학생 수십 인이 격문 수만 매를 뿌리며 조선 독립 만세를 불러서 격문이 이왕 전하 마차 부근까지 날리었으며 경계하고 있던 경관과 기마 경찰대는 학생들과 충돌되는 한편으로 …… 기병 의장대의 말이 놀라는 바람에 군중이 몰리다가 중경상을 당한 사람이 많으며 현장에서 학생 40여 명이 체포되었다.

6 · 10 만세 운동 당시의 주장

- 우리의 독립 선언은 정의의 결정이며 평화의 상징이다. …… 우리는 죽음의 땅에서 눈물을 흘리고 있다. 그러나 우는 것만으로는 죽음의 땅에서 탈출할 수 없어 정의의 결합을 강고하게 하여 평화적 요구를 강력하게 내걸고 싸워야 된다.
- 조선 민중아! 우리의 철천지 원수는 자본 · 제국주의 일본이다. / 2천만 동포야! 죽음을 각오하고 싸우자!
- 마음껏 통곡하고 복상(服喪)하자. …… 울고 싶어도 울지 못하는 조선 민중은 단결하여 일본 제국주의에 싸움을 시작하자! 슬퍼하는 민중들이여! 하나가 되어 혁명 단체 깃발 밑으로 모이자!
- 대한 독립 운동자여 단결하라! / 일본 제국주의를 타파하라.
  우리의 교육은 우리 손에 맡기라 / 보통학교의 용어를 조선어로! / 조선인 교육은 조선인 본위로 하라.
  일본 물화(物貨)를 배척하자! / 산업을 조선인 중심으로
  일본인 공장의 직공은 파업하라. / 8시간 노동제를 실시하라. / 동일 노동에 동일 임금을 실시하라.
  소작료는 4 · 6제로 하고 공과금은 지주가 부담하라. / 소작권을 이동하지 못한다.
  동양척식 주식회사를 철폐하라! / 일본 이민 제도를 철폐하라!

6 · 10 만세 운동에 대한 판결

- 인산일에 학생들이 태극기를 들고 만세를 고창하며, 격문서를 살포한 사건에 대해 피의자로 서대문 형무소에 수용되어 있던 십수명만 기소되리라고 보도한 바와 같이 경성 법원 검사국에서 연희전문학교 학생의 만세 사건과 중앙고등보통학교 학생의 만세 사건을 기소하고 두 사건의 주모자로 인정된 ○○○ 등 …… 11명을 기소하여 법원 공판에 붙이게 되었다.
- 다수를 선동하여 독립운동을 일으켜 국제의 변혁을 이루려고 기도하였으며 이민족의 전제 정치적 압박에서 벗어나 독립 운동을 행하기 위해 '이왕(李王)의 흥거(왕의 죽음)는 우리들 백의민족에게 활로를 부여한 것'이라는 취지의 서면을 우송하여 조선 독립운동의 실행을 선동하였다. 이에 치안 유지법 3조를 적용하여 징역 8월에 처한다.

광주 학생 운동 당시의 격문

검거된 학생들을 즉시 우리 손으로 구출하자. / 언론 · 출판 · 집회 · 결사의 자유를 획득하자.
조선인 본위의 교육 제도를 확립하라. / 식민지적 노예 교육 제도를 폐지하라. / 사회 과학 연구의 자료를 획득하자.
경찰의 교내 진입을 절대 반대한다. / 만행을 저지른 광주 중학(일본인 학교)을 폐쇄하라. / 전국학생 대표자회의를 개최하라!

02 국내 독립 운동
SECTION

핵심 자료 읽기

광주 학생 운동의 과정

- 나는 피가 머리로 역류하는 분노를 느꼈다. 한 차에 통학을 하면서 민족 감정으로 혐오하며 지내온 터였는데, 그 자들이 우리 여학생을 희롱하였다니, 더구나 박기옥은 내 누님이니 내 분노는 더하였다. 나는 누님의 댕기를 잡고 장난을 친 후쿠다를 역 광장에 불러 세우고 따졌다. …… 그자의 입에서 센징이라는 말이 나오자 내 주먹은 그자 면상에 날아갔다.

- 메이지절 기념일을 맞아 광주 중학교 학생 몇몇과 사소한 말다툼에서 투쟁이 일어났다. 이를 도화선으로 광주에 있는 조선인 중등학교 학생이 광주 중학생에 대항하여 시위 운동을 하였다. 이들은 조선 독립 만세를 부르짖거나 적기를 앞세우고 학교 건물, 창문에 투석, 폭행하거나 동맹휴학을 단행하는 등 마침내 전 조선 학생의 동요를 야기하기에 이르렀다.

- 경성 제국 대학을 비롯하여 중동 학교 · 경성 여자 상업학교 · 동덕 여자 학교 · 중앙 고등 보통학교 기타 시내 공 · 사립 학교와 시내 요소에 광주 학생 운동의 전국화를 위하여 학생과 민중의 총 궐기를 촉구하는 격문이 살포되었다. 이에 놀란 일본 경찰은 종로 경찰서에 수사 총본부를 설치하고 12월 4일 정오까지 각 사상 단체 · 청년 단체 · 근우회 등의 간부와 학생 등 127명을 검거하고 조사에 나서 13개 처를 수색, 격문 8,000매를 압수하였다.

사회주의자의 인식

- 무산 계급 운동 : 사회 운동이 본질적으로 무산 대중 자체의 운동인 이상 우리는 어디까지나 현실에 입각한 대중의 실제적 요구에 응하여, 종국의 이상을 향하여 매진하기를 기함.

- 조선공산당 선언문 : 조선공산당은 국제 공산당이 그러함과 마찬가지로 그 한 지부로서 폭력 혁명에 의거하여 공산주의 건설을 목적으로 한다. 조선 문제는 공산당 지도 아래 노동자 농민의 결합에 의하여 공동 전선을 전개하고, 일본 제국의 통치를 변혁하여 그 사유 재산 제도를 부인하려는 데 있다. 세계 프롤레타리아 국가 건설을 위해서는 자본주의들인 일본의 제국주의를 타파하고 식민지 조선의 독립을 도모하지 않으면 아니 된다. 민족 문제의 해결은 프롤레타리아 독재의 일부로 된다. 프롤레타리아 독재로의 민족 운동을 원조함은 물론, 전술로서 민족주의적 단체와 제휴하여 이를 이용하는 것은 이미 배우고 있다. 노동 운동으로, 소작쟁의로 파고 들어간다. 학교의 맹휴도 그 대상이 되고 있다.

1920년대 농민 운동

- 소작인 선언 : 무참한 자본주의가 조선에 침입되자마자 경제는 돌변하였다. …… 조선 농촌은 자작 농가가 갈수록 몰락하여 지금은 전 조선 농호 중 소작 농호가 곧 8할의 다수를 보였으니, …… 현재 소작 제도는 지방에 따라 다르지만, 대체로 수확한 곡물의 반 이상의 소작료는 상례가 되고 지세, 비료대가, 마름료, 소작료 두량(斗量)과다, 수리세, 출포료 등을 일일이 정산하면 소작인의 소득은 0이 될 것이다. …… 그러므로 소작 문제 해결은 반드시 소작인의 단결이 공고하여야 할 것을 가장 굳세게 신념하고 이에 선언하노니, 조선의 소작인이여 단결하라. 조선의 소작인이여 단결하여야 살 것이다.

- 우리 농부들은 수백 년 동안 지주의 횡포 아래 암담한 생활을 하여 왔다. 해가 바뀔수록 우리 생활은 불안정할 뿐이다. 생활의 불안정에 처한 우리는 생활의 위급함을 깨달았다. …… 우리는 먹을 것이 없고, 입을 것이 없고, 있을 곳이 없어 방황하고 있지 않은가. 이것이 우리의 팔자이며 운수인가? 팔자가 아니며 운수가 아니다. 무리한 지주의 횡포에 기인한다. …… 우리는 우리의 힘으로 당당히 지주의 부당한 요구를 거절하며 우리의 생활 안정을 도모하려 한다.   〈대전 농민 선언문〉

- 암태도 소작쟁의 : 지주와 소작인 간에 쌍방이 고소를 취한 것으로 마치 모든 일이 해결된 듯 전해졌으나, 이는 서로 고소한 것만 취하하였을 뿐이요, 분쟁은 그대로 계속해 갑니다. 지주 문재철은 암태도 전체 토지 중 3분의 1 이상의 토지를 가지고 매년 천백 석 이상의 소작료를 착취하는 터인데, 금년에는 소작쟁의로 깊은 감정을 품고 어디까지나 소작인을 곤란하게 하려고 지금까지 논의 벼를 베지 못하도록 하여 벼가 많이 떨어졌으나, …… 어쨌든 나락을 베어들일 작정입니다.

원산 노동자 총파업

- 'Rising Sun' 석유 파업 사건은 확대되어 회사 측에서 회원 450명의 해고를 하자 노동조합원 400여 명이 동조 파업을 일으

켜 …… ○○노동연합회에서 긴급 집행 위원회를 열고, 노동쟁의를 조정한다고 나선 상공회의소 측에서 다른 곳에서 인부를 모집하는 등 연합회에 대항하니 해결책이 없다 하여, 총파업을 결의하고 방법에 대해세포 단체의 의사에 맡기기로 하여, 노동자 약 2000명이 <u>총파업을 단행하였다.</u>
• 2000여 명의 노동자 총파업을 단행한 결과 모든 기관이 정지 상태에 빠지자, 일본인측 자본가와 상공회의소의 알선으로 시내 상점의 점원과 목수와 미장이 등 50여 명의 <u>일본인 노동자가 중요 작업을 맡았으나 오후부터 그들조차 폐업 귀가하였다는데,</u> 이와 같은 일본노동자의 태도에 대해 고용주 측과 상공회의소 당사자들은 놀라 그 대책을 강구 중이라 하더라.

코민테른의 12월 테제 (1928) : 노동자 · 농민 중심의 활동 강화
• 조선을 포함한 식민지에서의 민족 해방 운동은 반제국주의 · 반봉건 운동일 뿐만 아니라, 제국주의자 · 봉건지주 및 민족 부르주아지에 대한 프롤레타리아트의 계급 투쟁과 밀접히 연관되어 있다. 식민 제국의 프롤레타리아트는 광범한 농민 대중과의 동행 하에, 혁명에 있어서 주도권을 장악해야 하는 독립적 정치적 요소로서의 정치 투쟁에 돌입해야 한다.
• 현 발전 단계에서 조선 공산주의 운동의 주요 방침은, 프롤레타리아 혁명 운동을 강화하여 소부르주아의 민족 혁명 운동에 대해서 완전 독립을 보장하는 한편, 민족 혁명 운동에 계급성을 부여하고 그것을 타협적 개량주의로부터 분리하여 민족 혁명 운동을 강화하는 것이다. …… 모든 공작과 활동에서 조선 공산주의자들은 <u>혁명적 노동 운동의 완전한 독자성을 유지해야 한다.</u> …… 이와 관련하여 공산주의자들은 그들의 정치적 독립성을 완전히 유지해야 한다.
• 조선 공산주의자들은 노동자와 빈농을 당으로 끌어들이는데 최선을 다해야 한다. 공산주의자들은 지식인 조직이라는 옛 방법을 청산하고, 특히 공장과 노동조합에서 볼셰비키 대중 작업에 착수할 경우에만 과업을 완수할 수 있을 것이다. 집중적 작업들은 노동자, 농민 조직 내에서 그리고 신구의 민족 혁명 대중 조직들 – 신간회 · 형평사 · 천도교 등 – 속에서 이루어져야 하며, …… <u>공산주의자는 민족 개량주의자나 기회주의적 지도자들의 냉담성과 우유부단성을 폭로해야만 한다.</u>

1930년대 농민 운동
• 명천 농민 조합이 작성한 문건 : "조선의 당면 과제는 봉건 유제와 잔재의 파괴, 농업 제 관계의 근본적인 변혁, 토지 혁명을 목표로 한 부르주아 민족주의 혁명이다."
• 정평 농민 조합의 강령 : "언론 · 출판 · 집회 · 결사의 자유 획득, 노농 운동 관계 악법의 철폐"
• 단천 농민 조합의 슬로건 : "<u>타도 제국주의, 조선 민족 해방 만세,</u> 전세계 약소 민족 해방 만세"

1930년대 노동 운동
"정치적 총파업으로 5월 1일 메이데이(근로자의 날)를 맞이하자!",
"<u>일본 제국주의를 타도하자!</u>"/ "노동자 · 농민의 정부를 수립하자!"

물산 장려 운동
• 보아라, 우리가 먹고 입고 쓰는 것이 거의 우리의 손으로 만든 것이 아니었다. 이것이 세상에 무섭고 위태한 일인 줄을 오늘에야 우리는 깨달았다. 피가 있고 눈물이 있는 형제 자매들아, 우리가 서로 붙잡고 서로 의지하여 살고서 볼 일이다.
• "내 살림 내 것으로.", "입자! 조선인이 짠 것을, 먹자! 조선인이 만든 것을, 쓰자! 조선인의 손으로 된 것을."
• 조선 물산 장려회 취지서 : 우리에게 먹을 것이 없고 의지하여 살 것이 없으면 우리의 생활은 파괴될 것이다. 우리가 무슨 권리와 자유와 행복을 기대할 수가 있으며, 또 참으로 사람다운 발전을 희망할 수가 있으리오. 우리 생활에 제일 조건은 곧 이 의식주 문제 즉 산업의 기초라. …… <u>우리 조선 사람의 물산을 장려하기 위하여 조선 사람은 조선 사람이 지은 것을 사 쓰고, 조선 사람들은 단결하여 그들이 쓰는 물건을 스스로 제작하여 공급하기를 목적하노라.</u>

사회주의자의 물산 장려 운동 비판

- 물산 장려 운동의 사상적 도화수가 된 것이 누구인가? 결국 중산 계급의 이익에 충실한 대변인인 지식 계급이 아닌가. 물산 장려의 선봉이 된 것도 중산 계급이 아닌가. 노동자에게 물산 장려를 말할 필요가 없는 것이다. 그네는 훌륭한 물산 장려 계급이다. 자본가 중산 계급이 양복이나 비단옷을 입는 대신 무명과 베옷을 입었고, 자본가가 위스키나 브랜디나 정종을 마시는 대신 소주나 막걸리를 먹지 않았는가? …… 자본가, 중산 계급이 외래의 자본주의적 침략에 위협을 당하여 '민족적'이라는 미사여구로써 동족 안에 있는 착취, 피착취의 계급적 의식을 은폐해 버리고, '애국적'이라는 의미에서 외화 배척을 말하는 것이며, 이면에서 외래의 경제적 정복 계급을 축출하여 신착취 계급으로서 대신하려는 것이다. 그러나 계급적으로 자각한 노동자에게 있어 저들도 외래 자본가와 같다는 것을 알며, 계급 전선을 몽롱케 못할 것이다.
- 조선의 산업이 발전하여도 결국 조선인 자본가에게 그 이윤 전부를 약탈당하니 왜인 자본가에게 약탈되는 것이나 무산자에게는 차이가 없다. 이 운동은 조선의 중산 계급이 유산 계급을 옹호하여 무산자에게 근소한 생계를 주고 식산흥업한다는 명의하에 혁명의 시기를 지연케 함이라.

민립대학 설립운동

- 주장 : 우리의 운명을 어떻게 개척할까? 정치냐, 외교냐, 산업이냐? 물론 모두 필요하도다. 그러나 기초가 되고 요건이 되며, 먼저 해결할 필요가 있으며, 힘 있고, 필요한 수단은 교육이다. …… 민중의 보편적 지식은 보통 교육으로도 가능하지만 심오한 지식과 학문은 고등 교육이 아니면 불가하며, 사회 최고의 비판을 구하며 유능한 인물을 양성하려면 …… 우리 조선인도 세계 속에서 문화 민족의 일원으로 우리들의 생존을 유지하며 문화의 창조와 향상을 기도하려면, 대학의 설립을 빼고는 다른 길이 없도다. …… 그러므로 우리는 동포에게 향해 민립대학 설립을 제창하노니, 자매 형제는 성원하라.
- 비판 : 식민지 수탈 체제에서 극도로 궁핍한 생활의 대다수 노동자 · 농민 등 식민지 민중은 금전욕은 차치하고 지식욕을 가질 만한 경제적 여유조차 없었다. 이들에게 문맹퇴치를 위한 최하급 교육조차 난망한 처지에 있었고, 최고 학부인 대학 교육이란 그림의 떡이었다. 식민지의 사회 경제적 상태에서 최소한 해외 유학이나 최고 학부 또는 고등 교육을 받을 수 있는 사람이 제한적이다. 식민지 대중이 과연 그러한 부류의 자녀나 할 수 있는 교육을 받기 위해 모금에 참여하겠는가.

경성 제국 대학 초대 총장의 개학식 연설

본 대학과 같이 국가가 설립 유지하고 관리하는 대학에서는 적어도 국가의 기초를 동요시키고 국가 존립을 위태롭게 하는 것과 같은 연구는 허용될 만한 것이 아니다. 또 자유를 허락하는 것은 연구로써 실행해야 한다는 것을 알지 않으면 안 된다.

브나로드 운동

- 금주를 기하여 도시의 학생들은 여름방학을 맞아 고향으로 돌아가려고 한다. …… 한 고을의 7할 인민들은 문맹의 상태에 있고 9할 이상은 비위생적, 비보건적 상태에 있을 것이다. …… 모든 이들을 위하여 자신의 이해와 고락을 희생할 것이다. 우리는 보수를 바라지 않는 일꾼이 되어야 할 것이다. 새로운 사상을 갖는 새로운 학생들을 보라! 그들은 명예와 이익은 안중에도 없고, 오직 끓는 열과 성의에서 자신의 민족을 사랑하고 자신의 사회를 위하여 희생하였다 하지 않는가. 숨은 일꾼이 많아라! 참으로 민중을 생각하는 마음으로 민중을 대하라. 그리하여 민중의 계몽자가 되고, 민중의 지도자가 되라!
- 동혁은 교단 맞은 편 벽에 붉은 잉크로 영신이가 써붙인 슬로건을 보고 있었다. '갱생의 광명은 농촌으로부터!', '아는 것이 힘, 배워야 산다', '우리의 가장 큰 적은 무지이다', '일하기 싫은 사람은 먹지도 마라', '우리를 살릴 사람은 우리뿐이다' 귀에 익은 손풍금 소리가 들리며, '삼천리 반도 금수강산'을 부르는 소리가 일어났다. 그제야 활기가 돌기 시작하고, 아이들과 어른들이 목청을 높여 "일하러 가세, 일하러 가!"하고 소리지를 때 동혁도 따라 부르고 싶은 충동을 느꼈다. <상록수>
- 조선어학회의 지원 : 조선어학회에서 이미 한글 맞춤법 통일안을 발표하였고, 학교에서 가르치는 조선어 교과서의 개정 철자법을 시행한지 5년이 되었다. 그밖에 나날이 출판되는 서적이 다 신철자법에 의지한 것으로 되어 한글 통일의 소리가 점점 높아지는 이때에 각 지방 인사들이 새 철자법을 알고자 하는 생각이 열렬하였다. 이에 동아일보사에서 조선어학회의 후원을 얻어, 올 여름에 또 제3회 하기 한글 강습회를 열기로 방금 준비 중이다.

문자 보급 운동

오늘날 조선인에게 무엇 하나 필요치 않은 것이 없다. 산업과 건강과 도덕이 다 그러하다. 그러나 그 중에도 가장 필요하고 긴급한 것을 들자면 지식 보급을 제외하고는 다시 없을 것이다. 지식이 없이는 산업이나 건강이나 도덕이 발달할 수 없다. …… 그들이 아는 것이 없고 사리에 어둡기 때문에 그 생활이 한층 더 어렵고 나아지지 못하고 있다. 전 인구의 1000분의 20 밖에 문자를 이해하지 못하고, 취학 연령 아동의 10분의 3 밖에 학교에 갈 수 없는 조선의 현실에서 간단하고 쉬운 문자의 보급은 우리 민족이 해결해야 할 가장 시급한 일이라 하겠다

실력 양성론

참배나무에는 참배가 열리고 돌배나무에는 돌배가 열리는 것처럼, 독립할 자격이 있는 민족에게는 독립국의 열매가 있고 노예될 만한 자격이 있는 민족에게는 망국의 열매가 있다고 하였습니다. 독립할 자격이라는 것은 곧 독립할 만한 힘이 있음을 이름이외다. 세상만사에 작고 큰것을 막론하고 일의 성공이라는 것은 곧 힘의 열매입니다. …… 그런고로 천번 만번 생각하여 보아도 우리의 독립을 위하여 믿고 바랄 바는 오직 우리의 힘뿐이외다. 〈안창호〉

자치 운동

- 민족성 개조론(이광수) : 어떻게 하면 우리 민족을 행복과 번영으로 인도할 것인가. 민족성을 개조해야 한다. …… 오늘날 조선 사람으로 시급히 하여야 할 개조는 조선 민족의 개조이외다. 정치적 독립은 법률상 수속이니, …… 운동으로 될 것이 아니다. …… 우리가 근본적으로 할 일은 민족 개조요, 실력 양성이다. 조선인이 문명 생활을 경영할 실력을 가지게 된 후 그네의 운명을 그네의 의사대로 결정할 자격과 능력이 생길 것이니 그때 동화를 하거나 자치를 하거나 독립을 하거나 세계적 의의를 가진 대혁명을 하거나 그네의 의지대로 자처할 것이외다. …… 허위, 비사회적 이기심, 나태함, 사회성 결핍, 이것이 조선 민족이 오늘날 쇠퇴에 빠지게 한 원인이 아닙니까. 영국과 미국이 흥왕한 것은 민족성이 원인이요, 우리 민족의 쇠퇴도 민족성이 원인이니, 민족의 성쇠 흥망이 민족성에 달린 것이다. 우리나라가 식민지가 된 것은 이런 점에서 필연적이다. 1919년의 독립 운동도 무지몽매한 야만 인종의 맹목적 행동에 불과하다. 근본적 악을 소량으로 지닌 소수의 선각자들이 민족 개조에 나서면 된다. 이들을 중심으로 교육 진흥, 산업 발전 등 비정치적 근대화를 달성하는 것이 이상적이다. 애국 망명가들은 감옥에나 들락거리는 것, 해외에서 떠돌아다니는 것밖에 하는 일이 없다. 우리는 우선 국가에 의무를 다해야 한다. 〈개벽〉
- 민족적 경륜(이광수) : 조선 민족은 지금 정치 생활이 없다. …… 왜 지금의 조선 민족에게 정치 생활이 없나. 그 대답은 간단하다. 일본이 한국을 병합한 이래로 조선인에게 모든 정치적 활동을 금지한 것이 제일 원인이요, 병합 이래 조선인은 일본의 통치권을 승인하는 조건 밑에서 하는 모든 정치 활동, 즉 참정권 자치권 운동은 물론, 일본 정부를 상대로 하는 독립 운동조차 원치 아니하는 극렬한 절개 의식이 제2의 원인이다. …… 그러나 우리는 조선 내 민족적 정치 운동을 하도록 신생면(新生面)을 타개할 필요가 있다. 우리는 조선 내 허용하는 범위 내에서 일대 정치 결사를 조직하여야 한다. 〈동아일보〉
- 민원식 : 참정권 부여는 시기상조라고 논하는 자가 있다. 그 이유로 조선인의 생활 정도 및 지식 정도, 교육 보급 및 그 정도, 국비 부담 능력, 병역 의무의 유무 등이 그것과 관련되어 있다. 그러나 참정권 부여는 조선인 동화의 근본이 되는 동시에 민심을 구하는 긴요한 대책으로서, 우리들은 조선에서 중의원 의원 선거법을 시행하기를 간절하게 바란다.

한국 독립 유일당 북경 촉성회 선언서

동일한 목적과 동일한 성공을 위해 운동하고 투쟁하는 혁명자들은 반드시 하나의 기치 아래 모여 하나의 호령 아래 단결해야만 비로소 상당한 효과를 거둘 수 있다는 것은 말할 필요도 없다. …… 바란다! 일반 동지는 깊이 양해하라! 일본 제국주의를 타도하라! 한국의 절대 독립을 주장하라! 민족 혁명의 유일한 전선을 만들라! 전세계 피압박 민중은 단결하라!

02 국내 독립 운동
SECTION

핵심 자료 읽기

조선 민흥회 선언

- 민족주의의 좌익 전선을 형성함이 필요한 것은 조선의 확실한 시대 의식이 되어 있다. 타락을 의미하는 기회주의와 우경적 타협 운동이 대중의 목적 의식을 마비케 하고 투쟁력을 약화시키며, 통치자들의 어떠한 술책도 들어맞게 할 걱정이 있는 고로, 비타협적 민족주의 좌익 전선을 형성함이 필요하다.

- 조선 민흥회는 한국의 공동 권익을 쟁취하고, 단일 전선을 결성할 목적으로 창설되었다. …… 과거의 운동은 계급 의식이 내연되었고 분열되었다. 그러나 최근 계급 운동 참여자도 연합 운동을 요구하고 있다. …… 유럽의 프롤레타리아 계급이 봉건주의와 독재주의를 타파할 목적으로 자본가들과 뭉쳤던 것처럼, 한국의 사회주의자들도 반제국주의에 있어 공동 권익을 지향하는 계급들의 일체 동원에 대한 필요성을 절감하고 있다. …… 각 계층 간의 권익은 궁극에 상충될 것이다. 그러므로 조선 전체의 결속도 영원히 지속될 수 없다. 그러나 현재 당면 문제를 해결하기 위한 연합의 필요성을 어느 누구도 간과해서는 안된다. …… 우리는 중국의 국민당을 본보기로 해서 이 운동을 발전시키고자 한다.

정우회 선언

우리가 승리를 위해서 모든 조건을 이용해야 하고, …… 민주주의적 노력의 집결로 인해 전개되는 정치 운동의 방향에 대해 그것이 필요한 이상, 강 건너 불 보듯 할 수 없다. 아니 먼저 우리 운동 자체가 종래에 국한되어 있던 경제적 투쟁의 형태에서, 보다 더 계급적 · 대중적 · 의식적 정치 형태로 비약하지 아니하면 아니 될 전환기에 달한 것이다. 따라서 민족주의적 세력에 대해 부르주아 민주주의적 성질을 명백하게 인식하는 동시에 과정적 동맹자 성질도 충분히 승인하여, 그것이 타락하는 형태로 출현되지 아니하는 한 적극적으로 제휴하여, 대중의 이익을 위해 종래의 소극적 태도를 버리고 분연히 싸워야 할 것이다.

북풍회 강령

우리는 계급 관계를 무시한 단순한 민족 운동을 부인한다. 그러나 조선에 민족 운동도 피치 못할 현실에서 발생한 것인 이상, 우리는 특히 양대 운동, 즉 사회 운동과 민족 운동의 병행에 대한 시간적 협동을 기한다.

신간회

- 창립 : 오산 학교 교사로 있던 홍명희는 경성에 와서 최남선으로부터 자치론자들의 의중을 전해 듣고 자치 문제에 대해 토의하였다. 다음날 홍명희는 안재홍을 방문하고 신석우를 초치하여 대책을 협의하고 권동진, 한용운 등의 찬동을 얻고 신채호에게 연락하여 찬동을 얻어 '신간출고목(新幹出枯木)'이라는 말에서 신간회라는 명칭을 정하였다.

- 강령 ┌ 우리는 정치적 · 경제적 각성을 촉진한다.
  ├ 우리는 단결을 공고히 한다.
  └ 우리는 기회주의를 일체 부인한다.

  ┌ 우리는 조선 민족의 정치적, 경제적 해방의 실현을 기함.
  ├ 우리는 전 민족의 총역량을 집중하여 민족적 대표 기관이 되기를 기함.
  └ 우리는 일체 개량주의 운동을 배척하여 전 민족의 현실적 공동 이익을 위하여 투쟁하기를 기함

- 활동(진상 조사단 파견) : 지난 광주에서 일어난 고등 보통학교 학생과 (일본인) 중학생의 충돌 사건에 대해 본부에서는 중앙 상무 집행 위원회의 결의로, 지회에 대해 긴급 조사 보고를 지시하고 동시에 사태를 주시하고 있었다. 그리고 중요 간부들이 긴급 상의한 결과 사건 내용을 철저히 조사하는 동시에 구금된 학생들의 석방을 교섭하고자 중앙 집행 위원장 허헌 씨와 서기장 황상규, 회계 김병로를 광주에 급파하기로 하였다.

- 활동(민중대회 준비) : 광주 학생 사건 진상 발표 대연설회를 부내(府內) 가장 번화한 거리에서 개최한다. 연설회 개최 수 시간 전 자동차 등으로 삐라 약 2만매를 살포하여 격앙된 민심을 유도한다. 가두 연설은 즉각 경찰로부터 금지 해산될 것이므로 즉시 군중을 선동하여 시위 운동으로 옮겨간다. 지방 지회에 대해서는 본부와 동일한 행동을 하도록 지령한다.

- 해소 : 부산 지회 등 4곳에서 해소안을 제출하였고, 마산 지회를 비롯한 8곳은 해소 반대안을 제출하였다. 그러나 압도적 표차로 해소가 결정되었다. 해소를 주장하던 투사들은 회의장을 벗어나고, 의장이 폐회를 선언하였다. <동아일보>

핵심 자료 읽기

신간회 해소론(좌익)

- …… 우익 민족주의자의 정체 폭로와 노농 주체의 강대화에 기반해야 한다. 노·농 투쟁 주체의 강대화는 해소 운동과 함께 수행되지 않으면 안된다. 노동자는 노동 조합에, 농민은 농민 조합에 돌아가서 투쟁하여야 한다. 우익 민족주의자의 정체는 우리의 해소 이론에 의해 폭로되었으리라 믿는다. 신간회는 영도권이 소부르주아에게 있으니 소부르주아의 집단이다. 계급적 영도권에 의한 프롤레타리아의 투쟁욕 성장에 현재의 신간회는 장애물이다. 모든 사회 조건의 변화는 신간회를 해소할 시기라는 것을 설명한다.
- 창립 당시는 민족적 단일한 정치 투쟁으로 단체로 신간회가 필요했지만 그 후 본회의 통일적 운동의 발자취를 돌아 보면 너무 막연하여 종잡을 수 없음을 통감하지 않을 수 없다. 따라서 최근 본회의 근본 정신인 비타협주의를 무시하고 합법 운동으로 방향을 전환하려는 민족 개량주의자가 발호해 온 것이 유감된 일이며, 이는 본회의 근본 모순으로부터 온 당연한 귀결이라고 할 수 있다. 그렇다면 우리들은 이 같은 불순한 도정을 따라온 회의 존립을 그대로 용인 할 수 없으므로 첨예한 계급 단체를 조직하고 본회를 해소하는 것은 당연하다고 생각한다.

신간회 해소 반대론(우익)

- 단결은 힘이다. 약자의 힘은 단결이다. 모든 역량을 집중하여 단결을 공고히 하자. …… 조선인의 대중적 운동의 목표는 정면의 일정한 세력을 향하여 집중되어야 할 것이니 이에서 민족 운동과 계급 운동은 동지적 협동으로 병립 병진하여야 할 것이다. 그 내부에 역량을 분산시키거나 제 살 깎아 먹는 식의 과오를 범하지 않도록 하는 데 주력해야 한다.
- 국제 정세는 급격히 변동하나 그것이 조선에 있어서 그대로 혁명의 비약 과정으로 이입되는 것은 아니다. 조선에 있어서는 독자적 민족적 진행 과정이 위기를 유한다. …… 시가히 해수이 기본 목표가 노동자·농민 영도 하에서 협동진선 파악에 있다 하면 민족 진영으로서 신간회의 존속 및 그 발전은 당연히 필요한 것이다. 하물며 조선의 운동은 양대 진영의 병립 협동을 가장 동지적으로 지속해야 할 정세하에 있고 둘이 서로 대립 배격할 정세를 가지지 않았다.
- 계급 진영의 강고한 수립은 필요할 것이다. 그러나 계급 철폐의 민족 단일당이 과오인 것과 마찬가지로 계급 단일의 민족 진영 철폐도 중대한 과오이다. 신간회 해소의 기본 목표가 노동자, 농민의 영도하에 협동 전선을 파악하는 데 있다고 하면 민족 진영으로 신간회를 존속하고 발전시키는 것은 당연히 필요한 것이다.

자료 보기

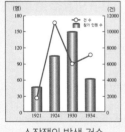

소작쟁의 발생 건수

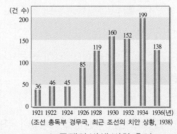

노동쟁의 발생 변화 추이
(조선 총독부 경무국, 최근 조선의 치안 상황, 1938)

원산 노동자 총파업 광경

물산 장려 운동

문자 보급 교재

브나로드 운동

03 만주 무장 투쟁

1 1910년대 : 독립 운동 기지 건설

(1) 서간도 : 남만주 유하현 삼원보 중심
- 학교 : 신흥 강습소 ┌ 주도 : 이회영, 이시영, 이동녕 등의 신민회 인사들이 독립군 양성을 위해 설립
  (1911) ├ 변화 : 신흥 학교(1912) → 신흥 무관 학교(1919~20)
  └ 한계 : 홍범도의 봉오동 전투 승리 이후 일본의 대공세로 인해 폐교(1920)
- 단체 ┌ 자치 단체 ┌ 경학사 ┌ 주도 : 신민회 인사(이회영 일가, 이상룡, 이동녕)
  │ (1911) └ 활동 : 부설 기관으로 신흥 강습소 설치
  │ ├ 부민단 ┌ 주도 : 경학사 해산 이후 이회영, 이상룡 등이 조직
  │ (1912) └ 활동 ┌ 백서농장 건설(1914, 군사 훈련과 농업 활동)
  │ │ └ 재만 한인의 복리 증진과 자활 대책 강구, 교육 활농
  │ └ 한족회 ┌ 배경 : 3·1 운동 이후 부민단의 조직 개편
  │ (1919) └ 변화 : 임시정부의 지시로 서로군정서(사령관 지청천)로 개편
  └ 무장 단체 ┌ 서로군정서 ┌ 임정의 지시로 조직한 무장 부대(사령관 지청천=이청천)
  (1919) └ 신흥 학교를 신흥 무관 학교로 개편하여 독립군 간부를 육성
  └ 대한 독립단 ┌ 3·1 운동 이후 의병장 출신인 박장호·조맹선 등이 의병과 포수를 모아 조직
  (1919) └ 일부가 이탈하여 광복군 사령부에 편입(1920)

(2) 북간도 : 왕청, 연길, 용정, 명동 등
- 학교 ┌ 서전서숙 ┌ 주도 : 이상설과 이동녕이 설립
  │ (1906~07) ├ 한계 : 헤이그 밀사 사건 이후 이상설의 활동 제약 + 일제의 간도파출소 설치(1907) → 폐교
  │ └ 영향 : 졸업생 김약연의 명동학교 설립 + 졸업생 박무림의 간민자치회 결성
  └ 명동학교 ┌ 주도 : 김약연이 설립 → 민족 교육과 군사 교육 실시
  (1908) └ 영향 : 졸업생 나운규의 아리랑 제작, 졸업생 윤동주의 항일 시
- 단체 ┌ 무장 단체 ┌ 중광단 ┌ 주도 : 단장 서일
  │ │ (1911) └ 변화 ┌ 정의단(1919) : 단장 서일과 김좌진의 합류, 대종교 신도를 중심으로 조직
  │ │ └ 북로군정서 ┌ 주도 : 총재 서일, 총사령관 김좌진
  │ │ └ 특징 : 임시정부의 지시로 개편된 조직, 사관 양성소 설치(왕청)
  │ ├ 대한독립군(1919) : 사령관 홍범도(정미의병장 출신)의 조직
  │ ├ 국민회군 : 사령관 안무, 개신교인이 중심이 되어 만든 대한 국민회 직속 부대
  │ ├ 군무도독부(1919) : 사령관 최진동
  │ └ 의민단(1919) : 천주교 교도의 조직
  └ 자치 단체 ┌ 김약연 : 간민교육회 → 간민자치회 → 간민회 → 대한국민회(국민회군 조직)
  (1907) (1911) (1913) (1919)
  └ 대한인 국회(1910)의 간도 지회

(3) 중·소 국경 지역 : 밀산부
- 한흥동 ┌ 주도 : 이상설, 이승희 등
  (1909) └ 활동 : 토지 매입 → 조선인을 이주시켜 농토 개간

2 1920년대 : 만주 무장 투쟁

(1) 독립군의 전투

- 봉오동 전투 ┌ 배경 : 만주 지역 무장 부대의 국내 진공 작전과 이에 대한 일본의 추격
  (1920.6) └ 결과 ┌ 삼둔자 전투 : 독립군이 두만강을 건넌 일본군 국경 수비대를 삼둔자에서 격퇴
         └ 봉오동 전투 ┌ 내용 : 대한 북로독군부가 봉오동에서 일본군 1개 대대 격퇴
                └ 구성 : 대한독립군(홍범도) + 군무 도독부군(최진동) + 국민회군(안무)
- 청산리 전투 ┌ 배경 ┌ 봉오동 전투에 대한 일본군의 보복 의지 → 만주 독립군 소탕을 위한 대규모 작전 전개
  (1920.10) │   └ 일본이 중국 마적을 매수하여 일으킨 훈춘 사건을 구실로 일본군이 만주 출병
         ├ 주도 : 북로군정서(김좌진) + 대한독립군(홍범도) + 의민단(천주교) + 국민회군(안무)
         └ 내용 : 백운평, 천수평, 완루구, 어랑촌, 맹개골, 고동하 등지에서 일본군 1200여 명을 사살

(2) 독립군의 시련

- 간도 참변 ┌ 목적 : 봉오동 · 청산리 전투 패배에 대한 일본의 보복
  (경신참변, 1920) ├ 내용 : 간도 한인촌에서 일본군의 한국인 학살과 방화
         └ 결과 : 간도 한인 사회 초토화, 다수의 무장 부대들은 일본의 공세를 피해 밀산으로 이동
- 독립군 정비 : 대한독립군단 결성 ┌ 과정 : 서로군정서 + 북로군정서 + 대한독립군 결합
  (1920)   ├ 주도 : 총재 서일, 부총재 홍범도 · 김좌진, 참모장 지청천
                └ 결과 : 약소 민족 독립 운동에 대한 소련의 지원 약속 + 적군(소련군)의 연합 제의
                    → 소련 영내의 자유시(= 스보보드니)로 이동
- 자유시 참변 ┌ 배경 ┌ 한인 부대의 지휘권 다툼 ┌ 이르쿠츠크파 고려공산당 – 자유 대대 + 적군
  (1921, 흑하사변) │   │   vs
         │   │   └ 상하이파 고려공산당 – 사할린 의용대
         │   └ 소련은 영내의 한국인 무장 부대 존재로 인해 일본과의 마찰을 우려
         ├ 과정 ┌ 소련이 조선인 독립 부대에 무장 해제를 요구
         │   └ 자유 대대 + 소련군(적군)의 공격 vs 사할린 의용대의 무장 해제 거부
         └ 결과 : 해산 과정에서 조선인 부대에 대한 대규모 학살 자행

◇ 확인해 둘까요! ▸ 1920년대 국내 무장 투쟁

- 특징 ┌ 지역 : 서북 지방(평안도, 황해도)의 산악 지대
    └ 활동 : 만주 독립군과 연결 → 친일파 숙청, 식민 통치 기관 파괴, 군자금 모금
- 단체 ┌ 천마산대 ┌ 조직 : 최시흥 등의 대한제국 군인 출신들이 평안북도 의주 천마산에서 결성
    │ (1919) ├ 활동 : 항일 유격전 전개 → 친일파 숙청, 식민 통치 기관 파괴 → 일제의 치안 행정 마비
    │   └ 변화 : 만주 이동 후 임시정부의 광복군 사령부 or 광복군 총영에 흡수
    ├ 보합단 ┌ 조직 : 김시황, 김동식, 백운기 등이 평안북도 의주 동암산에서 결성
    │ (1920) ├ 활동 : 독립 운동 자금 모금, 암살대 조직(밀정과 일제 관헌 제거), 임시정부와 연결
    │   └ 변화 : 서로군정서 · 대한 독립단 · 광복군총영과 함께 대한통군부로 통합
    └ 구월산대 ┌ 지역 : 대한독립단(임시정부의 지원)의 국내 부대로, 이명서가 황해도 구월산에서 결성
      (1920) └ 활동 : 항일 유격전 전개(주재소 습격, 친일 군수 처단), 군자금 모금

(3) 독립군의 재정비 : 3부의 성립

- 배경 : 자유시 참변 이후 소련의 계속된 탄압으로 인해 조선인 부대가 만주로 탈출
- 과정 ┌ 북만주 : 북로군정서 + 대한 국민회 + 신민단 + 광복단 → 대한독립군단 재결성(1922) → 신민부로 통합
        └ 남만주 : 8개 독립군 단체의 통합 → 대한 통의부 결성(1922) → 참의부와 정의부로 분리
- 내용 ┌ 육군주만 참의부 ┌ 구성 : 대한 통의부 내 임시정부 지지 세력
        │ (1923 or 24)   └ 관할 지역 : 집안현을 중심으로 한 압록강 연안
        ├ 정의부 ┌ 구성 : 참의부에 참여하지 않은 대한 통의부 + 서로군정서 + 광정단 + 의성단
        │ (1924) └ 관할 지역 : 길림(= 지린)과 하얼빈 등의 남만주, 3부 중 최대 규모, 총사령관 지청천
        └ 신민부 ┌ 구성 : 소련을 탈출한 대한 독립 군단 + 대한 독립 군정서   cf) 북로군정서의 대종교 신자가 다수
          (1925) └ 관할 지역 : 북만주, 총사령관 김좌진
- 성격 ┌ 특징 : 통치 기구와 군대 조직을 구비 → 정부 성격을 가진 독립 운동을 실행하는 단체(자치 행정)
        └ 조직 ┌ 군정 기관 : 독립군 훈련 · 작전 + 일본군과 전투
                └ 민정 기관 : 학교 설립, 노동 강습소 설치, 식산 조합과 소비 조합 결성, 관할 주민에게 세금 징수

(4) 독립군 활동에 대한 위협 : 미쓰야 협정(1925, 재만 한인 단속에 관한 협약)

- 체결 ┌ 주체 : 만주 동삼성 경무국장 우진(만주 군벌 장쭤린의 부하) + 조선 총독부 경무국장 미쓰야
        └ 내용 : 만주 지역에서 활동하는 독립군 탄압 · 체포 · 구속 · 인도에 관한 협정
- 영향 : 만주 독립군 활동의 위축

(5) 독립군 통합 노력 : 국민부 + 혁신 의회

- 배경 ┌ 민족 유일당 운동 전개 ┌ 중국 ┌ 한국 독립 유일당 북경 촉성회 결성(1926)
        │   │   └ 상하이 · 광둥 · 우한 · 난징 지역 촉성회 조직
        │   │   → 상하이에서 한국독립당 관내 촉성회 연합회 개최(1927.11)
        │   └ 국내 : 좌우합작 성격의 신간회 · 근우회 결성(1927)
        └ 미쓰야 협정 극복 노력
- 과정 : 참의부 ┐
          정의부 ┼→ ┌ 국민부(1929) ──────────── ┌ 군사 조선혁명군(양세봉, 1929)
          신민부 ┘   │ 남만주, 단체 본위 통합   └ 정치 : 조선혁명당
                      └ 혁신의회(1928) ──────────── ┌ 군사 한국독립군(지청천, 1930)
                                                       └ 정치 : 한국독립당
          미쓰야 협정(1925)+신간회(1927)   혁신의회 해산(1929)+국민부 개편(1929)

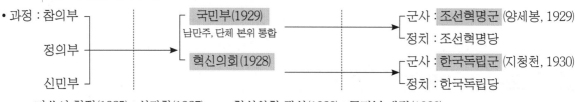

🔖 확인해 둘까요! ◆ **1920년대 초반 대한민국 임시정부의 무장 투쟁 지원**

- 광복군사령부 ┌ 구성 : 임시정부 군무부 직할로 대한의용군사의회, 한족회, 대한독립단 등이 통합하여 결성
    (1920)   ├ 주도 : 사령관 조맹선, 최시흥(천마산대)의 합류
                ├ 활동 : 만주 무장 투쟁 지원, 국내 진입 작전으로 일본군과 교전
                └ 변화 : 대한통군부(→ 대한통의부)로 흡수 통합(1922)
- 광복군총영 ┌ 조직 : 임시정부가 광복군사령부를 조직할 당시 소통이 원활하지 않아 따로 서간도에 편성된 조직
    (1920)   └ 변화 : 대한통군부(→ 대한통의부)로 흡수 통합(1922)

3 1930년대 이후

(1) 1930년대 전반 (1931~34) : 중국군과의 연합 작전

- 배경 ┬ 내적 ┬ 조선혁명군(양세봉, 1929)과 한국독립군(지청천, 1930)의 편성
　　　 │　　　└ 일제의 한중 분열 정책(만보산 사건, 1931)을 극복하려는 노력
　　　 └ 외적 : 일제의 만주 침략(1931)과 만주국 수립(1932)
- 내용 ┬ 조선혁명군 ┬ 활동 : 중국 의용군과 연합 → 영릉가 · 흥경성 · 신개령 전투에서 승리
　　　 │　(양세봉)　└ 한계 : 양세봉이 일제에 매수된 중국인에게 암살된 이후 쇠퇴
　　　 └ 한국독립군 ┬ 활동 : 중국 호로군과 연합 → 쌍성보 · 사도하자 · 동경성 · 대전자령 전투 승리
　　　　　(지청천)　├ 한계 : 중국군과의 갈등 심화 + 일제의 북만주 초토화 작전 → 활동 위축
　　　　　　　　　└ 이동 ┬ 1930년대 후반 대한민국 임시정부의 요청으로 중국 관내로 이동
　　　　　　　　　　　　 └ 중국 중앙군관학교의 뤄양분교에 한국인 특별반을 설치하여 지도 → 한국광복군 양성

(2) 1930년대 중 · 후반 (1933~40) : 중국과의 연합 부대 결성

- 배경 ┬ 기존 무장 세력 : 약화 ex) 양세봉(조선혁명군) 암살, 지청천(한국독립군)의 중국 관내 이동
　　　 └ 중국공산당 만주총국 내 한국인 사회주의자의 역량 강화 → 한국인과 중국인의 소작쟁의 활발
- 조직 ┬ 구성 : 중국공산당의 항일유격대 + 조선인 사회주의자 → 동북인민혁명군 조직(1933)
　　　 ├ 동북항일연군 개편(1936) ; 모든 만주 항일 무장대가 사상, 민족을 초월하여 조직한 항일 연합 조직
　　　 └ 지원 : 조국광복회 ┬ 구성 : 만주(조선인 공산주의자) + 국내(공산주의자 + 민족주의자–천도교)
　　　　　　　 (1936)　 ├ 활동 : 만주와 함경도(갑산, 혜산)를 중심으로 보천보 전투 지원, 국내와 연결망 확보
　　　　　　　　　　　　└ 변화 : 해방 이후 북한 정부에 갑산파로 참여
- 활동 : 조국광복회의 지원으로 국내 진공 작전 전개 ex) 보천보 전투(1937, 김일성)

(3) 1940년대 (1940~45) : 소련 영내로의 이동

- 내용 : 일제의 가혹한 소탕전으로 동북항일연군의 일부 부대가 소련 하바로프스크로 이동 → 소련 88여단과 결합
- 해방 이후 : 소련군의 진주와 함께 북한에 입성 → 김일성의 북한 정권 장악

◇확인해 둘까요! ◆ **연표로 보는 만주 지역의 주요 사건**

1920 : 삼둔자 전투 → 봉오동 전투 → 훈춘 사건 → 청산리 전투 vs 간도 참변 → 대한독립군단 결성

1921 : 자유시 참변

1922 : 대한통군부 → 대한통의부 결성, 대한독립군단 재결성(?)

1923 : 육군주만 참의부 결성, 1924 : 정의부 결성

1925 : 신민부 결성 vs 미쓰야 협정 체결

1928 : 혁신의회 결성

1929 : 국민부 결성 → 조선혁명당과 조선혁명군 결성

1930 : 한국독립당과 한국독립군 결성

1931 : 만보산 사건 → 만주사변

1932 : 영릉가 전투(조선혁명군), 쌍성보 전투(한국독립군)

1933 : 흥경성 전투(조선혁명군), 대전자령 전투(한국독립군)

1937 : 보천보전투(동북항일연군) → 중일전쟁

핵심 자료 읽기

임시정부 산하 조직

• 북로군정서와 서로군정서 두 기관은 임시정부를 절대 옹호하며, 정부에 반항하는 자가 있으면 이를 협력 성토할 것.
• 북로군정서와 서로군정서 두 기관이 성신(誠信), 친목은 물론 군사상 중요 안건은 상호 협의하여 어긋남이 없도록 할 것. 두 기관의 사관 연성(鍊成), 무기 구입에서, 혹은 불의(不意)의 일에 대해 상호 부조하여 광복 대업의 만전을 기할 것.

봉오동 전투

• 삼둔자 전투 : 우리 월강(越江) 추격대에 반항하여 교전한 불령단은 그 전투에서 대승리를 얻고 우리 대원(일본군)을 조선 측에서 격퇴한 것 같다. 또한 이를 독립 전쟁의 제1회전이라고 칭하며, …… 봉오동 방면에는 다수의 불령단이 집합하고 있는 모양이다. 또한 이를 기회로 각 단체 간의 결속을 굳게 하고 있다.
• 봉오동 전투 : 북간도에 주둔한 아군 7백은 북로사령부 소재인 왕청현 봉오동을 향해 행군하다 적군 3백을 발견하였다. 아군을 지휘하던 홍범도, 최진동 장군은 즉시 적을 공격하였다. 적 1백 20여 명의 사상자를 내고 도주하는 적을 추격하였다.
• 봉오동 전투 : 일본군 수 명이 강을 건넜다가 독립군에 체포되었다. (일본군) 대대는 이 전투 소식을 듣고 강을 건너 사격을 개시했으나 독립군이 잠복하여 기습을 했으므로 일본군은 대패하여, 당시 전사자가 150명, 부상자가 수십 명이었고 나머지는 강을 건너 도주하였다. 〈상해신문보〉

청산리 전투

• 훈춘 사건이 발발하자 적은 대병을 급파하니 주력은 화룡현 두도구에 집중하여 …… 적의 보병 2개 대대, 기병 1개 중대, 포병 1개 중대는 천수평에서 동으로 약 80리 되는 어랑촌에 숙영하는 것까지 탐지하였다. 우리의 전위 부대는 천수평에서 숙영하는 적을 습격하고 본대는 어랑촌의 서남단 고지를 점령하여 적의 대병의 전진을 막고자 하였다. 새벽에 우리 독립군 80명이 적을 공격하여, 탈주한 몇 명 외에는 전부 사살하였다. 천수평에서 탈주한 적은 어랑촌에 있는 본대에서 공격하였다. 고지를 점거하고 전투를 할 때 아군 제1중대가 어랑촌 고지에 먼저 올라 적을 공격하니 적이 패퇴하였다.
• 어랑촌 전투에서 대승을 거둔 후 오늘 밤은 만록구(혹은 완루구) 삼림 중에서 노영하고, 아침에 우리의 대부대는 출발하였습니다. 아군은 잠복하였다가 사격을 행하니 적 10여 명은 즉사하고 나머지는 패주하였습니다.
• 교전은 아침부터 저녁까지 계속되었다. 굶주림! 그러나 이를 의식할 시간도 먹을 시간도 없었다. 마을 아낙네들이 치마폭에 밥을 싸서 빗발치는 총알 사이로 올라와 한 덩이 두 덩이 동지들의 입에 넣어 주었다. …… 얼마나 성스러운 사랑이며, 고귀한 선물이랴! 그 사랑 갚으리, 우리의 뜨거운 피로! 기어코 보답하리, 이 목숨 다하도록!

간도 참변

• 훈춘 사건이 발생하자, 들어온 일본군의 수는 5,000~6,000명이나 된다. 그들은 한인(韓人)이라면 수색하며 살해하고 있다. …… 삼도구에서 불에 탄 중국인 가옥은 2호이고, 한인 가옥은 500~600호이다. 삼도구 내의 청산리의 한인 가옥 1,000여 호를 불살랐으며, 주시구의 한인 가옥 70~80호도 불태워 버렸다.
• 1920년 우리는 안도현으로 향하였다. 불령선인이 조직한 광복단이 봉천성 안도현에 있었다. 한인 40여 호와 중국인 3호로 된 부락으로 항일 부락이었다. …… 우리 부대는 이 부락을 습격하여 가옥 40여 호를 불 지르고 …… 10여 명을 독가스로 죽였다. …… 17세 이상 남자는 모두 죽이고 늙은이와 애들은 압록강 안 조선 땅으로 보냈다.
• 무장한 일개 대대가 이 기독교 마을을 포위하고 남자라면 늙은이, 어린이를 막론하고 때려 죽이고 …… 3일을 태워도 다 타지 못한 잿더미 속에서 한 노인의 시체가 나왔는데 몸에 총구멍이 세군데나 있고, 목이 새 모가지만큼 붙어 있었다. 또 반만 탄 집 주위를 돌아보니 할머니와 며느리 둘이 잿더미 속에서 타다 남은 살덩어리와 부서진 뼈를 줍고 있었다. 나는 잿더미 속에서 시체를 끌어내어 뿔뿔이 흩어진 팔 다리를 제자리에 주워 모은 다음 사진을 찍었다. 어찌나 분했던지 사진기를 고정시킬 수 없어 네 번이나 다시 찍었다. 〈선교사 마틴의 기록〉

자유시 참변

- 양측 조선인 부대들은 한걸음도 전진하지 않고, 제자리에 엎드려서 허공을 향해 총을 쏘댈 뿐이었다. 싸울 의사가 전혀 없었던 것이다. 그러나 소련 기병대는 명령에 따라 적진으로 뛰어들었다. 그들과 대치해 있던 허영장이 이끄는 부대는 싸울 뜻이 없어 말발굽을 피하다 창과 칼에 맞아 죽고, 강물로 떨어져 죽었다. "나는 차마 붉은 군대나 내 동족을 죽일 수도 없고, 그들한테 죽기도 원통하니 자살하겠소."
- 강포하기로 유명한 코카서스 기병대에 의해 사할린 의병대는 패하였다. 전쟁의 결과는 사할린 의병대의 전사자 40여 명이요, 군정 의회측 중상자는 1인뿐이었다. …… 군정의회는 생포된 자를 잡아서 소위 죄의 경중을 조사하여 병정의 다수는 극동공화국 제2여단에 넘기고 장교단 40여 명은 전부 이크쿠츠크시로 압송되었다.

3부

- 참의부 : 남만주에서 활동하고 있는 대한 통의부의 간부 중 왕실의 복벽을 주장하는 전덕원은 김평식, 오완하, 이덕 등과 통의부를 이탈하여 의군부를 조직하고 채상덕을 총장에 추대, 이천민을 군사부장으로 하여 통의부와는 대립하였다. 또 통의부 내 임시정부를 독립운동 단체의 최고 기관으로 삼을 것을 주장하는 백광운(제1중대장), 최석순(제2중대장), 최지풍(제3중대장), 김명봉(제5중대장) 등이 통의부와 의군부와의 대립에 불만을 품고 약 500명의 병력을 이끌고 통의부를 이탈하여 이 단체를 조직, 본거지를 지안현에 두고 활동하였다. 이후 세력을 무송·안도·유하·통화현으로 확대시켰다.
- 신민부 : 1925년 대한독립군정서 김엽, 조성환 및 김좌진, 남성극 등의 일파로부터 이루어진 신민부라는 것이 조직되었다. 이는 남만 독립 불령선인 단체통일회에서 8개 단체의 합동에 의해 성립한 정의부에 대하여, 북만에서의 동류의 통일 단체로 동 단체를 조직한 것이다.   〈통화현 주재 외무대신 보고〉
- 신민부 ┌ 민사 : 필요에 따라 이미 만들어진 자치 기관은 서로 협조하여 일을 추진토록 할 것
         ├ 외교 : 대외 관계는 가능한 한 신중하고 원만하게 해결할 것
         └ 군사 : 의무제를 실시할 것. 둔전제 혹은 기타의 방법으로 군사 교육을 실시할 것

미쓰야 협정

- 내용 제2조 한국인이 무기를 소지하거나 한국으로 침입을 엄금하며, 위반자는 검거하여 일본 경찰에 인도한다.
       제3조 만주에 있는 불령선인(불온한 조선인) 단체를 해산시키고 무장을 해제하며, 무기와 탄약을 몰수한다.
       제4조 일본 관헌이 지명한 불령선인은 중국 관헌이 신속히 체포하여 일본 경찰에 인도한다.
       제5조 중국, 일본의 관부는 불령단 취체(법·명령을 지키도록 통제) 실황을 서로 통지한다.
- 영향 : 일제와 만주 군벌 사이에 협정이 체결되자 만주 관료들이 독립군 체포에 전력하게 되니 독립군은 물론 일반 농민들까지 안심하고 살 수가 없었다. 수많은 혁명 투사가 붙들려서 일본영사관으로 넘겨져 국내 압송되어 교수대의 이슬이 된 사실은 열거하기 어려우며 만주 관료들이 죄없는 농민을 잡다가 독립군으로 둔갑시켜 보상금을 받는 일도 적지 않았다.

국민부

- 과정 : 민족유일당 건립을 위한 전만 독립운동단체 통일회의가 개최되었다. 이 회의에 참가한 대표자들은 다음과 같다.
  - 정의부(김동삼 외 16명), 정의부 군대(문학빈 외 11명), 남만 청년 총동맹(박병희 외 10여 명), 한족 로동당(김응섭)
  - 중동선 방면(마용덕), 기타(안창호 외 다수)
- 결과 : 우리는 자치 행정을 실시하기로 확인하고, 자치 혁명의 부문적 조직을 단행하여 산업, 교육, 공안(公安), 위생 등 모든 자치 권력을 모아 통일적 자치 기관의 실현을 꾀하며, 중국 법률이 용인하는 한도에서 자치 내용을 공개한다. …… 현재의 분산에서 통일로 전향하여 추진하는 계기에서 여러 단체를 모아 국민부를 조직하고, 내부의 모순에 대한 대개혁을 추진하여 혁명·자치 조직을 만든다. 또한 우리 운동의 통일적 새 진로를 깨우쳐 인도할 것을 동지와 대중 앞에 선언한다.

만주 무장 투쟁

핵심 │ 자료 읽기

조선혁명군과 한국독립군 편성

- 조선혁명군 : 우리는 운동의 발전 과정에서 자치 기관인 국민부와 분리하여 독립 기치를 선명히 함과 동시에 조선 혁명의 군사 임무를 다할 것을 전조선 노력 대중과 혁명 동지에게 선언한다. …… 중앙 회의의 결정으로 국민부가 순전한 주민 자치단체로 변함에, 우리는 혁명 운동에 대한 군사 역할을 전적 임무로 하여 첫째, 재만 조선인 대중에게 혁명 의식을 주입하며 군사, 학술을 보급시켜 전선의 기본 진영을 확립한다. 둘째, 정치 학식과 군사 기능이 실제 단체 운동에 적응될 수 있는 인재를 양성하며 …… 대중의 당면 이익을 확보하여 강력한 투쟁을 전개한다.
- 한국독립군 : 중앙 지도부는 중앙 위원장(당수) 홍진, 총무 위원장 신숙, 군사 위원장 지청천, 감찰 위원장 이장녕 등으로 구성되었다. 일제의 만주 침략이 본격적으로 감행되자, 군사 조직을 강화하여 산하에 한국독립군을 조직하였다. 잡지 '한성'에는 '중국의 동북의용군과 한국독립군이 연합 작전을 선개하기를 희망한다. 동절기를 이용하여 동북과 한국에서 유격전을 전개하고 장기 항전을 계속한다면, 적을 소멸시킬 수 있을 것으로 확신한다.'라는 글이 실렸다.

중국군과 연합 작전

- 조선혁명군과 요령 민중 자위군의 합의 중국(의용군)과 한국 양국의 군민은 절실히 연합하여 일치 항전하고, 인력과 물력을 서로 통용한다. 합작의 원칙 아래 국적에 관계없이 그 능력에 따라 항일 공작을 나누어 맡는다.
- 한국독립군과 중국 길림 호로군의 협정 : 한중 양군은 어떤 불리한 환경에 처하더라도 상호 장기 항전을 맹서한다. 중동 철도(동북 지역의 철도)를 경계로 하여 서부 전선은 중국군이 담당하고 동부 전선은 한국군이 담당한다. 한중 연합 전시 후방 교련은 한국 장교가 담당하고 한국군에 수요되는 일체 물자는 중국군이 담당한다.

한국 독립군의 전투

- 쌍성보 전투 : 북만주와 동만주 일대의 항일 무장 독립 운동은 한국독립군의 활동으로 대표되었다. …… 그 때는 만주에 전운이 감돌고 일제는 북만주까지 마수를 뻗치므로 한국독립군은 항일 중국군과 제휴하여 쌍성보 전투에서 승리하였다.
- 대전자령 전투 : 일본의 파견군이 한국으로 철수하리라는 첩보를 입수한 한국 독립군은 중국군과 함께 대전자령에 진을 쳤다. 지청천이 "신호에 따라서만 공격을 개시하라."는 주의사항을 하달하였다. 전투는 4~5시간에 걸쳐 치열하게 전개되었다. 다음날 아침 전장을 정리하니 소총 1,500정, 산포와 박격포 10여 문 등 엄청난 물량의 군용품을 노획하였다.

보천보 전투 (1937)

김일성 부대가 국내 습격의 목표로 선택한 보천보, 즉 보천면 보전은 압록강으로 흘러들어오는 가림천에 면한 작은 시골 도시로 …… 5명의 경찰이 주재소에 있었을 뿐이었다. …… 한 번 이곳이 습격당하면 그 소식은 조선 내로 눈 깜박할 사이에 전해지는 것이다. 그런 의미에서 보천보는 게릴라 부대에게는 최소의 비용으로 최대의 심리적 효과를 거둘 수 있는 습격 대상이었다고 할 수 있을 것이다.　　　　　　　　　　〈동아일보〉

국내 무장 투쟁

- 천마산대 : 최시흥·최지풍·박응백 등 수십 인이 중심이 되어 평안북도 의주 천마산 부근에서 편성되었다. 각지의 청장년 5백여 명을 모집하여 화승총 및 적에게서 빼앗은 무기를 가지고 유격전을 전개하여 적의 주재소·경찰서·면사무소 등을 습격하고 일제의 경찰·밀정들을 처단하니 이름이 세상에 떨치고 압록강변 각 고을의 의사들이 구름 모이듯 하여 그 기세가 대단하였다.
- 보합단 : 김동식은 동지를 모집하여 대대적 활동을 결의했다. 김중량은 즉석에서 찬성하고 그 집 뒷산 암굴을 근거처로 삼아 대한청년결사대라는 명칭을 대조선 독립보합단으로 개칭하고 단원을 임명했다. 의주군 고관면 동암 산중으로 근거지를 옮겼다. …… 군자금 모집을 한 강탈 건수가 83회이며 그 금액은 5천 7백 원에 달하였다.

꼭! 알아두기 · 지도로 보는 만주무장 투쟁의 역사

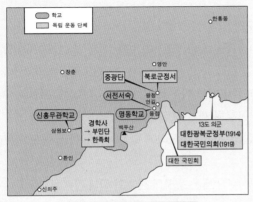

1910년대 독립 운동 기지 건설

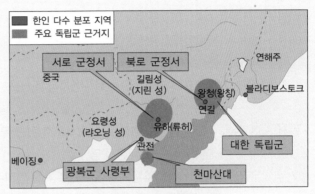

1920년대 초 독립군의 모습

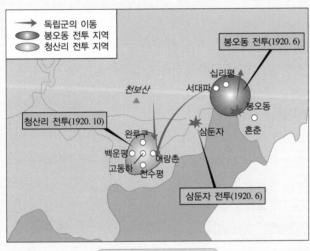

1920년대 주요 전투

독립군의 시련과 이동

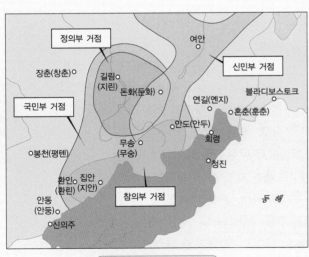

3부의 성립과 통합 운동

1930년대 무장 투쟁

① 대한민국 임시정부 : 수립과 체제

(1) 수립
- 배경 : 3 · 1 운동 이후 독립 운동의 체계화를 위해 임시정부 수립에 대한 공감대 형성 → 8개의 임시정부 수립
- 과정 ┌ 연해주 : 전로한족회중앙총회를 대한국민의회로 개편(대통령 손병희, 1919.3.17)
  ├ 상하이 : 임시의정원 구성(19.4, 의장 이동녕) → 임시헌장 채택 → 임시정부 수립(19.4.13, 국무총리 이승만)
  └ 서울 : 13도대표의 국민대회 개최 ┌ 임시정부 선포문과 국민대회 취지서 발표 ┐ → 한성임시정부 수립
      (1919.4.23)   └ 6개조 약법과 임시정부령 제1 · 2호 발표 ┘   (집정관 총재 이승만)
- 논쟁 ┌ 외교론 ┌ 내용 : 임정의 위치로 상하이를 주장(만주 · 연해주보다 상하이가 활동이 자유롭고 외교에 유리)
  │   └ 인물 : 신규식, 박은식 등
  └ 무장 투쟁론 ┌ 내용 : 임정의 위치로 만주 혹은 연해주를 주장(많은 동포의 존재와 국내 진격에 유리한 위치)
          └ 인물 : 유동열, 성낙형 등
- 결론 ┌ 주도 : 원세훈(연해주), 안창호(상하이)   cf) 1차 개헌(1919) : 대통령제 채택(대통령 이승만)
  └ 내용 : 한성정부의 법통 · 인맥 계승, 대한국민의회 해체 → 상하이에 통합정부 수립(1919.9.11)

(2) 정부 체제 : 최초의 3권 분립에 입각한 민주 공화제 정부
- 구성 ┌ 이념 : 민족주의 + 사회주의(이동휘, 한인사회당 등) + 무정부주의(신채호, 이회영 등)
  └ 인사 ┌ 대통령 : 이승만(외교 독립론)   cf) 김구 : 초대 경무국장
      ├ 국무총리 : 이동휘(무장 투쟁론, 한인 사회당)
      └ 내무총장 : 안창호(실력 양성론)
- 비밀 조직 ┌ 교통국 ┌ 성격 : 통신 기관(황해, 평안, 함경 등 이북 지역에 설치)
  │   ├ 활동 : 정보의 수집 · 분석 · 보고, 독립 운동 자금 조달
  │   └ 조직 ┌ 군 단위로 교통국, 면 단위로 교통소 설치
  │   └ 사무국 : 만주의 이륭양행(조지 쇼 운영)
  └ 연통제 ┌ 체계 : 내무부 산하의 비밀 조직
       ├ 활동 : 국내외 독립 운동을 지휘 감독, 정부의 문서와 명령 전달, 애국 공채 발행
       ├ 구성   서울(총판) → 도 (독판) → 부(부장) · 군(군감) → 면(면감)
       └ 한계 : 1922년경 일본에 의해 적발되어 와해

정부 조직 도표(1919.9)

임시 의정원(입법)

임시 대통령 ─ 국무원(행정) ─ 내무 / 외무 / 군무 / 법무 / 재무 / 학무 / 교통 / 노동국

법원(사법)

◈확인해 둘까요! ► **1910년대 중국 관내의 독립 운동 기지**

- 동제사 ┌ 주도 : 신규식 · 박은식 · 정인보 · 신채호 · 조소앙 · 김규식 · 여운형 등이 상하이에서 조직
  (1912) └ 활동 : 박달학원 설립(1913, 청년 교육), 조선사회당 명의로 국제 사회주의자대회에 독립요구서 제출
- 대동보국단(1915) : 신규식, 박은식 등이 주도한 단체로, 잡지 <진단> 발간
- 신한혁명당 ┌ 주도 : 동제사 간부(박은식, 신규식)와 이상설, 성낙형 등이 베이징에서 결성
  (1915) └ 목표 : 일시적으로 복벽주의(고종을 당수로 추대 시도)를 주장하였으나 공화주의로 전환
- cf) 대동 단결 선언 ┌ 주도 : 신규식 · 신채호 · 박은식 · 조소앙 등이 상하이에서 발표
  (1917) └ 내용 : 주권 불멸론과 국민 주권론을 주장 → 임시정부 수립의 필요성 제기
- 신한청년당 ┌ 주도 : 김규식 · 여운형 · 문일평 · 정인보 · 신규식 · 신채호 등 동제사의 소장파 인사
  (1918) └ 활동 : 파리 강화 회의에 김규식 파견 → 미국 대통령 특사 면담, <신한 청년보> 발행

2 대한민국 임시정부 : 초기 활동 (1919~23)

(1) 활동

- 자금 조달 ┌ 활동 : 국내외의 조선인에게 인구세 징수, 의연금 모금, 애국(독립) 공채 발행
  └ 경로 : 국내 → 연통제, 교통국 → 이륭양행(만주), 백산상회(부산) → 임시정부

- 군사 ┌ 내용 ┌ 만주 ┌ 무장 투쟁 지원 : 군무부 직할로 광복군사령부 설치(남만주) + 광복군총영 조직
  │   │   └ 간접 독립 전쟁 ┌ 내용 : 만주 독립군 부대를 임시정부의 직할 부대로 편입하여 지원
  │   │   └ 결과 : 서간도(서로군정서 편성) + 북간도(북로군정서 편성)
  │   └ 기타 지역 : 육군 무관 학교 설치(상하이), 한인 비행사 양성소 설치(미주)
  └ 한계 : 중국 관내에서의 직접적인 군사 활동에 제약

- 문화 ┌ 신문 : 독립신문 간행(사장 이광수)
  ├ 역사 : 사료 편찬소 운영(박은식) ex) <한일 관계 사료집>, <한국 독립운동지혈사> 편찬
  └ 학교 : 인성 학교(초등 교육) 설립, 삼일 중학교(중등 교육) 설립

- 외교 ┌ 유럽 ┌ 파리 강화 회의에 독립 청원서 제출 + 파리 위원부 설치
  │   (김규식) └ 제2차 인터내셔널 회의에서 조선 독립 결의안 채택(조소앙)
  ├ 미국 ┌ 구미 위원부 설치
  │   (이승만) └ 미국과 국제 연맹을 대상으로 활동, 각종 국제 회의에서 독립 청원 활동
  └ 소련 ┌ 한인사회당 지원(40만 루블 상당이 자금 지원), 임시정부의 승인 등에 관한 비밀 협정 체결
      (이동휘) └ 이동휘가 임시정부를 탈퇴하면서(1921) 관계 단절

(2) 한계

- 경제적 위기 : 일제의 탄압으로 연통제와 교통국 파괴 → 국내와의 단절로 심각한 자금난을 겪음

- 갈등 심화 ┌ 사상 대립 : 민족주의와 사회주의의 대립
  └ 독립 운동 노선 대립 ┌ 외교 독립론 : 이승만 → 외교 활동을 통해 국제적 도움을 받아 독립을 얻자
              ├ 실력 양성론 : 안창호 → 지금은 독립을 위해 준비하여 실력을 양성하자
              └ 무장 투쟁론 : 이동휘 → 즉각적·직접적 투쟁을 통해 독립을 쟁취하자

- 외교 활동의 한계 ┌ 국제 회의에서 조선 문제에 대한 열강의 무관심으로 외교적 성과가 미흡
  └ 이승만이 미국에 위임 통치 청원서 제출(1919) → 이 사실이 임시정부에 알려지면서 갈등 발생

꼭! 알아두기 ✓ 의열단 (1919~35)

- 조직 ┌ 주도 : 김원봉, 윤세주 → 신흥 무관 학교 출신 중심
  └ 지역 ┌ 만주 지린성에서 창립 → 본부를 일정한 곳에 두지 않고 베이징·상하이 등으로 이동
      └ 상하이에 12개의 폭탄 제조소 설치 → 폭탄 제조 기술 습득, 결사 단원 확보

- 목표 ┌ 선언서 : 조선혁명선언 ┌ 저술 : 신채호 (김원봉의 부탁으로)
  │   (1923)   └ 내용 ┌ 운동 노선 : 무정부주의, 민중을 혁명의 주체로 인식 → 민중의 직접 혁명
  │   └ 비판 대상 : 외교론·자치론·문화운동론·준비론(실력 양성론)
  └ 방법 : 일본인에게 공포심을 안겨주어 식민 통치 포기를 유도 + 민중의 봉기(= 민중의 직접 혁명) 유도

- 방법 : 폭력 투쟁 ┌ 대상 : 7가살(七可殺 : 일제의 요인 암살 + 민족 반역자 암살) + 5파괴(식민지 지배 기구 파괴)
  (1919~26) └ 방법 : 임시 정부 요인과 제휴한 투탄 계획 추진   cf) 김구·김규식·신채호 등이 실질적 고문

3 대한민국 임시정부 : 위기 극복 노력

(1) 국민대표회의 (1923)

- 배경
  - 개최 주장
    - 박은식 · 김창숙 : 이승만의 외교 노선에 대한 비판, 상하이에서 촉진선언문 발표
    - 박용만 · 신채호 : 베이징에서 군사통일회를 중심으로 소집을 적극 추진
  - 동참 : 안창호(중국 관내 세력)　　　　　　　　　　　　cf) 이승만의 반응 : 반발
- 내용
  - 주제 : 독립 운동 노선에 대한 갈등 해소, 임시정부의 새로운 노선 모색
  - 입장
    - 개조파 ┌ 안창호 → 기존 임시정부를 유지하면서 실정에 맞게 효과적으로 개혁하자
    　　　　└ 임시정부 법통에 대한 입장 : 인정
    - 창조파 ┌ 신채호 · 박용만 → 임시정부를 해체하고 새로운 정부를 수립하자
    　　　　└ 임시정부 법통에 대한 입장 : 부정 cf) 정부 수립 시도 : 국호(韓, 조선공화국), 연호(건국기원)
    - 현상 유지파 : 김구 · 이동녕 → 현재의 임시정부를 그대로 유지하자
- 결과
  - 분열 ┌ 창조파와 개조파 등 대부분의 민족 운동가들이 임시정부를 이탈
  　　　└ 임시정부는 민족 대표 단체에서 일개 단체로 전락 but 육군주만 참의부 결성(1923 or 24, 만주)
  　　　　→ 김구 · 이시영 · 이동녕 등 소수의 독립 운동가 주도
  - 극복 노력 : 중국 관내의 민족유일당 운동 전개 ex) 한국 독립유일당 북경촉성회 결성(1926, 안창호)

(2) 헌법 개정

- 배경 : 이승만 탄핵(1925) → 박은식을 제2대 대통령으로 선출
- 내용 ┌ 2차 개헌 : 국무령 중심의 내각 책임제(1926)
　　　└ 3차 개헌 : 국무위원 중심의 집단 지도 체제(1927)

◇**확인해 둘까요!** ▶ **폭력 투쟁**

1. 1920년대

- 의열단
  - 박재혁(1920, 부산 경찰서에 폭탄 투척), 최수봉(1920, 밀양 경찰서에 폭탄 투척)
  - 김익상(1921, 조선 총독부에 폭탄 투척), 오성륜 · 김익상(1922, 상하이 황포탄에서 대장 다나카 저격)
  - 김상옥(1923, 종로 경찰서에 폭탄 투척)
  - 김지섭(1924, 일본 도쿄에서 황궁으로 들어가는 이중교에 폭탄 투척)
  - 나석주(1926, 조선식산은행과 동양척식 주식회사에 폭탄 투척)
- 기타 의거
  - 강우규(1919) : 노인동맹단 소속, 사이토 총독의 마차에 폭탄 투척 but 실패 → 사형
  - 박열(1923) : 불령사 소속, 일본 황태자(히로히토) 결혼식에 일왕 암살 시도 but 실패
  - 송학선(1926) : 사이토 총독 암살 미수 사건
  - 조명하(1928) : 육군 대장 구니노미야 구니히코(일왕의 장인) 암살
- 기타 단체 : 다물단(1925, 친일파 암살), 병인의용대(1926, 친일파 한국인 습격)

2. 1930년대 – 1940년대

- 흑색공포단 ┌ 조직 : 상하이에서 무정부주의자(백정기, 이강훈)들이 결성한 남화한인청년연맹의 산하 단체
  (1931)　　└ 활동 : 친일파 왕징웨이 암살 시도, 주중 일본공사(아리요시)와 일본군 사령부 간부 암살 시도
- 대한 애국청년당(1945) : 서울에서 조문기, 유만수, 강윤국 등의 부민관 폭파 사건(대의당의 박춘금 암살 시도)

(3) 한인 애국단 (1931, 주도 : 김구)

- 결성 배경 ┌ 임시정부의 침체 극복 + 만주사변 이후 만주 독립군의 사기 진작
  └ 만보산 사건 등 일제의 한중 분열 정책 극복 + 한국인에 대한 중국인의 악화된 감정 개선

- 활동 ┌ 이봉창 의거 ┌ 내용 : 일본 도쿄, 육군 관병식을 마치고 귀궁하던 일왕 히로히토의 마차에 폭탄 투척
  │   (1932)   └ 영향 ┌ 한국 독립 운동에 대한 중국의 인식 개선
  │   └ 이봉창 의거에 대한 중국 신문 보도를 빌미로 일본이 상하이를 침략(= 상하이 사변)
  │
  ├ 윤봉길 의거 ┌ 내용 : 중국 상하이, 일본 국왕 생일(= 천장절)과 상하이 점령 축하 기념식에 폭탄 투척
  │   (1932)   ├ 영향 ─ 중국 국민당(장제스)의 임시정부 지원 : 중국 군관 학교에 한국인 특별반 설치
  │   │   → 한국광복군 창설의 기반 마련
  │   └ 임시정부에 대한 일본의 공세 강화 → 일제의 탄압을 피해 임시정부는 이동을 시작
  │
  └ 기타 의거 : 이덕주 · 유진만(조선총독부 총독 암살 시도), 최흥식(일본 관동군 사령관 암살 시도)

- cf) 기타 활동 ┌ 정당 : 한국국민당 ┌ 배경 : 김원봉의 민족혁명당에 대항하여 조직한 우익 계열 정당
  │   (1935, 항저우) └ 변화 : 조소앙 · 지청천과 함께 통합 정당인 한국독립당을 출범시킴으로써 해산
  │
  ├ 사회 단체 : 한국광복운동단체연합회(1937) : 김구 주도로 9개의 우파 정당 · 사회 단체가 연합
  │
  └ 이동 : 상하이 → 항저우(32) → 전장(35) → 창사(37) → 광둥(38) → 류저우(38) → 치장(39) → 충칭(40)

꼭! 알아두기 · 의열단 변화 : 민족혁명당과 조선의용대

1. 의열단의 노선 변화(1926~35)
- 배경 : 개별적 폭력 투쟁의 한계 인식
- 내용 ┌ 무장 투쟁 : 중국 황포군관학교 입학(26, 군사 훈련), 조선 혁명간부학교 설립(32, 난징, 중국국민당 지원)
  └ 대중적 정당 건설 + 민족연합전선 형성 노력 ex) 한국 대일전선 통일동맹 결성(1931, 상하이)

2. 민족혁명당(1935, 난징) : 중국 관내 최대의 민족 유일당
- 구성 ┌ 의열단(김원봉) + 대한독립당(김규식), 한국독립당(조소앙), 신한독립당(지청천), 조선혁명당(최동오)
  └ 김구 세력을 제외한 민족주의 계열과 사회주의 계열을 총망라
- 한계 : 김원봉의 독주로 인해 지청천 · 조소앙 이탈 → 지청천 · 조소앙은 김구와 한국광복운동단체연합회 결성
- 변화 ┌ 지청천 · 조소앙이 이탈한 이후 민족혁명당을 조선 민족혁명당으로 개칭(1937)
  └ 조선 민족혁명당이 중국 관내의 좌파 단체들과 연합하여 조선민족전선연맹 결성(1937)

3. 조선의용대(1938, 한커우) : 중국 관내 최초의 조선인 무장 부대   cf) 부녀 복무 단장 : 박차정(김원봉 아내)
- 주도 : 중일전쟁을 계기로 김원봉이 중국국민당의 지원을 받아 결성(조선 민족 전선 연맹 산하의 군사 조직)
- 활동 ┌ 중국국민당과 연합하여 주로 양쯔강 중류 지역(특히 한커우 = 우한)에서 활동
  └ 직접 전투 < 대적 심리전 + 첩보 활동, 요인 암살 시설 파괴 등의 후방 공작 활동
- 분화 ┌ 다수 ┌ 배경 : 중국 국민당의 소극적 항일 태도 + 화북 지역 독립 운동가들의 이동 요청
  (1941) │   └ 활동 ┌ 화북으로 이동하여 조선의용대 화북 지대로 재편성(1941)
         │   └ 태항산 지역에서 호가장 전투, 반소탕전 등의 항일전 전개
         └ 소수 ┌ 배경 : 김원봉 지휘로 조선 민족혁명당이 임시정부에 합류(1942)
                └ 결과 : 한국광복군의 일원으로 배속(한국광복군 부사령관 : 김원봉)

중국 관내 운동

4 대한민국 임시정부 : 재정비

(1) 태평양전쟁 발발 이전 (1940~41)

- 한국독립당 재창당 ┬ 주도 : 김구, 조소앙, 지청천 등이 중국 관내 민족주의 계열의 3개 정당을 통합
  (1940, 치장) ├ 특징 : 한국독립당 간부가 임시정부 국무위원과 임시의정원 의원을 겸임
  └ 정강 : 조소앙의 삼균주의 채택

- 한국광복군 창설 ┬ 주도 : 지청천, 이범석
  (1940, 충칭) ├ 구성 : 신흥 무관 학교 출신의 한국독립군 간부 + 조선의용대의 일부
  └ 군대 조직 노력 : 시안에 군사 특파단, 한국 청년 전지 공작대 파견

- 4차 개헌(1940, 충칭) : 주석 중심제 → 김구 주석 중심의 단일 지도 체제 확립

- 대한민국 건국강령 발표 ┬ 특징 : 삼균주의 채택 ┬ 제창 : 조소앙
  (1941, 충칭) │ └ 형성 : 삼민주의(쑨원), 대동사상(캉유웨이) 등 여러 사상의 영향
  └ 내용 ┬ 개인 · 민족 · 국가의 균등 실현 + 정치 · 경제 · 교육의 균등 실현
  └ 정치(보통 선거권 실시), 경제(토지 개혁, 大생산 시설 국유화), 교육(무상 교육)

(2) 태평양전쟁 발발 이후 (1941~45)

- 전쟁 준비 ┬ 과정 ┬ 일본에 선전 포고(1941) → 한국광복군이 연합국의 일원으로 참전
  │ └ 화북으로 이동하지 않은 조선의용대 일부 병력을 합류시켜 전력 강화(1942)
  ├ 한계 : 한국광복군 행동준승 9개항 : 중국 군사위원회가 한국광복군에 대한 지휘권 행사
  │ → 한국광복군의 독자적 작전 전개에 제약
  └ 극복 : 중국과 새로운 군사협정을 체결하여 독자적 작전권 확보(1944)

- 연합 작전 ┬ 중국 ┬ 내용 : 중국 국민당과의 연합 작전
  │ └ 활동 : 직접 전투 < 비정규전(포로 심문 + 선전 전단 작성 + 대적 회유 방송)
  ├ 영국 ┬ 내용 : 미얀마 · 인도 전선에서 영국군과 한 · 영 군사 협정을 체결하여 연합 작전(1943)
  │ └ 활동 : 전투 < 비정규전(포로 심문 + 암호 번역 + 대적 회유 방송)
  └ 미국 : 국내 진공 작전 ┬ 목적 : 연합국으로 인정받아 해방 이후 건국 문제에서 주도적 위치를 장악
  ├ 과정 : 광복군 + 미국 전략 정보국(OSS) → 국내 정진군 편성
  └ 결과 : 일본이 예상보다 빨리 항복하여 시행되지 못함

- 외교 ┬ 내용 : 중국 · 미국 등 연합국으로부터 임시정부를 한국의 정식 정부로 승인받으려고 노력
  ├ 한계 : 미국과 영국은 임시정부를 연합국의 일원으로 인정하지 않음
  └ 문제점 : 2차 세계대전의 종전 협상인 샌프란시스코 강화 회의에서도 한국을 승전국 대열에서 제외
  → 독도 문제 등 영토 분쟁의 빌미를 제공

꼭! 알아두기 · 중국 관내 독립 운동 단체에 대한 통합 노력

- 조선 민족혁명당 ┬ 내용 : 김원봉 · 김규식의 임시정부 합류 → 임시정부의 야당 형성
  └ 영향 ┬ 5차 개헌 : 주석 · 부주석제 채택(1944, 주석 김구, 부주석 김규식)
  └ 군사 : 조선의용대 일부가 한국광복군 합류(1942) ex) 한국광복군 부사령관 : 김원봉
- 조선 독립 동맹 : 해방 전 국무위원(장건상)을 파견하여 통일 전선 형성 시도 but 일제의 항복으로 중단

◇ **확인해 둘까요!** ▸ **태평양 전쟁 이후 다른 지역의 독립 준비**

1. 중국 화북
- 조선독립동맹 ─ 구성 : 조선의용대 화북 지대 + 중국 공산당 내의 조선인 → 조선 화북 청년 연합회 결성(1941)
  (1942, 옌안) ─ 주도 : 위원장 김두봉 　　　　　　　　　　　　　　　cf) 부위원장 최창익
  　　　　　　 ─ 활동 : 건국 강령 발표 ┬ 보통 선거에 의한 민주 정권 수립 → 민주 공화국 건설, 남녀평등권 확립
  　　　　　　　　　　　　　　　　　└ 토지 개혁, 대생산 시설의 국영화, 의무 교육 실시
  　　　　　　 ─ 변화 ┬ 활동 : 해방 이후 북한에서 신민당 결성(위원장 김두봉) + 연안파로 북한 정권에 참여
  　　　　　　　　　 └ 숙청 ┬ 6·25 전쟁 직후 : 전쟁 패배의 책임으로 김무정이 제거됨
  　　　　　　　　　　　　 └ 1950년대 : 8월 종파 사건으로 소련파와 함께 나머지 연안파 세력이 제거됨
- 조선의용군 ─ 구성 : 화북 지역의 무장군 + 조선의용대 화북 지대
  (1942~45) ─ 주도 : (김)무정이 결성(조선독립동맹 산하의 군사 조직)
  　　　　　　 ─ 활동 : 중국 공산당의 팔로군과 연합 → 항일 전투 전개
  　　　　　　 ─ 변화 : 해방 이후 중국 국·공 내전에 참전, 내전 이후 북한으로 들어가 북한 인민군에 편성

2. 국내 : 조선건국동맹 결성(1944)
- 주도 : 여운형(민족주의 계열 + 사회주의 계열) → 민족 연합 전선
- 활동 ┬ 서울과 지방에 비밀 조직 결성 + 군사 위원회 설치 → 무장 봉기 준비를 지도
  　　 └ 연합 전선 시도 ┬ 조선 독립 동맹(화북) : 연락원을 파견하여 조선 의용군과의 협동 작전을 계획
  　　　　　　　　　　 └ 임시정부와의 연계 도모
- 발전 : 해방 직후 조선 건국 준비 위원회로 발전

3. 미주 : 재미 한족연합위원회
- 과정 : 해외 한족 대회 개최(1941.4)를 통해 결성
- 활동 ┬ 의연금 모금 → 임시정부에 대한 자금 지원
  　　 ├ 외교 : 임시정부와 협의 후 외교위원회 설치(워싱턴), 임시정부에 대한 미국 승인 획득 노력 전개 but 실패
  　　 └ 군사 : 한인 국방 경비대(= 맹호군) 조직 → 한국 광복군에 편입

꼭! 알아두기 ▸ **일제 강점기 민족 유일당 운동**

- 국내 ┬ 신간회(1927), 근우회(1927, 여성)
  　　 └ 조선 건국 동맹(1944)
  　　　cf) 조선 청년 총동맹(1924), 조선 민흥회(1926)
- 만주 : 3부 통합 운동 → 국민부(1929), 혁신의회(1928)
- 중국 관내 ┬ 한국 독립 유일당 북경 촉성회(1926) 등 지역 촉성회
  　　　　　├ 민족혁명당(1935)
  　　　　　└ 대한민국 임시정부의 개편(1941 → 1942)
  　　　　　cf) 전국 연합 진선 협회(1939)

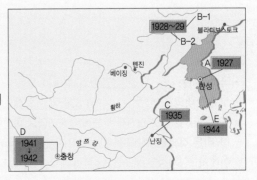

04 중국 관내 운동
SECTION

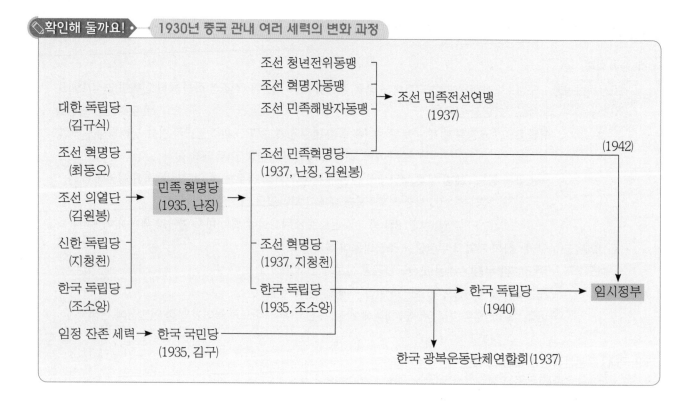

핵심 자료 읽기

대동 단결 선언 (1917, 중국 상하이)

뭉치면 서고 나뉘면 쓰러지는 것은 천도(天道)의 원리요, 나뉜 지 오래 되면 합치고자 함은 인정(人情)의 당연함이라. …… 나라가 망한 지 만 8년 만에 이르도록 일치단결의 희망이 묘연하도다. 융희 황제가 삼보(토지, 인민, 정치)를 포기한 8월 29일은 바로 우리 동지가 삼보를 계승한 8월 29일이니, 그간의 한 순간도 멈춘 적이 없음이라. 우리 동지는 완전한 상속자이니, 저 황제권이 소멸한 때가 곧 민권이 발생한 때요, 구한국 최후의 날은 곧 신한국 최초의 날이다. …… 비한국인에게 주권을 양여하는 것은 무효요, 한국의 국민성이 불허하는 바이라. 따라서 경술년 융희 황제의 주권 포기는 곧 우리 국민 동지에 대한 묵시적 선위니 우리 동지는 당연히 삼보를 계승하여 통치할 특권이 있고 대통을 상속할 의무가 있도다.

대한국민의회

본 의회는 일반 국민의 의사를 대표하는 기관으로서 전로 한족회 중앙총회 상설 위원회를 한국 국민 전체의 의사를 대표하는 기구로 정할 수 없음은 유감이나, 전 국민을 대표하는 국민 의회를 조직할 수 없으므로 상설 위원회를 임시 국민 의회로 하고 한국이 독립하는 날에 임시 대통령을 선거하여 대외 문제, 기타 내정, 외교를 맡아서 처리할 임시정부로 하는 데 있다.

한성정부

• 국내에서는 …… 안상덕, 정한교, 이규갑 등 13도 대표가 회합하여 임시정부의 제도 및 인물을 검토 결정하였으나, …… 모든 준비의 지연으로 …… 4월 22일에 이르러 집정관 총재제의 임시정부가 국민 대회 명의로 발표되었다.

• 4월 23일 낮 종로 보신각 부근에서 4~5명의 학생이 작은 깃발을 흔들고 만세를 부르면서 질주하여 곧 추적하여 체포하였다. 작은 깃발은 목면으로 만들었고, 2개에는 '국민 대회' 다른 1개에는 '공화 만세'라고 묵으로 적혀 있었다. 4월 23일 경성에서 <임시정부 선포문>, <국민 대회 취지서>라는 불온 인쇄물이 발견되었다.

임시정부 통합에 대한 논쟁

- 안창호 : 러시아령에 대한국민의회가 있습니다. 이로 인해 통일이 안 된다는 의혹이 많습니다. 그러니 우리가 정식으로 대표를 소집하되 이미 있는 대표와 러시아령, 중국령, 미주 각지에서 정식으로 투표한 의정원을 모아 지금 있는 7명의 총장 위에 저 안창호를 포함하여 이동휘, 이승만을 택하여 이 세 사람이 파리와 워싱턴의 외교도 감독시키고 군사 행동도 통일적으로 지휘함이 어떻겠습니까. 그러면 각 조직을 통합하려는 이 계획은 2개월이면 성공할 것입니다.　〈안도산 전서〉
- 문창범(무장 투쟁론) : 만주와 연해주처럼 국내와 접해 있는 지역도 국내와 연락을 충분히 할 수 없으며, 마음대로 활동할 수 없는데, 상하이와 같이 원격지이며 타국의 영토 안에 있으면서 어떤 일을 할 수 있으리라고는 생각되지 않는다.
- 통합 : 상하이와 러시아령에서 설립한 정부들을 해소하고 오직 국내에서 13도 대표가 창설한 한성정부를 계승할 것이니 국내의 13도 대표가 민족 전체의 대표라 인정한다. 하지만 정부의 위치는 상하이에 둘 것이니 각지의 연락이 편리하기 때문이다. 그리고 상하이에서 설립한 제도와 인선을 없는 것으로 하고, 한성정부의 집정관 총재 제도와 그 인선을 채택하되, 상하이에서 정부 수립 이래에 실시한 행정은 유효를 인정한다. 정부의 명칭은 대한민국 임시정부라 할 것이니 독립 선언 이후에 각지를 원만히 대표하여 설립된 역사적 사실을 살리기 위함이다.
- 정부 수립 : 금번 시위 운동할 때에 반포된 것이라. 10년의 노예 생활을 벗어나 금일에 다시 독립 대한의 국민이 되었도다. 지금 이승만씨가 대통령으로 선거되고, 국무총리 이동휘씨 이하 국민이 숭앙하던 지도자로 통일 내각이 성립되도다. 우리 국민은 이민족의 노예가 아니요, 부패한 전제 정부의 노예도 아니요, 독립한 민주국의 자유민이라. ……

대한민국 임시정부 임시헌법 (민국 원년)

우리 대한 인민은 우리나라가 독립국임과 우리 민족이 자유민임을 선언하였도다. 이로써 세계만방에 알리어 인류 평등의 대의를 밝혔으며, 이로써 자손만대에 가르쳐서 민족자존의 권리를 영원히 유지토록 하였도다. 반만년 역사의 권위를 이어받아 이천만 민족의 충성스런 마음을 합쳐서 민족의 영원한 자유 발전을 위하여 조직된 대한민국의 인민을 대표한 임시 의정원은 민의를 모아서 원년(1919) 4월 11일에 발표한 10개조 임시 헌법을 기본으로 삼아 본 임시 헌법을 만들어서 ……

제1조 대한민국은 민주공화제로 한다.
제2조 대한민국은 임시정부가 임시 의정원의 결의에 의하여 통치한다.
제3조 대한민국의 인민은 남녀 · 귀천 및 빈부의 계급이 없고 일체 평등하다.
제4조 대한민국의 인민은 종교 · 언론 · 저작 · 출판 · 결사 · 집회 · 통신 · 주소 이전 · 신체 · 소유의 자유를 향유한다.
제5조 대한민국의 인민으로 공민 자격이 있는 자는 선거권 및 피선거권이 있다.
제6조 대한민국의 인민은 교육 · 납세 및 병역의 의무가 있다.
제8조 대한민국은 구황실(舊皇室)을 우대한다.

임시정부의 초기 활동

- 외교 : 대한민국 임시정부의 적극적 활동으로 미국의 대한 감정은 유리하게 전개되었다. 1920년까지 미국 신문에 한국 문제가 게재되었는데, 이 중 50회만이 친일적 기사였고, 기타는 모두 한국에 대한 동정과 지지를 표시하는 내용이었다.
- 무장 투쟁에 대한 입장 : 전쟁이란 것은 충분히 준비된 후에 착수하지 않으면 안된다. 며칠전 충성만 표시하겠다고 출정하려 한다는 소식을 접하였다. 그 성의는 환영하나 계획은 완전할 수 없다. 일반 동포는 장래 사업을 살피어 이제라도 완전하면 우리 정부에서 동원 명령을 할 것이니, 그때에 완전무결한 계획을 시행하여 우리의 목적을 달성케 할 것이다.
- 독립신문 발행 : 문명인의 생활에 언론기관이 필요하지만 민족이 광복의 대사업을 이루려는 시점에서 더욱 필요하다. 전 국민이 통일된 대동단결을 이루는 것은 건전한 언론이 있어 동일 사상을 불러일으키고 동일 문제를 제창하며 개인과 개인, 단체와 단체 사이에 서서 그 뜻을 소통하게 함에 있다. 사상 고취와 민심 통일이 이 신문의 사명 가운데 하나이다.
- 독립 공채 : 기재 정액은 4천만 원으로 하며, 대한민국 원년 독립공채로 함. 이율은 연 5/100로 함. 상환 기간은 대한민국이 독립 후 만 5년부터 30개년 이내에 상환하는 것으로 하며, 그 방법은 재무총장이 이를 정함. 공채의 응모 기한은 대한원년 8월 1일부터 동 11월 말일까지로 함

04 SECTION

중국 관내 운동

핵심 | 자료 읽기

이승만의 위임 통치 청원서

미국 대통령 각하, 대한인 국민회 위원회는 본 청원서에 서명한 대표자로 하여금 공식 청원서를 각하에게 제출합니다. …… 우리는 자유를 사랑하는 2천만의 이름으로 각하에게 청원합니다. 각하도 평화 회의에서 우리의 자유를 강력하게 주장하여 참석한 열강들과 함께 먼저 한국을 일본의 학정으로부터 벗어나게 하여 주십시오. 장래 완전한 독립을 보증하고 당분간은 한국을 국제 연맹 통치 밑에 둘 것을 바랍니다. 이렇게 될 경우 대한 반도는 만국의 통상지가 될 것이며, 그리하여 한국을 극동의 완충국이나 또는 1개 국가로 인정하게 하면 동아시아 대륙에서의 침략 정책이 없게 될 것이며, 동양 평화는 영원히 보전될 것입니다. …… 그러나 우리나라 인민도 전쟁시 수천 명의 청년이 러시아의 의용군으로서 연합군을 위해 종군 출전하고, 또 미국에 재류하는 한인 등도 자기의 적성과 역량을 따라서 공화 원리를 위하여 인력과 재력을 바쳤던 것입니다.

국민대표회의 개최

- 최초의 임시정부를 조직할 당시 소수 사람들의 독단적 행동으로 …… 서북간도는 간도참변 이후 탄식과 원망의 소리를 내고 있다. …… 북경의 인사는 분열을 통탄하며 통일을 촉진하는 단체를 출현시키고 상해의 인사는 개혁을 주도하고 있다. …… 근본적 대개혁으로서 통일적 재조직을 위해 독립 운동의 새로운 국면을 타개하는 데에는 민의뿐이며 노력하고 분투하지 않으면 안 된다. …… 이에 이 회의의 소집을 제창한다.

- 우리 독립 운동의 과거를 회고하면 4년 전 독립 선언 당시에는 선언서가 배포되고 만다성(萬多聲)이 일어난 것도 아니었으나, 2천만 민중은 이구동성으로 일제히 향응(響應)하였다. …… 급속한 기간 내에 국민대표회의를 소집하기로 하고 우선 국민대표회의를 주비(周備)하는 주지가 무엇에 있는가를 중외에 선포하여 2천만 동포의 동성상응(同聲相應)을 구한다.

- 우리들은 수년 간의 경험에 의하여 '국민의 대단결'이라는 각오 아래 장래를 준비하고, 앞날을 위해 크나큰 행운이라고 생각한다. 국민의 대단결, 이것은 독립 운동 성패의 갈림길이며, 우리 운동의 문제는 여기에서 해결할 것이다. …… 이에 본 주비회는 시세의 움직임과 민중의 요구에 따라 과거의 문제를 해결하고 미래의 완전하고 확실한 방침을 세워 우리들의 독립 운동이 통일되어 조직적으로 진행하고자 한다. 이에 국민 대표회의 소집도 준비하여 책임을 지고 성립시킨 것이다.

대통령 선포문 : 국민대표회의에 대한 이승만의 반박

세계에 공포한 우리 임시정부는 일반 국민들이 정성을 다하고 사랑하여 받는 것인데, 상해에 일부 인사들이 여러 해 전부터 파괴를 시도하여 정부 소재지 문제로 어지러운 정국을 일으키고 있다. 현재 뒤집어엎는 계획을 실현하기에 이르렀으니, 우리 충군애국하는 동포가 이를 받아들이겠는가. 위법한 행동에 대해 흔들리지 말고 인내와 실력으로 국민 대단결을 힘써 도모하며 대표적 외교 기구인 구미위원부를 유지하여 외교 선전 사업을 진행하면서 우리의 문제가 해결되기를 기다리라.

국민대표회의 전개 과정

- 가장 논란이 된 시국 문제를 회의에서 토론하던 중 윤자영씨 등 십수 명은 시국 통일을 위하여 현 임시정부의 제도 헌법 등을 각지의 민심과 실제 운동에 적합하도록 개혁하자는 안건을 제출하였다. 그런데 윤해씨를 중심으로 한 연해주 대표와 북간도 대표의 일부는 정부를 새로 건설하자는 주장으로 그 안건을 상정 토론하는 것까지 반대하여 일주일이 넘도록 시비만 하였다. 결국 의장이 반대편에서 정식 항의가 없었으므로 안건을 토의하기로 하였다.

- 대한민국 임시정부 개조안은 해외 동포 시비의 중심 문제이던 까닭에, 그 대표들의 주장이 세 갈래로 분열되어서 토의 중에 박수 갈채할 때도 있었고, 소란한 때도 많았다. 정부를 개혁하자는 것이니, 이는 이동휘, 문창범, 윤해 일파의 주장이며, 그 배후 세력이 러시아령의 군사 운동자들이었다. 정부를 현재 상태로 유지하자는 것이니, 이는 김구, 이시영, 손정도, 송병조 일파의 주장이며, 그 배후 세력이 미주의 교민단과 동지회였다. 정부를 개조하자는 것이니, 이는 김동삼, 안창호, 여운형, 홍진 일파의 주장이며, 그 배후 세력이 미주의 대한인 국민회와 만주의 군사 운동자들이었다.

- 조선 총독부 경무국의 보고서 : 안창호가 당초 이 회의를 발기한 것은 첫째, 장차 독립운동을 계속할 것인가 계속하지 않을 것인가, 만약 계속한다면 현 임시정부는 이를 존속하되 다만 내각 인원의 개조로 끝내고, 각 파 및 각 단체를 통일하는 데

목적을 두었다. 하지만 윤해, 원세훈 등은 동지를 규합하여 자기 파의 목적을 달성하고자 했다. 그 목적으로 하는 바는 이 승만을 배척하고, 임시정부를 해체하고, 새로운 정부를 러시아령에 건설하는 것이었다.

임시정부의 위기

임시정부에는 사람도 돈도 들어오지 아니하여 대통령 이승만이 물러나고 …… 제1대 국무령으로 뽑힌 이상룡은 서간도로부 터 상해에 와서 취임하였으나 역시 내각 조직에 실패하였다. ……

이렇게 하여 정부는 자리를 잡았으나 경제적 곤란으로 정부를 유지할 길도 망연하였다. 정부의 집세가 30원, 심부름꾼 월급 이 20원 미만이었으나 이것도 낼 수가 없어서 집주인에게 여러 번 송사를 겪었다. 그래서 나는 임시정부 정청에서 자고, 밥 은 돈벌이 직업을 가진 동포의 집으로 이 집 저 집 돌아다니면서 얻어먹었다. ……

왜 이렇게 독립운동가가 줄어들었는가. 첫째로는 임시정부의 군무차장 김희선, 독립신문 사장 이광수, 의정원 부의장 정인 과 같은 무리는 왜에 항복하고 본국으로 들어갔고, 둘째로는 국내 각 도 · 각 군 · 각 면에 조직하였던 연통제가 발각되어 많 은 동지가 왜에 잡혔고, 셋째로는 생활난으로 각각 흩어져 밥벌이를 하게 됐기 때문이었다.

임시 대통령 이승만에 대한 탄핵 심판서

임시 대통령 이승만은 시세에 어두워 정견이 없고, 거리낌없이 독재 행동을 감행하였으며, 포용과 덕성이 결핍하여 민주주 의 국가 정부의 책임자 자격이 없음을 판정함.

임시 대통령 이승만이 대한민국 임시 헌법을 마음대로 위반하였고, 국정을 혼란시켜서 국법의 신성과 정부의 위신을 타락하 게 하였음을 판정함.

임시 대통령 이승만의 범과 사실을 심리하고, 대한민국 임시 헌법 제4장 21조 14항에 의하여 탄핵 면적에 해당함을 판정함.

임시 대통령 이승만을 면직시킴. …… 이승만은 외교를 빙자하고 직무지를 떠나 5년 동안 난국 수습과 대업 진행에 하등 성 의를 다하지 않았을 뿐 아니라, 허무한 사실을 제조 간포(刊布)해서 정부 위신을 손상시키고 민심을 분산시킨 것은 물론, 행 정을 저해하고 국고 수입을 방해하고 의정원의 신성을 모독하고 공결(公決)을 부인하고, 심합에 이르러서는 정부의 행정과 재무를 방해하고, 임시 헌법에 의해 의정원의 선거에 의해 취임한 임시 대통령으로서 자기 의지 위에 불리한 결의라고 해서 의정원의 결의를 부인하고, '한성 조직 계통 운운'과 같은 것은 대한민국의 임시 헌법을 근본적으로 부인하는 행위다. 이와 같이 국정을 방해하고 국헌을 부인하는 자를 하루라도 국가 원수의 직에 두는 것은 대업 진행을 기하기 어렵다.

대한민국 임시정부의 2차 개헌 : 국무령 중심의 내각제

제4조 임시정부는 국무령과 국무원으로 조직한 국무회의 결정으로 행정과 사법을 통관함

제5조 국무령은 국무회의를 대표하여 그 결정을 집행 또는 집행케 하고 임시 의정원에 대하여 책임을 부여함

한인 애국단의 조직

• 배경 : 하도 독립운동이 침체되어 우리 임시정부에서는 군사 공작을 할 수 없으면 테러 공작이라도 하는 것이 절대 필요했 다. 왜놈이 중국과 한국 두 민족의 감정을 악화시키기 위해 이른바 만보산 사건을 날조하여 조선에서 …… 중국인을 죽이 는 사건이 일어났다. 또한 만주에서 중국과 일본 사이에 만주사변이 일어나 중국이 굴욕적으로 강화했다. 당시 정세로 말 하면 우리 민족의 독립 사상을 떨치기로 보나 만보산 사건, 만주사변 같은 것으로 상하이의 길거리에서도 중 · 한 노동자 들 간에 종종 충돌이 일어나던 때 우리 한인에 대하여 심히 악화된 중국인의 악감을 풀기로 보거나 무슨 새로운 국면을 타 개할 필요가 있었다. 그래서 우리 임시정부에서 회의한 결과 한인 애국단을 조직하여 암살과 파괴 공작을 하되, 돈이나 사 람이나 내가 전담하고 다만 그 결과를 정부에 보고하라는 전권을 위임받았다. 그래서 제1착으로 이봉창의 동경사건을 주 관하였다. 〈백범일지〉

• 선서문 : 나는 적성(赤誠= 참된 정성)으로써 조국의 독립과 자유를 회복하기 위하여 한인 애국단의 일원으로 적국의 수괴 를 도륙(屠戮= 참혹하게 죽임)하기로 맹세하나이다.

04 SECTION
중국 관내 운동

이봉창 의거

• 준비 : 안공근의 집에 가서 선서식을 하고 폭탄 두 개와 300원을 주면서 "마지막 가시는 길이니 이 돈을 아끼지 말고 동경 가시기까지 다 쓰시오. 동경에 도착하여 전보를 치면 다시 돈을 보내드리리다."라고 말했다. 그리고 기념 사진을 찍기 위해 사진관으로 갔는데, 사진을 찍을 때 내 얼굴에 슬픈 기색이 있었던지 이봉창이 나를 위로하면서 "이봉창은 영원한 쾌락을 누리고자 이 길을 떠나는 것이니 기쁜 얼굴로 사진을 찍으십시다."라고 하였다. 나 역시 미소를 띠고 사진을 찍었다.

• 내용 ┌ 한국인이 일본 황제를 저격하였으나 명중치 않음.
　　　├ 일본 황제가 관병식을 마치고 환국하는 도중 돌연 저격당함.
　　　└ 불행히도 겨우 부차(副車)를 폭파했을 뿐 범인은 즉시 체포됨.　　　〈국민 일보 1932년 1월 9일〉

• 영향 : 일본 해군 육전대가 상하이에 주둔하고 있던 중국 19로군을 공격함으로써 상하이 사변이 일어났다. 당시 공격을 지휘한 일본 해군 육전대 사령관 시오자와는 "작전 개시 후 4시간이면 상황은 종료된다."라고 호언했으나 차이팅제와 상광나이가 이끄는 19로군의 강력한 저항을 받아 중국군에 의해 포위되어 전멸당하는 등 고전을 면치 못했다. 결국 공격 개시 1주일 만에 시오자와는 사령관에서 해임되고 일본은 3개 사단을 추가 파병하였다. 19로군은 일본군 9사단장이 지휘하는 총공세도 격퇴했으나 결국 일본군의 공격에 밀려 후퇴하지 않을 수 없었고, 상하이는 일본군의 수중에 들어갔다.

윤봉길 의거

• 내용 : 일제는 일본 승려 사건을 계기로 전쟁을 도발하였다. 일본은 시라카와 대장을 사령관으로 삼아 중국과 전쟁을 승리로 이끌었다. 그는 일본군의 정보를 탐지한 뒤, 4월 29일 이른바 천장절 겸 전승 축하 기념식에 폭탄을 투척하기로 하였다. 식장에 참석하여 수류탄을 투척함으로써 파견군 사령관, 일본 거류민 단장 등은 즉사하였다.

• 영향(국민당의 임시정부 지원) : 의거의 성공으로 한인에 대한 중국인의 감정은 놀랄 만큼 호전되었고, 미국 하와이 등지에 사는 한인 교포들의 임시정부에 대한 후원이 증가하여, 사업이 확장되는 단계에 나아가게 되었다. 진과부의 자동차를 타고 중앙육군군관학교 내 장개석 저택으로 갔다. …… 진과부 씨가 나를 초청하여 장씨를 대신하여 "특무 공작으로 천황을 죽이면 천황이 또 있고, 대장을 죽이면 대장이 또 있지 않소? 장래 독립하려면 군인을 양성해야 하지 않겠소?"라고 말하기에 나는 "감히 부탁할 수 없었으나 그것은 바라는 바요. 문제는 장소와 재력이오."라고 대답하였다. 그리하여 장소는 낙양 분교로 하고 학교 발전에 따라 자금을 지원한다는 약속 하에 1기에 군관 100명씩을 양성하기로 결의하였다.

• 영향(임시정부의 이동) : 아침 일찍 프랑스 공무국에서 비밀리에 통지가 왔다. 과거 10년간 프랑스 관헌이 나를 보호하였으나, 이번에 나의 부하가 일왕에게 폭탄을 던진 것에 대해서는 일본의 체포 및 인도 요구를 거절할 수 없다는 것이다. 중국 국민당 기관지 〈국민 일보〉는 "한국인이 일왕을 저격했으나 불행히도 맞지 않았다."고 썼다.

한국 국민당

5당 통일로 성립되었던 민족혁명당이 분열되어 조선혁명당이 새로 생기고 미주 대한인독립당은 탈퇴하고 의열단만이 당의 이름을 차지하고 있었다. 이렇게 분열된 원인은 의열단이 민족 운동의 가면을 쓰고 속으로는 공산주의를 실행하기 때문이었다. …… 이렇게 당이 분열되는 반면에 민족주의자의 결합이 생기니 곧 한국 국민당, 조선 혁명당, 한국 독립당 및 미주와 하와이에 있는 모든 애국 단체들이 연결하여 임시정부를 지지하게 되었다. 이리하여 임시정부는 점점 힘을 얻게 되었다.

한국독립당

한국국민당, 한국독립당, 조선혁명당 3당은 각기 해소되었음을 선언하고, 우리 3당의 결정으로 된 새로운 정당은 3 · 1 운동의 정맥을 계승한 민족 운동의 중심적 대표 당임을 성명한다. …… 중국의 용감한 항일 전쟁은 이미 4년째에 접어들었다. 외적의 붕괴와 중국의 대승리는 이미 기정사실로 공인되고 있다. 이런 천재일우의 시기에 맞춰 함께 왜적을 몰아내고 조국을 광복하는 것이 이 정당의 중대한 사명이다. 이에 본 당은 원수 일본의 모든 침탈 세력을 박멸하여 국토와 주권을 완전 광복하고 정치 · 경제 · 교육의 균등을 기초로 한 신민주국을 건설한다.

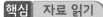

대한민국 임시정부의 4차 개헌

- 배경 : 우리는 이번 제32회 임시 의정원 회의에서 조직 기구를 변경하였으니, …… 국무위원회 주석과 국무 위원을 모두 의회에서 선출하여 종전에 국무 위원끼리 주석을 호선하던 제도를 폐하였다. 국무 위원회 주석 1인과 6인 이상 10인 이내의 국무 위원으로 국무 위원회를 조직하여 국무를 총판하여 국무 위원으로 각부를 분담케 하여 서로 안팎이 되게 하고 …… 주석은 일반 국무를 처리함에는 총리 자격을 가지고, 그 외에 정부를 대표하며 국군을 총감하는 권리를 설정하였으니, 이 방면으로는 국가 원수의 자격을 가지게 되었다. 금번의 이 개정은 전과 같은 국무 회의에서 사안을 처리하는 방식으로는 이 비상 시국을 대처하는 것이 적당치 못한 데다가 더욱 우리 군대의 총사령부가 설립되어 전방에서 군령을 행하게 되는 이때에, 통수권의 합리화가 무엇보다 급하였기 때문이다.
- 내용 : 제1조 대한민국의 주권은 인민에게 있다. 광복 완성 전의 주권은 광복 운동자 전체에게 있다.
  제27조 국무 위원회 주석의 직권은 아래와 같다. 국무 위원회를 소집한다. 임시정부를 대표한다.

삼균주의

- 임시정부는 13년(1931) 4월에 대외 선언을 발표하고 삼균주의의 건국 원칙을 천명하였으니, 보통 선거 제도를 실시하여 정권을 균(均)히 하고, 국유 제도를 채용하여 이권(利權)을 균히 하고, 공비(公費) 교육으로써 학권(學權)을 균히 하며, 국내외에 민족 자결의 권리를 보장하여 민족과 민족, 국가와 국가의 불평등을 제거할지니, 국내에 실현하면 특권 계급이 없어지고, 소수 민족의 침몰을 면하고, 정치와 경제와 교육 권리를 고르게 하고 동족과 이족에 대하여 또한 이러하게 한다.
- 대생산 기관을 국유로 하고 토지, 어업, 광업, 은행, 전신, 교통기관 등도 국유로 하며, 토지의 상속 · 매매를 금지하고, 국영 농장, 생산 · 소비와 무역의 합작 기구를 조직 · 확대하여 농공대중의 물질과 정신상 생활 정도와 문화 수준을 제고한다.
- 삼균주의를 골자로 한 헌법을 실행하여 정치와 경제와 교육의 민주적 실시로 실제상 균형을 도모하며 전국의 토지와 대생산 기관의 국유화가 완성되고 전국 학령 아동의 전수가 고급 교육의 무상 교육이 완성되고 보통 선거 제도가 구속 없이 완전히 실시되어 …… 극빈 계급의 물질과 정신상 생활 정도와 문화 수준이 최고 보장되는 과정을 건국의 제2기라 한다.

한국광복군(1940)

- 등장 배경 : 시국이 점점 절박하여 중 · 일의 전운이 짙어지는 것을 관찰한 본 정부는 …… 병력을 모집 훈련하여 기본 대오를 삼고 하급 장교 속성소를 설치하고, 남 · 북만주의 의용군 및 교포와의 긴밀한 조직을 완성하여 활동을 도모한다.
- 장병 모집 : 나는 목숨을 걸고 탈출하여 온갖 고생 끝에 충칭으로 가는 6천리 장정의 길에 나섰다. 김학규 장군이 이끄는 특별 훈련반에 참가하여 훈련을 받은 다음 충칭으로 가서 임시정부에 가담하였고, 이범석 장군의 부관이 되어 시안에 있는 제2지대로 찾아가서 OSS 특별 훈련을 받았다. ⟨돌베개⟩
- 선언서 : 대한민국 임시정부는 대한민국 원년(1919)에 정부가 공포한 군사 조직법에 의거하여 …… 중화민국 영토 내에서 한국 광복군을 조직하고 1940년 9월 17일 한국광복군 총사령부의 창설을 선언한다. …… 한국광복군은 중화민국 국민과 합작하여 두 나라가 독립을 회복하고자, 공동의 적인 일본 제국주의자들을 타도하기 위해 연합군의 일원으로 항전한다. …… 우리는 희망을 갖고 조국의 독립을 위해 우리의 전투력을 강화할 시기가 왔다고 확신한다. …… 우리들은 한 · 중 연합 전선에서 우리 스스로의 부단한 투쟁을 감행하여 동아시아를 비롯한 아시아 민중들의 자유와 평등을 쟁취할 것을 약속하는 바이다.

한국광복군 강령

우리의 분산된 무장 역량을 총집중하여 조국 광복 전쟁을 전면적으로 전개시킬 것
중국 항전에 참가하여 중국 항일군과 연합하여 왜적을 박멸할 것
정치, 경제, 교육을 평등으로 한 신민주 국가 건설에 군사적 기둥이 될 것
인류의 화평과 정의를 지지하는 세계 제 민족과 함께 인류 발전의 장애물을 소탕할 것

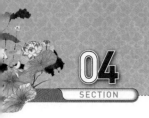

04 SECTION

중국 관내 운동

대일 선전 성명서

우리는 3천만 한국 인민과 정부를 대표하여 삼가 중·영·미·소 기타 제국의 대일 선전이 일본을 격패케 하고 동아를 재건하는 가장 유효한 수단이 됨을 축하하여 이에 특히 다음과 같이 성명한다.

1. 한국 전체 인민은 이미 반침략 전선에 참가하여 한 개의 전투 단위로서 추축국에 대하여 전쟁을 선포한다.

2. 1910년 합방 조약과 일체의 불평등 조약의 무효를 거듭 선포하며, 아울러 반침략 국가의 한국에서의 합리적 기득권익을 존중한다.

3. 왜구를 한국과 중국 및 태평양에서 완전히 몰아내기 위하여 최후의 승리를 거둘 때까지 피로써 싸운다.

5. 루스벨트·처칠 선언을 견결히 주장하며 한국 독립을 실현키 위하여 이것을 적용하여 최후 승리를 축원한다.

한국광복군 행동 준승 : 독자적 작전권에 대한 제약

1. 한국광복군은 우리 중국의 항일 작전 기간에 본회(중국 군사 위원회)에 직할 예속하여 참모총장이 장악·운영한다.

2. 한국광복군은 본회에서 통할 지휘하되 중국이 계속 항전하는 기간과 임시정부가 한국 국경으로 추진하기 이전에는 중국 최고 통수부의 유일한 군령을 접수할 뿐이요, 기타의 군령 등은 접수하지 못할 것이오. ……

5. 한국광복군 총사령부 소재지는 중국 군사 위원회에서 지정한다.

7. 한국광복군의 지휘명령에 관한 것이나 문서와 무기의 청구 수령 등에 관한 것은 중국 군사 위원회에서 지정하여 책임지고 연락·제공한다.

9. 중일전쟁이 끝나고도 한국 임시정부가 여전히 한국으로 진격하지 못하였을 경우 광복군을 이후에 어떻게 운영할 것인가는 본회의 일관된 정책에 기본을 두고 당시의 정황에 비추어 책임지고 처리한다.

한국광복군에 관한 한·중 양방 상정 판법

1. 한국광복군은 대한민국 임시정부에 소속하며, 조국의 광복을 목적으로 한다.

3. 한국광복군이 중국 국경 내에 있어서 훈련·초모 공작을 진행할 때에는 한·중 양방의 협상을 거쳐야 한다.

4. 한국광복군의 연락 사항에 관하여는 대한민국 임시정부와 중국 군사 위원회가 대표를 보내어 협정케 한다.

6. 한국광복군이 필요로 하는 일체의 군비는 차관(借款) 형식으로 중국이 대한민국 임시정부에 제공한다.

국내 진공 작전 준비 : 한·미 군사 합작 합의 사항

2. 한국광복군은 미군으로부터 무전 기술과 기타 필요한 전술을 훈련받고 적진과 한반도에 잠입하여 연합군 작전에 필요한 군사 정보를 제공한다.

3. 미군은 공동 작전에 필요한 모든 무기 및 군수 물자를 한국광복군에게 공급한다.

6. 합의된 사항을 실천하기 위하여 각기 상부의 재가를 받고, 중국 군사 위원회의 동의를 얻는 데 상호 적극 노력한다.

국내 진공 작전

• 독수리처럼 날아 용맹스럽게 적진으로 침투한다는 작전명에서 드러나듯이 작전의 기본 목적은 비밀 첩보 활동에 두어져 있었다. 계획에 따르면 우선 한국 광복군에서 60명의 요원을 선발하여 미군의 지원 아래 3개월 동안 정보 수집, 보고, 통신 훈련을 실시한 후, 그 중 45명의 적격자를 선발해 서울, 부산, 평양, 신의주, 청진에 각각 6~8명씩을 침투시키도록 되어 있었다.

• 이번 연합군과의 작전에 모든 운명을 거는 듯하였다. 주석(主席)과 우리 부대의 총사령관이 계속 의논하는 것을 옆에서 들

핵심 자료 읽기

었기 때문에 더욱 일의 중대성을 절감하였다. 드디어 시기가 온 것이다! 독립 투쟁 수십 년에 조국을 탈환하는 결정적 시기가 온 것이다. 이때의 긴장감은 내가 일본 군대를 탈출할 때와는 다른 긴장감이었다. 목적은 같으나 그때는 막연한 미지의 세계에 뛰어드는 것이었지만 이번에는 분명히 조국으로 가는 것이 아닌가?　　　　　　　　　　〈장정〉

• 1945년 7월 말, 드디어 3개월간의 제1기생 50명의 OSS 특수 공작 훈련이 끝났다. 나는 무전 기술 등의 시험에서 괜찮은 성적을 받았고 국내로 침투하여 모든 공작을 훌륭하게 수행할 수 있는 자신을 얻었다. …… 다음날 사젠트 소령은 쿤밍에서 가지고 온 무기와 무전기, 조선 은행권, 금괴, 각종 가짜 증명서, 국민복, 모자, 신발 등 국내 것과 똑같은 일체 장비를 이 장군에게 넘겨주었다. 이로써 우리들의 국내 잠입 준비는 완료되었고 출발 명령만 내리면 언제든지 떠날 수 있게 되었다. 이 장군은 진입 대원들에게 몇 시간 뒤에라도 출동할 수 있도록 특별 대기령을 내렸다.　　　　　　　　　〈장정〉

국내 진공 작전의 좌절

왜적이 항복한다 하였다. 아! 왜적의 항복! 이것은 내게 기쁜 소식이라기보다는 하늘이 무너지는 듯한 일이었다. 천신만고 끝에 수년 동안 애를 써서 참전할 준비를 한 것도 다 허사이다. 시안과 푸양에서 훈련을 받은 우리 청년들에게 여러 가지 비밀 무기를 주어 산둥에서 미국 잠수함에 태워 본국으로 들여보내어 국내의 중요한 곳을 파괴하거나 점령한 뒤에 미국 비행기로 무기를 운반할 계획까지도 미국 육군성과 다 약속이 되었던 것을 한 번 해 보지도 못하고 왜적이 항복하였으니 …… 걱정이 되는 것은 우리가 이번 전쟁에 한 일이 없기 때문에 장래 국제간에 발언권이 박약하리라.　　　〈백범일지〉

중국 관내의 통일 전선 형성 노력

• 임시정부의 국무위원이었던 저는 옌안으로 가서 김두봉을 직접 만났어요. 그에게 좌우 통일 전선을 충칭에서 결성하자고 제의했더니 찬성하더라구요. 자기가 충칭으로 오겠다는 겁니다. 다른 간부들도 모두 찬성이었어요. 그 때는 일제의 패망이 얼마 남지 않았음을 확신할 수 있었던 때였으니까 우리가 하루빨리 뭉쳐 해방에 대비해야 한다는 생각을 쉽게 가질 수 있던 때였습니다.

• 내가 옌안에서 사흘 동안 묵으면서 '좌우합작이 이번에는 정말 성공하는구나' 라는 꿈에 젖었는데, 그 다음날 깨어보니 일제가 항복을 하였습니다. 정말 감격했습니다. 그러나 나도 인간인지라 한 가지 아쉬움을 느꼈습니다. 그것은 충칭에 있는 대한민국 임시정부와 이곳 옌안에 있는 조선독립동맹의 통일 전선을 미처 보지 못하고 해방을 맞이한 데서 오는 것이었습니다.　　　　　　　　　〈혁명가들의 항일 회상〉

의열단 결성

• 지금의 상태는 우리가 신흥학교에서 공부만 하고 있을 수가 없으므로 속히 독립의 목적을 이루려 하면 직접 행동을 취하지 않으면 안 된다. 우리가 광복 운동을 시작한 이래 임시정부를 조직하고, 군대를 조직하고, 혹은 공산당과 제휴하고 혹은 국민 회의를 개최하는 등 여러 가지를 강구해 보았으나 얻은 바가 무엇이냐? 1919년 만주 길림성에서 조직된 우리는 동경과 경성 2곳을 노리고 있다. 조선 총독을 죽이기를 5~6명에 이르면 후계자가 되려는 자가 없을 것이고, 동경에 폭탄을 터트려 매년 2회 이상 놀라게 하면 그들 스스로 한국을 포기하게 될 것이다. 우리는 독립을 위해 국내와 중국 만주 등지의 간악배를 처단할 뿐만 아니라 식민 통치 기관을 폭파할 것이다. …… 혁명은 정규군 또는 헛된 선전에 의하여 목적을 달성하는 것이 아니라 모름지기 죽음을 각오한 사(士)와 폭탄의 위력을 기다리는 수밖에 다른 길이 없다. …… 운명에서 해방되려면 오직 폭력적 혁명밖에는 다시 길이 없다.

• 세계에 우리 조선 민족처럼 온갖 압박과 모든 고통에서 신음하는 자가 또 있을까? 환해 삼천리가 일대 감옥을 이루었으며, 이천만 민중의 운명이 잔혹한 학살귀의 수중에 지배된다. 우리는 빨리 해방되어 자유를 찾지 못하면 영구히 멸망의 함

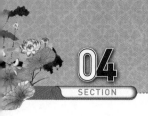

핵심 | 자료 읽기

정에 빠지고 말 것이다. 우리는 오랫동안 일본의 통치 밑에서 노예와 같이 굴종하고, 소나 말과 같이 취급되어 피와 기름을 있는 대로 짜내어 강도들을 살찌웠으며, 무수한 생명도 희생되었다. …… 우리는 자유를 찾지 못하면 영구히 멸망될 것을 알았다. 그러면 자유를 위하여 몸 바칠 뿐이다. 자유의 값은 오직 피와 눈물이다. 자유는 은혜로써 받을 것이 아니오, 힘으로써 싸워서 취할 것이다. 우리에게 얽매인 쇠줄은 우리의 손으로 끊어버려야 된다. 우리 생활은 오직 자유를 위하는 싸움뿐이다. …… 완전한 독립과 자유가 올 때까지 싸우자! 싸우는 날에 자유는 온다.

의열단 활동
- 의열단은 암살 대상으로 (1) 조선 총독 이하 고관, (2) 군부 수뇌, (3) 대만 총독, (4) 매국적, (5) 친일파 거두, (6) 적의 밀정, (7) 반민족적 토호 열신 등을 규정하니, 7가살(七可殺)이라 하는 것이 바로 이것이오, 파괴 대상은 (1) 조선총독부, (2) 동양척식회사, (3) 매일 신보사, (4) 각 경찰서, (5) 기타 왜적 주요 기관 등이었다.
- 이제 폭력의 목적물을 대략 열거하건대, 조선 총독 및 각 관공리, 일본 천황 및 각 관공리, 정탐노 · 매국적, 적의 일체 시설물, 이 밖에 각 지방의 신사나 부호가 비록 현저히 혁명 운동을 방해한 죄가 없을지라도 언어 혹 행동으로 우리의 운동을 완화하고 중상하는 자는 폭력으로써 대응할지니라.
- 의열단은 초기에 암살부 · 재무부 · 교육부(이상 하얼빈 소재), 비행기부 · 폭탄부 · 총기제조부(이상 블라디보스토크 소재), 선전부(베이징 소재)의 7개 부서로 구성되었다. 1922년 말 폭탄부와 권총부를 두고 있고, 단원은 20명으로 상하이에 5명이 머물고 있으며, 통신소는 베이징에 있었다. 통신소는 본부를 말하는 것인데, 1923년 상반기 상하이에 있었다.

의열단의 공약 10조
1. 천하에 정의로운 일을 맹렬히 실행하기로 한다. / 2. 조선의 독립과 세계의 평등을 위하여 목숨을 희생하기로 한다.
3. 충의의 기백과 희생의 정신이 확고한 자라야 단원으로 한다. / 4. 단의에 선(先)히 하고 단원의 의(義)에 급히 한다.
5. 의백(義伯) 1인을 선출하여 단체를 대표한다. / 6. 언제, 어디서나 매월 1차씩 사정을 보고한다.
7. 언제, 어디서나 초회(招會)에 필응(必應)한다. / 8. 죽지 않고 살아있어 단의 뜻을 이루도록 한다.
9. 한사람은 다수를 위하여 다수는 한사람을 위하여 헌신한다. / 10. 단의 뜻에 배반한 자는 척살한다.

의열단의 성격 변화
- 단이 결성된 이후 지난 7년간 부절한 폭동에도 결국 민중을 각오시키지는 못하였다. 민중을 각오시키는 것은 오직 탁월한 지도 이론이다. 교육과 선전이다. 그 밖의 다른 길은 없었다. 혁명은 곧 제도의 변혁이다. 몇몇 요인의 암살과 몇 개 기관의 파괴로는 결코 제도를 변혁할 수 없다. …… 암살 · 파괴 거사가 기대했던 만큼 민중을 각오 분발시키거나 일절 봉기의 촉발제가 되지는 못했다. 오히려 민중의 조직화와 체계적인 의식화가 급선무 …… 제도를 수호하는 것은 곧 군대와 경찰이다. 이들의 무장 역량을 해제할 수 있어야 비로소 혁명은 달성되는 것이다. 전 민중이 각오하여야 하고 단결하여야 하고 조직되어야 한다. 전 민중의 일대 무장투쟁이 아니고는 강도 일본을 구축할 도리가 없다. 혁명을 달성할 길이 없다.
- 1925년 여름을 전후하여 의열단의 대부분은 광저우에 가서 황포군관학교와 국립 광동 대학에 입학하였다(실제 입학 1926년). 그때 단원들이 누구나 다 황포군관학교에 쉽사리 입학한 것은 아니었다. …… 단원들은 중국 청년들과 마찬가지로 학교에서 규정한 입학시험에 참가해야 했고, 또 학교에서 제정한 여러 가지 조례에 따라 엄격한 심사를 거쳐야 했다.

조선민족 전선연맹 조직
조선 민족의 유일한 활로는 단결된 전민족의 역량에 의해 일본 제국주의를 타도하고 조선 민족의 자주 독립을 완성하는 데 있다. 그러므로 조선 혁명은 민족 혁명이며, 우리의 전선은 민족 전선이다. 계급 전선도 아니고 인민 전선도 아니고, 프랑스 · 스페인 등의 국민 전선과도 엄격히 구별된다.

조선의용대 결성

- 신한 독립당, 조선 혁명당, 의열단 등 5개 단체가 합쳐져서 동맹을 조직하게 되었으니, …… 조직적인 체계를 갖춘 항일 군대 편성의 과정을 거쳐서 …… 조선의용대를 조직하여 중국 결사대와 손을 잡고 영웅적 활동을 개시하였다.
- 금일의 동양의 강도 일본 군벌은 아세아를 경탄(鯨呑)하고, 나아가서는 다년의 미몽인 세계 정복으로 옮기려 하는 광기가 되어, 중화민국 침략 전쟁을 개시하였다. 저들 일본은 가장 야만적이고, 난폭한 수단으로써 중국 제일의 항일 중심지인 무한(武漢)을 공격하여 왔다. 이때를 당하여 전 중국 민중은 중국을 위하여, 민족 독립과 자유를 위하여, 또는 인류 평화와 정의를 쟁취하기 위하여, 감연히 일어나 이 위대한 항일 혁명 전쟁에 참여하였다. 이에 있어서 우리 재화(在華) 조선 혁명 당원은 모름지기 이 정의전(正義戰)에 가입하고 다시 본 전쟁 중에 조국의 독립을 쟁취해야 할 것이다. 인하여 우리들은 우선 조선 민족 전선 연맹의 기치 하에 일치단결하고, 동시에 동양에 있어서의 항일의 위대한 최고 지도자인 장(蔣)위원장 아래 참집하여 이 부대를 조직한 것이다.

조선의용대의 분화

- 이 나라에 머물고 있는 조선의 애국자들이 항전 참가를 위해 김약산(김원봉)의 지휘하에 조선의용대를 결성하였다. 특히, 조선의용대는 황포 및 기타 중국 군관학교에서 훈련받은 적이 있는 청년 군인을 기간으로 하여 수백 명의 구성을 갖고 있다. 대원들 중 일부는 우한(한커우) 전투 후 북상하여 옌안과 화북으로 들어갔고, 남은 대원들은 우한 방위를 위해 무장 선전대로 활동하였다.
- 중국 군사 위원회 정치부에 직속되어 대적 선전 활동을 전개하던 저들은 화북 지방으로 이동하여 항일 투쟁을 전개하고자 하였습니다. 이에 제 1, 2지대는 한커우에 있을 때부터 이미 황허를 건너 북상할 뜻을 품고 있었습니다. 저들이 뤄양, 라오허커우 일대로 주재지를 옮긴 이유도 바로 여기에 있었습니다. 저들은 그동안 부단히 옌안과 연락을 취해 왔습니다. (중화) 민국 28년에는 대원 수십 명이 옌안의 항일 대학에서 훈련을 받기도 하였으나, 그곳으로 이동하지는 못하였습니다.

조선의용대 화북지대의 활동

원씨현에서 활발한 선전 활동을 전개하던 부대의 동향을 주시해 오던 적은 부대가 머물던 호가장 마을을 포위하였다. 이에 대원들은 이를 알고 혈전을 벌였다. 대원들은 기관총과 소총으로 대응 사격하면서 포위망 돌파에 나섰다. 몇 배나 강한 적의 화력을 뚫고 대부분의 대원은 탈출했으나 일부는 전사하거나 체포되었다. 적군이 호가장을 습격할 수 있었던 것은 호가장 내의 중국인 스파이가 몰래 밀고했기 때문이었으며, 전투는 팔로군이 지원함으로써 끝났다. 〈신천지〉

조선독립동맹의 목표와 임무

조선독립동맹은 일본 제국주의의 조선 통치를 종식시키고, 조선의 독립과 자유를 획득하여 조선 민주 공화국을 세우는 것을 목표로 한다. 조선독립동맹은 조선 민족 반일 통일 전선의 확대, 세계 반파시스트 운동에 대한 지지, 조선 민족의 이익 옹호 등 10대 임무로 한다.

1. 본 동맹은 조선에 대한 일본 제국주의의 지배를 전복하고 독립 자유의 조선 민주 공화국을 수립할 목적으로 다음 임무를 실현하기 위하여 싸운다.

(1) 전 국민의 보통 선거에 의한 민주 정권을 수립한다.

(6) 조선에 있는 일본 제국주의의 일체 자산 및 토지를 몰수하고 일본 제국주의와 밀접한 관계에 있는 대기업을 국영으로 귀속하고 토지 분배를 실행한다.

(9) 국민 의무 교육 제도를 실시하고 이에 필요한 경비는 국가가 부담한다.

(10) 중국, 특히 화북 각지에 거주하는 조선 동포를 위하여 정치·경제·문화 등 각 면에서 분투한다.

(11) 전 조선 민중의 반일 투쟁을 전개하기 위하여 혁명 무장대의 건립에 노력한다.

04 SECTION
중국 관내 운동

핵심 자료 읽기

조선혁명선언

자치 운동 비판 : 자치 운동을 주장하는 자-누구이냐?

너희들이 '동양 평화', '한국 독립 조선' 등을 담보한 맹약이 먹도 마르지 아니하여 삼천리 강토를 집어먹던 역사를 잊었느냐? '조선인민 생명재산 자유보호', '조선인민 행복증진' 등을 신명(申明)한 선언이 땅에 떨어지지 아니하여 2천만의 생명이 지옥에 빠지던 실제를 못 보느냐? 3 · 1 운동 이후 일본이 또 우리의 독립운동을 완화시키려고 송병준 등 한 두 매국노를 시키어 미친 주장을 부름이니, 이에 부화뇌동하는 자-맹인이 아니면 간사한 무리가 아니냐? 강도 일본이 과연 관대한 도량이 있어 이들의 요구를 허락한다 하자. 내정독립을 찾고 각종 이권을 찾지 못하면 조선 민족은 굶주린 귀신이 될 뿐이 아니냐?

문화 운동 비판 : 일본 강도 정치하에서 문화 운동을 부르는 자-누구이냐?

문화는 산업과 문물이 발달한 총적(總積)을 가리키는 명사니 경제 약탈의 제도하에서 생존권이 박탈된 민족은 그 종족의 보전도 의문이거늘, 문화 발전의 가망이 있으랴? …… 어디 사람의 피를 빨다가 골수까지 깨무는 강도 일본의 입에 물린 조선 같은 데서 문화를 발전시킨 전례가 있더냐? 검열 · 압수 모든 압박 중에 몇몇 신문 · 잡지를 가지고 문화 운동으로 떠들며, 강도의 비위에 거스르지 아니한 언론이나 주장하여 이것을 문화 발전으로 본다 하면, 문화 발전이 조선의 불행인가 하노라.

이상의 이유에 따라 우리는 우리의 생존의 적인 강도 일본과 타협하려는 자치 운동이나 강도 정치 하에서 기생하려는 주의를 가진 문화 운동이나 다 우리의 적임을 선언하노라.

강도 일본의 구축(驅逐)을 주장하는 가운데 또 다음과 같은 논자들이 있으니,

외교론 비판 : 첫째는 외교론이니, …… 갑신(甲申) 이래 유신당 · 수구당의 성쇠가 거의 외국의 원조 유무에서 판결되며, 위정자의 정책은 오직 이 나라를 끌어들여 저 나라를 제압함에 불과하였고, 그 의뢰(依賴)의 습성이 일반 정치 사회에 전염되어 즉 갑오(甲午) 갑진(甲辰) 양 전쟁에 일본이 수십 만의 생명과 수억 만의 재산을 희생하여 청 · 러 양국을 물리치고, 조선에 대하여 강도적 침략주의를 관철하려 하는데, 우리 조선의 "조국을 사랑한다. 민족을 건지려 한다"하는 이들은 …… 청원서나 여러 나라 공관에 던지며 탄원서나 일본 정부에 보내어 국세의 외롭고 약함을 슬피 호소하여 국가 존망, 민족 사활의 대 문제를 외국인 심지어 적국인의 처분으로 결정하기만 기다리었도다. 그래서 '을사조약', '경술합병' – 곧 '조선'이란 이름이 생긴 뒤 몇 천년만의 처음 당하던 치욕에 조선 민족의 분노적 표시가 겨우 하얼빈의 총, 종로의 칼, 산림유생(山林儒生)의 의병이 되고 말았도다. …… 최근 3 · 1 운동에 일반 인사의 '평화 회의 국제 연맹'에 대한 과신의 선전이 도리어 2천만 민중의 용기있게 분발하여 전진하는 의기를 쳐 없애는 매개가 될 뿐이었도다.

준비론 비판 : 둘째는 준비론이니, 을사조약 당시에 여러 나라 공관에 빗발돋듯 하던 종이 쪽지로 넘어가는 국권을 붙잡지 못하며, 정미년의 헤이그 밀사도 독립 회복의 복음을 안고 오지 못하매, 이에 차차 외교론에 대하여 의문이 되고 전쟁이 아니면 안 되겠다는 판단이 생기었다. 그러나 군인도 없고 무기도 없이 무엇으로 전쟁하겠느냐? 총도 장만하고 돈도 장만하고 대포도 장만하고 장관이나 졸병감까지라도 다 장만한 뒤에야 일본과 전쟁한다'라 함이니, 우리의 부족한 것이 자꾸 느껴지고, 그 준비론의 범위가 전쟁 이외까지 확장되어 교육도 진흥해야겠다, 상공업도 발전해야겠다, 기타 무엇 무엇 일체가 모두 준비론의 부분이 되었다. 경술(庚戌)이후 …… 그 소득이 몇 개 학교와 모임뿐이었다. 그러나 그들의 성의 부족이 아니라 실은 그 주장의 착오이다. 강도 일본이 정치 · 경제 양방면으로 구박을 주어 경제가 날로 곤란하게 생산기관이 전부 박탈되어 입고 먹을 방법도 단절되는 때에 무엇으로, 어떻게, 실업을 발전하며, 교육을 확장하며, 더구나 어디서, 얼마나, 군인을 양성하며, 양성한들 일본 전투력의 백분의 일에 비교되게라도 할 수 있느냐? 실로 한바탕의 잠꼬대가 될 뿐이로다.

이상의 이유에 의하여 우리는 외교론, 준비론 등의 미몽을 버리고 민중이 직접 혁명의 수단을 취함을 선언하노라.

혁명의 길은 파괴부터 개척할지니라. 그러나 파괴만 하려고 파괴하는 것이 아니라 건설하려고 파괴하는 것이니, 건설할 줄을 모르면 파괴할 줄도 모를지며 파괴할 줄을 모르면 건설할 줄도 모를지니라. 건설과 파괴가 형식상에서 보아 구별될 뿐이요 정신사에서는 파괴가 곧 건설이니. 우리가 일본세력을 파괴하려는 것이, 혁명은 전쟁이요 폭동은 예술이다.

핵심 자료 읽기

조선 민족의 생존을 유지하자면 강도 일본을 구축할지며, 강도 일본을 구축하자면 오직 혁명으로써 할 뿐이니, 혁명이 아니고는 강도 일본을 구축할 방법이 없는 바이다. 그러나 우리가 혁명에 종사하려면 어느 방면부터 착수하겠느뇨?
구시대의 혁명으로 말하면, 인민은 국가의 노예가 되고 그 이상에 인민을 지배하는 상전 곧 특수세력이 있어 그 소위 혁명이란 것은 특수세력의 명칭을 변경함에 불과하였다. …… 오늘날 혁명으로 말하면 민중이 곧 민중 자기를 위하여 하는 혁명인 고로 '민중 혁명'이라 '직접 혁명'이라 칭함이며, 민중 직접의 혁명인 고로 …… 돈 없는 군대 없는 민중으로 백만의 군대와 억만의 부력(富力)을 가진 제왕도 타도하며 외국의 도적도 구축하니, 그러므로 우리 혁명의 첫 걸음은 민중 각오의 요구니라.

민중은 어떻게 각오하느뇨? …… 그러므로 우리의 민중을 깨우쳐 강도의 통치를 타도하고 우리 민족의 새로운 생명을 개척하자면 양병(養兵) 십만이 한 번 던진 폭탄만 못하며 억천 장 신문·잡지가 한 차례 폭동만 못할지니라.
우리 지나온 경과로 말하면 갑신정변의 특수 세력이 특수 세력과 싸우던 궁중의 한때 활극이 될 뿐이며, 경술 전후의 의병들은 충군애국의 대의로 분격하여 일어난 독서 계급의 사상이며, 안중근·이재명 등 열사의 폭력적 행동이 열렬하였지만 그 뒷면에 민중적 역량의 기초가 없었으며, 3·1 운동의 만세소리에 민중적 일치의 의기가 언뜻 보였지만 또한 폭력적 중심을 가지지 못하였도다. '민중·폭력' 둘 가운데 하나만 빠지면 비록 천지를 뒤흔드는 장렬한 거동이라도 또한 번개같이 수그러지는도다.

민중은 우리 혁명의 대본영이다. 폭력은 우리 혁명의 유일한 무기이다. 우리는 민중 속에 가서 민중과 손을 잡고 끊임없는 폭력−암살·파괴·폭동으로써 강도 일본의 통치를 타도하고, 우리 생활에 불합리한 일체 제도를 개조하여 인류로써 인류를 압박지 못하며, 사회로써 사회를 박탈치 못하는 이상적 조선을 건설할지니라.

자료 보기

대한민국 임시정부의 이동

한국광복군의 활동과 국내 진공 작전 계획

조선의용대의 분화

이봉창

김구와 윤봉길

한국광복군

OSS 훈련 요원

1 민족주의 사학

(1) 박은식 : 호 백암, 별호 태백광노(太白狂奴), 무치생(無恥生)

- 역사
  - 저술
    - 인물
      - 고대 : <동명성왕실기>, <천(연)개소문전>, <명림답부전>, <발해태조건국지>
      - 근대 : <안의사중근전>, <이준전>　　　　　　　cf) <이충무순신전>
    - 일반
      - 고대 : <대동고대사론>(1916, 고조선 서술), <대동민족사>, <단조>, <발해사>, <금사>
      - 근대 : <한국 통사>(1915, 일제의 침략 폭로), <한국 독립운동지혈사>(1920, 독립 투쟁 정리)
  - 인식
    - '역사는 신(神)이요, 나라는 형(形)이다'　　　cf) 여진족 등 만주의 북방 민족을 단군의 후예로 인식
    - 국가나 민족의 흥망은 국혼의 존재 여부에 달려 있으며, 그 국혼은 역사에 담겨 있다는 것
- 활동
  - 합병 전
    - 언론 : 황성신문 주필(1898), 대한매일신보 주필(1904)
    - 사회 : 독립협회 가입, 애국계몽운동(대한자강회 → 신민회 → 서북학회)
    - 문화
      - 조선 광문회 : 최남선과 더불어 민족 고전을 연구 · 간행
      - 유교 구신론(개혁론) 제창 : 양명학 중심의 유학 주장, 대동교 창립, <왕양명실기> 저술
  - 합병 후
    - 조직 : 동창학교(윤세복), 동제사(1912), 신한혁명당, 대동보국단, 대한국민 노인동맹단(1919)
    - 대한민국 임시정부 : 사료편찬소 · 독립신문사 운영, 제2대 대통령으로 취임(1925)

(2) 신채호 : 호 단재

- 역사
  - 저술
    - <조선사 연구초>(1924~29) : 우리 민족을 중국에 필적하는 강한 민족으로 서술 ┐
    - <조선 상고사>(1931~48) : 단군부터 삼국 시대까지의 고대사를 주체적으로 서술 ┤ 고대사 연구
    - <조선 상고문화사> : 대종교와 연결되는 전통적 민간 신앙에 관심 ┘
    - 기타 : <동국고대 선교고>, <조선사론>　　cf) 부여족 중심의 인식 : '단군조선-부여-고구려'로 파악
  - 인식
    - 역사를 '아(我)'와 '비아(非我)'의 투쟁으로 파악　　　cf) 식민사관(임나일본부설, 일선동조론) 비판
    - 민족 고유의 문화와 정신 강조 → 고유한 '낭가 사상' 강조 ex) 묘청의 난 = 조선 역대 제일대 사건
- 활동
  - 합병 전
    - 애국계몽운동 : 신민회(1907), 국채보상운동에 참여
    - 언론 · 교육 : 황성신문 기자, 대한매일신보 주필, 문동 학교 강사, 산동 학교 설립
  - 합병 후
    - 언론 · 교육 : 권업신문 주필(연해주), 신대한 창간 · 주필(상하이), 박달학원 설립
    - 대한민국 임시정부 : 이승만의 위임 통치 청원 규탄 → 국민대표회의의 창조파로 활동
    - 단체 : 동제사, 대한독립청년단, 조선 무정부주의자 연맹(1924), 동방 무정부주의자 연맹(1928)
    - 저술 : <조선혁명선언>(1923), <꿈하늘>

(3) 1930년대 민족주의 사학 : 조선학 운동 전개 ← 다산 정약용 서거 100주년을 앞두고 <여유당전서> 간행 사업

- 내용 : 조선 문화의 특색을 학문적으로 재평가, 특히 실학에 대한 재평가 → '실학' 용어의 정착
- 학자
  - 정인보 (위당)
    - 저술 : <조선사 연구> 저술(1935~46), <양명학연론> 저술
    - 내용 : 조선 '얼' 강조 → '5천년간 조선의 얼' 집필, 임나일본부설 비판(광개토대왕릉비 재해석)
    - 활동 : 동제사 · 신한청년당 조직, 동아일보 · 조선일보 · 시대일보 참여
  - 문일평 (호암)
    - 저술
      - <조선사화> : 조선 '심(心)' 강조 ┬ 조선심의 결정을 한글로 인식, 조선심을 세종이 구체화
      - 　　　　　　　　　　　　　　　　└ 실학의 실사구시 정신을 조선심의 재현이라 인식
      - <대미 관계 50년사> : 근대 외교사에 대한 연구 → 국제 관계에서 실리적 감각 중시
    - 활동 : 조선광문회 · 동제사 · 신간회 조직, 조선일보 참여
  - 안재홍 : <조선상고사감> 저술
- 의의 : 일제의 동화 정책에 대한 학문적 저항 운동으로 조선 후기 사회에 대한 연구 심화하여 자본주의 맹아론 등장

2 사회경제 사학과 실증 사학

(1) 사회경제 사학 : 유물 사관에 토대

- 내용
  - 한국사에 중세가 있었음을 강조 → 일제의 정체성론에 대항
  - 한국사를 세계사적 보편성 위에서 체계화
  - 민족주의 사학의 정신 사관 비판
- 한계 : 한국사를 역사 법칙 속에 지나치게 도식화
- 학자
  - 이청원 : <조선사회사독본>, <조선역사독본>
  - 백남운
    - 해방전
      - <조선사회경제사>(1933)
      - <조선봉건사회경제사>(1937)
    - 해방후
      - 남조선신민당 위원장, 근로인민당 부위원장
      - <조선 민족의 진로> : '연합성 신민주주의론' 제창(좌우 합작)

확인해 둘까요! · 유물 사관

- 역사 발전의 동력 : 민중, 경제
  → 생산력과 생산 관계를 중심으로 국가의 발전 단계를 파악
- 발전 단계
  - 원시 공산제
  - 고대 노예제
  - 중세 농노제
  - 근대 자본주의
  - 현대 공산주의

(2) 실증 사학

- 특징
  - 연구 방법 : 랑케 사학의 기반 위에서 철저한 문헌 고증주의를 표방하는 일본 학계의 영향을 받음
  - 내용
    - 순수 학문을 표방하며, 역사적 사실에 대한 정확하고 충실한 이해를 중시 → 객관적 역사 연구
    - 사회 경제 사학에 대한 비판
- 단체 : 진단학회 (1934~42)
  - 학자 : 손진태(민속학 연구), 이병도
  - 활동 : 청구학회의 한국사 왜곡에 대항하여 조선의 역사 · 문화 · 언어에 대한 연구

확인해 둘까요! · 식민 사관

1. 목적과 관련 단체

- 목적 : 일본의 식민지 지배 정당화 → 한국사를 부정적으로 서술하고 일본의 식민지 지배를 긍정적으로 미화
- 관련 단체
  - 조선사 편수회 (1925)
    - 등장 배경
      - <한국 통사>(박은식, 1915)의 국내 반입에 대한 일제의 대응
      - 조선반도사편찬위원회(1916) · 조선사편찬위원회(1922)를 확대 · 개편
    - 활동 : <조선사>(37권), <조선사료총간>, <조선사료집진>, <조선사 길잡이> 간행
  - 청구학회 (1930)
    - 구성 : 경성 제국 대학 법문학부 교수 + 조선사 편수회 간부
    - 활동 : 한국 · 만주의 극동 문화 연구를 명목으로 실제는 한국사 왜곡, <청구학총> 간행

2. 내용

- 고대
  - 일선동조론 : 일본과 조선은 뿌리가 하나라는 인식 or 일본과 조선 민족의 조상이 동일하다는 인식
  - 타율성론 (반도사관)
    - 한4군 기원설 : 고조선의 존재 부정, 한반도 북부의 국가 기원을 한(중국)의 지배로 인식
    - 임나일본부설 : 4c 중엽 일본의 신공황후가 백제 · 신라를 정복, 한반도를 지배했다는 인식
    - 만선사관 : 한반도는 만주의 영향을 받는, 만주와 조선이 하나의 공동체였다는 인식
- 중세
  - 정체성론 (중세결여론)
    - 내용 : 개항 전 조선 경제 = 일본 고대의 촌락 경제 단계 → 한반도는 발전없는 정체 사회
    - 영향 : 근대로 이행하기 위해 일본의 침략이 필수적이라는 설, 일본 침략 미화론으로 연결
  - 당파성론 : 한국 중세의 정치가 단순한 파당과 정쟁으로 조선이 멸망할 수밖에 없다는 인식
- 근대 : 식민지 근대화론
  - 일본의 지배로 한국 근대화가 이루어졌다는 인식
  - 현재 한국의 경제적 발전도 일본 식민지 지배의 영향이라고 인식

국학 연구

3 국문과 국어 연구

(1) 1910년대 ~ 1920년대

- 국어연구학회 ┬ 주도 : 주시경, 김정진
  (1908) └ 변화 : 조선언문회 or 배달말글몯음(1911) → 한글모(1913~17)

- 조선어 연구회 ┬ 전통 : 국어연구학회를 계승
  (1921)   ├ 주도 : 주시경의 영향을 받은 임경재, 최두선, 권덕규, 장지영, 김윤경 등이 조직
             ├ 활동 : 한글 대중화 운동(각종 강습회와 강연회 개최), '가갸날'(= 한글 기념일) 제정(1926)
             └ 기관지 : <한글> 발간(1927)

(2) 1930년대 ~ 1940년대

- 조선어학회 ┬ 전통 : 조선어연구회를 계승
  (1931)   ├ 활동 ┬ 문맹퇴치운동 지원 : 문자 보급 교재의 편집과 교정 담당, 회원들을 강사로 파견
          │   ├ 어문 규정 정리 ┬ <한글 맞춤법 통일안> 발표(1933)
          │   │   ├ 조선어표준어사정위원회 설치 → 표준어 제정(1936)
          │   │   └ <외래어 표기법 통일안> 제정(1941)
          │   └ <우리말 큰사전> 편찬 시도
          └ 기관지 : <한글> 재발간

- 조선어학회 사건 ┬ 내용 : 일제가 조선어학회를 독립운동 단체로 간주하여 치안유지법으로 탄압
  (1942, 함흥) └ 결과 : 이윤재 등이 고문으로 옥사하고 조선어학회 해체 + <우리말 큰사전> 편찬 중단

핵심 | 자료 읽기

일선동조론(日鮮同祖論)

일본인과 한국인은 선조가 같다고 합니다. 일본이 지배자이고, 한국은 그것에 복속되는 인간이라는 것입니다. 가족을 예로 들면, 일본은 가장이고 한국은 가족원, 또는 일본이 본가이고 한국은 분가라는 인식입니다. …… 태평양전쟁 중에 황민화 정책은 일본인과 한국인은 타인도 아니고, 일본은 지배자도 아니며, 한국인은 종속 민족도 아니고, 한국인이 바로 일본인이라는 발상입니다. 따라서 한국은 일본 식민지도 아니고, 속국도 아니며 일본의 연장이라는 것입니다.

타율성론(他律性論)

- 아시아 대륙의 중심부에 부착된 이 반도는 대륙에서 일어난 변동의 여파를 입음과 동시에 주변적 위치 때문에 그 본류로 부터 벗어나 있었다. …… 고대에는 백제나 임나를 보호하여 우리는 그들에게 국가를 수립시켰는데, 몽고와 같이 정복적인 것도 아니고, 지나(支那)와 같이 형식적인 것도 아니었다. 일본의 지배는 애호주의적이며 보다 좋은 공동 세계의 건설을 염원하는 것이었다. 그 정신은 금일에 이르러 변하지 않는 근본 정신이다. …… 그 역사를 돌아볼 때, 조선은 지나의 지(智)에 배우고 북방의 의(意)에 굴복하고 최후에 일본의 정(情)에 안겨져 반도사적인 것을 지양할 때를 얻었던 것이다.

- 조선사는 남으로부터 제약받고, 남의 힘으로 움직인다고 합니다. 그는 이것을 반도적 조건이라고 했습니다. 조선은 반도적 조건 때문에 대륙의 압력을 받아 정치적으로 항상 아시아 대륙의 힘에 휩쓸렸다는 것입니다. 문화에 대해 중국 문화의 압도적 영향을 받아 독자적인 문화를 만들 수 없었습니다. 일본은 조선을 식민지로 지배하고 있지만 그것은 대륙의 지배와는 다르다는 것입니다. 평화적·애호적인 일본은 대륙과 달리, 조선을 애호하여 키우려고 합니다.

- 한국의 역사는 독자적 발전없이 외세의 간섭과 압력에 의해 진행되었다. 한국의 역사는 시작부터 기자, 위만, 한의 4군현 등 중국 세력에 의해 그리고 삼국 시대에는 일본 세력에 의해 지배를 받기도 하였다.

정체성론(停滯性論)

- 한국은 봉건 제도에 도달하기 이전 단계라고 합니다. 일본사와 비교해서 봉건시대인 가마쿠라 막부 성립 이전의 단계에 머물러 있어, 1000년 정도 일본보다 뒤떨어져 있다는 것입니다. 한국에는 봉건 제도가 없으며, 토지 사유도 없고, 봉건 사회의 무사 계급도 없으며, 한국의 지배자인 양반은 노예를 가지고 있을 뿐이라는 것입니다. 한국이 자력으로 근대화하는 것은 불가능하며, 한국 근대화를 위해 일본의 힘이 필요하고, 일본이 한국을 지도하여 근대화로 인도해야 합니다.
- 한국의 현 왕조는 일개 무문(武門)에서 나와서 중앙의 군권을 장악하였지만, 태조 이성계를 제외하고 없기에 그 무문전제(武門專制)의 봉건 국가에 이르기는 멀다. 한국인에게 결핍된 용감한 무사적 정신의 대표자인 우리 일본 민족은 …… 봉건적 교육과 경제 단위의 발전을 결한 한국과 한국인에 대해 그 부패 쇠망의 극에 달한 '민족적 특성'을 소멸키고 동화시켜야 할 운명과 의무를 가지는 '우세 유력한 문화'의 사명이 무거움을 자임해야 하지 않을까.

식민지 근대화론

- 일본 도쿄 대학 교수 스즈키가 한 망언(1948) : 조선 경제가 비참한 상태에서 병합 후 30여년 사이에 지금과 같은 일대 발전을 이루게 된 것은 일본이 지도한 결과입니다.
- 일본 총무처 장관 에토의 망언(1995) : 일본은 좋은 일도 하였습니다. 학교를 세우고 도로, 철도, 항만을 정비하였습니다.

<조선사>

조선인은 다른 식민지의 야만적, 반(半)개화된 민족과 달라서, 독서 문화에 있어서 문명인과 떨어지는 바가 없다. 예로부터 많은 사서(史書)가 존재하고, 새로 저작되는 바도 적지 않다. 그러나 전자는 독립 시대의 저술로서 현대와의 관계를 결하여 독립국의 옛 꿈을 꾸고, 후자는 근대 조선에 있어 일-청, 일-러의 세력 경쟁을 서술하여 조선의 향배를 말하고 혹은 <한국통사>라고 하는 재외 조선인의 저서와 같은 것은 망설(妄說)을 함부로 한다. 이들의 서적이 인심을 어지럽히는 해독은 크다.

박은식의 역사 인식

- 대개 국교(國敎) · 국학 · 국어 · 국문 · 국사는 혼(魂)에 속하는 것이요, 전곡 · 군대 · 성지 · 함선 · 기계 등은 백(魄)에 속하는 것이므로 혼의 됨됨은 백에 따라 죽고 사는 것이 아니다. 그러므로 국교와 국사가 망하지 않으면 그 나라도 망하지 않는 것이다. 오호라, 한국의 백은 이미 죽었으나 이른바 혼은 살아 있는가 없는가.
- 옛 사람들이 말하기를 나라는 멸할 수 있으나, 역사는 멸할 수 없으니, 나라는 형이나 역사는 신(또는 혼)이기 때문이다. 지금 한국의 형은 허물어졌으나 신은 홀로 존재하지 못하겠는가. …… 신이 존재하여 불멸하면 형은 때맞춰 부활한다.
- <한국통사> : 오늘날 우리 민족은 우리 조상의 피로써 골육을 삼고, 우리 조상의 혼으로 영혼을 삼고 있다. 우리 조상은 신성한 교화가 있고, 신성한 정법이 있고, 신성한 문사와 무공이 있으니 우리 민족이 다른 것을 구함이 옳겠는가? 형체는 서로 생각하고 늘 잊지 말며, 형과 신을 전멸시키지 말 것을 바란다. …… 정신이 보존되면 형체는 부활할 때가 있을 것이다. 그러나 이 책은 갑자년(1864) 이후 50년사에 불과할 뿐이니, 어찌 우리 4천년 역사 전부의 정신을 전할 수 있겠는가.
- 우리는 대한의 언어를 말하고, 대한의 풍속, 우리의 노래, 우리의 예절, 우리의 의식이 있어서 우리의 국성(國性)은 모든 면에서 다른 민족과 구별되어 왔다. 이러한 여러 요소가 합해져 우리의 국혼을 생성시키고, 우리의 국혼을 강하고 견고하게 만들었으므로 결코 다른 민족에 동화될 수 없다. 우리 겨레는 단군의 후예로, 인재 배출과 문물의 발달에 우수한 자질을 갖추어 다른 민족보다 뛰어났다. 우리나라의 역사는 4,300년의 전통과 유서가 있고, 충의와 도덕의 근원이 깊고 두터우며, 종교와 문학이 일찍이 번창하여 그 여파가 일본에 파급되어 우리는 선진의 위치에 있었다.
- 무릇 역사는 국가의 정신이요, 영웅은 국가의 원기라. 국민의 수준이 높을수록 역사를 더욱 존중하고 영웅을 숭배하니 그 역사를 존중함과 영웅을 숭배함이 곧 그 국가를 사랑하는 사상이라. 〈고구려 영락대왕 묘비 등본을 읽고〉
- '우리가 왜, 어떻게 망했는가'를 서술한 것이 통사(通史)이고 '어떻게, 왜 싸웠는가'를 기록한 것이 혈사(血史)이다. 글자 그대로 통사는 나라 잃은 눈물의 기록, 통탄의 역사이고 혈사는 나라를 되찾기 위한 피어린 투쟁의 기록이다.

신채호, <조선상고사>

역사란 무엇이뇨. 인류 사회의 아(我)와 비아(非我)의 투쟁이 시간적으로 발전하며 공간적으로 확대되는 심적 활동의 상태에 관한 기록이니, 세계사라 인류가 그리 되어 온 상태의 기록이며, 조선사라 하면 조선 민족이 그리되어 온 상태의 기록이니라. 무엇을 아라 하며 무엇을 비아라 하는가? 주체적 위치에 선 자를 아라 하고, 그 밖에는 비아라 하는데, 조선 사람은 조선을 아라 하고, 영국, 미국 등은 제 나라를 아라 하고 조선을 비아라 하며, 무산 계급은 무산 계급을 아라 하고 지주나 자본가 등을 비아라 하며 …… 그리하여 아에 대한 비아의 접촉이 많을수록 비아에 대한 아의 투쟁이 맹렬하여 인류 사회의 활동이 휴식할 사이가 없으며, 역사의 전도가 완결될 날이 없다. 그러므로 역사는 아와 비아의 투쟁의 기록이니라.

조선학 운동

• 정인보 : 누구나 어릿어릿하는 사람을 보면 '얼'이 빠졌다고 하고, 멍하니 앉은 사람을 보면 '얼' 없다고 한다. 그런데 '얼' 있고 없음으로써 관대용맹하기도 하고 구차하기도 하다. '얼'이란 보이는 것이 아니라 항상 거짓과 진실에 비추어 감추고, 나타나며, 있다가도 없어지는 것이다. …… 조선의 시조는 단군이시니 단군은 신이 아니요 사람이시라. 백두의 높은 산과 송화의 장강을 터전으로 하여 조선을 만드시매 조선 민족은 단군으로부터 생기고, …… 다 단군으로부터 비롯된 것이다. …… 얼은 남이 빼앗아가지 못한다. 얼을 잃었다면 스스로 자실(自失)한 것이지 누가 가져간 것이 아니다.

• 문일평 : 근일에 사용하는 조선학은 …… 다소 그 의미가 다르니, 광의로는 종교 · 철학 · 예술 · 민속 · 건설할 것이 없이 조선 연구의 학적 대상이 될 만한 것은 모두 포함된 것이나, 협의로는 조선어, 조선사를 비롯하여 순조선 문학 같은 것을 주로 지칭하여야 한다. …… 다시 말하면 조선인의 특수성을 표시하는 언어를 비롯하여 조선인의 과거상을 영사하는 그 역사이며, 또 조선인의 실생활을 조선말로 써놓은 조선 문학 같은 것이 조선학의 중심 골자가 되어야 한다.

사회 경제 사학

• 나는 조선의 인식에 있어서 먼저 자기 비판을 강조하고 싶다. 즉, 나의 조선관은 그 사회 경제의 역사적 발전 과정을 본질적으로 분석, 비판, 총관(總觀)하는 일에 집중되는 것이다. 나의 조선 경제사의 기도는 사회의 경제적 구성을 기축으로 대체로 다음과 같은 제 문제를 취급하려 했다. 즉, 1. 원시 씨족 공산체의 태양(態樣), 2. 삼국의 정립 시대의 노예 경제, 3. 삼국 시대 말기 경부터 최근세에 이르기까지의 아시아적 봉건 사회의 특질, 4. 아시아적 봉건 국가의 붕괴 과정과 자본주의 맹아 형태, 5. 외래 자본주의 발전의 일정(日程)과 국제적 관계, 6. 이데올로기 발전의 총 과정

• 조선사 연구는 과거 경제적 사회적 발전의 변동 과정을 구체적, 현실적으로 밝혀내고 실천적 동향을 이론화하는 것을 임무로 삼아야 한다. 그것은 인류 사회의 일반적 운동 법칙인 사적 변증법에 따라 그 민족 생활의 계급적 제 관계 및 사회 체제의 역사적 변동을 구체적으로 분석하고 다시 그 법칙성을 일반적으로 추상화함으로써만 가능하다. …… 그것은 전 인류사의 한 부분으로서 세계사적 규모에 있어서 현대 자본주의의 이식, 발전 과정을 본질적으로 파악할 수 있게 함과 동시에 지구상의 사회 평원으로 자료를 제시하게 될 것이다.

• 우리 조선 역사 발전의 전 과정은 예를 들어 지리적인 조건, 인류학적 골상, 문화 형태의 외형적 특징 등에서 다소의 차이를 인정하더라도, 외관적인 이른바 특수성은 다른 문화 민족의 역사적 발전 법칙과 구별될 만큼 독자적인 것은 아니다. 세계사적인 일원론적인 역사 법칙에 따라 다른 여러 민족과 거의 같은 발전 과정을 거쳐 왔다. 그 발전 과정의 빠름과 느림, 각 문화의 특수한 모습의 짙고 옅음은 결코 본질적인 특수성이 아니다.

• 기존 역사 인식 비판 : 종래의 역사는 전부가 왕조의 연대기, 군신의 언행록, 혹은 전쟁사 등 역사적 사실의 나열을 일삼아 왔다. 그러므로 종래의 역사는 민중의 생활 내지 사회 기구의 발전 법칙을 설명치 못하고 옛날 얘기와 같은 흥미로써 혹은 골동벽을 가진 편역학도의 손으로 유구한 기간에 걸친 조선사는 회색의 베일에 감추어진 암흑사가 있었을 뿐이다.

• 신채호의 사학이나 식민 사학의 특수성의 차이를 구한다면 전자가 신비적 감상적인 데 대해 후자가 독점적 정치적이지만 본질적으로는 인류 사회 발전의 역사적 법칙의 공통성을 거부하는 점에 있어서는 완전히 동궤적이며 반동적이다.

실증 사학

- 사학도로서 고전에 대한 검토와 분석 비판을 결여하여서는 아니 된다. 고전의 기록이라고 해서 철두철미 그대로 믿고 따르려 하거나, 또는 주관적으로 자기 나름대로 이렇다 저렇다 하는 것은 진리를 탐구하는 학도의 태도라고 볼 수 없다.
- 문헌이 절대로 오류도 없이 정확하게 적힌 것이라고는 볼 수 없으므로, 요는 섬광(閃光)이 지배(紙背)를 철(徹)하여 그 옳고 그름을 분석 비판해서 정확한 사실(史實)을 가려내는 일이 무엇보다도 중요하다. 나는 그 가운데서 실제 여러 가지 모순을 찾아냈고, 불합리한 것이나 잘못 듣고 적은 사실(事實)을 일일이 분석하여 사색한 연후에 나대로의 결론에 도달하였다.
- 역사 연구는 생활의 일반적, 인간에 대한 보편한 법칙을 발견에도 있으나, 민족의 구체적 생활과 그 진전을 파악하여, 역사로 구성하는 데에도 있다. 따라서 그 연구에서, 무슨 일반 법칙이나 공식을 미리 가정하여 그것을 민족 생활에 견강부회하면 안 된다. …… 어떠한 원칙을 실증하고 결론을 단정함에 정밀한 관찰과 정확한 사실이 전제요, 독단적 해석과 기계적 적용은 진리 탐구의 방법, 과학적 방법이 아니다. …… 생활 발전에 인류 일반을 통해서 보편적 통로가 있는 것을 부인할 수는 없다. 그것을 연구하는 여러 가지 학문, 고고학, 경제학, 민속학, 종교학이나 신화학 등이 있다.

'한글' 창간사

우리 조선 민족에게는 좋은 말, 좋은 글이 있다. 우리글(한글)은 소리가 같고, 모양이 곱고, 배우기 쉽고, 쓰기 편한 훌륭한 글이다. …… 한 사십 년 전에 우리 한힌샘(주시경) 스승이 바른 길을 열어 주면서부터, 그 뒤를 따르는 이가 적지 않았고, 또 이를 위하여 꾸준히 일하려는 이가 많이 일어나기에 이른 것은, 우리 한글의 앞길을 위하여 크게 기뻐할 바이다.

조선어학회 활동

- 한글 맞춤법 통일안 : 488년 전에 우리 한글이 발포된 이 날은 우리 민족의 문화 발전에 새로운 비약이었던 날이다. 민족의 새 발전을 기약하고 굳은 결심을 가지고 있는 오늘날 조선인은 이 날의 한글 반포를 기념하고자 하는 바이거니와 …… '한글 맞춤법 통일안'이 발표되는 날이니 우리는 이 기념일이 뜻깊음을 느끼는 바이다. ……1. 한글 맞춤법은 표준말을 그 소리대로 적되, 어법에 맞도록 함으로써 원칙으로 삼는다. 2. 표준말은 대체로 현재 중류 사회에서 쓰는 서울말로 한다. 3. 문장의 각 단어는 띄어 쓰되, 토는 그 윗말에 붙여 쓴다.
- 표준어 제정 : 민족 운동의 한 형태로서, 이른바 어문 운동은 민족 고유 어문의 정리, 통일, 보급을 도모하는 하나의 문화적 민족 운동인 동시에 가장 심오한 민족 독립 운동의 점진 형태이다. …… 약소 민족은 필사의 노력으로써 그것을 유지 · 보전하기에 힘쓰며, 아울러 그 발전을 꾀하여 방언의 표준화, 문자의 통일과 보급을 바라 마지 않는다.
- 우리말 큰사전 편찬 시도 : 이 단체에서는 이극로, 최현배 씨를 중심으로 조선어 사전을 완성하고자 권위자들이 어휘의 수집과 그 정리 해설에 힘써 왔다. 그 노력의 결과 일부의 정리가 끝나게 되었으며, 이를 우선 출판하기 위해 조선 총독부 도서과에 출판 신청을 하였다. 이 조선어 사전의 출판은 조선 문화사상에 획기적인 대사업일 뿐만 아니라 세계적으로도 자못 그 의의가 크다. 금번에 인가를 얻은 것은 '가' 부분 7권이며, 그 뒤는 정리되는 대로 계속 출판할 것이라 한다.

조선어학회 사건

- 함경남도 홍원 경찰서에서는 10월 1일에 이윤재, 한증, 이극로, 정인승 등 11명을 검거하고 취조하는 중 그 후 다시 일곱 사람씩 세 차례에 걸쳐 모두 32명을 검거하였다. 죄명은 치안유지법 위반이라고 붙이고 이 단체가 국제 변혁을 목적으로 하는 결사라 하여 죄를 구성시키려 억지로 혹독한 고문을 시작하였다.
- 치안 유지법에는 국제 변혁의 목적이라 말할 뿐 국제 변혁의 수단 방법을 한정한 바 없으므로 …… 한 민족이 독립하는 방법은 정치 투쟁, 무력 투쟁과 같은 적극적 · 직접적 수단에 의하는 것이 많다고 하지만 …… 민족적 색채가 농후한 종교를 퍼뜨리며 혹은 민족 고유의 언어를 보급 통일하여 민족의식의 앙양을 기도하여 그 민족에 대여 독립을 허용 아니 할 수 없는 정치 정세를 순치하여 목적을 달성하는 것도 그 방법인 것은 이미 발표된 판례에 의해 추론할 수 있는 바이다.
- 예심 종결 결정문 : 피고 이극로, 최현배 외 10명은 함흥 지방 법원 공판에 부친다. …… 본 건 조선어학회는 1919년 만세 소요 사건의 실례에 비추어 조선의 독립을 장래에 기약하는 데는 문화 운동에 의해 민족 정신의 환기와 실력 양성을 급무로 삼아, 피고인 이극로를 중심으로 하여 문화 운동 중 기초적 중심이 되는 어문 운동의 방법을 취하여 겉으로 문화 운동의 가면을 쓰고, 조선 독립을 목적한 실력 배양 단체로서 검거되기까지 10여 년이나 조선의 어문 운동을 전개해 왔다.

06 일제강점기의 사회와 문화

1 사회적 민족 운동

(1) 여성 운동

- 배경 ┬ 여성의 지위 악화 ┬ 근대 이전 : 조선 후기 이후 여성에 대한 차별
  │ │
  │ └ 일제 강점기 ┬ 노동력 수탈 : 여성 노동자 수의 증가 but 열악한 노동 조건
  │ │
  │ └ 사회적 지위 퇴보 : 일제의 호주제 법제화, 가부장적 관습의 가족법 제정
  │
  └ 신여성(의사 · 교사 · 기자 등의 전문직 종사) 등장 + 사회주의 사상의 영향과 청년 운동 등의 전개

- 단체 ┬ 민족주의 ┬ 조선 여자기독교청년회(YWCA) ┬ 활동 : 여성 계몽 운동 → 문맹 퇴치, 생활 개선, 구습 타파
  │ │ │
  │ ├ 조선 여자교육회 └ 목표 : 여성의 인권 회복과 실력 양성
  │ │
  │ └ 토산애용 부인회(물산 장려 운동) + 대한 애국부인회(회장 김마리아, 비밀 결사로 군자금 모금)
  │
  └ 사회주의 : 조선 여성동우회 ┬ 목표 : 무산 계급 여성의 해방
    (1924) │
    └ 활동 : 여성의 교양 습득과 조직적 훈련, 노동 야학 실시, 여성 직업 조합 결성

- 근우회 ┬ 성격 : 신간회의 자매 단체 ⇒ 여성계의 민족 유일당 운동
  (1927~31) │
  ├ 조직 ┬ 구성 : 개신교 계열의 여성 단체(김활란) + 사회주의 계열의 여성 단체(정종명)
  │ │
  │ └ 확대 : 지방에 지회 설치 + 도쿄, 간도 등으로 조직 설치
  │
  ├ 목표 : 여성의 단결과 지위 향상, 생활 개선 추구 + 여성 노동자의 조직화
  │
  ├ 활동 ┬ 계몽 활동 : 강연회 · 토론회 개최, 기관지 <근우> 발행
  │ │
  │ ├ 사회 운동 : 노동 운동과 농민 운동 지원, 해외 동포 구호와 수재민 구호를 위한 모금 운동 전개
  │ │
  │ └ 여학생 운동 지원 : 숙명여자고등보통학교의 동맹휴학 사건 실태 조사
  │
  └ 해산 : 신간회가 해소되면서 해산

- 한계 : 1931년 이후 일제의 탄압 → 농민, 노동자, 학생 등이 각 부문의 운동에서 활동 전개

(2) 어린이 운동

cf) 근대 : 잡지 <소년> 발행(최남선의 '해에게서 소년에게' 발표, 1908)

- 배경 ┬ 3 · 1 운동 이후 청년 운동의 영향으로 어린이를 인격체로 인식
  └ 어린이에 대한 학대 + 일제의 어린이 노동력 수탈

- 단체 ┬ 천도교 소년회 ┬ 등장 : 방정환, 김기전 등이 천도교 청년회에서 소년부 설치
  │ (1921) │
  │ └ 활동 : 어린이날(5월 1일) 제정, 잡지 <어린이> 발간 → 후에 색동회로 발전(1923)
  │
  ├ 조선소년군(1922, 조철호), 조선소년척후대(1922, 정성채 → 보이스카웃), 소년운동협회(1923)
  │
  └ 조선 소년연합회 ┬ 구성 : 소년운동협회(민족주의) + 오월회(사회주의)
    (1927) │
    └ 의의 : 전국적 소년 운동 연합 단체 → 체계적 소년 운동의 전개

- 한계 : 중일전쟁(1937) 이후 일제는 소년 운동을 금지하고, 소년 조직을 해산

꼭! 알아두기 ▶ 사회적 민족 운동에 대한 개관

- 배경 ┬ 상황 ┬ 일제 : 문화 통치로 언론 · 집회 · 결사의 자유가 어느 정도 허용됨
  │ │
  │ └ 민족 : 갑오개혁으로 신분제는 철폐되었으나 여전히 사회적 차별이 존재
  │
  └ 인식 : 3 · 1 운동으로 평등 의식 확산 + 사회주의 사상 유입

- 과정 ┬ 갈등 : 기존의 민족주의 계열 단체와 후에 등장한 사회주의 계열 단체 사이에 충돌이 발생하기도 함
  └ 통합 모색 : 조선 청년 총동맹, 근우회

- 쇠퇴 : 1930년대 민족 말살 통치로 쇠퇴하기 시작 → 중일전쟁(1937) 이후 명맥이 거의 소멸

(3) 형평 운동 : 조선 형평사(1923)

- 조직 : 강상호 · 천석구 · 신현수 등이 진주에서 시발 → 전국으로 확산
- 활동 ┌ 백정에 대한 사회적 차별 대우 철폐 요구 → 전국 각지에 지사 · 분사 조직, 여러 사회 단체(조선 노농총동맹 등)와 협력
  └ 사회주의 세력과 연계하여 노동쟁의 · 소작쟁의에 참가
- 한계 ┌ 반발 : 反형평 운동의 발생(진주) → 소고기 불매 운동 전개
  ├ 갈등(1920년대 말) : 온건파(백정의 권익 향상 추구) vs 급진파(계급 투쟁 중시 → 다른 계급 운동과 연대)
  └ 성격 변질 : 대동사로 개칭(1935) → 경제적 이익 단체로 변화
- 쇠퇴 : 중일전쟁(1937) 이후 일제의 가혹한 탄압 → 1940년대에 소멸

(4) 청년 운동

- 배경 : 3 · 1 운동 이후 일제의 문화 통치
- 단체 ┌ 조선청년연합회 ┌ 목표 : 민족 생활 개선을 통해 민족 실력 양성
  │   (1920, 우익) └ 활동 : 실력 양성(품성 도야, 지식 계발, 체육 장려) + 민중 계몽(풍속 개량, 미신 타파)
  ├ 서울청년회 ┌ 배경 : 조선 청년 연합회 활동에 불만을 가진 세력의 탈퇴 + 사회주의 사상의 영향
  │   (1921, 좌익) └ 활동 : 농민 · 노동자 중심의 운동 전개 → 무산 계급의 해방을 주장
  └ 조선청년총동맹 ┌ 구성 : 청년 운동계의 민족주의 계열과 사회주의 계열의 통합
     (1924~31) ├ 활동 : 농민 · 노동 운동 지지 but 구심체로서의 역할은 미약
            └ 변화 : 신간회 해소 이후 해산 + 1930년대 농민 조합과 노농 소합 산하의 청년부로 개편

1. 여성

- 근대 ┌ 변화 노력 ┌ 제도 : '소학교령' 발표(1895) → 남성과 동등한 교육 기회 보장
  │   └ 독립협회(남녀 평등과 여성 교육 강조), 제국신문 발행(이종일, 부녀자를 대상으로 순한글체)
  ├ 활동 ┌ 여성단체 찬양회 → 최초의 여권 선언문인 '여권 통문' 발표(1898)
  │   └ 국채 보상 운동에 참여(1907) + 잡지 <신여성>(천도교) 발행(1923)
  └ 시련 : 일제의 근로 보국대 조직, 여자 정신대 근로령(1944), 군위안부 동원
- 현대 ┌ 남성과 동등한 보통 선거권 행사 : 5 · 10 선거(= 1대 국회의원 총선거, 1948)
  └ 권리 확대 ┌ 남녀 고용 평등법(1987, 전두환 정부), 가족법 개정(1989, 노태우 정부)
        └ 여성부(여성가족부) 출범(2001, 김대중 정부), 호주제 폐지(2005, 노무현 정부)

2. 도살업자

- 전근대 ┌ 호칭 : 화척 · 양수척(고려) → 백정(조선 세종 이후)
  └ 생활 : 도살, 고기 판매, 가죽신 · 유기 제작 + 자신들만의 마을 형성, 상투 · 두루마기 착용 금지
- 근대 ┌ 법적 차별 철폐 ┌ 주장 : 동학농민군의 폐정 개혁안 12개조 '백정이 쓰는 패랭이를 없앨 것'
  │   └ 개혁 : 갑오개혁(1894)
  └ 사회적 자각 : 박성춘(관민 공동회) "나는 대한의 가장 천한 사람이고 무지몰각합니다. 그러나 충군애국
     의 뜻은 알고 있습니다. …… 관민이 합심하여 황제의 성덕에 보답하고 국운이 만만세 이어지게 합시다."
- 한계 ┌ 일제의 차별 : 호적에 '도한(屠漢)'이라 기록, 이름 위에 붉은 점 표시 → 도살업 외에 다른 직업 획득 불가
  └ 백정 자녀에 대한 차별 : 보통학교 입학 원서에 아버지 직업 기재 → 사회적 냉대

2 해외 이주 동포

(1) 만주 (간도 중심)

- 이주 배경 ┬ 합병 전 ┬ 중국 : 청(淸)의 봉금 정책 해제 + 농경지 개척과 노동력 확보를 위해 이주 장려
  - └ 민족 진영 : 독립 운동의 거점 마련
  - └ 합병 후 ┬ 1910~20년대 : 독립 운동을 위한 망명 + 생존적 위기에 처한 농민의 이주
    - └ 1930년대 : 만주 개발을 목적으로 일제가 강제 이주 시킴
- 활동 ┬ 1910년대 : 독립 운동 기지 건설 + 대한독립선언(무오독립선언, 3 · 1 운동 직전) + 3 · 1 운동 참여
  - └ 1920년대 이후 : 항일 무장 투쟁(1920년대는 중국과의 연합 × → 1930년대 이후는 중국과 연합 ○)
- 시련 ┬ 1920년대 : 간도 참변(경신참변) + 미쓰야 협정
  - └ 1930년대 ┬ 내용 : 일제의 한 · 중 분열 정책
    - └ 사례 ┬ 만보산 사건 : 만주사변 직전에 농업 수로 문제로 조선인과 중국인 간의 갈등 조장
      - └ 민생단 사건 : 많은 조선 독립 운동가들이 일본의 첩자로 몰려 희생당한 사건

(2) 연해주 (블라디보스토크, 신한촌 중심)

- 이주 ┬ 배경 : 연해주 개척을 위한 러시아 정부의 묵인
  - └ 내용 : 1860년대부터 이주 → 러시아와 국교 수립(1884) 이후 활발
- 활동 ┬ 합병 전 ┬ 국내 진공 작전 ┬ 배경 : 간도관리사 이범윤이 망명(1905) 후 연해주에 의병 편성
  - │ (1908) └ 내용 : 안중근, 전제익 등을 중심으로 국내 진공 작전 전개(최재형의 지원)
  - │ └ 언론 : 해조신문, 대동공보(사장 최재형)
  - ├ 1910년대 ┬ 13도 의군 ┬ 이상설 · 유인석 등의 주도
  - │ (1910) └ 항일전 준비 : 고종에게 연명으로 군자금 지원과 연해주 파천을 요구
  - │ ├ 성명회(1910) : 이상설 · 유인석 · 이범윤 등이 한일 합병의 부당성을 각국에 호소
  - │ ├ 권업회 ┬ 신한촌의 의병 계열과 계몽 운동 계열의 합작(회장 최재형, 부회장 홍범도)
  - │ │ (1911) └ 권업신문 발행(신채호 · 이상설 주필) + 한민학교 · 대전학교(군사 학교, 이동휘) 설립
  - │ ├ 대한광복군정부 ┬ 설립 : 권업회가 블라디보스토크에서 수립(정통령 이상설, 부통령 이동휘)
  - │ │ (1914) └ 해체 : 러시아가 일본과 함께 1차대전에 참가하여 러시아의 탄압으로 해체
  - │ ├ 전로한족(회) 중앙총회 ┬ 배경 : 러시아혁명(1917) 이후 전러시아 한인대표자대회를 개최 · 결성
  - │ │ (1917) └ 내용 : <한인신보> 발행, 대한국민의회로 개편(1919년 2월~3월)
  - │ ├ 대한국민의회 ┬ 배경 : 전로한족(회) 중앙총회에서 북간도 단체와 연계를 모색하기 위해 설립
  - │ │ (1919. 2) ├ 활동 : 파리강화회의에 대표 파견, 3 · 1 운동 후 손병희를 대통령으로 선출
  - │ │ └ 변화 : 임시정부의 하나로서 대한민국 임시정부로 통합
  - │ └ 기타 : 대한인국민회 시베리아총회(1911), 광복회(1912, 신채호 · 이동휘 등)
  - └ 1920년대 ┬ 활동 ┬ 만주 지역 독립군에 무기 공급
    - │ └ 교육 : 민족 교육 실시, 무관 학교 설립(문창범, 이동휘)
    - └ 조직 : 신민단, 자유 대대(사령관 오하묵), 사할린 의용대(사령관 박일리아)
- 정당 : 한인사회당 ┬ 조직 : 이동휘가 러시아의 11월혁명(사회주의 혁명)을 계기로 조선인 최초 사회주의 정당 조직
  - (1918) └ 변화 : 고려 공산당으로 개칭(1921)   cf) 이동휘 : 강화도 진위대 대장 출신, 보창학교 설립
- 시련 ┬ 1920년대 : 볼셰비키의 권력 장악 이후 한인들에 대한 무장 해제 강요 → 항일 민족 운동 약화
  - ├ 1930년대 : 스탈린이 실시한 중앙아시아로의 강제 이주 정책(1937) → 카레이스키(= 고려인) 등장
  - └ 1990년대 : 중앙아시아 국가에서 신민족주의 열풍 → 다시 연해주로 이주   cf) 홍범도 : 카자흐스탄 사망

(3) 일본

- 이주 배경
  - 합병 전 : 정치적 망명 + 유학 목적
  - 합병 후 : 유학생 · 노동자 이주(1920년대) → 일제의 강제 연행(징용, 1930년대 후반 이후)
- 이주민
  - 특징 : 유학생 + 농민 출신의 노동자 → 만주나 연해주의 가족 이주와 달리 개인 이주가 많음
  - 문제점 : 해방 이후 재일 동포의 법적 지위 문제가 한일 협정에서 소홀히 처리됨
- 활동 : 조선 청년 독립단의 2 · 8 독립 선언(1919)
- 시련 : 관동 대참변(1923)

(4) 미주 지역 (하와이, 멕시코)

- 이주
  - 특징 : 20c에 들어와서 알렌의 취업 알선과 정부의 공인 하에 이주 시작(1903)
  - 주도 : 수민원(1902, 정부의 여권 담당 기구), 동서개발회사(데슬러가 이민 모집을 위해 설립한 회사)
  - 내용 : 하와이(사탕수수 농장 노동자) + 멕시코(애니깽 농장 노동자)
- 단체
  - 합병전
    - 한인 소년병 학교(1909) : 박용만이 네브래스카 주에 설립
    - 기타 단체 : 한인합성협회(1907, 하와이), 공립협회(1905, 안창호, 샌프란시스코)
  - 1910년대
    - 대한인 국민회 (1910)
      - 설립 : 장인환 · 전명운 의거(1908)를 계기로 하와이와 본토 교민이 연합 · 설립
      - 과정
        - 한인합성협회와 공립협회의 통합 → 국민회 조직(1909)
        - 국민회와 대동보국회의 통합 → 대한인 국민회로 개편(1910)
      - 조직 : 중앙 총회(샌프란시스코) + 지방 총회(북미 · 하와이 · 시베리아 · 만주)
      - 활동
        - 한흥동 등 간도 · 연해주의 독립 운동 지원, 신한민보 발간
        - 대한민국 임시정부에 자금 지원
        - 파리 강화 회의에 대표 파견 계획, 미국 대통령 윌슨에게 청원서 제출
    - 흥사단 (1913)
      - 주도 : 안창호가 샌프란시스코에서 개신교인을 중심으로 설립
      - 활동 : 군인 양성과 외교 활동, 국내에 수양동우회 설립(1926~38), 잡지 〈동광〉 발행
    - 대조선 국민군단 (1914)
      - 주도 : 박용만이 하와이에서 조직   cf) 소년병학교(1909, 네브래스카)
      - 활동 : 군인 양성, 군사 훈련 실시, 약소국 동맹회의(뉴욕) 참석
    - 숭무 학교(1910) : 이근영 등이 멕시코에 설립한 한인 무관 양성 학교
  - 1920년대 : 대한민국 임시정부의 구미 위원부 이승만 주도로 외교 활동 전개
  - 1940년대 : 재미 한족연합위원회 (1941)
    - 대한민국 임시정부 지원 : 의연금 모금 + 외교위원회 설치
    - 한인 국방경비대(맹호군) 조직 → 한국 광복군에 편입
  - cf) 수양동우회 (1926, 우익)
    - 설립 : 안창호 · 이광수 등이 수양동맹회(서울, 1922)와 동우구락부(평양, 1922)를 통합하여 설립
    - 활동 : 실력 양성 운동 전개, 기관지 〈동광〉 발행
    - 한계 : 수양동우회 사건(1938)으로 검거 but 주요 관련자들이 변절하여 모두 무죄

◇확인해 둘까요! ── **해방 이후의 한국인 이주 : 해외 이주법(1962)**

- 1960~70년대 : 박정희 정부의 외화 벌이 → 독일(광부와 간호사 파견), 남미(농업 이민), 미국(한인촌 형성)
- 최근 : 이주 지역 확대 ex) 호주, 뉴질랜드, 캐나다 등
- cf) 해방 이후 : 중국 동북, 미국, 일본, 중앙아시아의 많은 동포들이 국내로 귀환

3 사회의 변화

(1) 인구와 도시

- 인구 증가 ┬ 총인구 : 1,700만 명(1919) → 2,600만 명(1942)
  └ 경성(=서울) 인구 : 24만 명(1920) → 93만 명(1940)
- 도시 변화 ┬ 일본인 거주지 형성 : 본정(현 충무로), 명치정(현 명동), 황금정(현 을지로) 일대
  ├ 시구 개정 사업 : 굽은 도로의 직선화, 도로 폭 확대와 일부 도로의 신설 → 중심부의 남북 도로축 형성
  └ 서울의 두 얼굴 ┬ 남촌 ┬ 청계천 남쪽의 일본인 거리, 정치 · 상업의 중심지
              │   └ 관공서, 은행, 백화점, 상가, 도로 포장, 신호등, 가로등 등의 근대 도시 형성
              └ 북촌 : 청계천 북쪽의 한국인 거리, 낙후된 모습 존재

(2) 생활

- 의생활 ┬ 변화 ┬ 남성 : 직장인을 중심으로 양복 착용 but 한식과 양식 혼합(한복 착용 + 고무신 착용)
  │   └ 여성 : 블라우스와 스커트, 단발머리와 파마머리, 스타킹과 하이힐 등장 but 대부분 쪽진 머리
  │   → 번화가에서 최신 유행의 모던걸과 모던보이가 활동
  └ 전시 동원 복장 ┬ 남성 : 국방색 국민복과 전투모 · 각반 착용
      (1940년대) └ 여성 : 일본 농촌 여성의 작업복인 몸뻬 착용
- 식생활 ┬ 음식 : 과자, 빵, 케이크, 카스텔라, 비프스테이크, 수프, 아이스크림 등의 서양 음식 소개
  └ 식량 사정 ┬ 산미증식계획 이후 : 한국인 1인당 쌀 소비량 감소
          └ 중일전쟁 이후 ┬ 배경 : 쌀 공출제 실시
                      └ 내용 : 식량 부족 현상 심화 → 잡곡밥, 조밥, 수수밥 + 초근목피로 연명
- 주생활 ┬ 도시 ┬ 1920년대 : 개량 한옥(현관 · 화장실 구비, 사랑방 · 문간방 소멸, 대청마루에 유리문 채택)
  │   ├ 1930년대 : 문화 주택(2층 양옥, 복도 · 응접실 · 침실 · 아이들 방 등 개인의 독립 공간 확보)
  │   └ 1940년대 : 영단 주택(서민의 주택난 해결을 위한 연립 주택)
  └ 도시 외각 : 빈민들이 토막집에 거주
- 기타 ┬ 잡지 ┬ 대중지 : 별건곤(1926~34, 개벽사가 발행한 가장 성공한 잡지), 삼천리(1929~42, 발행인 김동환)
  │   ├ 여성지 : 신여성(1923~34, 개벽사 발행) → 새로운 화장법이나 패션 소개, 유행 선도
  │   └ 3대 언론의 발행 잡지 : 신동아(1931, 동아일보), 중앙(1933, 조선중앙일보), 조광(1935, 조선일보)
  ├ 통행 규칙 : 우측 통행 → 좌측 통행(1921) → 우측 통행(1945)
  └ 박람회 개최 : 일제의 식민 지배를 선전하기 위해 조선물산공진회를 경복궁에서 개최(1915)

> 🔖확인해 둘까요! ◀ ▶ 해외로의 인력 파견

시기		대상 국가	특징
근대	1860년대 이후	러시아	연해주 개척을 위한 러시아의 농민 이민 정책
	20c 이후	미주	대한제국 정부의 공인 하에 추진된 노동 이민, 알렌의 알선
일제 강점기	1920년대	일본	일본의 공업화에 따른 노동자 취업
	1930년대	일본	중일전쟁 이후 국가 총동원법에 의한 강제 징용
현대	1963~77	독일	경제 개발 자금 마련을 위한 간호사와 광부 파견
	1974~	중동	건설 노동자 파견으로 중화학 공업 육성을 위한 자금 마련

4 민족 교육 운동

(1) 교육 시설

- 1910년대
  - 사립학교
    - 설립 주체 : 민족주의 계열 + 개신교 계열
    - 교육 내용 : 근대 지식과 민족 의식
    - 활동 : 독립 사상 고취, 보성·연희·이화·숭실 등의 전문학교 설립
    - 탄압 : 사립학교 규칙 제정(1911) → 사립학교의 재정·인사·교육 과정 등을 통제
  - 개량 서당
    - 활동 : 일제의 교육 제도에 편입을 거부한 이들에게 유교 덕목, 한국어, 민족 의식 교육
    - 탄압 : 서당 규칙 제정(1918)
- 1920년대 : 야학
  - 배경 : 일제의 탄압으로 사립학교와 개량 서당의 숫자 감소
  - 종류 : 생활이 어려운 미취학자에게 노동 야학, 국어 야학, 농촌 야학 실시
  - 교재 : <유년필독>, <초등국어 어전>(1909 출간), <말의 소리> 등
- 1930년대 : 농촌 계몽 운동
  - 주도 : 신문사 + 학생
  - 사례 : 조선일보의 문자 보급 운동(1929~34), 동아일보의 브나로드 운동(1931~34)
  - 한계 : 중일전쟁 이후 일제의 민족 말살 통치가 강화됨에 따라 약화

(2) 교육 단체

- 조선 교육회 (1920)
  - 인물 : 한규설, 이상재, 유근
  - 활동
    - 계몽 차원의 교육 운동을 실천 운동으로 발전 → 교육에 관한 조사·연구, 도서관 경영
    - 교육 대중화 운동 : 지방 순회 강연대 조직, 한글 강습회 개최
    - 민립대학 설립운동
      - 산하에 민립대학기성회를 조직 → 총독부에 대학 설립 요구
      - 조선 청년 연합회와 언론의 협조
  - 기관지 : <신교육>, <노동 야학 총서> 발행
  - 변화 : 조선 교육 협회로 개칭(1923~27)
- 조선 여자 교육회 (1920)
  - 활동
    - 부녀자를 위한 순회 강연과 토론회 개최 → 여성 교육의 대중화에 노력
    - 여자 야학교 설립 → 조선어·산술 등 교육
  - 기관지 : <여자시론> 간행 → 여성 교육의 필요성 강조

◇확인해 둘까요! ▶ **과학 대중화 운동**

- 주도 : 김용관
- 배경 : 식민지 교육 = 식민 통치에 유용한 하급 기술 인력 양성 정책 but 조선인 과학자나 기술자 양성에 미흡
- 계기 : 안창남의 고국 방문 비행(1922)
- 단체
  - 발명학회(1924) : 잡지<과학조선> 발행, '과학의 날' 제정
  - 과학 문명 보급회(1924)
  - 과학 지식 보급회 (1934)
    - '과학의 생활화', '생활의 과학화' 제창
    - 과학 도서 편찬, 강연회 개최
- 의의 : 과학 기술 진흥의 필요성에 대한 민중의 자각을 일깨움
- 한계 : 지속성이 약함

안창남의 고국 방문 비행

5 종교

(1) 불교
- 합병 전 : 갑오개혁으로 억불 정책에서 벗어남
- 합병 후 ─ 일제의 탄압 ─ 사찰령(1911, 총독부가 전국 사찰을 통제), 승려법(총독부가 사찰 주지 임명권 행사)
          └ 포교 규칙(1915) : 포교를 총독의 허가 사항으로 규정
        └ 개혁 운동 ─ 단체 : 조선 불교 유신회(1921)
                  └ 내용 : 일부 승려의 친일 활동 비판, 사찰령 폐지 운동

(2) 유교
- 합병 전 ─ 일제의 탄압 : '대동학회' 조직(1907) → 유림의 친일화 유도
        └ 유교 개혁 운동 : 유교의 개방과 실천성 강조 ex) 박은식(유교 구신론, 대동교)
- 합병 후 ─ 일제의 탄압 : 성균관 폐지 → 경학원 설치
        └ 활동 ─ 무장 투쟁 : 대한 독립단 · 독립의군부 · 도독부 등을 조직
              └ 외교 : 유생들을 중심으로 3 · 1 운동 직후 파리 강화 회의에 독립 청원서를 제출

(3) 천도교
- 합병 전 ─ 교주 : 1대(최제우, 경주) → 2대(최시형) : 북접 주도 → 3대(손병희) : 천도교 개칭(1905) → 민족 종교
                        cf) 전봉준 : 남접 주도   cf) 이용구 : 일진회 조직(1904) → 친일 단체
          ├ 사상 : 시천주, 인내천, 사인여천 → <동경대전>과 <용담유사> 등의 경전 제작
          └ 활동 : 포접제를 바탕으로 교세 확장 → 교조신원운동 → 전국적 농민 운동으로 발전
- 합병 후 ─ 활동 ─ 3 · 1 운동 주도, 제2의 3 · 1 운동 계획 → 자주 독립 선언문 발표
              ├ 2차 조선공산당과 함께 6 · 10 만세 운동 준비
              └ 사회 : 청년 운동(청년회 조직), 소년 운동(천도교 소년회, 방정환)
        └ 언론 ─ 신문 : 만세보(1906~07)
              └ 잡지 ─ <개벽>(1920~26), <신여성>(1923~34), <어린이>(1923~34)
                    └ <별건곤>(1926~34)
- 분화 ─ 신파(최린) : 민족 개량주의(= 자치 운동) → 1930년대 친일 노선으로 전환
      └ 구파 : 비타협적 민족주의(= 민족 유일당 운동)

(4) 대종교 : 나철(1대 교주), 김교헌(2대 교주)
- 숭배 : 단군
- 활동 ─ 합병 전 : 오적암살단(자신회) 조직
      └ 합병 후 ─ 교단 본부를 만주로 옮겨 무장 투쟁 전개 : 중광단 → 정의단 → 북로군정서
                └ 민족주의 사학 지원 : 신채호

(5) 천주교
- 포교의 자유 획득 : 조불 수호 통상 조약 체결(1886)
- 활동 ─ 무장 투쟁 : 의민단을 조직(1919)하여 청산리 전투에 참여 but 자유시 참변을 겪은 이후 해산
      └ 사회 사업 추진 : 고아원, 양로원 설립
- 문화 : 신문 <경향신문>(1906~10), 잡지 <경향>(1911~45) 발행

(6) 원불교
- 창시 : 전남 영광에서 박중빈이 창시(1916)하여 전북 이리(현 익산)에 본부를 설치
- 활동 ┬ 개간 사업과 저축 운동 전개 : 민족의 자립 정신 고취
  └ 새생활 운동 전개 : 허례 폐지, 미신 타파, 금주 · 금연

(7) 개신교(기독교)
- 합병 전 ┬ 교육 사업과 의료 시설을 통한 선교 활동
  └ 단체 : 황성 기독교 청년회(YMCA, 1903), 조선 여자 기독교 청년회 연합회(YWCA, 1922)
- 합병 후 ┬ 활동 ┬ 농촌 강습소를 통한 농민의 의식 계몽, 신사 참배 거부 운동(개신교 남장로 선교회)
  │   └ 무장 투쟁 : 국민회 독립군 조직(만주) → 대한독립군 지원
  └ 탄압 ┬ 서북 지역 개신교인 탄압 : 안악 사건 → 105인 사건
         └ 권력과 밀착된 일본 개신교를 침투 → 개신교의 친일화 유도, 신사 참배 강요
- 한계 : 전통적 가치관과 충돌하여 민중의 반발 + 지나친 복음주의로 인해 제국주의 열강과 일제의 침략을 옹호

6 예술

(1) 음악
- 가곡 : '봉선화'(홍난파), '고향 생각', '그 집 앞'(현제명), '코리아 환상곡'(안익태)
- 동요 : '반달'(윤극영), '고향의 봄'(홍난파)
- 가요 : 창가 유행, 트로트 양식 정립(1930년대 이후, 일본 주류 대중 음악의 영향)

(2) 미술
- 전통 회화 ┬ 박생광(채색화의 창조적 계승) + 이응노(수묵으로 현대적 감각 창출)
  └ 이상범, 변관식, 안중식(장승업의 제자)
- 서양화(유화) ┬ 고희동(최초의 서양 화가), 김관호, 나혜석(최초의 여류 화가)
  └ 이중섭 : 소를 통해 자신의 불우한 처지와 민족 현실 표현
- 조소 : 김복진(미술 비평가로도 활약)

이중섭의 소

(3) 연극
- 단체 ┬ 혁신단 ┬ 주도 : 임성구(이인직과 더불어 대표적 신극 창시자)
  │   (1911~21) ├ 활동 : 연극을 통한 민중 계몽 운동
  │   └ 작품 : 일본 신파극을 번안한 작품 공연, 후에 창작극도 상연
  │   ex) 불효천벌, 육혈포강도 등
  ├ 토월회 ┬ 조직 : 도쿄 유학생(박승희, 김기진 등)
  │ (1923) ├ 유래 : 현실(土)을 도외시하지 않고, 이상(月)을 추구한다
  │   └ 활동 ┬ 신파극 극복, 리얼리즘 도입
  │   └ 남녀 평등, 봉건적 유교 사상 비판, 반일 의식 등을 표현
  └ 극예술 연구회 ┬ 주도 : 유치진, 홍해성, 서항석 등
     (1931, 극연) └ 활동 : 서구 사실주의 도입을 통해 신극 운동에 기여, 기관지 〈극예술〉 발간
- 변질 : 1930년대 중반 이후 오락 일변도의 가극 + 일제 찬양

김기창

(4) 영화

- 활동 : 조선 키네마 주식회사 설립(1924)
- 작품 ┌ 1920년대 : <아리랑> ┬ 주도 : 나운규
      │   (1926) ├ 내용 : 우리의 향토적인 정서를 바탕으로 일제 지배하 망국의 통분과 슬픔을 표현
      │   └ 영향 : 순종의 서거와 더불어 흥행에 큰 성공
      └ 1930년대 ┬ 작품 : <임자없는 나룻배>(1932)
                 └ 변화 : 유성영화 등장
- 일제의 탄압 : 조선 영화령 공포(1940)

아리랑

(5) 문학

- 1910년대 ┬ 이광수 : 계몽기 소설 문학 집대성 ex) <무정>
  (계몽 문학) └ 최남선 : 다양한 신체시 창작 → 근대시의 발전에 공헌
- 1920년대 ┬ 낭만주의 문학 : 퇴폐적 성향
  (다양한 ├ 저항 문학 : 이상화의 '빼앗긴 들에도 봄은 오는가'
  문예 사조) ├ 민족의 고유한 정서를 바탕으로 식민지 현실을 표현 ex) 김소월, 한용운
         ├ 신경향파 문학 ┬ 배경 : 농민 운동, 노동 운동의 활성화
         │ (프로 문학) ├ 이념적 성향 : 사회주의 계열
         │   ├ 내용 ┬ 식민지 현실 고발, 계급 의식 고취 ex) 박영희, 김기진, 임화, 이기영(고향)
         │   │   └ 1920년대 초반 퇴폐적 · 낭만적 문학 활동을 비판
         │   └ 단체 : 카프(KAPF, 조선 프롤레타리아 예술가 동맹) 결성(1925)
         ├ 사실주의 문학 ┬ 내용 : 식민지 현실 속 개인의 고단한 삶을 서술
         │   └ 작품 : 현진건(빈처, 운수좋은 날), 염상섭(만세전)   cf) <삼대>(염상섭)은 1931년 작품
         └ 국민 문학 운동 : 신경향파에 반대하는 민족주의 계열 문학
- 1930년대 ┬ 시문학파 : 순수 문학 ┬ 작가 : 정지용, 김영랑
         │   └ 동인지 : <시문학>(1930)   cf) 순수 문학 동인지 : <문장>(1939)
         ├ 청록파 : 박두진, 박목월, 조지훈
         ├ 저항 시인 : 윤동주(서시, 별 헤는 밤), 이육사(청포도 · 광야 · 절정, 조선의열단 단원)
         └ 친일 문인 : 이광수, 최남선, 모윤숙, 노천명 등

◇ 확인해 둘까요! ▸

일제 강점기 예술 활동의 특징

- 특징 : 문학, 음악, 미술, 연극, 영화 등의 분야에서 활발한 활동 전개
- 한계 ┬ 배경 : 1930년대 후반 일제의 전시 동원 체제 강화 → 예술인 대부분이 친일화
       └ 대표적 친일 단체 : 조선 문인 협회, 조선 음악가 협회, 조선 미술가 협회, 조선 연극 협회

문화재 보호 운동

- 주도 : 간송 전형필
- 내용 : 해외로 반출되는 우리 문화재를 보호하기 위한 문화재 수집 운동 ex) 보화각(= 간송 미술관) 설립

핵심 자료 읽기

조선 여성 동우회
1. 사회 진화 법칙에 의한 신사회의 건설과 신여성 운동에 설 일꾼의 훈련과 교양을 기함
2. 여성 해방 운동에 참가할 여성의 단결을 기함

근우회
- 취지문 : 인류 사회는 많은 불합리를 생산하는 동시에 그 해결을 우리에게 요구한다. 여성 문제는 그 중의 하나이다. …… 세계 자매는 수천년의 악몽으로부터 모든 질곡을 분쇄하기 위하여 싸워온 지 오래다. …… 우리 여성 운동은 분산되어 있었다. …… 조선 여성 운동은 세계 사정 및 조선 여성의 성숙 정도에 의하여 중대한 계급으로 진전하였다. 분산되었던 운동이 협동 전선으로 조직되었다. 그래서 여성의 각층에 공통되는 운동 목표가 발전할 수 있게 되었다. 이 단계에 있어 분열 정신을 극복하고 우리의 협동 전선을 공고하게 하는 것이 조선 여성의 의무이다. 우리가 우리 자매를 위하여 우리 사회를 위하여 조선 자매 전체의 역량을 단결하여 운동을 전개하여야 한다. 일어나라! 오너라! 단결하자! 분투하자! 조선의 자매들아! 미래는 우리의 것이다.
- 잡지 〈근우〉 창간사 : 이 현대 여성 생활을 대표한 여성은 지배 계급인 유산자인 남성에게 인권 유린을 당하고 건강과 생명은 그들에게 희생되었다. …… 그러나 사회 진화의 법칙은 여성이 비인간적 함정에서 울고만 있게 하지 않는다.

근우회 행동 강령
여성에 대한 사회적 · 법률적 일체 차별 철폐 / 일체 봉건적 인습 및 미신 타파
조혼 폐지 및 결혼의 자유 / 인신 매매 및 공창 폐지
농촌 부인의 이익 옹호 / 부인 노동의 임금 차별 철폐 및 산전 · 산후 임금 지불 / 여성 · 소년의 위험 노동 및 야업 금지

소년 운동
- 천도교 소년회 : 늙으신 어른들은 벌써 지나간 때의 어른이시오, 새 조선이 잘 되고 못 되는 것은 오직 우리 소년들에게 있습니다. 깨인 사람들은 손목을 맞잡고 우리를 위하여 전력을 쏟아 주시니, 우리 소년들이 그 뜻과 그 정성을 받아 씩씩하게 자라나야 할 것입니다. 그리하여 장래 조선 사회를 위하여 허염이 있는 사람이 되어야 할 것입니다. 조선 소년들이여, 우리의 소년 운동의 뜻을 알자. 그리하여 자라서 씩씩한 일꾼이 되자. 나는 크게 외칩니다. 1. 어린이를 윤리적 압박으로부터 해방하여 그들에 대한 완전한 인격적 예우를 허하게 하라. 2. 어린이를 경제적 압박으로부터 해방하여 만 14세 이하에 대한 무상 또는 유상의 노동을 폐하게 하라. 3. 어린이들이 배우고 즐거이 놀기에 족한 가정, 사회적 시설을 행하라.
- 소년운동협회 : 본 소년 운동 협회는 어린이날의 첫 기념되는 5월 1일 아래와 같은 세 조건의 표방을 소리쳐 전하며, 이에 대한 천하 형제의 심심한 주의와 공명과 또는 협동 실행이 일기를 바라는 바이다.

형평 운동
- 조선 형평사 설립 취지문 : 공평은 사회의 근본이고 사랑은 인간의 본성이다. 우리는 계급을 타파하고 모욕적 칭호를 폐지하여, 교육을 장려하고 우리도 참다운 인간으로 되고자 함이 본사의 주지이다. 지금까지 조선의 백정은 어떠한 지위와 압박을 받아왔던가? 과거를 회상하면 통곡하고도 피눈물을 금할 수 없다. …… 따라서, 이 문제를 선결하는 것이 우리들의 급선무다. 천하고 가난하고 연약해서 비천하게 굴종하였던 자는 누구였던가? 그것은 우리 백정이 아니었던가? 그러나 이러한 비극에 대한 사회의 태도는 어떠했는가? 지식 계층에 의한 압박과 멸시만이 있지 않았던가? 직업의 구별이 있다면 금수의 생명을 빼앗는 자는 우리들만이 아니다. 본사는 시대의 요구에 대응하여 창립되었으며, 우리도 조선 민족 2천만의 한 사람으로서 갑오년(1894년) 6월 이후 칙령에 의해 백정이라는 호칭이 없어지고 평민으로 되었던 바, 사랑으로 상호 부조하고 생명의 안정을 도모하고 공동의 번영을 기하고자 한다. 이에 40여 만이 단결하여 이 주지를 표방하는 바이다.

핵심 **자료 읽기**

- 오인(吾人)의 견해에 따르면, 계급 타파의 주의 · 주장은 시대 사조의 산물이라. 일본에서 수평(水平) 운동이 일어나고 조선에서 형평 운동이 일어나게 된 것은 인도적 관념에 기초한 자유와 평등을 요구함에 있는지라. …… 필경은 그 목적이 이루어짐은 다시 오인이 단언할 필요가 없도다. 진주에서 발생한 형평 운동이 그 성세가 강하든지 약하든지에 상관없이 운동의 결과가 필경 뜻한 바와 같이 해결될 것은 오인이 다시 논의할 필요가 없으며, 또 전 조선에 이러한 운동이 창기(唱起)할 것은 오인의 독단이 아니다

조선 청년 총동맹 창립
조선 민중이 기대하던 '조선청년총동맹 대회'가 경성중앙청년회관에서 개최되었다. 그러므로 오인은 위대한 회합이 우리의 청년의 단결로 청년 운동의 통일을 도모하여 대중 본위인 신사회를 건설하고 따라서 조선 민중 해방 운동의 선구가 될 이 회합을 위하여서는 끓는 동정과 넘치는 기대를 다하여 대회의 완성과 아울러 전도의 발전을 기도하여 마지 아니한다.

서간도 삼원보의 독립 운동 기지
처음 도착하면 자치구에서 당번들이 나와 새로 온 사람들을 돌보게 한다. 배당을 받은 집에서 가옥과 토지가 마련되어 정착할 때까지 먹여 주고 보살펴 준다. …… 이렇게 되자 애국지사들이 한인 자치 단체를 만들어 엄격한 규율을 세우고 학교도 세웠다. 일본에 빼앗긴 나라를 도로 되찾을 때까지 만주에 하나의 작은 나라를 만들어 운영한 셈이다.

성명회 선언서
(각국) 귀 정부도 아는 바와 같이 한국국민위원회는 한국의 합병에 관하여 귀국 정부에 전문을 발송한 바 있습니다. …… 한국에 대한 일본의 행동은 국제법을 유린하는 것입니다. 1907년에 한국 황제를 폐위시키고, 한국 군대를 해산시켰으며, 한국의 관리들을 자신의 권력 밑에 종속시켰습니다. 압제에 지친 한국인들은 게릴라전을 시작하여 피를 흘렸습니다. …… 그들은 개인의 편지까지 뜯어보고, 손과 발을 묶고, 한 한국 국민을 협박과 폭력으로 억압하고 있습니다.

권업회
- 활동 : 국치 무망일(國恥無忘日)과 신한촌. 우리가 수치를 당한 날에 신한촌의 거류민들은 음식을 그 전날에 미리 준비하였다가 이날에는 집마다 연기를 내지 아니하고 한식절과 같이 지냈으며, 밤에는 집마다 불을 끄지 아니하고 밤을 새며 애통 발분의 기상이 가득하였고, 그 사회에서 권업회에 모여 대연설회를 열었다.
- 러시아의 탄압 : 이달에 러시아 관청이 권업회를 해산시키고 신문의 발행을 금하다. 이 단체는 러시아 관헌의 비호로 1913년 10월경에는 회원 총 2,600명에 달하였으나, 세계 대전이 일어나 러 · 일 양국은 동맹국이 되어 일본 요청에 의하여 러시아는 연해주의 한국인 항일 운동을 탄압하다. 〈러시아령 연해주와 중국령 간도 지방의 정황〉

대한 광복군 정부
1914년 러시아에서 러일전쟁 10주년을 맞아 반일 감정이 고조되고 있는 상황에서 이상설, 이동휘, 주도로 러시아와 중국에 흩어져 있는 동지들을 규합하여 대한 광복군 정부를 조직하고 정통령을 선거하여 군사 업무를 통합하여 지휘하게 하니 정통령은 이상설 씨가 되었고, 부통령은 이동휘 씨가 당선되었다. 군대를 비밀리에 편성하고 중국령에는 사관 학교를 건립하였다. 한민족의 러시아 이주 50주년 기념 대회를 열어 군자금을 모으고 러시아 관리에게 허가까지 얻었는데, 뜻밖에 1차 세계 대전이 일어나 일제의 간섭이 심해졌다. 권업회가 해산되고 신문까지 정간을 당하니 그 신문은 126호로 끝나게 되었다.

핵심 자료 읽기

관동 대참변

• 점심 식사를 하고 있던 중 지진을 접했습니다. …… 꾸벅꾸벅 졸고 있는데 "조선인을 끌어내라", "조선인을 죽여라" 등의 소리가 들렸습니다. 저는 어째 조선인을 죽이는지 알 수 없었습니다. 조선인이 나쁜 짓을 했다고는 하더라도 지진과 대화재 속에서는 갈팡질팡하면서 겨우 도망쳤을 뿐이고, 그러한 가운데 불타 죽은 사람들도 꽤 있었습니다.

• 열차가 도착하자 지진으로 피해를 입은 이재민이 밀려든다. 장교는 칼을 빼들고 열차 안과 밖을 살피고 있다. 어떤 열차나 초만원으로 사람들이 빽빽이 앉아 있었는데, 조선인을 찾아내 모두 끌어내렸다. 그리고는 즉시 번쩍이는 칼과 총검으로 차례차례 죽이는 것이다. 이재민들의 우레 같은 만세 소리와 함께 조선놈들을 다 죽여버리자는 아우성이 터져 나왔다.

미주 지역 한인의 생활상

• 5천명 동포 중에 월급을 받고 일하며 생활하는 이도 적지 않습니다. 이들은 생활난이 심하지 않습니다. 그러나 나와 같이 1달러에 목을 매달고 사탕밭에서 일하는 우리 다수 동포는 살기 어렵습니다. 매달 주일날을 제외하고 26일을 줄곧 일한다 해도 26달러 버는 것 가지고, 우리 사회에서 요구하는 모든 것을 다 바치고 나면 남의 빚지기가 쉽습니다. ……

• 이 섬 지역의 한인은 고국에서 용병을 일으켜 독립 전쟁을 준비하고자 군사훈련하는데, 퇴직 사관 여러 명이 농장에서 일을 끝내면 동포를 모아 전술을 가르치며, 짬을 내 연습하니 일본인들은 이것을 코웃음치나 충정은 헤아릴 만하다.

• 국권이 피탈되던 해였어. 조선이 쌀쌀해질 무렵 배를 타고 출발했는데 두어 달 동안 계속된 항해에 우리는 많이 지쳐 있었어. 그때 내 나이가 스물 셋이었는데 도착해 보니 사진으로만 보았던 내 신랑감은 서른 여덟이더라고 …… 더 놀랐던 것은 그 남자가 이국땅에서 몇 년간 얼마나 고생을 했는지 사진하고는 완전히 다른 늙어버린 남자가 되어 있었던 거야.

• 그들은 유랑 생활을 하면서도 학교를 세워 2세들에게 모국어와 민족 의식을 가르쳤고 3년간이었지만 숭무 학교를 설립해 광복 정신을 고취하기 위한 군사 훈련을 하였다. …… 각종 민족 관계 기념식을 매년 거행하였고, 국민회에 납세 의무를 충실하게 이행하였는가 하면 상하이나 충칭의 임시정부로 독립 성금을 보내는 일에도 누구보다도 열심이었다.

노동 이민

• 독일 : "40도가 넘는 지열 때문에 땀이 비오듯 했다. 작업 도중 팬티는 다섯 번 이상 짜서 입어야 했고, 장화 속의 물을 열 번 이상 털어내야 했다. 그렇게 벌어서 월 4만 원 봉급 중에 3만 원 이상씩 (한국으로) 송금했다."

• 독일 : "지하에 처음 들어간 날, 막장의 높이가 1미터나 될까. 몸을 눕히거나 아예 기지 않고는 전진할 수 없었다. 점심 시간이 되자 모두 석탄가루를 뒤집어쓴 채 준비해 온 빵과 사과를 꺼냈다. 나는 무의식 중에 사과를 깨물었다. 한입 베어낸 언저리에 석탄가루가 새까맣게 앉았다. 순간 참았던 눈물이 왈칵 쏟아졌다."

• 서남아시아 : 1973년 중동 카이바−알울라 간 고속 도로에 대한 국제 입찰에서 낙찰되어 공사 계약을 체결하였다. 1974년 두 번째로 제다시의 1차 공사를 수주하였다. 중동은 제다 공항에서 성지 메카로 가는 공항로 구간을 40일 이내에 완공시켜 달라는 무리한 요청을 하였다. …… 한국이 진출하기 전까지 중동의 모든 건설 공사는 유럽이나 미국업자들이 수행하는 독무대였다. …… 그러므로 공기 내에 끝내주기 위해 횃불을 켜고 야간 작업을 감행한다는 것은 중동인들이 상상조차 하지 못한 일이었다. …… 1976년에는 중동의 주베일 산업항 공사를 수주하는 개가를 올렸다. …… 이는 국가적인 경사로 여겨졌는데, 그 수주액은 그 해 정부 예산의 약 25%를 점하는 것이었다. ……

조선 교육회 선언문

이제 세계적 대전란의 결과가 신문화의 대운동을 야기하게 됨은 저명한 사실인즉 우리의 사회를 이 침륜 중에서 만회할 유일의 방책은 이 시대에 적응한 교육을 장려 진흥함에 있도다. 금일 조선의 교육 문제는 한가로운 사람의 한가로운 이야깃거리가 아니라 우리 민족의 장래가 쇠하느냐 성하느냐 하는 갈림길이며, 사활에 관한 문제라. 현재 조선 내에 많은 교육 기관 중에서 순전히 우리 조선인의 재력과 노력으로 경영하는 것이 몇 개가 있느뇨. 근본의 문제를 등한히 하고 민족의 부활이니 사회의 개선이니 아무리 절규하며 아무리 기대할지라도 필경 도래할 리가 없을 것이로다.

핵심 자료 읽기

사찰령

제1조 사찰을 병합·이전·폐지하고자 할 때는 조선 총독의 허가를 얻어야 함.

제3조 사찰의 본말 관계·승규(僧規)·법식·기타의 필요한 사법은 각 본사에서 정하여 조선 총독의 인가를 얻어야 함.

제5조 사찰에 속하는 토지·삼림·건물·불상·석물·고문서·고서화 등의 귀중품은 조선 총독의 허가를 받지 않으면 이를 처분할 수 없음.

조선 불교 유신론

• 불교는 미신이 아니고 지혜로 믿는 종교이며 철학적으로는 보편적 자아와 개별적 자아를 남김 없이 설파하고 있는 대철학이어서 미래의 도덕과 문명의 원료가 될 것이다.

• 모든 문명은 교육에 의한 것이고 인생 목적의 달성 방법을 아는 것도 배움에 의한 것이다. 조선 불교 유신의 첫걸음은 승려 교육에 있다. 승려 교육에 있어서 급선무가 셋이다.

• 현행의 번잡하고 기복을 목적으로 하는 도깨비 연극 같은 제사 의식은 폐지해야 하고, 그 밖의 각 사원의 평시 예식도 매일 한 번씩의 간단한 예로 고쳐야 한다.

유교 구신론

현재 공자의 교가 날로 암담해지고, 날로 더욱 쇠해 가는 정경을 보니 … 그 원인을 거슬러 연구하고, 잘못된 일을 추측해 보니… 3대 문제를 들어서 개량구신의 의견을 바치노라.

이른바 3대 문제는 무엇인고, 첫째는 유교파의 정신이 오로지 제왕의 편에 있고 인민 사회에 보급할 정신이 부족한 것이다. 둘째는 여러 나라를 돌면서 천하의 주의들을 강구하려 하지 않고, 내가 어린이를 구하는 것이 아니라, 어린이가 나를 구한다는 주의만을 지키는 것이다. 셋째는 우리 대한의 유가에서 쉽고 정확한 법문(양명학)을 구하지 않고 질질 끌고 되어가는 대로 내버려 두는 공부(주자학)를 전적으로 숭상하는 것이다.

종교계의 독립 운동

• 자주 독립 선언문(천도교) : 우리 대한은 당당한 자주 독립국이며, 평화를 애호하는 세계의 으뜸 국민임을 재차 선언한다. 지난 독립 만세 운동은 곧 우리의 전통적인 독립의 의지를 세계 만방에 천명한 것이고, 국제 정세의 순리에 병진하는 자유, 정의, 진리의 함성이었다. 그럼에도 불구하고 일본의 무력적인 억압으로 말미암아 우리의 자유와 평등을 주장한 자주 독립 운동은 아프게도 실패하였다. 우리의 독립을 위한 투쟁은 이제부터가 더욱 의미가 있고 중요하다.

• 북로군정서 편성(대종교) : 본 단체는 그 유래가 오래 되었는데, 나라가 망한 이후 곧 중광단이라는 이름으로 동지를 비밀리에 모아 결성한 것으로 비밀과 정신으로써 진행하다가 독립 선언 이후에 다시 대한 정의단으로 이름을 바꾸고 4대 강령을 내걸어 각 구에 지역 단체를 나누어 두었다. 그러나 이 곳은 적들의 세력이 걷잡을 수 없이 커져 더욱 기밀을 간직하였다. 본 단체는 민족 통일을 도모하여 하나로 뭉쳐 치우침없이 행복을 기약하고 도모하므로 군정 기관을 만든 날에 곧 우리가 일반 신뢰하는 임시정부에 신청하여 국무원 제 205호로서 승인을 받아 대한 군정서로 이름을 바꾸고 이 뜻을 전달하였다.

개신교 탄압

이 비상시국에 용납 못할 불순한 행동과 반국책적인 결사를 조직하는 혐의가 있어 총독부 경무국에서는 각 도 경찰부를 동원시켜 전 조선적으로 많은 교역자(敎役者)를 검거하고 취조를 개시하였다. …… 이번 검거의 내용에 대해서는 치안유지법, 보안법, 군기 보호법(軍機保護法) 등을 위반한 행동을 하였다는 것이며 그 외에 불경죄가 될 만한 행동도 있다

이상화, 빼앗긴 들에도 봄은 오는가

지금은 남의 땅—빼앗긴 들에도 봄은 오는가?

나는 온몸에 햇살을 받고 / 푸른 하늘 푸른 들이 맞붙은 곳으로 / 가르마 같은 논길을 따라 꿈속을 가듯 걸어만 간다.

입술을 다문 하늘아 들아, / 내 맘에는 나 혼자 온 것 같지를 않구나. / 네가 끌었느냐 누가 부르더냐.

이육사, 꽃

동방은 하늘도 다 끝나고 / 비 한 방울 내리잖는 그 때에도 / 오히려 꽃은 빨갛게 피지 않는가

내 목숨을 꾸며 쉬임 없는 날이여 / 북쪽 툰드라에도 찬 새벽은 / 눈 속 깊이 꽃 맹아리가 움작거려

제비떼 까맣게 날아오길 기다리나니 / 마침내 저버리지 못할 약속(約束)이여

서정주, 오장 마쓰이 송가

…… 우리의 동포들이 밤과 낮으로 / 정성껏 만들어 보낸 비행기 한 채에

그대, 몸을 실어 날았다간 내리는 곳 …… / 쪼각쪼각 부서지는 산더미 같은 미국 군함! ……

장하도다 / 우리의 육군 항공 오장 마쓰이 히데오여 / 너로하여 향기로운 삼천리의 산천이여

모윤숙, 황군은 죽어서 말한다

산 옆 외따른 골짜기에 / 혼자 누워 있는 황군을 본다.

아무 말, 아무 움직임 없이 / 하늘을 향해 눈을 감은 황군을 본다.

누른 유니폼 햇빛에 반짝이는 어깨의 표식 / 그대는 자랑스런 대일본 제국의 황군였고나. ……

이기영, 고향

동경 유학생이던 김희준이 학자금난으로 학업을 포기하고 고향으로 돌아온다. 그는 <u>소작인</u>으로 농사를 짓는 한편으로 농민 봉사, 계몽 활동을 통하여 농민 지도자로서 위치를 굳힌다. 그를 중심으로 한 소작인들은 동네 마름인 안승학과 대결해 나간다. 마름 안승학은 그의 본부인을 서울로 보내 자식들을 교육시키도록 하고 자신은 첩 '숙자'와 함께 산다. 안승학과 '숙자'는 딸 '갑숙'이를 이씨 문중으로 시집보내려 하다가 '갑숙'과 '경호'와의 관계를 알고 앓아 눕는다. 왜냐하면 '경호'는 읍내의 상인인 권상필의 아들로 알려졌으나 사실은 구장집 머슴 곽첨지의 아들이었던 것이다. '갑숙'이는 가출하여 <u>공장의 직공</u>으로 취직한다. 수재(水災)가 나서 집이 무너지고 농사를 망친다. 김희준을 중심으로 소작인들은 마름 안승학에게 소작료를 감면해 줄 것을 요구하나, 안승학은 이를 거절한다. 이때 공장에서도 '갑숙'을 지도자로 한 <u>노동쟁의</u>가 벌어지며, 김희준은 이를 돕는다. '갑숙'이는 소작인을 괴롭히는 아버지에 반대하여 김희준과 힘을 합친다. 김희준을 비롯한 농민들은 끝내 안승학의 양보를 얻어낸다. 그리고 김희준과 갑숙이는 이성간의 애정을 초월하여 동지로서의 사랑을 확인한다.

나운규, 아리랑

주인공 영진은 전문학교를 휴학하고 고향에 돌아와 철학을 공부하다가 미친 지식인 청년으로 설정되어 있다. 동리 사람을 괴롭히는 악덕 지주의 머슴이며 일본 경찰의 앞잡이인 오기호가 빚 독촉을 명목으로 영진의 아버지를 괴롭히고 나아가 마을 축제의 틈을 타 그의 누이동생 영희를 겁탈하려고 하는 것을 목격하고 낫으로 그를 찔러 죽인다. 영진은 붉은 피를 본 충격으로 비로소 제정신이 든다. 마지막 장면은 일본 순경의 오랏줄에 묶여 아리랑 고개를 넘어가는 영진의 모습이며 여기에 주제가인 아리랑이 깔린다.

일제강점기의 사회와 문화

자료 보기

어린이날 표어

여성 운동

기관지 〈근우〉

형평 운동 포스터

신여성

국민복

몸뻬

1920년대 개량 주택

1930년대 문화 주택

일본인 거주지 본정(현 충무로)

토막집

만보산 사건의 배경인 수로

관동대참변 당시 한인 학살

멕시코 한인 노동자

중앙아시아로의 한국인 강제 이주

일본으로 이주한 한인 수

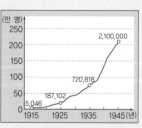
일본 거주 한인 수의 변화

◆ 확인해 둘까요! ─ 1920년대 국 · 내외 주요 연표 정리

1919 ┌ 국내 ┌ 3 · 1 운동, 13도 국민 대표의 한성 정부 수립
      │   └ 경성 방직 주식회사 설립(김성수)
      └ 국외 ┌ 신한청년당이 파리 강화 회의에 대표 파견, 2 · 8 독립 선언, 이승만의 위임 통치 청원서 제출
             ├ 대한 국민 의회를 정부 형태로 개편, 대한민국 임시정부 수립
             └ 정의단 조직, 서로 군정서 조직, 조선 의열단 결성

1920 ┌ 국내 ┌ 민족주의 ┌ 회사령 폐지, 조선물산장려회 창립(평양)
      │   │   └ 조선교육회 창립, 조선일보 · 동아일보 창간, <개벽> 창간
      │   └ 사회주의 : 조선 노동 공제회 결성
      └ 국외 ┌ 봉오동 전투 → 청산리 전투 → 간도 참변 → 대한독립군단 결성
             └ 박은식의 <한국 독립운동지혈사> 간행

1921 ┌ 국내 : 천도교 소년회 발족, YWCA 창립, 조선 불교 유신회 창립, 조선어 연구회 창립
      └ 국외 ┌ 북경 군사통일주비회(신채호, 박용만)의 임시 의정원 해산 요구
             └ 자유시 참변

1922 ┌ 조선 소년 척후대 조직, 민립 대학 기성회 조직, 안창남의 고국 방문 비행
      └ 이광수의 '민족성 개조론' 발표(개벽)

1923 ┌ 국내 ┌ 조선 물산 장려회 설립(서울), 암태도 소작 쟁의, 조선 형평사 조직, 토월회 조직
      │   └ 김상옥이 종로경찰서에 폭탄 투척(의열단)
      └ 국외 : 국민 대표 회의 소집, 육군 주만 참의부 결성, 관동 대참변 발생

1924 ┌ 국내 ┌ 경성 제국 대학 설립, 이광수의 '민족적 경륜' 발표(동아일보)
      │   └ 조선 청년 총동맹 결성, 조선 노농 총동맹 결성
      └ 국외 : 정의부 결성, 1차 국공 합작, 임시정부 대통령대리에 박은식 선출

1925 ┌ 국내 : 1차 조선공산당 창당, 카프 결성, 치안유지법 제정
      └ 국외 ┌ 신민부 결성, 미쓰야 협정 체결
             └ 임시 의정원 대통령 이승만 탄핵, 임시정부의 헌법 개정(국무령 중심의 내각책임제)

1926 ┌ 국내 ┌ 6 · 10 만세 운동, 조선 민흥회 결성, 정우회 선언 발표, 나석주 의거(의열단), 가갸날 제정
      │   └ 영화 '아리랑' 상영, 이상화의 '빼앗긴 들에도 봄은 오는가' 발표
      └ 국외 : 한국 독립 유일당 북경 촉성회 창립, 만주의 3부 통합 운동 전개

1927 ┌ 신간회 창립, 근우회 창립
      └ 조선 노농 총동맹이 조선 농민 총동맹과 조선 노동 총동맹으로 분리

1928 ┌ 국내 : 코민테른의 '12월 테제' 발표(좌익 노선 강화)
      └ 국외 : 혁신의회 결성

1929 ┌ 국내 ┌ 원산 노동자 총파업, 광주 학생 운동 → 민중대회 사건
      │   └ 조선일보의 문자 보급 운동 전개
      └ 국외 : 국민부 결성 → 조선혁명당 창당

1930 ─ 국외 : 만주에서 한국독립군과 한국독립당 창당

1931 ┌ 국내 : 조선어학회 창립, 신간회 해산, 동아일보의 브나로드 운동 전개, 극예술 연구회 창립
      └ 국외 : 만보산 사건 발생 → 만주 사변, 한인 애국단 조직

1932 ─ 국외 : 이봉창 의거 → 상하이 사변 발생 → 윤봉길 의거

04 서양 주요 국가의 관계
부록

(1) 미국

- 근대
  - 갈등 : 제너럴 셔먼호 사건(1866) → 신미양요 발생(1871)
  - 수교 : <조선책략>(황쭌셴) 도입(1881) → 조미 수호 통상 조약 체결(1882) → 보빙사절단 파견(1883)
  - 이권 침탈 ┌ 경인선(1896, 1897 일본에 양보), 평안 운산의 금광 채굴권(1896), 함경 갑산의 광산 채굴권(1896)
    └ 서울의 전등 · 전차 경영권(1896) : 한성 전기 회사 설립(1898) → 전차 개통(1899)
  - 일본의 국권 침탈 묵인 : 가쓰라 · 태프트 밀약(1905), 러 · 일의 포츠머스 강화 조약 중재(1905)
- 일제 강점기
  - 파리 강화 회의에서 미대통령 윌슨의 민족 자결주의 → 3 · 1 운동
  - 대한민국 임시정부 ┌ 구미위원부 설치(1919)
    └ 한국 광복군 : 미 전략정부국과 국내 진공 작전 시도
  - 한국 독립에 대한 약속 : 카이로 선언 → 포츠담 선언   cf) 얄타 회담
- 현대
  - 38선 제안 → 미 군사정부 : 직접 통치, 현상 유지 정책
  - 한반도 정부 수립 구상 ┌ 모스크바3국외상회의(1 · 2차 미소공동위원회) → UN 상정(총회, 소총회)
    └ 좌우 합작 운동 지원 → 남한 단독 정부 수립 운동 지원
  - 6 · 25 전쟁 ┌ 前 : 애치슨 선언(1950)
    ├ 中 : UN 안전보장이사회 소집 → UN군 파견 주도(인천상륙작전)
    └ 後 ┌ 한미 상호 방위조약 체결(1953) → 한미 행정 협정 체결(1966), 경제 원조 제공
        └ 제네바(정치) 회담 참가(1954)
  - 박정희 정부 : 베트남 파병 요청(브라운 각서), 냉전 완화(닉슨 독트린)
  - 유신 체제 : 한미의 외교적 갈등 고조(카터 정부의 인권 외교 vs 대통령 박정희의 군사 독재 노선)
- 주요 미국인
  - 알렌 ┌ 갑신정변 이후 민영익 치료를 주도 → 광혜원(제중원) 설립 주도
    ├ 이권 침탈 알선 : 운산 금광 채굴권, 경인선 부설권, 전력 회사 설립권(전등 · 전차 · 도로)
    └ 주한 미국 공사 → 을사조약 이후 미국으로 귀국
  - 헐버트 ┌ 육영공원의 외국어 교사(1886)
    ├ 을사조약 무효화 노력 : 고종의 밀사로 미대통령 면담 시도, 헤이그 특사 파견 건의
    └ 저서 : <한국사>, <대동기년>, <대한제국 멸망사>
  - 스티븐스 : 1차 한일협약으로 일본이 파견한 외교 고문(1904) vs 장인환 · 전명운 의거

(2) 영국

- 근대 이전 : 상선 암허스트호의 조선에 대한 통상 요구(순조, 1832)
- 근대
  - 외교 : 조영 통상 조약 체결(1882~83) + 거문도 사건(1885~87)
  - 이권 침탈 : 평안도 은산 광산 채굴권 획득(1899)
  - 일본의 국권 침탈 지원 : 제1차 영일동맹(1902) → 제2차 영일동맹(1905), 헤이그 특사 활동 외면
- 일제 강점기
  - 태평양전쟁 이후 인도 미얀마 일대에서 한국 광복군과 연합 작전
  - 한국 독립에 대한 약속 : 카이로 선언 → 포츠담 선언   cf) 얄타 회담
- 현대
  - 한반도 정부 수립 구상 : 모스크바3국외상회의의 주요국
  - 6 · 25 전쟁 ┌ 中 : UN군 참가
    └ 後 : 제네담 정치 회담 참가
- 주요 영국인
  - 베델 : 양기탁과 함께 대한매일신보 장간(1904)
  - 조지 쇼 : 영국 식민지인으로 이륭양행(만주) 운영 → 대한민국 임시정부의 자금 조달 지원

(3) 프랑스

- 근대 ┬ 갈등 : 병인박해 → 병인양요
  ├ 외교 ┬ 조불 수호 통상 조약 체결(1886) → 천주교 포교 허용
  │   └ 3국간섭(1895)
  └ 이권 침탈 : 경의선 부설권(1896)
- 일제 강점기 ┬ 파리 강화 회의(1차 세계대전 종전 협상) → 베르사유 조약 체결(1919)
  └ 대한민국 임시정부 : 파리위원부 설치(김규식)
- 보관된 우리의 문화재 ┬ <왕오천축국전> : 학자 펠리오가 발견하여 파리국립도서관에 소장
  ├ <직지심체요절> : 주한대리공사 플랑시가 수집해가서, 파리국립도서관에 소장
  └ 외규장각의 서적과 의궤 : 병인양요 때 약탈되었으나, 임대 형태로 2011년에 반환

(4) 독일

- 근대 ┬ 갈등 : 오페르트의 남연군묘 도굴 사건
  ├ 외교 ┬ 조독 수호 통상 조약(1883)
  │   └ 3국간섭(1895)
  └ 이권 침탈 : 강원도 당현의 광산 채굴권(1897)
- 일제 강점기 : 2차 세계대전 당시 일본, 이탈리아와 함께 추축국의 일원
- 현대 : 박정희 정부 때 경제 개발 자금 마련을 위해 광부와 간호사 파견
- 주요 독일인 ┬ 묄렌도르프 ┬ 임오군란 이후 파견된 청의 외교 고문 파견 but 러시아와의 수교에 중요한 기여
  │   └ 세창양행을 도와 조선의 상업 침투에 협조
  └ 부들러 : 갑신정변 이후 한반도 중립화 건의

(5) 러시아(소련)

- 근대 ┬ 외교 ┬ 베이징조약 알선 대가로 연해주 획득(1860) → 조선인 이주 허용
  │   ├ <조선책략>에서 경계의 대상
  │   ├ 조러 통상 조약(1884)
  │   ├ 조러 비밀 조약 체결 시도(1885) → 거문도 사건 발생
  │   ├ 조러 육로 통상 조약(1888) : 함경도 경흥 조차
  │   └ 3국간섭 주도(1895)
  ├ 이권 침탈 ┬ 삼림채벌권 : 압록강, 두만강, 울릉도
  │   └ 토지 : 조차 요구(절영도), 매도 요구(목포 · 증남포의 섬)
  └ 용암포 불법 점령과 조차 요구(1903) → 러일전쟁(1904) → 포츠머스 강화 조약 체결(1905)
- 일제 ┬ 시련 : 자유시 참변(1921) + 연해주 동포를 중앙 아시아로 강제 이주(1937)
  ├ 사회주의 사상 유입 : 조선공산당 창당(1925), 카프 결성(1925), 코민테른의 12월 테제 발표(1928)
  └ 한국 독립에 대한 약속 : 포츠담 선언   cf) 얄타 회담
- 현대 ┬ 소련 군사 정부 : 간접 통치
  ├ 한반도 정부 수립 구상 : 모스크바3국외상회의(1 · 2차 미소공동위원회) → UN 상정에 반대
  ├ 6 · 25 전쟁 中 : UN을 통해 휴전 제의(1951)
  └ 노태우 정부 : 대한민국 정부와 수교(1990)

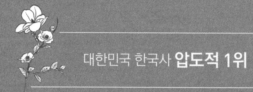
대한민국 한국사 **압도적 1위**

cafe.naver.com/kmshistory

현대 사회

대한민국 정부 수립 과정

1 자주적 정부 수립 노력과 분단

(1) 조선건국준비위원회 (1945.8.15) : 조선건국동맹(여운형)을 기반으로 조직

- 배경 : 일제가 해방 직전 총독부가 여운형에게 치안권과 행정권 이양을 약속
- 구성 ┬ 참여 : 사회주의 계열 + 민족주의 계열 → 위원장 여운형, 부위원장 안재홍
  └ 불참 : 한국민주당 ┬ 입장 : 조선건국준비위원회 불참 → 조선 인민공화국 반대, 대한민국 임시정부 지지
  　　　　　　　　　└ 활동 : 미군정의 요직 장악, 신탁통치 반대 운동 전개, 단독 정부 수립 운동 지지
- 활동 ┬ 강령 : 독립 국가 건설, 민주 정권 수립, 질서 유지, 대중 생활 확보
  └ 내용 ┬ 치안대를 설치하여 과도기의 국내 질서 유지 + 식량 등의 생필품 확보를 통한 경제적 안정 노력
  　　　└ 독립 국가 수립을 위해 각 지역에 지부 설치(→ 지방 인민위원회로 발전)
- 전환 ┬ 내용 : 미군의 진주를 앞두고 전국인민대표회의에서 '조선 인민공화국' 선포(주석 이승만, 부주석 여운형)
  └ 한계 ┬ 좌익이 조선 인민공화국의 실권을 장악 → 중도 우익(안재홍 등)은 조선 인민공화국에서 탈퇴
  　　　└ 미군정은 조선 인민공화국을 부정, 귀국한 이승만은 주석 취임을 거부

(2) 국토의 분단

- 38선 획정 ┬ 명분 : 일본군의 무장 해제
  └ 과정 ┬ 소련의 대일 선전 포고 → 소련의 북한 진입 → 미국의 38선 제안과 소련의 동의
  　　　└ 38선 이남·이북에 미·소 양군의 진주 → 미·소 군정 설치(1945.9~1948.8.15)
- 미군정 ┬ 정책 ┬ 직접 통치 ┬ 내용 : 한국인이 만든 행정 기구를 부정 → 조선 인민공화국과 대한민국 임시정부 부정
  │ │ └ 결과 : 대한민국 임시정부의 주요 인사는 개인 자격으로 귀국
  │ └ 현상 유지 정책 : 일제의 체제를 그대로 이용한 군정 실시 → 친일 경찰과 친일 관리 중용
  ├ 정치 ┬ 우익 : 친미 우익 정권 수립을 위해 한국민주당 중용
  │ └ 좌익 ┬ 활동 : 조선공산당의 8월테제 발표 → 토지 문제의 혁명적 해결 제창
  │ 　　　└ 탄압 : 조선정판사 위조지폐 사건을 계기로 조선공산당을 불법화(1946.5)
  ├ 군사 : 남조선 국방경비대 설치(1946.1.15) → 조선경비대로 개칭(1946.6)
  ├ 경제 : 미곡 자유화 정책 but 지주·상인의 매점매석으로 쌀값 폭등
  └ 한계 : 친일파 처단 무산, 물가 폭등으로 사회 혼란
- cf) 국외에서 활동했던 주요 인사의 귀국 : 이승만(45.10), 김구(45.11), 김원봉(45.12)

◇ **확인해 둘까요!** ◀ ▶ **해방 이전의 정부 수립 노력**

- 조선건국동맹 ┬ 구성 : 사회주의 + 민족주의 → 목표 : 민족의 자유와 독립 회복 + 민주주의 국가 수립
  (국내, 여운형) └ 활동 ┬ 기초적 정부 조직과 무장 조직을 갖추고자 노력
  　　　　　　　　└ 연합 전선 시도 ┬ 조선의용군과의 협동작전 모색
  　　　　　　　　　　　　　　　└ 조선독립동맹에 연락원 파견 + 대한민국 임시정부와 연계 도모
- 대한민국 임시정부 ┬ 구성 : 한국 독립당(김구) + 조선 민족 혁명당(김원봉) → 강령 : 삼균주의(조소앙)
  (충칭) └ 활동 ┬ 한국광복군과 연합국의 연합 작전 → 국내 진공작전 준비
  　　　　　　　　└ 연합 전선 시도 : 조선독립동맹에 국무위원 파견
- 조선독립동맹 ┬ 구성 : 사회주의 세력 → 목표 : 조선 민주 공화국 건설 + 토지개혁과 국영화 + 의무 교육 실시
  (옌안, 김두봉) └ 활동 : 조선의용군이 중국 팔로군과 항일전 수행

2 모스크바 3국 외상 회의와 그에 대한 대응

(1) 모스크바 3국 외상 회의 (1945.12, 한국 문제에 관한 4개항의 결의서)

- 과정 ┌ 원칙 : 카이로 선언의 원칙에 대한 구체적 실행 방안을 논의
  └ 입장 : 미국(한반도 신탁통치를 제안) vs 소련(한반도의 즉각 독립안 제시) → 합의안 도출

- 내용 ┌ 임시 조선 민주주의 정부 수립
  ├ 임시 조선 민주주의 정부 구성을 원조할 목적으로 '미 · 소 공동 위원회' 설치
  └ 미 · 소 공동 위원회와 조선 임시정부의 협의 → '최고 5년 기간의 4개국 신탁 통치 협정' 제안

- 갈등 ┌ 우익 ┌ 인식 : 3상 결정 = 신탁통치 결정 → 구호 : "신탁통치는 제2의 식민 지배", "즉각적 독립 실현"
  │   ├ 활동 : 신탁통치 반대 운동 ┌ 김구 : 대한민국 임시정부의 법통 주장
  │   │   └ 이승만 · 한민당 : 반탁 운동을 反소 · 反공 운동으로 전환
  │   └ 단체 : 신탁통치반대 국민총동원위원회(1945.12), 남조선 대한국민대표 민주의원 결성(1946.2.1)
  └ 좌익 ┌ 인식 : 3상 결정 = 임시정부 수립 → 신탁통치는 우리 역량에 따라 짧아질 수 있는 문제로 인식
        ├ 활동 : 신탁통치 반대 운동 → 모스크바 3국 외상 회의에 대한 총체적 지지 운동
        └ 단체 : 민주주의 민족전선 결성(1946.2.15)

(2) 미 · 소 공동위원회 (1차 : 1946.3~1946.5, 2차 : 1947.5~1947.7)

- 1차 ┌ 주제 : 덕수궁 석조전에서 미 · 소 공동위원회와 임시정부 수립 협의에 참여할 단체 선정 논의 → 결과 : 결렬
  │   ├ 주장 ┌ 소련 : 3국 외상 회의에 반대하는 정당 · 단체는 제외 → 의도 : 우익 배제, 좌익 주도의 정부 수립 시도
  │   │   └ 미국 : '의사 표현 자유' 보장을 요구하며 모든 정치 단체를 포함 → 의도 : 우익 주도의 정부 수립 시도
  │   └ 반응 : 이승만의 단독 정부 수립 공식 주장(정읍, 1946.6) vs 좌우 합작 운동(1946.6~47.10)
  └ 2차 ┌ 배경 : 좌우 합작 운동 + 한국 문제 처리 지연에 대한 내외의 압력
        ├ 주제 : 서울 · 평양에서 미 · 소 공동위원회와 임시정부 수립 협의에 참여할 단체 선정 논의
        ├ 결과 : 협의 대상 선정 답보 + 미군정의 남조선 노동당(1946.11 창당) 검거 문제도 구실이 되어 최종적 결렬
        └ 영향 : 미군정의 입장 변화(모스크바 3국외상회의 합의안 포기 → 한국 문제를 국제 연합(UN)에 이관)

◇확인해 둘까요! ▶ 해방 전후의 주요 국제 회의

- 카이로 회담 ┌ 참가국 : 미국(루스벨트) + 영국(처칠) + 중국(장제스)
  (이집트, 1943) └ 내용 ┌ 대일전에 대한 상호 협력 약속
                      └ (일정한 기간을 거쳐) 한국을 독립시킬 것을 최초로 보장

- 얄타 회담 ┌ 참가국 : 미국(루스벨트) + 영국(처칠) + 소련(스탈린)
  (우크라이나, 1945.2) └ 내용 ┌ 소련의 대일전 참전 결정 + 독일에 대한 4개국의 관리 결정
                            └ 미국 루스벨트의 한반도 신탁통치 제안

- 포츠담 회담 ┌ 참가국 : 미국(트루먼) + 영국(처칠) + 중국(장제스)   cf) 소련(스탈린)은 뒤에 동의
  (독일, 1945.7) └ 내용 ┌ 카이로 선언에 대한 재확인 + 일본에게 무조건적 항복 권고
                       └ 일본의 주권을 혼슈, 훗카이도, 규슈, 시코쿠와 연합국이 결정한 섬들로 한정

- cf) 샌프란시스코 강화 조약 ┌ 참가국 : 2차 대전의 연합국(51개국) + 일본
  (미국, 1951.9) ├ 내용 : 2차 대전 이후 승전국과 일본 사이의 강화 조약
               └ 한계 : 한국의 참여를 인정(×) → 독도 영유권 문제 발생

(3) 좌우 합작 운동 (1946.6~47.10)

- 배경 ┌ 상황 : 1차 미·소 공동위원회의 무기한 휴회 + 이승만의 남한 단독 정부 수립 운동(1946.6, 정읍)
  └ 미군정의 지원 : 미군정이 자기 기반 강화를 위해 중도파를 중심으로 정계 개편을 시도
- 과정 ┌ 주도 : 김규식, 여운형 → 좌우합작위원회 결성(1946.7)
  └ 원칙 ┌ 갈등 : 토지 개혁과 친일파 청산에 대한 좌우의 입장 차이
        ├ 과정 : 좌익(5원칙 제시) vs 우익(8원칙 제시) → 좌우합작 7원칙에 합의(중도파 입장에서 조정)
        └ 입장 ┌ 남조선노동당 : 토지 개혁에서 유상 매입 반대, 친일파 즉시 처리 요구
          (반대) └ 한국민주당 : 토지 개혁에서 무상 분배 반대, 친일파는 정부 수립 후 처리할 것을 요구
- 결과 ┌ 남조선 과도입법의원 설치 ┌ 구성 ┌ 의장 : 김규식
       │   (1946.12)   │   └ 의원 : 관선의원(45명, 하지 임명) + 민선의원(45명, 간접 선거 실시)
       │   ├ 기능 : 통일임시정부 수립까지 개혁 법령 초안을 작성
       │   ├ 법 제정 ┌ 민족반역자·부일협력자·간상배에 대한 특별법, 미곡수집령
       │   │   └ 입법의원 선거법, 하곡수집법, 미성년자노동보호법 등
       │   ├ 의의 : 한국 근대 역사상 최초의 대의 정치 기관의 탄생
       │   └ 한계 : 제정 법령은 군정 장관의 동의를 얻어야 효력이 발생
       ├ 남조선 과도정부 출범 ┌ 주도 : 민정장관 안재홍(1947.2)
       │   (1947)   ├ 내용 : 군정청의 각 부에 한국인 임명   cf) 서재필이 한미최고의정관에 취임(1947.7)
       │   └ 한계 : 실질적 권한은 거부권을 가진 미국인 고문에 존재
       └ 2차 미·소 공동위원회 개최(1947.5~1947.7)
- 한계 ┌ 국내 ┌ 좌우익 모두의 협조를 얻지 못함 : 우익(한민당, 이승만, 김구) → 불참, 좌익(남로당) → 불참
       │   └ 여운형의 사망(1947.7)으로 구심점 상실 → 좌우 합작 위원회 해산(1947.10)
       └ 국제 ┌ 2차 미·소 공동위원회 결렬(1947.7)
             └ 미국의 트루먼 독트린 발표(1947.3) → 냉전 체제 시작
- cf) 이후 상황 ┌ 대안 논의 ┌ 미국 : 한국 문제를 4대국 회담에 상정할 것을 주장 ┐
              │   └ 소련 : 한반도에서 외국군 동시 철수 주장 ──────────┘→ 합의 실패
              └ 미국 : 한국 문제를 국제연합(UN)에 이관 + 단독정부 수립운동 지지 → 이승만·한민당 등 우익 지원

🔖 **확인해 둘까요!** ◈

한반도 문제에 대한 UN의 결정

- 배경 ┌ 국내 : 단독 정부 수립 운동(1946.6~) + 좌우 합작 운동 실패(여운형 사망)
       └ 국외 : 2차 미·소 공동위원회 결렬(1947.7) + 트루먼 독트린 발표(1947.3, 냉전의 시작)
- 내용 ┌ 미국 : 한국 문제를 UN에 상정(1947.9)
       └ UN 총회 ┌ UN 감시하에 인구 비례에 의한 '남북 총선거' 결의(1947.11)
                └ 인도 등의 8개국으로 구성된 UN 한국 임시위원단의 파견 결정 → 서울 입국(1948.1)
- 한계 ┌ 소련 : UN 한국 임시위원단의 38선 이북 지역 입북을 거부(1948.1) → 전 한반도 선거 무산
       └ UN 소총회 ┌ 내용 : UN 한국 임시위원단이 접근 가능한 지역만의 총선거(1948.5.10) 결의
          (1948.2) └ 반응 ┌ 찬성 : 이승만(독립촉성 중앙협의회), 한국민주당
                         └ 반대 : 김구(한국독립당), 김규식(민족 자주 연맹), 좌익(남조선 노동당)

3 분단에 대한 대응

(1) 남북 협상 (1948.4) : 김구 · 김규식 주도
- 과정 ┌ 제안 : 김구 · 김규식(남북 요인 회담 제의) vs 북한(남북조선 제정당 · 사회 단체 대표자 연석 회의 제의)
       └ 결론 : 남북지도자회의(김구 · 김규식 + 김일성 · 김두봉) + 남북연석회의(남북의 정당 · 사회 단체) 개최(평양)
- 합의 ┌ 외국군(미 · 소 양군) 즉시 철수 → 외국 군대 철수 후의 내전 발생 가능성을 부인
       └ 조선 정치 회의 구성 후 총선거 → 통일 정부 수립 + 남한의 단독 선거 · 단독 정부 수립 반대
- 한계 ┌ 합의를 관철할 수 있는 실제 방안이 없음 → 남한의 5 · 10 선거 준비 + 북한의 정권 수립 준비
       └ 통일 정부의 방향성에 대한 좌우익의 입장 차이 존재 → 남북 협상을 북한 정권 수립의 명분으로 이용
- 결과 ┌ 5 · 10 선거(1948)에 대한 김구 · 김규식의 입장 : 불참 선언
       └ 김구 암살(1949.6, 경교장에서 육군 소위 안두희의 저격) + 6 · 25 전쟁 中 김규식 납북(1950.6) → 실패

(2) 제주도 4 · 3 사건 (1948.4)
- 배경 ┌ 3 · 1절 기념집회 발포 사건 ┌ 경찰이 제주 도민에게 발포 → 도민의 책임자 처벌 요구
       │   (1947)   └ 미군정 : 경찰과 우익 단체(서북청년회)를 동원하여 탄압
       └ 단독 선거 반대 시위(1948)
- 과정 : 공산 유격대의 무장 봉기 + 일부 주민의 합세 vs 군 · 경찰 · 극우 단체(서북청년회)를 이용한 토벌
- 결과 ┌ 무고한 양민 희생 cf) 명예회복 : '제주 4 · 3 사건 진상규명 및 희생자 명예회복에 관한 특별법' 제정(2000.1)
       └ 제주 일부 지역에서는 총선거 시행(×) + 여수 · 순천 10 · 19 사건 발생(1948)

(3) 5 · 10 선거 (1948) → 제헌국회 수립(임기 2년, 1948.5~50.5)
- 참여 ┌ 세력 : 주도(이승만 계열 : 대한독립촉성국민회 + 한국민주당) + 중도 성향의 일부 무소속 의원
       └ 대상 : 선거권(만 21세 이상의 남녀) + 피선거권(만 25세 이상의 남녀)   cf) 친일파는 제외
- 한계 ┌ 세력 : 중도 좌파(여운형 계열), 중도 우파(김규식, 김구 계열), 좌파(남로당) → 불참
       └ 지역 : 제주도 일부 지역에서 선거가 실시되지 못함
- 결과 ┌ 의석 분포 : 무소속 의원 > 대한독립 촉성국민회 > 한국 민주당 > 기타 정당
       ├ 헌법 제정 ┌ 과정 : 제정(1948.7.12) → 공포(1948.7.17)
       │   └ 특징 ┌ 친일반민족행위자 처벌, 토지개혁을 통한 지주제 폐지
       │   └ 지하자원과 산업의 국유화, 사기업에서의 노동자들의 이익 참가권 규정
       └ 법률 제정 ┌ 반민족 행위 처벌법(1948.9), 국가보안법(1948.12), 농지 개혁법(1949.6)
                   └ 귀속 재산 처리법(1949.12), 한국은행법(1950.5)

◇확인해 둘까요! ▸ **여수 · 순천 10 · 19 사건(1948)**

- 배경 : 좌익(국방 경비대에 위장 침투 → 남로당과 연계 활동) vs 정부(좌익에 대한 숙군 작업)
- 과정 ┌ 여수 지역 주둔 부대에 제주도 4 · 3 사건 진압 명령 → 거부
       └ 군 부대 내의 좌익 세력과 여수 · 순천 지역의 좌익 세력 합세 → 군사 반란
- 결과 ┌ 진압 과정에서 많은 양민이 희생 당함
       └ 이승만 정부 ┌ 군대 내 좌익 세력 숙청
                     └ 국가보안법 제정(1948.12) → 전향한 좌익을 대상으로 보도연맹 창설(1949, 강제적 · 지역별 할당제)

대한민국 정부 수립 과정

4 대한민국 정부 수립과 경제 · 문화

(1) 정부 수립 (1948.8.15)
cf) 국경일 : 3·1절, 7·17(제헌절), 8·15(광복절), 10·3(개천절), 10·9(한글날)

- 구조 ┌ 대통령 중심제 : 대통령 이승만, 부통령 이시영
  └ 내각제 요소 : 국회를 통한 대통령과 부통령 선출(= 간선제)
- 의의 ┌ 3 · 1 운동으로 대한민국을 건립하여 세계에 선포한 위대한 독립 정신을 계승하여 민주 독립 국가를 재건함
  └ UN은 대한민국이 38도선 이남 지역의 유일한 합법 정부임을 승인
- 한계 ┌ 각료 배분을 둘러싸고 한국민주당과 갈등을 빚어 정치적으로 결별 → 한국민주당은 민주국민당으로 개칭
  └ 통일 문제를 둘러싸고 김구 · 김규식과 갈등   cf) 김구 암살(1949.6) + 김규식 납북(1950.6)
- 북한의 대응 : 조선 민주주의 인민 공화국 수립(1948.9.9)

(2) 경제 · 문화 (미군정기)
- 경제 ┌ 구조 ┌ 일본인의 철수로 일본과의 교류가 단절 → 공장 가동률 저하(공업 생산량 감소)
  │   └ 산업 : 남한(농업과 경공업 중심) vs 북한(공업 원료와 지하 자원의 풍부한 매장지, 중화학 공업 중심)
  ├ 양상 ┌ 해외 동포의 귀국과 북한 주민의 월남으로 인구 급증 → 실업자 증대
  │   ├ 해방 전후 일제와 미군정의 화폐 남발과 쌀값 폭등으로 물가 폭등 → 서민의 고통 증가
  │   └ 북한의 전력 공급 중단 → 남한 경제의 혼란 심화
  └ 정책 ┌ 경제 원조 : 점령지행정구호원조(GARIOA) → 경제 재건보다 소비재와 긴급 구호를 중심으로 전개
       ├ 미곡 ┌ 내용 : 자유화 정책 → 문제점 : 상인과 지주의 쌀 매점매석(쌀값 폭등 → 물가 폭등)
       │   └ 변화 : 미곡 수집령(1946, 미곡 유통 통제) → 반발 : 철도 총파업(1946.9), 대구 10월 사건(1946.10)
       └ 귀속 재산 ┌ 관리 : 신한공사 설립(1946.3~1948.3)   cf) 신한공사의 중앙토지행정처로 전환(1948.3)
               └ 민간 불하 : 일부 귀속 기업과 귀속 농지에 대한 유상 분배 실시
- 문화 ┌ 교육 ┌ 내용 : 미국식 민주주의 이념과 교육 제도 도입 ex) 6-3-3-4 학제의 도입
  │   └ 한계 : 한국의 현실과 민족 이념을 무시 → 한국인과의 충돌
  ├ 예술 : 좌 · 우익의 이념적 갈등 + 미국 대중문화의 무분별한 수용
  └ 역사 : 신민족주의 사학 등장 but 사회경제 사학자들과 신민족주의 사학자들이 대거 월북 or 납북

꼭! 알아두기 ` 신민족주의 사학

- 전통 : 일제 강점기의 민족주의 사학을 계승하여 현재의 통일 지향적 역사관으로 계승됨
- 내용 : 민족 단결을 통한 자주적인 민족 국가 건설 + 민족 내부의 자유 · 평등 실현
- 학자 ┌ 손진태 ┌ 해방전 : 민속학 연구 → 조선 최초의 민속학회지 <조선민속> 창간(1933), 진단학회 조직
  │   ├ 해방후 ┌ 신민족주의 사학 : <조선민족사개론>, <국사대요> 저술
  │   │   └ 민속학 연구 : <조선민족설화의 연구>, <조선민족문화의 연구> 저술
  │   안재홍 ┌ 역사 연구 : 조선학운동, <조선상고사감> 저술, <신민족주의와 신민주의> 저술
  │   └ 활동 ┌ 해방 전 : 조선일보 사장, 신간회 결성 주도 → 反해소론 제기, 조선어학회 사건으로 투옥
  │   └ 해방 후 ┌ 조선건국준비위원회 부위원장, but 국민당 창당 → 신탁통치 반대운동 참여
  │   ├ 좌우합작운동 참여 + 미 군정청의 민정장관 역임
  │   └ 1대 총선 불참 but 2대 국회의원 but 6 · 25 도중 납북
  └ 이인영 : <국사요론> 저술

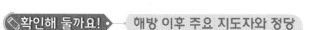

확인해 둘까요! ▸ 해방 이후 주요 지도자와 정당

1. 지도자와 정당

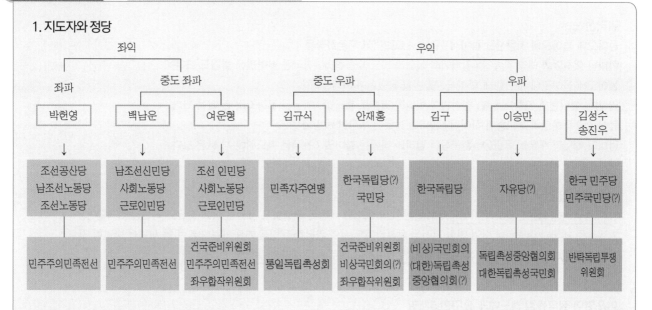

2. 지도자의 주요 사안에 대한 입장

	박헌영	여운형	김규식	김구	이승만	김성수
모스크바 3국외상회의	총체적 지지	조건부 지지	조건부 지지(?)	반대	반대	반대(?)
좌우합작운동	반대	주도	주도	불참	불참	반대
남북 협상	월북	여운형 사망	주도	주도	반대	반대
단독 정부 수립	반대	반대	반대	반대	찬성	찬성
친일파 청산	찬성	찬성	찬성	찬성	소극적	소극적
토지 개혁	찬성	찬성	찬성	찬성	찬성	소극적

핵심 자료 읽기

해방 이전 주요 국제 회의

• 카이로 선언(1943) : 3대 동맹국(미, 영, 중)은 일본의 침략을 정지시키며 이를 벌하기 위하여 전쟁을 하고 있다. …… 앞의 3대국은 조선 인민의 노예 상태에 유의하여 적당한 시기(in due course)에 맹세코 조선을 자주 독립시킬 결의를 한다. 이와 같은 목적으로 3대 동맹국은 일본국과 교전 중인 여러 국가와 협조하여 일본국의 무조건 항복을 촉진하는 데 필요한 행동을 속행한다.

• 얄타회담(1945.2) : 회담에서 루스벨트는 신탁통치의 유일한 경험이 필리핀의 경우였는데 필리핀인이 자치 준비에 50년이 걸렸지만, 조선은 불과 20~30년 밖에 필요치 않을 것이라고 덧붙였다.

• 포츠담 선언(1945.7.26) : 미합중국 대통령, 중화민국 정부 주석, 대영제국 총리대신은 우리들의 수억 국민을 대표하여 협의한 결과 일본국에 대하여 지금의 전쟁을 종결할 기회를 주기로 의견이 일치하였다. …… 카이로 선언의 조항은 이행되어야 하며, 또 일본국의 주권은 혼슈, 홋카이도, 규슈, 시코쿠 및 우리들이 결정하는 여러 작은 섬에 국한될 것이다. …… 우리는 이제 일본 정부가 모든 일본 군사력의 무조건적 항복을 선언하고 그러한 조치를 확실하게 믿을 수 있도록 타당하고도 적절한 방안을 보장할 것을 요구한다. 그렇게 하지 않을 경우 일본은 지금 당장 전멸을 파괴당할 따름이다.

01 대한민국 정부 수립 과정
SECTION

핵심 | **자료 읽기**

귀국선(노래)

돌아오네 돌아오네 고향산천 찾아서 / 얼마나 그렸던가 무궁화꽃을

얼마나 외쳤던가 태극 깃발을 / 갈매기야 울어라 파도야 춤춰라 / 귀국선 뱃머리에 희망도 크다

돌아오네 돌아오네 부모 형제 찾아서 / 몇 번을 울었던가 타국살이에

몇 번을 불렀던가 고향노래를 / 칠성별아 빛나라 달빛도 흘러라 / 귀국선 고동소리 뜬 설움 크다

돌아오네 돌아오네 부모형제 찾아서 / 얼마나 싸웠던가 우리 해방을

얼마나 찾았던가 우리 독립을 / 흰구름아 날려라 바람은 불어라 / 귀국선 파도위에 새 날은 크다

건국 동맹의 건국 강령

1. 각인 각파를 대동단결하여 거국일치로 일본 제국주의 제 세력을 구축하고 조선 민족의 자유와 독립을 회복할 것.
2. 반추축 제국과 협력하여 대일 연합 전선을 형성하고 조선의 완전한 독립을 저해하는 일체 반동 세력을 박멸할 것.
3. 건설에 있어 일체 행위를 민주주의적 원칙에 의거하고 특히 노동 대중의 해방에 치중할 것.

여운형이 정무총감 엔도에게 요구한 5개항

- 어제 엔도가 나를 불러 "과거 두 민족이 합하였던 것에 대해 다시 말하고 싶지 않다. 오늘날 나뉠 때 서로 좋게 나뉘는 것이 좋겠다. 오해로 피를 흘리고 불상사를 일으키지 않도록 민중을 지도하여 주기를 바란다."라고 하였습니다. 이에 나는 다섯 가지 조건을 요구하였습니다. …… 우리가 지난날의 아프고 쓰리던 것을 잊어버리고 이 땅에다 합리적 · 이상적 낙원을 건설하여야 합니다. …… 물론 우리는 통쾌한 마음을 금할 수 없습니다. 그러나 그들에 대해 우리들의 아량을 보여 줍시다.
- 5개항 요구 1. 전 조선의 정치범, 경제범을 즉시 석방하라.
  2. 집단 생활지인 경성의 식량을 8, 9, 10월 3개월분을 확보하라.
  3. 치안 유지와 건설 사업에 아무 구속과 간섭을 말라.
  4. 학생과 청년을 조직 훈련하는 데 대해 간섭하지 말라.
  5. 노동자와 농민을 건국 사업에 동원하는 데 대해 절대 간섭하지 말라.

조선 건국준비위원회

- **설립 취지** : 우리들 각계를 대표하는 동지들은 이제 조선 건국준비위원회를 결성하고 신생 조선의 재건설 문제에 대하여 가장 구체적이고 실제적인 준비 작업을 시작하게 되었습니다 …… 먼저 민족 대중 자체의 생명과 안전을 도모하고 …… 이상의 목적을 위해 경비대를 결성하여 일반 질서를 정리해야 합니다. 그 외에 무경대 곧 정규병의 군대를 편성하여 국가 질서를 도모해야 합니다. …… 각지의 식량 배급과 그 외의 물자 배급 태세도 현상을 유지하며 진행하겠으며, …… 경제상의 물가와 통화 정책은 현상을 유지하면서 신정책을 수립하여 단행하겠습니다.
- **강령** : 우리의 임무는 완전 독립과 진정한 민주주의 확립에 있다. …… 본 준비위원회는 우리 민족을 진정한 민주주의적 정권으로 재조직하기 위한 새 국가 건설의 준비 기관인 동시에 모든 진보적 민주주의적 제 세력을 집결하기 위하여 각계 각층에 완전히 해방된 통일 전선이요, 결코 혼잡된 협동 기관은 아니다. …… 새 정권이 확립되기까지의 일시적 과도기에 있어서 본 위원회는 조선의 치안을 자주적으로 유지하며 한 걸음 더 나아가 조선의 완전한 독립 국가 조직을 실현하기 위하여 새 정권을 수립하는 한 개의 잠정적 임무를 다하려는 의도에서 아래와 같은 강령을 내세운다. 1. 우리는 완전한 자주 독립 국가의 건설을 기한다. 2. 우리는 전 민족의 정치적, 경제적, 사회적 기본 요구를 실현할 수 있는 민주주의 정권의 수립을 기한다. 3. 우리는 일시적 과도기에 있어서 국가 질서를 자주적으로 유지하며 대중 생활의 확보를 기한다.
- **분열** : 다년간 해외 독립운동에 매진해오던 지도적 결집체인 해외 정권과 대립하지 않았다. 당면한 임무는 국내 질서의 자주적 유지와 대중 생활의 확보, 신국가 건설의 기술적인 준비 등이었다. 나는 이 임무를 맡아 지난 20일간 노력해 왔다. 하지만 내 의도와 배치되어 나는 부위원장의 자리를 떠났다. 그 이유는 초당파적 견지에서 각계 세력을 총망라하는 목표에 따라 최선을 다했지만 만족할 성과가 불가능하였기 때문이다.

핵심 자료 읽기

한국민주당 성명서

- 오랫동안 기대했던 임시정부 주석을 비롯하여 정부 요인 34인이 충칭을 떠나 상하이에 잠시 머문 후 며칠 내로 귀국할 것이라는 정보를 접하였는데, 해외의 위대한 혁명가를 맞이한 우리는 허심탄회하게 그들을 영접할 것이다. 송진우 등이 결성한 우리 당으로서는 원래가 임시정부를 절대 지지하고 있으므로 환국 후에도 이러한 방침에 변화는 없다.
- 지난 8월 15일, 총독부 정무총감으로부터 치안 유지에 대한 협력 의뢰를 받은 여운형은 마치 독립 정권 수립의 특권이나 맡은 듯이 이른바 건국준비위원회를 조직하고 신문사와 방송국을 점령하여 국가 건설에 착수한 뜻을 천하에 공포하였다. …… 그들은 이제 반역적인 이른바 인민 대표자 회의라는 것을 개최하고 조선 인민 공화국 정부라는 것을 조직했다고 발표하였다. 이에 우리당은 독립운동의 결정체요, 국제적으로 승인된 대한민국 임시정부 외에 이른바 정권을 참칭하는 일체의 단체 및 그 행동은 그 어떤 종류를 불문하고 단호히 배격한다.

38선 설치

- 1945년 8월 10일 자정 국무 · 전쟁 · 해군 3부 조정 위원회의 존 머클로이는 딘 러스크와 찰즈 본스틸이라는 두 젊은 대령에게 옆방에 가서 한국의 분할 지점을 찾으라고 지시했다. …… 주어진 30분 안에 러스크와 본스틸은 지도를 보고 38도선을 선택했다. 그것은 38도선이 "수도를 미국의 영역 안에 둘 수 있겠기" 때문이었다. 38도선은 "소련이 반대할 경우 …… (미국이) 현실적으로 타협할 수 있는 지점보다 훨씬 더 북쪽"이었음에도 불구하고 소련이 반대하지 않아 러스크는 "다소 놀랐다." 맥아더 장군은 일본이 항복하자 일반 명령 제1호를 발표했는데, 거기에 38도선에 대한 결정이 포함되어 있었다.
- 다른 연합국 정부와 일본의 항복에 대해 필요한 협의를 위해 긴급회의를 가졌다. …… 정부 당국은 우리 군대가 가능한 한 북쪽에서 항복받을 것을 건의하였으나 즉시 이용할 만한 우리 군대가 부족했고, 또한 시 · 공간적 조건으로 보아도 상대 측 군대가 한반도 북부에 진입하기 전에 우리 쪽이 더 북쪽으로 올라가기는 어려웠다. …… 우리는 상대 측에게 38도선을 권고했는데, ……이것은 우리 책임지역 내에 한국의 수도를 포함시켜 놓는 것이 중요하다고 생각했기 때문이다.

미 군정 정책 점령군 포고문 제1호 : 1945년 9월 7일, 태평양 미국 육군 최고 지휘관 미국 육군 대장 더글러스 맥아더

- 포고문 일본군 천황과 정부와 대본영을 대표하여 서명한 항복 문서의 조항에 따라 본관이 지휘하는 전승군은 금일 북위 38도 이남의 조선 지역을 점령했다.

  제1조 조선 북위 38도 이남 지역과 주민에 대한 모든 행정권은 당분간 본관의 권한 하에서 실행한다.

  제2조 정부와 공동 단체 또는 기타의 명예 직원과 공익사업 공중위생을 포함한 공공 사업에 종사하는 유급 혹은 무급의 직원과 고용인 그리고 기타 제반 중요한 직업에 종사하는 자는 별도의 명령이 있을 때까지 종래의 직무에 종사하고 또한 모든 기록과 재산을 보존하고 보관해야 한다.

  제3조 주민은 본관의 권한으로 발포한 명령에 즉각 복종해야 한다. 점령군에 대한 모든 반항 행위 또는 공공 안녕을 교란하는 행위를 감행하는 자에 대해서는 용서 없이 엄벌에 처할 것이다.

- 정책 : 북위 38도 이남의 조선에는 오직 한 정부가 있을 뿐이다. 이 정부는 맥아더 원수의 포고와 하지 중장의 정령과 아놀드 소장의 행정령에 의하여 정당하게 수립된 것이다. 아놀드 군정장관과 군정관들이 엄선하고 감독하는 조선인으로 조직된 정부로서 행정 각 방면에서 절대의 지배력과 권위를 가졌다.

해외 인사의 귀국 소감

- 이승만(조선 인민공화국 주석 취임 거부) : 하루라도 빨리 자주 독립의 국가를 만들어야 하겠습니다. 각 정당이 한 단체를 이루어 자치의 능력이 있는 것을 보이기 위하여 만든 것이 독립촉성중앙협의회이고 이미 여기서 결정된 결의문까지 냈습니다. 내가 고국에 돌아와보니 나를 인민 공화국의 주석으로 선정하였다하나 나는 충칭 임시정부의 한 사람입니다. 또한 한국은 현재 공산당을 원하지 않습니다. 이는 공산주의 배척보다 공산당 극렬 분자의 파괴주의를 원하지 않는 것입니다.
- 김구 : 27년간이나 꿈에도 잊지 못하고 있던 조국 강산에 발을 들여놓게 되니 감개무량합니다. 나는 지난 5일 충칭을 떠나 상하이로 와서 22일까지 머물다가 23일 상하이를 떠나 당일 서울에 도착했습니다. 나와 각원 일동은 평민의 자격을 가지고 들어왔습니다.

01 SECTION

대한민국 정부 수립 과정

핵심 자료 읽기

모스크바 3국 외상 회의 결정문

1. 조선을 독립 국가로 재건설하며, 조선을 민주주의적 원칙하에 발전시키는 조건을 조성하고, 가급적 빨리 장구한 일본의 조선 통치의 참담한 결과를 청산하기 위하여, 조선의 공업, 교통, 농업과 조선 인민의 민족 문화 발전에 필요한 모든 시책을 취할 임시 조선 민주주의 정부를 수립할 것이다.
2. 조선 임시정부의 구성을 원조할 목적으로 먼저 그 적절한 방안을 연구 · 조성하기 위하여 남조선 미합중국 점령군과 북조선 소연방 점령군의 대표자들로 공동위원회가 설치될 것이다. 그 의제 작성에 있어 공동위원회 대표들의 정부가 최후 결정을 하기 전에 미 · 영 · 소 · 중 4국 정부에 공히 참작하기 위해 제출되어야 한다.
3. 조선 인민의 정치적 · 경제적 · 사회적 진보와 민주주의적 자치 발전과 독립 국가의 수립을 원조 협력할 방안을 작성함에는 또한 조선 임시정부와 민주주의 단체의 참여하에 공동위원회가 수행하되, 공동위원회의 제안은 최고 5년 기한으로 4개국 신탁통치의 협약을 작성하기 위해 미 · 영 · 소 · 중 4국 정부가 공동 참작할 수 있도록 조선 임시정부와 협의한 후 제출되어야 한다.
4. 남 · 북조선에 공통된 긴급 문제와 행정 · 경제 방안의 영구적 조정 방침 강구를 위해 미 · 소 양국 조선 주둔 사령관 대표는 앞으로 2주일 이내에 회의를 소집할 것이다.

모스크바 3국 외상 회의에 대한 입장 차이

• 우익 : 카이로, 포츠담 선언과 국제 헌장으로 세계에 공약한 한국의 독립 여부는 모스크바에서 개최한 3상회의의 신탁 관리 결의로써 수포로 돌아갔으니 우리 3천만은 영예로운 피로써 자주 독립을 획득치 않으면 아니 될 단계에 들어섰다. 동포여, 피차의 과오와 마찰을 청산하고서 우리 정부 밑에 뭉치자. 3천만의 총역량을 발휘하여 신탁 관리를 배격하는 국민운동을 전개하여 자주 독립을 획득하기까지 3천만 전 민족의 최후의 피 한 방울까지라도 흘려서 싸우는 항쟁 개시를 선언한다.
• 좌익 : 모스크바 3상 회담의 결정을 신중히 검토한 결과 이번 회답은 조선을 위하여 가장 정당한 것이라고 우리는 인정한다. 문제의 5년 기한은 그 책임이 3국 회의에 있는 것이 아니라 장구한 일본 지배의 해독과 민족적 분열에 있다고 우리는 반성하지 않으면 안 된다. 카이로 회답이 조선 독립을 적당한 시기에 준다는 것인데, 이 적당한 시기라는 것이 이번 회답에서 5년 이내로 규정된 것이다. 공동위원회는 그 존재가 일본 제국주의의 잔재를 청산하고 조선의 자유 독립 국가 건설을 원조하는데 사명이 있는 한 완전한 진보적 의의를 갖는다. …… 이것은 우리가 5년 이내에 통일되고 우리의 발전이 상당한 때에는 단축될 수 있는 것이니 이것은 오직 우리의 역량 발전에 달린 것이다. 민족의 통일, 이것이 우리의 가장 급선무임을 깨닫고 하루 속히 민주주의 원칙을 내세우고 이것을 중심으로 조선 민족 통일전선을 완성함에 전력을 집중해야 한다.

미 · 소 공동위원회 활동

• 모스크바 삼상 회의에서 결정한 조선에 관한 제3조 제2항에 의거하여 구성된 미소공동위원회는 3천만의 큰 희망 속에 20일 드디어 덕수궁 석조전에서 출범하였다. 조선의 진로를 좌우하는 중대한 관건을 쥐고 있는 만큼 그 추이는 자못 3천만 민중의 주목을 받고 있다.
• 우리는 위원회가 아래 선언서를 인정하는 조선 민주주의 제 정당 및 사회단체들과 협의하고, 모스크바 3상 회의 결의문 중 조선에 관한 제1절에 진술한 목적을 지지하기로 선언한다. 즉 조선의 독립국가로서의 재건설, 조선의 민주주의적 원칙으로 발전함에 대한 조건의 설치와 조선에서 일본이 오랫동안 통치함으로 생긴 참담한 결과를 가급적 속히 청산한다.
• 우리의 조선 민주주의 임시정부 조직에 관한 3상회의 결의문 제2절 실현에 대한 위원회 결의를 고수하기로 한다.
• 우리는 위원회가 조선 민주주의 임시정부와 같이 3상 회의 결의문 제3절에 표시한 제안 작성에 협력하기로 한다.
• 공동 사업 순서 중 제1 조건에 대한 결정, 즉 조선 내 민주주의 정당과 사회 단체와의 협의에 대한 결의문 결정과 조선 각 단체 대표와 협의할 순서와 세목을 작성하였다. 또한, 앞으로 결정하게 될 임시정부의 조직, 기구 및 원칙과 법규 등을 작성할 것이라는 방침도 마련하였다.

핵심 자료 읽기

이승만의 단독 정부 수립 제안(정읍)

이제 우리는 무기 휴회된 공위가 재개될 기색도 보이지 않으며 통일 정부를 고대하나 여의케 되지 않으니 우리는 남방만이라도 임시정부 혹은 위원회 같은 것을 조직하여 38 이북에서 소련이 철퇴하도록 세계 공론에 호소하여야 될 것이니 여러분도 결심하여야 될 것이다. 그리고 민족 통일 기관 설치에 대하여 지금까지 노력하여 왔으나 이번에는 우리 민족의 대표적 통일 기관을 귀경한 후 즉시 설치하게 되었으니 각 지방에 있어서도 중앙의 지시에 순응하여 조직적으로 활동하여 주기 바란다.

좌우합작운동

• 과거 1년간 우리 민족 내부의 정치 운동은 민족적 자주성을 망각한 채 편파적인 노선을 걸어왔습니다. 즉, 일부 노선은 친소 · 반미의 행동이라고, 또 일부 노선은 친미 · 반소의 행동이라며 서로 비판하면서 편을 가르고 민족상잔의 투쟁을 계속하여 왔습니다. 이 두 노선은 좌우 양익의 협조에 의한 민주주의 임시정부의 수립을 저지하는 것이며, 미 · 소 양국의 조선 문제에 관한 진정한 협조를 방해하는 것입니다. 편파적 노선이 있다면 우리는 이를 철저히 청산해야 합니다.

• 이 노선은 첫째, 국제에 있어서 친소, 친미, 친중, 친영의 평화적 평행적 정책을 수립합니다. 둘째, 국내에 있어서 친일파 민족 반역자 등을 제외하고 좌우 양익의 진정한 애국자를 총망라한 각 계급 연합 정권을 건립하는 데 이바지하려고 합니다. 셋째, 미 · 소 공동위원회의 속개와 그의 협조에 의하여 전국적, 통일적 임시정부를 수립하는 데 이바지 하고자 합니다.

좌우합작 7원칙

조선의 좌우합작은 민족 독립의 단계요, 남북 통일의 관건인 점에 있어서 3천만 민족의 지상 명령이며 국제 민주화의 필연적 요청이었음에도 …… 10월 4일 좌 · 우 대표가 회담한 결과 좌측의 5원칙과 우측의 8원칙을 절충하여 7원칙을 결정하였다. 우리는 다음과 같은 합작 원칙과 입법 기구에 대한 요망을 작성하여 발표한다.

1. 조선의 민주 독립을 보장한 3상회의 결정에 의하여 남북을 통한 좌우합작으로 민주주의 임시정부를 수립할 것.
2. 미 · 소 공동위원회 속개를 요청하는 공동 성명을 발표할 것.
3. 토지 개혁에 있어 몰수, 유조건 몰수, 체감 매상 등으로 토지를 농민에게 무상으로 분여하며 ……
4. 친일파 민족 반역자를 처리할 조례를 …… 입법 기구로 하여금 심리, 결정케 하여 실시케 할 것.
5. 남북의 검거된 정치 운동자의 석방에 노력하고, 아울러 남북 좌우의 테러적 행동을 일체 즉시로 제지토록 노력할 것.
6. 입법 기구에 있어서는 일체 그 권능과 구성 방법, 운동 등에 관한 대안을 본 합작 위원회에서 작성 실행을 기도할 것.
7. 전국적으로 언론, 집회, 결사, 출판, 교통, 투표 등의 자유가 절대 보장되도록 노력할 것.

좌우합작운동을 보는 두 입장

• 우익 : 유상으로 몰수한 토지를 무상으로 나누어 준다는 것은 국가 재정 파탄을 초래하게 될 것 …… 단호히 반대한다.
• 좌익 : 토지의 유상 몰수는 지주의 이익을 위한 것, 입법 기구의 결정이 미 군정의 거부권을 넘어설 수 없으므로 반대한다.

남조선 과도 입법의원 개회사

이 입법 의원은 명실상부한 과도 입법의원인데도 초보적 과도 입법의원인 것을 본원의 의원으로서는 명확히 인식해야 한다. 왜냐면, 이 입법의원의 사명은 최속(最速)한 기간 내에 남북이 통일한 총선거식으로 피선된 확대된 입법의원을 산출하는 제1단계로 들어가야 할 것이고, 그 확대 입법의원은 미 · 소 공동위원회의 계속 개회가 되면 좋거니와, 혹 속개되지 않아도 최소 기간 내 우리의 손으로 우리를 위한 우리의 임시 정부를 산출하여, 안으로 완전 자주 독립의 국가를 건설해야 하며, 밖으로 국제 지위를 획득하여 모든 민주주의 연합국과 협력, 매진할 것이다.

01 대한민국 정부 수립 과정
SECTION

미국의 한반도 정책 변화의 배경

• 트루먼 독트린(1947.3.12) : 내가 여러분께서 결정해 주실 것을 바라며 제출하는 것은 그리스와 터키에 관한 것입니다. 미국은 그리스 정부로부터 재정적, 경제적 지원을 해 달라는 긴급 요청을 받았습니다. …… 그리스가 자유 국가로 살아남기 위해서 원조가 절대적으로 필요하다는 그리스 정부의 주장이 옳다는 것을 확인시켜 주고 있습니다. …… 그리스는 북쪽 국경 지대에서 공산주의자들의 조종을 받는 수천 명의 무장 폭력배 활동으로 국가 존재가 위협받고 있습니다.

• 과거 2개년 간 미국은 소련과 합의함으로써 한국을 독립시키고자 노력하여 왔으나 미·소양군 점령 지역 간에는 38도선을 경계로 물적 교류 및 교통 왕래가 두절된 현상이며, 한국의 경제는 불구 상태에 빠졌는데, 이와 같은 상태가 계속되는 것은 용인할 수 없다. 서울에서 개최된 미·소 공동위원회는 공동 보고서 작성에 있어서조차 합의를 보지 못한 형편이므로, 더 이상 미·소 양국의 교섭에 의하여 문제를 해결하려는 시도는 한국의 독립을 지연시킬 뿐이다.

미국의 한반도 문제의 UN 상정

• 조선인이 다 아는 것과 같이 미소공동위원회가 난관에 봉착함으로 인해 미국 측은 조선의 독립과 통일 문제를 유엔 총회에 제출하였다. 그리고 대다수의 세계 각국은 41대 6으로 이 문제를 유엔 총회에 상정시키기로 가결하였다.

• 1947년 9월 17일 미 국무장관은 한국의 독립 문제를 유엔 총회에 제출함을 선포하였으며 9월 23일 유엔 총회는 이 문제를 의안에 상정하기로 결정한 사실을 알려드립니다. …… 미국 정부는 조선 독립의 조속한 수립을 위한 가능한 방책을 마련하길 원합니다. 우리 정부의 유일한 관심은 조선 민족과 국제 연합에 대한 의무를 정당히 실천하려는 것입니다.

<유엔 미국 대표가 유엔 사무총장에게 전달한 발표문>

UN 총회 결정

• 국제 연합은 카이로 선언, …… 모스크바 협정 등에서 표현된 조선에 관한 국제적 의무를 고려한다. 이에 조선은 독립국으로 재건되고 최단의 가능한 시기에 전 점령군이 철수하여야겠다고 믿는다. 이 목표 달성을 위해 총회에서는 조선 국회를 창설하고 조선 민족 정부 수립을 지향하는 제1단계로 양 점령지에서 각각 점령군이 선거를 시행할 것을 건의한다.

• 한국 문제는 한국 국민의 문제이며 지역 주민 대표의 참석 없이는 해결할 수 없다. …… 9개국으로 구성된 유엔 한국 임시 위원단(UNTCOK)을 설치한다. 1. 1948년 3월 31일까지 임시 위원단 감시 아래 인구 비례에 따라 보통 선거와 비밀 투표로 총선거를 실시한다. 2. 새로 수립된 정부는 남북한 군정 당국으로부터 모든 정부 기능을 넘겨받는다. 3. 새 정부는 자체 국방군을 조직하여 가급적 빨리, 가능하면 90일 이내에 점령군이 철수토록 조치한다.

UN 한국 임시 위원단

• 파견 결정 : 한반도 문제를 심의하는 데 선거로 뽑힌 한반도 국민의 대표가 참여할 것을 결의한다. …… 참여할 한반도 대표가 한반도의 군정 당국에 의하여 지명된 자가 아니라 한반도 주민에 의하여 정당히 선거된 자임을 감시하기 위하여 조속히 한국임시위원단을 설치하여 한반도에 보내 한반도 전체에서 여행, 감시, 협의할 수 있는 권한을 주기로 결의한다.

• 환영가　아세아 동반구에 나라 있으니 / 이름은 코리아 대조선 나라

　　　　　푸른산 우쭐우쭐 흰 구름이고 / 맑은 물 흘러 흘러 삼천리로다.

　　　　　끊어진 삼팔남북 내땅이다. / 자유가 아니거든 죽음을 달라.

　　　　　삼천만 민족들은 평화가 소원 / 남북 분단은 내 죄가 아니라.

　　　　　귀하신 손님들 찾아오셨네 / 바다넘고 재넘어 찾아오셨네

　　　　　조선 독립시키려 찾아오셨네 / 오 평화의 사절 유엔 대표단

• 구호 : 우리에게 독립이 아니면 원자 폭탄을 달라! 우리의 위대한 지도자 이승만과 김구 만세! 유엔 임시 위원단 환영!

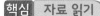

김구의 연설

• 나의 소원 : 네 소원이 무엇이냐 하고 하느님이 내게 물으시면, 나는 서슴지 않고 "내 소원은 대한 독립이오." 하고 대답할 것이다. 그 다음 소원은 무엇이냐 하면, 나는 또 "우리나라의 독립이오." 할 것이요, 또 그 다음 소원이 무엇이냐 하는 세 번째 물음에도, 나는 더욱 소리를 높여서 "나의 소원은 우리나라 대한의 완전한 자주 독립이오." 하고 대답할 것이다.

• 3천만 동포에게 읍고함 : 통일하면 살고 분열하면 죽는 것은 고금의 철칙이니 자기 생명을 연장하기 위하여 조국 분열을 연장시키는 것은 전 민족을 사경에 넣는 극악극흉의 위험한 일이다. 한국이 있고야 한국 사람이 있고, 한국 사람이 있고서야 민주주의도 공산주의도 또 무슨 단체도 있을 수 있는 것이다. 그러면 우리의 자주 독립적 통일 정부를 수립하여야 하는 이 때에 있어서 어찌 개인이나 자기의 자주 독립적 사리사욕을 탐하여 국가 민족의 백년대계를 그르칠 자가 있겠는가? 우리는 첫째로 자주 독립의 통일 정부를 수립할 것이며 이것을 완성하기 위하여 먼저 남북 정치범을 동시 석방하며, <u>미소 양군을 철퇴시키며 남북 지도자 회의를 소집할 것이니</u>, …… 독립이 원칙인 이상 독립이 희망 없다고 자치를 주장할 수 없다는 것을 왜정에서 충분히 인식한 바와 같이 우리는 통일 정부가 가망 없다고 단독 정부를 주장할 수 없는 것이다. …… 이 육신을 조국이 요구한다면 당장에라도 제단에 바치겠다. <u>나는 통일된 조국을 건설하려다가 38선을 베고 쓰러질지언정 일신에 구차한 안일을 취하여 단독 정부를 세우는 데는 협력하지 아니하겠다.</u>

남북협상에 대한 여러 입장

• 김규식 : 나는 항상 조선 문제는 조선 사람 자신이 해결해야 한다는 입장을 취해 왔다. <u>남북 연석 회의는 잘 진행되었다.</u> …… 지난 세월 나는 미국의 장단에 맞춰 춤을 추었지만, 지금부터는 조선의 장단에 맞춰 춤을 추겠다.

• 김구 : 과거 미 · 소 양국의 힘으로써 조선 문제가 해결되지 못하였기 때문에 조상이 같고 피부가 같고 언어와 피가 같은 우리 민족끼리 서로 앉아서 민족 정신을 가지고 서로 이야기나 하여 보자는 것이 진의이며, 앞으로 얼마 남지 않은 <u>생을 깨끗이 조국 통일 독립에 바치려는 것이 금차(今次) 북행을 결정한 목적이다.</u>

• 이승만 : 최근 조선 통일을 위하여 …… 몇몇 개인이 준비 교섭하고 있다는 그 사실 자체가 가급적 속히 민족의 대표자 선거의 중요성을 더 느끼게 하는 것이다. …… <u>북조선의 초청으로 평양에서 열릴 협상은 남조선의 중요한 정당 영수를 포함치 않고 국민대표를 선정하는 유일의 방법인 선거를 반대하는 극소수의 사람만이 참석하는 것이다.</u>

남북 협상을 보는 미국의 입장 : 반대

얼마 전 미 국무성에서는 유엔 한국 위원의 참석 아래 이러한 공동 회의를 개최할 경우 반대하지 않을 것이라는 입장을 발표하였다. "현재 남한이 선거 준비를 하고 있기 때문에 우리 미군정청에서는 남북이 함께 모여 진행하는 공동 회의에 관심이 없다. <u>우리는 회의 참석을 위해 북으로 가는 것을 방해하지 않겠지만 도와주지도 않겠다는 입장을 가지고 있다.</u>"

남북 지도자 회의 개최

1. 소련이 제의한 바와 같이 <u>우리 강토에서 외국 군대가 즉시에 철거하는 것은 조선 문제를 해결하는 가장 정당한 방법이다.</u> 미국은 이 제의를 수락하고 대를 남조선에서 철퇴시킴으로써 조선 독립을 원조하지 않으면 안 된다. 남북 정당 · 사회 단체 지도자들은 외국 군대가 철퇴한 후에 내전이 발생할 수 없다는 것을 확인하며, 통일에 배치하는 무질서의 발생도 용허하지 않을 것이다.

2. 외국 군대가 철퇴한 이후 아래의 제 정당 단체들은 공동 명의로써 전 조선 정치 회의를 소집하여 <u>조선 인민의 각층각계를 대표하는 민주주의 임시정부가 즉시 수립될 것이며</u> 국가의 일체 정권은 정치, 경제, 문화생활의 일체 책임을 갖게 될 것이다.

3. 이 정부는 그 첫 과업으로 일반적, 직접적, 평등적 비밀 투표로써 통일적 조선 입법 기관을 선거할 것이며, 선거된 입법 기관은 헌법을 제정하여 민주 정부를 수립하여야 할 것이다.

4. 본 성명서에 서명한 제 정당 · 사회 단체들은 <u>남조선 단독 선거의 결과를 결코 인정하지 않으며 지지하지 않을 것이다.</u>

01 대한민국 정부 수립 과정

핵심 | 자료 읽기

제주도 4 · 3 사건

최근 ○○○를 시찰하고 돌아온 중앙의 경찰관 등도 폭동의 원인이 경찰에 있다고 했는데, 그것은 사실이다. 해방 직후 경찰 행정 책임자들의 부패로 말미암아 좌익 진영의 계획적이고 조직적인 모든 훈련을 방임하고 ○○○를 공산 혁명의 거주지로 만들게 하여 사상적, 정치적, 경제적 혼란을 이용하고 민중의 불평불만을 그때그때의 투쟁 형식으로 폭발시켰다. 부패한 경찰은 무뢰배와 결탁하여 돈벌이에 눈이 어두워 이를 미연에 방지하지 못했다.

5 · 10 선거 준비

• 재조선 미국 육군 사령관으로서 본관에게 위임된 권한에 의하여 본관은 이에 다음과 같이 선포한다.
 금번 선거에 역사적 의의를 인정하며 등록한 투표자가 모두 보통 선거의 민주주의적 권리를 행사할 기회를 주기 위하여 선거일로 정한 1948년 5월 10일은 이에 공휴일로 선언함   <1948년 4월 27일 재조선 미육군 사령관 미국 육군 중장 하지>
• 선거법 제1조   국민으로서 만 21세에 달한 자는 성별, 재산, 교육, 종교의 구별이 없이 국회의원의 선거권이 있음. 국민으로서 만 25세에 달한 자는 성별, 재산, 교육, 종교의 구별이 없이 국회의원의 피선거권이 있음.
   제2조   다음 해당하는 자는 선거권이 없음. 4. 일본 정부의 작위를 받은 자, 5. 일본 제국 의회 의원이 되었던 자
   제47조   국회의원의 임기는 제1회 개회 시부터 2년으로 함.

제헌 헌법

유구한 역사와 전통에 빛나는 우리들 대한 국민은 기미 3 · 1 운동으로 대한민국을 건립하여 세계에 선포한 위대한 독립 정신을 계승하여 이제 민주 독립 국가를 재건함에 있어서 정의, 인도와 동포애로써 민족의 단결을 공고히 하며, 모든 사회적 폐습을 타파하고 민주주의 제도를 수립하여, 정치, 경제, 사회, 문화의 모든 영역에서 각 사람의 기회를 균등히 하고 능력을 최고도로 발휘하게 하며 각 사람의 책임과 의무를 완수하게 하여, 안으로는 국민 생활의 균등한 향상을 기하고 밖으로는 항구적인 국제 평화의 유지에 노력하여 우리들과 우리들의 자손의 안전과 자유와 행복을 영원히 확보할 것을 결의하고, 우리들의 정당, 또 자유로이 선거된 대표로서 구성된 국회에서 단기 4281년 7월 12일 이 헌법을 제정한다.
제1조   대한민국은 민주 공화국이다.
제53조   대통령과 부통령은 국회에서 무기명 투표로써 선거한다. 대통령과 부통령은 국무총리, 국회의원을 겸하지 못한다.
제55조   대통령과 부통령 임기는 4년으로 한다. 단, 재선에 한하여 1차 중임할 수 있다.
제86조   농지는 농민에게 분배한다.
제101조   이 헌법을 제정한 국회는 단기4278년(1945) 8월15일 이전 악질 반민족 행위를 처벌하는 특별법을 제정할 수 있다.
제102조   이 헌법을 제정한 국회는 국회로서의 권한을 행하며 그 의원의 임기는 국회 개회일로부터 2년으로 한다.

미 군정청 법령 제 33호 : 귀속 재산

1945년 8월 9일 이후 일본 정부와 기관, 회사, 단체, 조합, 기타 기관 또는 정부가 조직하거나 취체(取締)한 단체가 직접 혹은 간접으로, 전부 혹은 일부를 소유하거나 관리하는 모든 종류의 재산 및 수입에 대한 소유권은 1945년 9월 25일부터 조선 군정청이 재산 전부를 소유한다.

신민족주의 사학

• 조선 민족사는 결국 우리 민족이 과거에 민족으로서 어떻게 생활하느냐 하는 사실을 민족적 입지에서 엄정하게 비판하여 앞으로 우리 민족의 나아갈 진정한 노선을 발견하는 데 그 연구의 가치와 의의가 있다. 지금 세계는 모든 민족의 자유 독립과 공동 번영을 지향하여 움직이고 있다. 지금 우리는 자본주의적 지배를 꿈꿀 때도 아니요, 계급 투쟁만을 일삼을 때도 아니다. 계급 투쟁은 민족 내부의 분열을 초래할 것이며, …… 계급 투쟁의 길을 우리가 반드시 취해야 할 필요는 없고 민족

핵심 자료 읽기

균등이 실현되는 날 그것은 자연 해소되는 문제다. …… 이 세계적 기운과 민족적 요청에서 민족사관은 출발하는 것이며, 민족사는 그 향로와 방법을 명백하게 과학적으로 지시하여야 할 것이다. 〈조선 민족사 개론〉

• 나는 신민족주의 입지에 이 글을 썼다. 왕자(王者) 1인만이 국가의 주권을 전유하였던 귀족 정치기에 있어서도 민족 사상이 없었던 것은 아니요, 자본주의 사회에서도 또한 민족주의란 것이 있다. 그러나 그러한 민족 사상은 모두 진정한 의미의 민족주의는 아니었다.

자료 보기

동아일보 1945년 12월 27일자 보도

신탁통치 반대 운동

모스크바 3국외상회의 결정 지지 대회

대한민국 정부 수립 선포식

(단위 : %)

구 분	남한	북한
식량	65	35
석탄	20	80
강철	5	95
수력 전기	10	90
화학 약품	15	85
기계류	35	65
일반 소비품	80	20

1945년 남북한의 산업분포비율

정당 단체	당선자수	비율(%)
무소속	85	42.5
대한 독립 촉성 국민회	55	27.5
한국 민주당	29	14.5
대동 청년당	12	6.0
조선 민족 청년당	6	3.0
대한 노동 총연맹	1	0.5
대한독립촉성농민총연맹	2	1.0
기타	10	5.0
합계	200	100

1대 국회의원 총선거

(물가 지수)

- 식료품
- 연료
- 곡물

200
150
100
50

1945년 8월 하순 9월 10월 11월 12월 1946년 1월
(서울 신문, 1946.2.6.)

1945년 물가

대통령 선거		부통령 선거	
후보	득표	후보	득표
이승만	180	이시영	113
김구	13	김구	65
안재홍	2	조만식	10
기타	2	기타	9

1대 대통령 선거

02 이승만 정부(1공화국, 1948~60)와 장면 정부(2공화국, 1960~61)

1 정부 수립 직후의 과제

(1) 친일 반민족행위자 청산

- 배경 ┌ 미군정 : 현상 유지 정책(일제의 통치 체제를 그대로 이용하여 통치) → 친일 관리와 친일 경찰을 중용
  └ 좌우합작위원회 : [남조선 과도 입법의원]에서 '민족반역자·부일협력자·간상배에 대한 특별법' 제정(1947.7)
    but 미군정의 거부로 실패

- 과정 ┌ 법 ┌ 제정 ┌ 근거 : 제헌 헌법에 반민족 행위자를 소급 처벌할 수 있는 특별법 제정 근거를 명시
  │   │   └ 소급 입법(형벌 불소급 예외) : 국회의 반민족 행위 처벌법(반민법) 제정(1948.9)
  │   └ 내용 : 친일파에 대한 형사 처벌과 재산 몰수, 친일파의 공민권(국민으로서의 권리) 제한
  ├ 기구 : 국회 내에 반민족행위 특별조사위원회(반민특위), 국회 외에 특별 재판부·검찰부·경찰대 설치
  └ 반민특위 : 친일파 체포(박흥식, 최남선, 이광수, 최린, 노덕술 등) → 국민들의 뜨거운 지지

- 한계 ┌ 이승만 정부 ┌ 입장 : 친일 청산 < 반공 체제 구축
  │   └ 방해 공작 : 국회 프락치 사건(1949.5), 경찰의 반민특위 습격 사건(1949.6)
  └ 반민법 개정 : 친일파 처벌 시효 단축(1949.8.31) → 반민특위 와해 + 6·25 전쟁 중 반민법 폐지

- cf) 청산 노력 ┌ 노무현 정부(2005) : '친일 반민족행위자 재산귀속 특별법', '친일 반민족행위 진상규명위원회'
  └ 민간 : '친일 인명사전 편찬위원회' 출범(2001) → 시민 성금 운동(2004) → <친일 인명 사전> 간행(2009)

(2) 토지 개혁 : 농지 개혁법 제정(1949.6)

- 배경 ┌ 해방 당시 국민의 대다수가 소작농인 현실
  └ 북조선 임시 인민위원회의 토지 개혁 실시(1946.3) : 무상 몰수, 무상 분배

- 방식 ┌ 가구당 3정보 이내로 농지 소유 제한
  ├ 3정보 이상의 농지는 국가가 유상 매입(→ 지가 증권 발행)하고, 이를 소작농에게 유상 분배
  ├ 농민은 분배받은 토지에서 1년 평균 생산량의 1.5배를 5년에 걸쳐 분할하여 납부
  └ 지주는 생산량의 1.5배에 해당하는 지가 채권을 지급 받음 → 지주 보상액 = 소작농 상환액

- 과정 ┌ 법 : 농지 개혁법 제정(1949.6) → 개정(1950.3)   cf) 소유권의 명의가 분명하지 않은 토지는 정부 귀속
  └ 개혁 실시 : 시행(1950.3~1957) → 중단(6·25 전쟁) → 재개(6·25 전쟁 종전 이후)

- 한계 ┌ 법 시행 이전 ┌ 지주들이 농지 개혁법 제정 시기를 연기시킴
  │   └ 농지 개혁 실시가 지연된 사이에 지주는 대상 토지를 임의로 매각 → 개혁 대상 토지의 축소
  └ 법 시행 과정 ┌ 유상 매입 ┌ 의도 : 지가 증권 발행 → 토지 자본가를 산업 자본가로 유도
    │   └ 결과 ┌ 지가 증권의 현금화가 어려움
    │   └ 6·25 전쟁 당시에 지주가 지가 증권을 헐값에 매각 → 지주의 몰락
    └ 유상 분배 : 극빈자 농민은 토지 매입이 불가능 → 매입 후 바로 판매하여 영세농이 존재

- 의의 : 지주 중심의 토지 소유 → 농민 중심의 토지 소유 실현(경자유전 실현) → 남한의 공산화 저지

◈확인해 둘까요! ▸ 미 군정의 토지 정책

- 정책 ┌ 소작료 결정(1945.10) : 총 수확량 1/3 이하로 제한(3·1제)   cf) 지주의 일방적 소작권 해제 불가 규정 마련
  └ 귀속 농지의 민간 불하(1948.3) : 신한 공사에서 귀속 농지 중 대부분을 소작농에게 유상 분배(귀속농지매각령)
- 한계 : 일반 토지에 대한 토지 개혁은 단행된 바 없음
- cf) 좌우 합작 위원회의 토지 개혁론 : 몰수, 유조건 몰수, 체감 매상 + 무상 분배

2 6·25 전쟁 (1950.6~53.7)

(1) 배경
cf) 한미 상호방위 원조협정(50.1)
- 국내 ┌ 상황 ┌ 남 : 남한 내 공산 게릴라의 활동 + 미군의 철수로 일부 미국 군사 고문단만 존재
  │   └ 북 : 소련은 군사 비밀 협정을 체결하여 북한의 전쟁 준비를 지원, 조선 의용군(중국)의 인민군 편입
  └ 무력 통일 노선 : 남(북진통일론 = 북진 통일로 북한 해방) vs 북(민주기지론 = 북한을 기지로 남한 해방)
         → 38도선 일대에서 지속적으로 소규모 군사 충돌 발생
- 국외 : 중국의 공산화(1949) + 미국의 애치슨 선언(1950.1, 한국과 타이완을 미국의 방위선에서 제외)

(2) 과정
- 시작 ┌ 북한군 : 남침(1950.6.25) → 서울 함락   cf) 1차 화폐개혁 : 조선은행권(일제 발행)을 한국은행권으로 교체
  └ 유엔 안전보장이사회 : 북한의 행위를 '침략행위'로 규정, 유엔군 파병 결정 → 유엔군 참전
      but 국군의 낙동강 전선 후퇴→ 낙동강 전선에서 교착(50.9)   cf) 한국군지휘권을 유엔군사령부에 이양(50.7)
- 역전 : 인천 상륙 작전(1950.9.15) → 국군의 38선 돌파(1950.10.1) → 압록강변까지 진격(1950.11)
- 확대 : 중국군 참전(1950.10.24) → 유엔군의 흥남 철수(1950.12) → 중국군의 서울 점령(1951.1.4 후퇴)
- 재역전 ┌ 국군과 유엔군의 총공세 → 서울 탈환(1951.3) but 유엔사령관에서 맥아더 해임 + 리지웨이 취임(1951.4)
  └ 국군과 유엔군이 38도선 부근까지 진격 → 38도선 or 현재의 휴전선을 중심으로 교착 상태
- 정전 회담(휴전) : 시작(1951.7) → 타결(1953.7)   cf) 부산 정치 파동 → 발췌개헌(1952.7)

(3) 정전 회담 (1951.7~53.7)   cf) 대한민국 인접해양의 주권에 대한 대통령 선언(이승만 라인) 발표(1952)
- 과정 ┌ 제안 : 소련
  ├ 협상 주체 : 유엔군 vs 북한군 + 중국군
  ├ 쟁점 ┌ 군사분계선 설치 : 유엔(휴전 당시 군사 점령 지역을 경계로 설정) vs 북한(38선으로 복귀)
  │   └ 포로 송환 : 유엔(자유 송환을 주장 → 포로의 개인 의사 존중) vs 북한(자동 송환을 주장)
  └ 진전 : 종전을 공약한 아이젠하워의 미대통령 당선(1952) + 강경파인 소련 스탈린의 사망(1953.3)
- 합의 ┌ 군사분계선 설치 : 휴전 당시의 군사 점령 지역을 경계로 설정, 비무장 지대 설치
  ├ 포로 송환 : 송환을 원하지 않는 포로는 중립국 포로 송환 위원회에서 처리
  └ 조인 후 3개월 내에 정치 회담을 개최하여 한국 문제를 평화적으로 해결할 것을 권고
- 이승만 정부 : 휴전 협정 반대 시위("통일 아니면 죽음을", "38선은 없다") → 거제도의 반공 포로 석방(1953.6)

(4) 영향
- 한계 ┌ 적대감 심화 → 남북한 독재 체제 구축 ┌ 남한 : 이승만 정부는 반공을 구실로 독재 강화
  │   └ 북한 : 김일성은 남로당 세력을 미국의 간첩으로 몰아 제거
  ├ 수백만 명의 북한 주민의 남한 이주와 농촌 인구의 도시 이동으로 전통적 사회 구조 붕괴
  └ 반공 일변도의 문화와 서구 추종적인 문화 유행
- 평화 노력 ┌ 한미 상호방위 조약(1953.10) : 미군이 한국에 계속 주둔, 한반도 내에 미군의 임의적 기지 설치 허용
  │   └ 국제 사회 ┌제네바 정치 회의 ┌ 참가국 : 자유 진영(한국+15개 유엔 참전국) vs 공산 진영(북한+중국+소련)
  │   │   (1954.4)   └ 한계 : 남한과 북한의 의견 차이로 성과 없음
  │   └ 군사정전위원회 + 소련을 제외한 4개국의 중립국 감독위원단 설치
  └ cf) 주한 미군 ┌ 법적 지위와 재판 관할권 합의 : 대전 협정(1950.7) → 한미행정협정(SOFA, 1966)
                  └ 군 작전통제권 변화 : 유엔군사령부의 축소(1974)에 따른 한미연합사령부 창설(1978)

02 이승만 정부(1공화국, 1948~60)와 장면 정부(2공화국, 1960~61)
SECTION

3 이승만 정부의 정치

(1) 1차 개헌 : 발췌 개헌(1952.7, 부산)

- 배경 ┬ 이승만 정부의 국회 내 지지 기반 약화 ┬ 이승만과 한민당(→ 민주 국민당 개칭)의 갈등
  └ 이승만 정부의 실정 : 거창 양민 학살 사건(1951.2), 국민 방위군 사건(1950.12~51.3), 보도연맹 사건
      └ 2대 총선에서 중도파 무소속 후보의 대거 당선(1950)
- 과정 ┬ 자유당 창당(1951.12) + 1대 지방의원 선거(1952)
  └ 부산 정치 파동 ┬ 폭력 조직을 동원한 관제 데모 ex) 백골단, 땃벌떼, 민중자결단
    (1952.5)   └ 부산에 계엄령을 선포하고 내각제 찬성 의원을 헌병대에 연행 → 국회의 기립투표로 통과
- 내용 : 이승만案(정 · 부통령 직선제) + 야당案(내각제적 요소 = 양원제 국회 구성 + 국회의 국무위원 불신임제)
- 결과 : 이승만의 재선 성공   cf) 실제 양원제 국회(참의원+민의원) 구성은 장면 정부

(2) 2차 개헌 : 사사오입 개헌(1954, 서울)

- 배경 : 3대 국회의원 총선(1954)에서 관권 개입으로 자유당의 압승
- 내용 : 초대 대통령의 3선 제한 조항 철폐
- 영향 : 야당 결집 ┬ 민주당(1955) : 보수 정치인(신익희, 조병옥, 장면, 윤보선 등) ← 호헌동지회 결성(1954.11.29)
  └ 진보당 ┬ 주도 : 진보 정치인(조봉암 등, 3대 대선 이후 결성)
    (1956~58) └ 정책 : 혁신 정치, 생산 분배의 합리적 계획과 수탈없는 계획 경제, 민주적 평화 통일

(3) 제 3대 정 · 부통령 선거 (1956)

- 과정 ┬ 구도

구도	자유당	민주당	무소속 → 진보당(가칭)
정통령 후보	이승만	신익희	조봉암
부통령 후보	이기붕	장면	박기출

  └ 선거 구호 : "이승만 8년 세월 못 살겠다. 갈아보자" vs "갈아 봤자 별 수 없다. 갈면 더 못 산다"
- 결과 : 대통령 선거(신익희 사망 + 조봉암의 선전 but 이승만 당선) vs 부통령 선거(장면 당선)
- 영향 ┬ 진보당사건(1958.2) : '평화 통일론'을 주장한 조봉암을 간첩혐의로 처형, 진보당 등록 취소
  ├ 국가 보안법 파동(= 2 · 4정치 파동, 1958.12) : 국가보안법 개정(기존에 비해 이적 행위의 범위를 확대) → 야당 탄압
  └ 자유 언론 탄압(경향신문 폐간, 1959.4) + 특무대와 헌병대 이용한 반대 세력 탄압

(4) 4 · 19 혁명

- 배경 ┬ 경제 : 경기 침체 ┬ 원인 : 미국의 경제 원조 변화 ex) 무상 원조 → 유상 차관 + 원조 액수 감소
  │   └ 결과 : 경제 성장률 급락과 실업자 증가 → 국민의 위기 의식 증대
  └ 정치 : 이승만 정부의 부정부패 + 3 · 15 부정 선거(1960, 4대 정 · 부통령 선거에서 부정 선거 자행)
- 과정 ┬ 대구 : 2 · 28 시위(민주당의 정 · 부통령 후보 유세를 방해하려는 정부에 대한 학생들의 저항)
  ├ 마산 : 1차 시위 → 김주열의 시신 발견 → 2차 시위 vs 정부는 마산 시위를 공산 세력의 계획으로 매도
  └ 서울 ┬ 4 · 18 고려대 시위 vs 깡패들의 고대생 습격 사건
    ├ 4 · 19 전국 시위 vs 정부의 계엄령 선포 + 경찰의 유혈 진압
    └ 4 · 25 대학 교수단 시위 "학생의 피에 보답하라" → 이승만 하야(1960.4.26)
- 결과 : 허정 과도 정부 ┬ 헌법 개정 ┬ 의원 내각제 정부 : 대통령(국가 원수), 국무총리(행정부 수반)
  │   (3차 개헌, 1960) └ 양원제 국회 : 민의원(임기 4년, 소선거구), 참의원(임기 6년, 대선거구)
  └ 5대 총선거 실시(1960.7.29, 민주당 승리, 자유당 참패) → 대통령 윤보선, 총리 장면 선출

4 이승만 정부의 경제·사회·문화

(1) 경제
- 전후 복구
  - 2차 화폐개혁 (1953.2)
    - 배경 : 막대한 재정 지출로 인해 물가가 폭등하여 화폐 가치 하락
    - 내용 : 화폐 단위 변경(100원 → 1환), 원 표시의 한국은행권과 조선은행권 유통 금지
  - 자금 마련
    - 유엔 한국 재건단(UNKRA) : 미국 등 우방의 자금 출자로 한국의 재건·구호 사업에 사용
    - 정부 : 산업 복구 채권과 산업 금융 채권을 발행
  - 내용 : 사회 기간 시설 보수, 수력·화력 발전소 건립, 산업 육성(섬유, 식품)
- 귀속재산 처리
  - 과정 : 전쟁 전(법 제정, 1949.12) → 전쟁 후(본격적 귀속 재산 처리, 1954~58)
  - 내용 : 민간인 연고자에게 헐값 매각, 불하기간은 최고 15년 분할 상환 → 문제점 : 정경유착 발생
  - 결과 : 많은 민간 기업 등장 → 1950년대 한국의 산업(자본가) 형성에 기여
- 미국의 원조
  - 배경 : 미국 내 잉여 농산물의 처리 + 경제 안정을 통해 한국을 반공의 기지로 구축하려는 의도
  - 내용
    - 근거 : 미국의 공법 480호(PL480)   cf) 한미경제조정협정 체결(1952)
    - 원조 물자 : 식료품·의복·의료품 등 생필품 + 밀가루·설탕·면화 등 소비재 산업 원료
  - 결과
    - 3백 산업의 재벌 형성 (면·방직, 설탕, 밀가루)
      - 문제점 : 원료와 시설재의 해외 의존도 심화
      - 의의 : 1960년대 수출 주도형 경제 성장의 밑바탕
    - 대충자금(미국의 원조 물자를 국내에서 팔아 얻은 자금) 형성 but 대부분 군사비 등으로 지출
  - 영향
    - 긍정적 : 식량난 해소   cf) 충주비료공장 설립(1959, 유엔의 지원)
    - 부정적
      - 정부가 필요 이상의 농산물 수입 → 국내 농산물 가격 폭락, 밀·벼 생산 농가의 몰락
      - 산업 불균형 : 소비재 중심의 산업 발달, 생산재 부문(철강, 기계 등)의 부진
      - 원조 물자 불하를 둘러싸고 기업의 정치 자금 제공 → 정경 유착 발생
  - 변화 : 1950년대 후반 원조 감소에 따라 경제 개발 계획을 통한 경제 재건 시도 but 실행되지 못함

(2) 사회·문화
- 언론 : 국가 보안법 개정을 통해 언론 탄압 ex) 대구매일신문 피습 사건(1955), 경향신문 폐간(1959)
- 문화
  - 교육
    - 교육법 제정 (1949)
      - 홍익인간을 교육 이념으로 채택 및 법제화
      - 초등 교육의 의무 교육 실시(1950.6)
    - 문맹국민 완전퇴치 5개년 계획 수립(1954~58)
    - 학도호국단 설치(1949)   cf) 학도호국단 폐지(1960.5, 허정 과도 내각)
  - 출판 : 한글학회의 <큰사전> 완간(1947~57), 사상계 발행(1953, 장준하)
  - 문학 : 반공·냉전 문학과 미국 자유주의 문학의 유행 ex) 소설 <자유부인> 출간(1954, 후에 영화로 제작)

◈ **확인해 둘까요!** ── **6·25 전쟁 전(前)과 중(中)의 경제 정책**

- 국내 중요물자생산 5개년 계획 (1949.4)
  - 배경 : 미국의 경제 원조(비료, 공장, 발전소 건립을 지원)
  - 목적 : 국가의 자원 통제로 생필품 부족 방지 → 사회 혼란 극복
  - 한계 : 미국은 지원에 소극적 태도, 극심한 인플레이션
- 한국은행법·은행법 제정(1950.5) : 금융 기관의 공공성과 건실화
- 임시 토지 수(收)득세 (1951~53)
  - 내용 : 금납화 방식의 지세 제도 폐지 → 현물(쌀) 징수의 지세 제도로 전환
  - 목적 : 당시 엄청난 전시 인플레 부담을 농민에게 전가 → 농민의 희생으로 전쟁 비용 조달

5 장면 정부

(1) 정치 : 민주주의 발달과 한계

- 권력 구조 ┌ 국가 원수 : 대통령 ┌ 임기 : 5년
  └ (윤보선) └ 권한 : 국무총리 지명권, 긴급 재정 처분권, 국군 통수권
  └ 행정부 수반 : 국무총리(장면)

- 지방 자치 : 확대 실시 ex) 지방의회 의원 선출 → 처음 서울특별시장, 도지사까지 선출

- 혁신 세력 ┌ 활동 재개 : 사회대중당 등을 창당하여 총선거에 참여 but 대중적 지지 획득에는 실패
  ├ 통일 운동 : 민족자주통일 중앙협의회(1960.9)등의 다양한 통일 논의 ex) 중립화 통일론 ~ 남북 협상론
  └ 영향 : 민주주의와 민족주의 이념 확산에 큰 기여 but 5 · 16 군사 정변으로 인해 활동 금지

- 과거 청산 ┌ 상황 ┌ 국민의 요구 : 3 · 15 부정 선거 책임자 처벌 + 이승만 정부 당시 부정 축재자 처벌
  │   └ 정부 태도 : 관련자 처벌에 소극적 vs 4 · 19 혁명 부상자들의 국회 의사당 점거 → 개헌 추진
  └ 4차 개헌 ┌ 목적 : 부정선거 책임자와 부정축재자 처벌을 위한 소급 입법의 근거 마련
    (1960) ├ 영향 : [반민주행위자 공민권제한법], [부정선거관련자 처벌법], [부정축재 특별처리법]
    └ 한계 : 5 · 16 군사 정변으로 제대로 시행되지 못함

- 한계 ┌ 배경 : 민주당의 구파(대통령 : 윤보선)와 신파(총리 : 장면) 갈등 + 데모규제법 · 반공임시특별법 제정 추진
  └ 결과 ┌ 신민당(구파)과 민주당(신파)으로 분당 → 강력한 추진력 발휘의 어려움
    └ 2대 악법 추진에 대한 혁신 세력과 시민 사회 세력의 반발

(2) 경제 · 사회 · 문화

- 경제 ┌ 특징 : 경제 제일주의
  ├ 내용 ┌ 산업 개발 위원회(부흥부 산하)의 경제 개발 5개년 계획 작성
  │   ├ '국토 건설 사업' 추진 ┌ 국토건설본부를 설립하여 국토 개발 사업에 착수
  │   │   └ 국토 복구 및 실업자 구제를 목적으로 댐 · 도로 · 교량 등 건설 추진
  │   └ 국군 감축을 통한 국방비 절감 시도
  └ 한계 : 5 · 16 군사 정변으로 인해 경제 개발 계획은 시행되지 못함

- 사회 ┌ 언론 : 국가보안법 개정 → 경향신문 복간
  ├ 학생 ┌ 신생활 운동 : 도시 · 농촌의 계몽 운동, 외제품 사용 반대 운동, 학내 개혁 운동
  │   └ 통일 운동 ┌ 내용 : 남북 학생 회담 추진 + 민족 통일 연맹 결성
  │   └ 구호 : "가자 북으로, 오라 남으로, 판문점으로"
  ├ 노동 : 노동 운동 활성화 ex) 한국교원노조연합회 결성(교사)(1960.5)
  └ 6 · 25 전쟁 당시 피해 가족의 활동 : 피해자 구명 위원회 결성

- 문화 : 순수문학 → 참여 문학론의 대두

꼭! 알아두기 ▶ 소급 입법

- 제헌 헌법 ┌ 목적 : 친일파 청산
  (1948) └ 법률 : 반민족 행위 처벌법 but 이승만 정부의 소극적 입장으로 실패
- 4차 개헌 헌법 ┌ 목적 : 3 · 15 부정 선거 책임자 처벌
  (1960) └ 법률 : 반민주 행위자 공민권 제한법 등 but 5 · 16 군사 정변으로 유야무야됨

반민족 행위 처벌법 (1948.9)

제 1조 일본 정부와 통모하여 한·일 합병에 적극 협력한 자, 한국의 주권을 침해하는 조약 또는 문서에 조인한 자와 모의한 자는 사형 또는 무기 징역에 처하고 그 재산과 유산의 전부 혹은 1/2 이상을 몰수한다.

제 2조 일본 정부로부터 작위를 받은 자 또는 일본제국 의회의 의원이 되었던 자는 무기 또는 5년 이상의 징역에 처하고 그 재산과 유산의 전부 혹은 2분의 1 이상을 몰수한다.

제 3조 일본 치하 독립 운동자나 그 가족을 악의로 살상·박해한 자 또는 이를 지휘한 자는 사형, 무기 또는 5년 이상의 징역에 처하고 그 재산의 전부 혹은 일부를 몰수한다.

제 9조 반민족 행위를 예비 조사하기 위하여 특별 위원회를 설치한다. 특별 위원회는 10인으로 구성한다. 특별 조사 위원은 국회의원 중에서 아래의 자격을 가진 자를 국회가 선거한다.
　　　1. 독립 운동의 경력이 있거나 절개를 견수하고 성의있는 자　2. 애국의 성심이 있고 학식, 덕망이 있는 자

제 19조 본 법에 규정된 범죄자를 처단하기 위하여 대법원에 특별 재판부를 설치한다. ……

제 20조 특별 재판부에 특별 검찰부를 병치한다.

2·2 특별 담화문 '반민법 실시에 대하여' (1949.2.2)

• 친일한 자를 숙청하였으면 좋을 것인데, 지난 군정 3년 동안에 못한 것을 지금 단행하면 앞으로 우리나라가 해나갈 일에 지장이 많을 것이다. 반민특위에서 반역자의 징치를 목적으로 한다면 해당자를 비밀리에 조사하여 사법부로 넘겨야 한다.

• 법률이 국회에서 통과하였다 하더라도 헌법 정신에 위반되면 그 법을 적용할 수 없다고 생각한다. 정부와 국회의 위신을 보존하여 반민 법안을 단속한 시일 내에 끝마치도록 할 것이다. …… 지금 반란 분자와 파괴 분자가 각처에서 살인, 방화를 하며 인명이 위태하고 지하공작이 긴밀한 이때 경관의 기술과 성격이 아니면 사태가 어려울 것인데 기왕에 범죄가 있는 것을 들춰내서 잡아들이는 것은 치안 확보상 온당치 못한 일이다. …… 국회에서는 치안 혼란을 선동하고 있다. 즉, 경찰을 체포하여 경찰의 동요를 일으킴은 치안의 혼란을 조장하는 것이다. 특위의 몇몇 사람은 그러한 일을 고의로 행하고 있다.

농지 개혁법 (1949)

제 1조 본 법은 헌법에 의거하여 농지를 농민에게 적절히 분배함으로써 농가 경제의 자립과 농업 생산력의 증진으로 인한 농민 생활의 향상 내지 국민 경제의 균형과 발전을 기함을 목적으로 한다.

제 5조 1. 법령 및 조약에 의하여 몰수 또는 국유로 된 농지, 소유권의 명의가 분명치 않은 농지는 정부에 귀속한다.
　　　2. 농가 아닌 자의 농지, 자경하지 않는 자의 농지, 3정보를 초과하는 부분의 농지, 과수원 등 다년성 식물 재배 토지를 3정보 이상 …… 농지는 정부가 매수한다.

제 8조 보상은 다음의 방법에 의하여 정부는 피보상자 또는 그가 선정한 대표자에게 지가 증권을 발급한다.
　　　1. 지가 증권은 연 수확량의 150%를 한도로 5년 간에 보상한다.
　　　2. 지주가 지가 증권을 기업 자금에 사용할 때 정부는 융자를 보증한다.

제 12조 농지의 분배는 …… 1가구당 총경영 면적이 3정보를 초과하지 못한다.

제 13조 분배받은 농지에 대한 상환액 및 상환 방법은 다음과 같다.
　　　1. 연 평균 수확량의 30%씩을 정부에 반환한다.
　　　2. 상환은 5년간 균분 연부로 하고 매년 정부에 납입해야 한다.

제 17조 일체의 농지는 소작, 임대차 또는 위탁경영 등 행위를 금지한다.

애치슨 라인 발표 (1950.1.12)

군사 안보의 입장에서 태평양 지역에 대한 미국의 정책은 어떤 것인가? 첫째로, 일본의 패배와 무장 해제로 미국은 미국과 전 태평양 지역의 안보를 위해 동안 일본의 군사 방비를 담당하게 되었다. …… 이 방위선은 알류산 열도에서 일본을 거쳐 오키나와 필리핀 군도에 이어진다. …… 기타 태평양 지역의 군사 안전 보장은 군사 공격으로부터 보증할 수 없다. 방위선 밖의 국가가 3국의 침략을 받는다면, 침략을 받은 국가는 그 국가의 방위력과 국제 연합 헌장의 발동으로 침략에 대항해야 한다.

핵심 | **자료 읽기**

6·25 전쟁 과정

- 군 작전 지휘권 이양(이승만 대통령이 맥아더 장군에게 보낸 공한) : 대한민국을 위한 국제 연합의 군사 노력에 있어, 귀하가 최고사령관으로 임명되어 한국과 한국 근해에서 작전 중인 국제 연합의 모든 부대를 통솔함에 감하(은혜를 고맙게 여김)하는 바입니다. 본인은 지휘권 일체를 이양하게 된 것을 기쁘게 여기며, 이 지휘권은 귀하 자신 또는 귀하가 위임한 기타 사령관이 행사하여야 합니다. 한국군은 귀하의 휘하에서 복무하는 것을 영광으로 생각할 것이며, 한국 국민과 정부는 귀하를 따르게 되어 영광으로 생각하며, 귀하에게 개인적 경의를 표합니다.

- 흥남 철수 : 군세어라 금순아   눈보라가 휘날리는 바람찬 흥남 부두에 / 목을 놓아 불러 봤다 찾아 봤다
  (현인)   금순아 어데를 가고 길을 잃고 헤매였더냐 / 피눈물을 흘리면서 1·4 이후 나 홀로 왔다……

정전회담에 대한 이승만 정부의 입장

- 이승만의 반대 : 휴전 회담에서 평화가 수락된다면 이는 북한을 중공의 일부로 만들 것이다. 공산 침략을 성공시키느냐 또는 이 침략을 구축시키느냐의 두 가지 선택 가운데 타협은 불가능하다. 한국을 양분하는 것은 불법이며, 이에 대한 책임은 미국과 소련에 있는 것이다. 휴전이 수락된다면 최초부터 불법이었던 양단을 국제 협정에 의하여 합법화 할 것이다.

- 거제도 반공 포로 석방 사건 : 국민 여러분, 저는 헌병사령관 중장 원용덕입니다. 오늘 새벽 0시를 기해 전국의 인민군 포로 수용소에서 반공 포로들이 구출되었습니다. UN군 측의 포로 송환 협상에 반대하여 국군은 오늘 반공 포로들을 구출해 냈습니다. 이것은 자위권의 엄숙한 발동입니다. 경찰관, 애국 청년단, 주민 여러분 등 애국동포들은 국군 헌병의 임무 수행에 절대적 협조가 있기를 요망하오며, 아울러 우리 반공 포로들을 따뜻한 가슴으로 맞아 주시기 바랍니다.

- 이승만의 수용 : 이제 정전이 조인되었음에 정전의 결과에 대한 나의 그동안의 판단이 옳지 않았던 것이 되기를 바란다.

정전 협정

- 국제 연합군 총사령관과 조선 인민군 최고 사령관 및 중국 인민 지원군 사령관은 한국에서의 충돌을 정지시키기 위하여, 종국적 평화적 해결이 달성될 때까지 한국에서의 적대 행위와 일체 무장 행동의 완전 중단을 보장하는 정전을 확립할 목적으로 기재된 정전 조건과 규정을 접수하며, 그 제약과 통제를 받는 데 공동 상호 동의한다. 이 조건과 규정들의 의도는 군사적 성질에 속하는 것이며, 이는 한국에서의 교전 쌍방에만 적용한다.

- 한 개의 군사 분계선을 확정하고 쌍방이 이 선으로부터 2㎞씩 후퇴함으로써 적대 군대 간에 한 개의 비무장 지대를 설정한다. 한 개의 비무장 지대를 설정하여 이를 완충 지대로 함으로써 적대 행위의 재발을 방지한다.

- 군사 분계선은 군사 정전 위원회의 지시에 따라 이를 명백히 표시한다. 군사 정전 위원회는 군사 분계선과 비무장 지대의 양 경계선에 따라 설치한 일체 표시물의 건립을 감독한다.

한미 상호 방위 조약

한미 양국은 어느 한 나라가 태평양 지역에서 고립되어 있다는 환각을 어떤 잠재 침략자도 갖지 않도록 노력하며, ……

제2조 당사국 가운데 어느 한 나라가 독립 또는 안전이 외부 무력 공격에 의해 위험을 받으면 당사국은 서로 협의한다.

제3조 각 당사국은 타 당사국의 행정 지배하에 있는 영토와 각 당사국이 타 당사국의 행정 지배하에 합법적으로 들어갔다고 인정하는 금후의 영토에 있어서 타 당사국에 대한 태평양 지역에 있어서의 무력 공격을 자국의 평화와 안전을 위태롭게 하는 것이라고 인정하고 공통한 위험에 대처하기 위하여 각자의 헌법상의 수속에 따라 행동할 것을 선언한다.

제4조 상호 합의로 미국 육해공군을 한국 영토 내와 부근에 배치하는 권리를 한국은 허락하고 미국은 이를 수락한다.

1차 개헌(발췌 개헌)

제31조 입법권은 국회가 행한다. 국회는 민의원과 참의원으로써 구성한다.

제53조 대통령과 부통령은 국민의 보통, 평등, 직접, 비밀 투표에 의하여 각각 선거한다. …… 대통령과 부통령의 당선은 최고 득표 수로써 결정한다. 최고 득표자가 2인 이상인 때에는 양원 합동 회의에서 다수결로써 당선자를 결정한다.

핵심 자료 읽기

2차 개헌(4사5입 개헌)

- 국회에서 개헌안에 대하여 135표의 찬성표가 던져졌다. 그런데 민의원 재적수 203석 중 찬성표 135표, 반대표 60표, 기권 7표에 결석 1표였다. 60표의 반대 표수는 총수의 1/3에 못 미친다는 사실을 주의해야 한다. 민의원 2/3는 정확하게 계산할 때 135와 1/3인 것이다. 한국은 표결에 있어서 단수(端數)를 계산하는 데에 전례가 없으니, 단수는 계산에 넣지 않아야 할 것이며, 개헌안은 통과되었다는 것이 정부의 견해이다.

- 제7조 2 대한민국의 주권의 제약 또는 영토의 변경을 가져올 국가 안위에 관한 중대 사항은 국회의 가결을 거친 후에 국민 투표에 회부하여 민의원 의원선거권자 3분지 2 이상의 투표와 유효 투표 3분지 2 이상의 찬성을 얻어야 한다.

  제 55조 대통령과 부통령의 임기는 4년으로 한다. 단, 재선에 의하여 1차 중임할 수 있다.

  부칙 – 이 헌법 공포 당시의 대통령에 대하여는 제 55조 단서의 제한을 적용하지 아니한다.

2대 국회의원 선거

정당 (단체)	무소속	민주 국민당	대한 국민당	국민회	대한 청년당	대한 노동 총연맹	일민 구락부	사회당	민족 자주 연맹	독립 노동당	한국 독립당	합계
득표율(%)	62.9	9.8	9.7	6.8	3.3	1.7	1.0	1.3	0.5	0.6	0.3	97.8
의석수	126	24	24	14	10	3	3	2	1			210

3대·4대 대통령 선거

구분	선거 결과	
	대통령	**부통령**
3대 대통령 선거	이승만(자유당) 후보 : 5,046,437표 조봉암(무소속) 후보 : 2,163,808표 무효표(신익희 추모표) : 1,856,818표	이기붕(자유당) 후보 : 3,805,502표 장면(민주당) 후보 : 4,012,654표
4대 대통령 선거	이승만(자유당) 후보 : 9,633,376표	이기붕(자유당) 후보 : 8,337,059표 장면(민주당) 후보 : 1,843,738표

4·19 혁명 당시의 선언문

- 서울대학교 문리대 선언문 : 상아의 진리탑을 박차고 거리에 나선 우리는 질풍과 같은 역사의 조류에 자신을 참여시킴으로써, 지성과 진리, 자유의 대학 정신을 현실의 참담한 박토에 뿌리려 하는 바이다. …… 보라! 우리는 기쁨에 넘쳐 자유의 횃불을 올린다. 보라! 우리는 캄캄한 밤의 침묵에 자유, 자유의 종을 난타하는 타수의 일원임을 자랑한다. … 나가자! 자유의 비결은 용기 뿐이다. 우리의 대열은 이성과 양심과 평화, 자유에의 열렬한 사랑의 대열이다. 모든 법은 우리를 보장한다.

- 대학 교수단 4·25 시국 선언문 : 이번 4·19 참사는 우리 학생 운동 역사상 가장 큰 비극이요, …… 우리 교수들은 이 비상 시국에 대처하여 양심의 호소로써 우리의 소신을 선언한다. …… 마산, 서울 기타 각지의 학생 데모는 주권을 빼앗긴 국민의 울분을 대신하여 궐기한 학생들의 순진한 정의감의 발로이며 부정과 불의에 항거하는 민족 정기의 표현이다. 데모를 공산당의 조종이나 야당의 사주로 보는 것은 고의의 곡해다. 평화적, 합법적 학생 데모에 총탄과 폭력을 남용하여 대량의 유혈 참극을 빚어낸 경찰은 불법과 폭력으로 정권을 유지하려는 일부 정치 집단의 사병이다. 민권을 유린하고 민족적 참극과 국제적 수치를 초래하게 한 현 정부와 집권당은 책임을 지고 물러가라. 3·15 선거는 불법 선거이다. 공명 선거에 의하여 정·부통령 선거를 다시 실시하라.

4·19 혁명 과정

- 3·15 부정 선거 지침 : 총 유권자의 40%에 해당하는 표를 자유당 후보에게 기표하여 투표함에 미리 넣는다. 나머지 60%의 유권자는 3인, 5인, 9인조로 묶어 매수, 위협을 통해 자유당 후보에게 투표한다. 투표소 부근에 여당 완장을 착용한 완장 부대를 배치하여 야당 성향의 유권자를 위협한다. 야당 참관인은 투표소 밖으로 내쫓는다. 〈동아일보, 1960년 3월 4일〉

02 SECTION 이승만 정부(1공화국, 1948~60)와 장면 정부(2공화국, 1960~61)

핵심 자료 읽기

- 전개 과정 : 18일의 고려대학교 학생 시위에 이어 이튿날 서울대학교 학생들과 약 10만 명이 구호를 외치며 대대적 시위를 감행하였다. …… 경찰은 실탄과 최루탄을 발사하여 일부 학생들이 현장에 쓰러지고 이날 5시경 경무대 입구부터 경찰은 시위대 해산을 위해 본격적 총격을 개시, 수십 명의 사망자와 헤아릴 수 없을 정도의 부상자를 내었다.
- 이승만의 하야 : 나는 국회의 결의를 존중하여 대통령직을 사임하고 물러앉아 국민의 한 사람으로서 나의 여생을 국가와 민족을 위하여 바치고자 하는 바이다.
- 추모곡 (진달래)　눈이 부시네 저기 난만히 멧등마다 / 그날 쓰러져 간 젊음같은 꽃사태가 / 맺혔던 한이 터지듯 여울 여울 붉었네 그렇듯 너희는 지고 욕처럼 남은 목숨 / 지친 가슴 위엔 하늘이 무거운데 / 연련히 꿈도 설워라 물이 드는 이 산하

귀속 재산 처리법

제2조 본 법에서 귀속재산은 단기 4281년 9월 11일 대한민국 정부와 미국 정부 간에 체결된 재정 및 재산에 관한 최초 협정 제5조의 규정에 의해 대한민국 정부에 이양된 일체의 재산을 지칭한다. 단, 농경지는 농지개혁법에 의해 처리한다.

제3조 귀속 재산은 본 법과 본 법의 규정에 의하여 발하는 명령이 정하는 바에 의하여 국유 또는 공유재산, 국영 또는 공영 기업체로 지정되는 것을 제외한 외에는 대한민국의 국민 또는 법인에게 매각한다. 귀속 재산을 우선적으로 매수할 수 있는 자의 순위는 다음과 같다.

1. 기업체 주식 및 지분에 있어서는 임차인 및 관리인, 당해 기업체의 주주, 사원, 조합원 및 2년 이상 계속 근무한 종업원, 농지 개혁법에 의해 농지를 매수당한 자의 순위로 한다. ……

3. 지가 증권은 귀속재산처리법 규정에 의하여 귀속 재산을 매수할 경우 귀속 농지를 매수할 때 이를 지불할 수 있다.

교육법

제1조 교육은 홍익인간의 이념 아래 모든 국민으로 하여금 인격을 완성하고 자주적 생활 능력과 공민으로서의 자질을 구유하게 하고 민주 국가 발전에 봉사하여 인류 공영의 이상 실현에 기여하게 함을 목적으로 한다.

허정 과도 정부의 시정 방침

내 임무는 혁명의 과업을 수행하고 차기 정권에 정부를 이양해 주는 것이다. …… 앞으로 다음 시책을 충실하게 지키려 한다.

- 반공주의 정책을 한층 더 견실하고 착실하게 전진시킨다.
- 부정 선거의 처벌 대상은 책임자와 잔학 행위를 한 자에게만 국한시킨다.
- 혁명적 정치 개혁을 비혁명적 방법으로 단행한다.

제5대 국회의원 선거(1960)

	민주당	무소속	사회대중당	자유당	기타
참의원	31	20	1	4	3
민의원	175	49	4	2	3

장면 정부의 시정 방침

1. 일본과의 국교 정상화 및 유엔 감시하의 남북한 자유 선거에 의한 통일 달성
2. 관료 제도의 합리화와 공무원 재산 등록 및 경찰 중립화를 통한 민주주의 구현
3. 부정 선거의 원흉과 발포 책임자, 부정·불법 축재자 처벌
4. 외자 도입과 경제 원조 확대를 통한 경제 개발 계획 추진
5. 군비 축소와 군의 정예화 추진을 위한 국방력 강화 및 군의 정치적 중립 확보

핵심 **자료 읽기**

제2공화국 헌법

제32조 ① 양원은 국민의 보통, 평등, 직접, 비밀 투표에 의하여 선거된 의원으로써 조직한다.

② 민의원 의원의 정수와 선거에 관한 사항은 법률로써 정한다. 참의원 의원은 특별시와 도를 선거구로 하여 법률이 정하는 바에 의하여 선거하며 그 정수는 민의원 의원 정수의 4분의 1을 초과하지 못한다.

제33조 ① 민의원 의원의 임기는 4년으로 한다. ……

② 참의원 의원의 임기는 6년으로 하고 3년마다 의원의 2분지 1을 개선한다.

제53조 대통령은 양원 합동 회의에서 선거하고 재적 국회 의원 3분지 2 이상의 투표를 얻어 당선된다. ……

제68조 행정권은 국무원에 속한다. 국무원은 국무총리와 국무위원으로 조직한다. 국무원은 민의원에 대해 연대 책임을 진다.

제69조 국무총리는 대통령이 지명하여 민의원의 동의를 얻어야 한다.

제70조 국무총리는 국무회의를 소집하고 의장이 된다. ……

장면 정부의 정책과 비판

• 정책 : 경제 제일주의를 표방한 현 정부의 가장 핵심적인 건설 및 구호 계획이라고 할 수 있는 국토 건설 사업으로 말하자면 도로 · 치수 등을 포함한 것으로 이의 추진은 곧 문자 그대로 국토의 건설을 의미할 뿐만 아니라 당면한 가장 커다란 우리의 민생 문제요 사회 문제라고 할 수 있는 식량이 끊긴 농가 및 실업자 구제를 위하여 크게 기여할 것으로 보았다. ……

• 비판 : 정부와 그 호위 세력들은 소위 '반공임시특별법' 및 '국가보안법' 보강 등 인류 역사상 그 유례를 찾아볼 수 없는 반민주 · 반민족 악법을 획책하고 있다. …… 현행 법만으로 공산 간첩을 잡지 못한다는 정부의 억지보다 더한 억지가 어디에 있는가. 이런 대중 우롱을 받아들일 만큼 이 민족은 무지하지 않다.

자료 보기

애치슨 라인

농지 개혁 전후 자 · 소작 면적 변화
('농지 개혁사 연구', 한국 농촌 경제 연구원, 1989)

제3대 정 · 부통령 선거 운동

장면 정부 당시 통일 운동

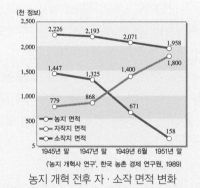
1946~61년 미국의 원조량 변화 추이

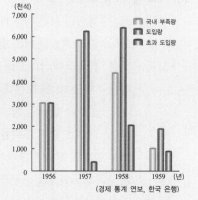
국내 양곡 부족량과 도입량
(경제 통계 연보, 한국 은행)

03 박정희 정부(3공화국, 1963~72)와 유신 체제(4공화국, 1972~79)

1 박정희 정부의 정치 : 국정 지표 → [조국 근대화] + [민족 중흥] + [국가 안보]

(1) 5·16 군사 정변과 군사 정부

- 군사 정변 (1961)
  - 배경 : 6·25 전쟁 이후 군부 세력의 성장 + 장면 정부의 군 감축 정책에 대한 불만
  - 구실 : 4·19 혁명 이후 혼란과 무질서(= 혁신 세력의 통일 운동에 대한 장면 정부의 미흡한 대응)
  - 과정 ─ 5·16 군사 정변 → 비상계엄령 선포 + 공약 발표 → 국회 해산·헌법 기능 일시 중지
    └ 국가재건 비상조치법에 따라 군사혁명위원회(→ 국가재건최고회의), 중앙 정보부 설치
- 군사 정부
  - 정치 ─ 반공법 : 반공 강화 → 혁신 세력과 관련자 검거 ex) 민족일보 탄압
    └ 정치 활동 정화법(舊 정치인 활동 금지 + 3·15 부정 선거 책임자 처벌), 부정축재 처리법 제정
  - 경제 ─ 농어촌 고리채 정리법 제정, 중소 기업에 대한 지원 확대, 긴축 재정 완화
    └ 경제 개발 5개년 계획 실시(1962), 경제 개발 자금 마련을 위해 화폐 개혁(10환 → 1원)
  - 사회 : 정치폭력배 소탕(이정재, 임화수 등 처형), 재건국민운동(재건 의식 고취, 간소복인 '재건복' 권장)
- 민정 이양
  - 과정 : 국민투표를 통해 헌법 개정(1962, 대통령 직선제 + 단원제 국회) → 민주공화당 창당(1963)
  - 5대 대통령 선거 (1963) ─ 구도 : 박정희(민주공화당) vs 윤보선(민정당) → 색깔론 등장
    └ 결과 : 역대 대통령 선거 중에서 최소 득표 차로 박정희 후보가 승리 → 제3공화국 출범
- 한계 : 4대 의혹 사건 발생 ex) 5월 증권파동(1962), 워커힐 사건, 새나라자동차 사건, 회전당구기(파친코) 사건

(2) 한·일 국교 정상화 (1965) = 한일 협정 (한일기본조약)

- 배경 : 미국의 수교 요구(한·미·일 공동 안보 체제 형성), 경제 개발에 대한 자본 확보
- 과정 ─ 김종필·오히라 비밀 회담(1962.11) → 비밀 회담의 이면 약속이 공개됨
  ├ 저항 : 6·3 항쟁(1964, 굴욕적 한일회담 반대운동) → "이것이 민족적 민주주의이냐", "제2 을사조약 반대"
  └ 탄압 : 정부의 비상 계엄령 선포 → 한일 기본 조약 체결(1965)
- 내용 ─ 일본은 과거의 침략과 식민지 지배에 대한 정신적·물질적 피해를 배상하지 않음
  ├ 일본의 경제 협력 자금 제공 : 무상(3억$) + 정부 차관(2억$) + 상업 차관(3억$)
  └ 부속 협정 ─ 청구권·경제협력에 관한 협정, 재일교포의 법적지위와 대우에 관한 협정
    └ 어업에 관한 협정, 문화재·문화협력에 관한 협정
- 문제점 ─ 일본의 식민지 지배 사과와 약탈 문화재 반환 약속 없음, 재일 동포 문제에 대한 정부의 소홀한 태도
  └ 개별적 배상 청구권에 대한 정부의 외면 ex) 군대 위안부, 강제 징용자, 원폭 피해자
  cf) 1차 인민혁명당 사건(1964) : 북한 지시로 한일회담 반대시위를 배후조종했다는 혐의로 주요 지식인을 탄압

(3) 베트남 파병 (1964~73)

- 배경 ─ 상황 : 통킹만 사건 이후 베트남 전쟁에 참전한 미국의 국제적 고립 → 미국의 강력한 파병 요구
  └ 의도 : 경제 개발을 위해 필요한 재원 확보 + 우리를 지켜준 우방에 대한 보답 + 민주주의 수호
- 과정 ─ 과정 : 한국과 미국의 브라운 각서 체결(1966) cf) 한미행정협정협정(SOFA) 체결(1966) : 주한미군의 법적 지위 합의
  └ 내용 ─ 제공 : 비둘기 부대(의료) + 맹호·청룡·백마 부대(전투) 파견 → 매년 5만 명 이상의 군인을 파병
    └ 대가 ─ 한국군 장비의 현대화를 통해 국군의 전력 증강
      └ 경제 개발을 위한 기술과 AID차관 추가 제공 + 한국 기업의 베트남 진출과 상업 수출 지원
- 결과 ─ 건설 업체의 해외 진출 + 인력 수출 → 수출 주도형 경제 정책이 성과를 내기 시작
  └ 한국과 미국의 정치·군사적 동맹 강화
- 한계 ─ 라이따이한 문제 : 베트남에 남아 있는 한국 군인과 베트남 여성 사이의 한인 2세 → 사회적 차별의 대상
  └ 고엽제 피해자 문제 : 미군이 베트남에 살포한 잡목 제거약의 독성이 강하여 참전 군인에게 큰 피해

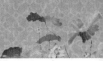

2 박정희 정부의 경제 · 사회 · 문화

(1) 경제 : 1, 2차 경제 개발 5개년 계획(1962~71)

- **배경** : 미국의 경제 원조 감소 + 미국의 차관 도입 권유
- **특징** ┌ 가공 무역(= 경공업)을 중심으로 한 수출 주도형 경제 개발 → 노동 집약적 산업 육성 ex) 섬유, 가발 등
  └ 정부 주도의 경제 개발 + 재벌의 참여 유도
- **과정** ┌ 자금 마련 ┌ 3차 화폐개혁(1962) : 화폐 단위 전환(환 → 원) but 국내 지하 자금 양성화를 시도하였나 실패
  │   ├ 외교 : 한일 국교 정상화에 따른 청구권 자금과 차관 유입 + 베트남 파병을 통해 외화 유입
  │   └ 인력 파견 : 독일에 광부와 간호사 파견으로 외화 유입
  └ 베트남 특수 경기 : 우리 기업의 해외 진출과 인력 및 상품 수출의 활성화에 따른 경제적 이득
- **성과** ┌ 사회 간접 자본 확충 : 경인 고속 도로(1968 · 69), 경부 고속 도로 개통(1970)
  └ 국가 기간 산업 성장 : 울산 정유 공장 건설(1964), 포항 제철 착공 시작(1968)
- **한계** ┌ 대외 의존적 성장 : 무리한 차관 도입 → 외채 상환 위기, 기술 도입 → 미국 · 일본에 대한 의존도 심화
  ├ 정부 주도의 성장 : 정경 유착 발생 + 기업의 사업 확장으로 재벌 등장 → 부실 기업 등장
  └ 수출 주도형 성장 : 국제 경기 악화로 경공업 제품의 수출 부진 → 무역 적자로 인한 외채 증가

(2) 사회 · 문화

- **사회** ┌ 전태일 분신 ┌ 배경 : 수출 경쟁력 확보를 위한 저가격 정책 → 저임금 정책 → 노동자의 희생 강요
  │   (1970.11) └ 영향 : 노동 문제에 대한 대학생 · 지식인의 관심
  │   새마을 운동 ┌ 배경 : 저임금 정책을 뒷받침하는 저곡가 정책 → 농촌 황폐화에 따른 정부 주도형 운동
  │   (1970~)   └ 과정 ┌ 농촌 : 근면 · 자조 · 협동을 바탕으로 농촌 생활 개선, 소득 증대
  │   └ 도시 : 직장으로 확대, 국민 정신 운동으로 전개 → 1970년대 유신 체제 유지에 이용
  │   cf) 이중곡가제 : 1969년산부터 쌀 · 보리에 적용, 정부가 고가 매수하여 소비자에게 저가 판매
  ├ 광주 대단지 사건(1971.8, 농민의 도시 이주에 따른 도시 빈민 문제) + 와우아파트 붕괴 사건(1970)
  ├ 생활 ┌ 혼 · 분식 장려 운동 : '쌀없는 날(분식의 날)' 제정, 라면의 등장(1963)
  │   └ 가정의례준칙에 관한 법률과 시행령 제정(1969) → 벌칙 조항 신설(1973)   cf) 폐지(1999)
  └ 언론 ┌ KBS(TV 방송국 개국, 1961), MBC(라디오 방송국 개국, 1961), TBC(라디오 방송국 개국, 1964)
         └ 프레스카드 제도 실시 발표(1971.12)   cf) 우편번호제 실시(1970.7)
- **문화** ┌ 교육 ┌ 중학교 무시험 입학(68 or 69), 국민교육헌장(1968, 국가주의), 한국과학기술연구소(KIST) 설립(1966)
  │   └ 교련 반대 운동(1971) : 교련 부활(1969) + 수업 확대(1971) → 학생들의 저항 vs 위수령으로 탄압
  └ 문학 : 참여 문학 ex) 김수영의 <풀>, 김지하의 <오적>

◈ 확인해 둘까요! ◀ 3선 개헌과 7대 대통령 선거

- **3선 개헌** ┌ 명분 : "조국 근대화와 민족 중흥의 과업을 이룩하기 위해서는 무엇보다 강력한 리더십이 필요하다"
  (1969, 6차) ├ 내용 : 대통령의 3선 연임 허용 + 국회의원의 행정부 장 · 차관 겸직 허용
  └ 반발 : 3선 개헌 반대 운동(야당, 재야 세력, 학생 등) + 민주 공화당 내의 김종필 계열
- **7대 대선** ┌ 상황 ┌ 3선 개헌 이후 박정희 독재에 대한 국민의 불안감 확산
  (1971)   └ 야당 내의 세대 교체 ex) 40대 기수론(김영삼 44세, 김대중 45세)
  ├ 구도 : ▨민주공화당: 박정희(55세)▨   vs   ▨신민당: 김대중(45세)▨ → 김대중 선전 but 박정희 당선
  └ 과정 : 여당의 관권 · 금권 동원 + 지역 감정 표출(영남 vs 호남) + 여촌(村) 야도(都)의 투표 형태

3 유신 체제의 등장과 저항

(1) 등장

- 배경 ┌ 야당 성장 : 1971년 대선과 국회의원 총선에서 야당 신민당 약진 → 선거를 통한 박정희 정부의 재집권 곤란
  ├ 경기 침체 ┌ 배경 ┌ 1960년대 말·70년대 초 외채상환 위기 + 다수 차관 기업의 경영 부실 발생
  │   │   └ 정부 주도의 경제 성장 → 정경 유착 발생 + 일부 악덕 재벌 등장
  │   └ 결과 ┌ 국제 경기 악화로 경공업 제품 수출 곤란 → 경제 성장이 어려움 ┐ 집권 세력의
  │   └ 물가 상승 → 국민의 불만 고조 ──────────────────┘ 위기감 고조
  ├ 불만 고조 ┌ 배경 : 선성장 후분배 정책(저임금 정책, 저곡가 정책)
  │   └ 결과 : 전태일 분신 사건(1970), 정부의 새마을 운동(1970 ~), 광주 대단지 사건(1971)
  └ 닉슨 독트린 ┌ 내용 : 미국의 월남전 개입 축소 + 미국과 중국의 관계 개선 + 주한 미군 감축
     (1969)   └ 결과 : 박정희 정부의 반공 중심 정책의 위기
- 과정 ┌ 정부의 안보 위기 강조와 통제 강화 : 국가 비상사태 선포(1971) → [국가보위에 관한 특별조치법] 발표
  ├ 남북 대화 전개 : 남북 적십자 회담(1971) → 7·4 남북 공동 성명 발표(1972)
  ├ 10월 유신 선포(1972.10.17) → 비상 계엄령 선포 : 국회 해산, 정치 활동 금지
  └ 비상 국무 회의에서 헌법 개정안(유신헌법, 7차) 의결 → 국민 투표로 확정
- 구호 : "내 한 표 바로 던져 평화 통일 앞당기자", "지지하자 10월 유신, 참여하자 국민 투표"

(2) 내용과 저항 : "한국적 민주주의"라는 이름 아래 민주주의를 말살한 권위주의 통치 체제

- 내용 ┌ 대통령 ┌ 권한 ┌ 입법부 장악 ┌ 국회의원 1/3 추천권(통일주체 국민회의 선거로 확정 → 유신 정우회 구성)
  │   │   │   └ 국회 해산권, 국회의 대통령탄핵 금지   cf) 중선거구제 : 4·5공화국
  │   │   ├ 사법부 장악 : 법관 임명권, 군사 재판부 설치(유신 반대 행위에 대해)
  │   │   └ 긴급조치권 : 초헌법적 권력으로 국민의 기본권 제약 → 당시 사법적 심사의 대상이 안됨
  │   └ 선출과 임기 : 간선제(통일주체 국민회의), 6년 연임제 → 영구 집권 가능
  └ 지방 자치제의 전면 유보(통일 이후)
- 저항 ┌ 특징 : 정치인뿐만 아니라 종교인, 문화인, 언론인, 학생 등 광범위한 계층의 참여
  ├ 사례 ┌ 김대중의 反유신 활동(일본) ↔ 김대중 납치 사건 발생(1973)
  │   ├ 개헌 청원 100만인 서명 운동 전개(1973, 장준하·백기완 등) ↔ 긴급조치 1, 2호 발표
  │   ├ 전국 민주 청년학생 총연맹 사건(1974) ↔ 긴급조치 4호 발표 + 제2차 인민혁명당 사건(인혁당재건위 사건)
  │   └ [3·1 민주 구국 선언](1976) : 김대중, 함석헌, 문익환 등의 주도
  ├ 단체 : 민주회복 국민회의 결성, 양심범 가족협의회, 자유실천 문인협의회, 천주교 정의구현 사제단
  └ 정당 : 신민당의 대여(對與) 투쟁(김영삼 등)

📎 확인해 둘까요! ▸   통일주체 국민회의(1972.12~80.10)

- 구성 : 국민의 직접 선거로 선출된 2000人 ~ 5000人의 대의원
- 기능 ┌ 대통령 선거인단으로서 대통령 선출권 행사, 대통령이 추천한 국회의원의 1/3 임명권 행사
  └ 국회의원이 제안한 헌법 개정안에 대한 최종 확정권 행사
- 선출된 대통령 : 박정희(8대, 9대) → 최규하(10대) → 전두환(11대)
- 한계 : 설치 목적과는 달리 통일 분야와 상관없이 정치적 수단으로 이용

4 유신 체제의 경제 · 사회 · 문화

(1) 경제 : 3, 4차 경제 개발 5개년 계획(1972~81)

- 배경 ┬ 자금 위기 : 차관의 원금 · 이자 증가로 기업의 상환 부담 → 정부의 8 · 3 조치(1972, 사채 동결)
  └ 경공업 제품 수출의 한계

- 방식 : 외국인 직접 투자 유치 + 정부 주도의 경제 개발 + 수출 주도형 중화학 공업 육성

- 과정 ┬ 제1차 석유 파동(73~74)의 위기 극복 : 산유국들의 건설 투자 확대 → 중동을 중심으로 건설업의 해외 진출
  ├ 수출자유 지역 설치 ┬ 내용 : 마산(창원), 이리(익산) 지역을 중심으로 기업에 대한 각종 특혜 제공
  │ (1970~74) └ 결과 : 외국인 투자 기업의 등장　　　　cf) 수출자유지역설치법 제정(1970.1)
  └ 영남 해안(울산, 창원, 여수 등) 중심의 공업 단지 조성 : 조선, 기계(자동차), 전자, 비철 금속, 석유 화학 육성

- 성과 ┬ 포항제철 완공(1973), 울산과 거제에 대규모 조선소 건립, 원자력 발전소 건립
  └ 신흥 공업국으로 성장 → 수출 100억불 달성(1977, '한강의 기적')

- 한계 ┬ 각종 기계, 기술, 자본을 일본에서 도입 → 미국뿐 아니라 일본에도 종속됨
  ├ 정부의 적극적 중화학 공업화 정책 → 많은 기업들의 과잉 중복 투자 → 부실 기업 양산
  └ 제2차 석유 파동(1978 · 79) → 무역 수지 악화, 물가 상승, 마이너스 경제 성장
  　　　　cf) 녹색 혁명의 기치 아래 간척 사업 · 품종 개량(통일벼의 전국적 보급) → 식량 생산 증대

(2) 사회 · 문화

- 사회 ┬ 노동 : 여성 노동자 중심의 생존권 보장 요구 투쟁　ex) 동일 방직 사건(1978), YH 무역 사건(1979)
  ├ 농민 : 가톨릭 농민회의 함평 고구마 사건(1976~78), 안동 농민회 사건(오원춘 사건, 1979)
  └ 언론 : 언론자유 수호운동 ┬ 내용 : 언론자유 수호선언(1971~73) → 자유언론 실천선언 발표(1974)
  　　　　　　　　　　　　　└ 결과 : 동아일보의 백지 광고 사태 발생 + 저항한 언론인들을 대량 해고

- 문화 ┬ 교육 ┬ 국적 있는 교육을 내세워 국사 교육 강조
  │ ├ 고등학교 : 입학 시험을 고입선발고사(연합고사)로 대체(1974), 서울 · 부산을 시작으로 고교 평준화 제도 도입(1974)
  │ └ 대학교 : 통제 강화 ex) 학생회 폐지 → 학도 호국단 부활(1975), 군사 교육 실시, 교수 재임용 제도 실시
  ├ 문학 : <타는 목마름으로>(김지하), <난장이가 쏘아 올린 작은 공>(조세희)　　cf) 영화 '바보들의 행진' 상영
  └ 청바지 · 통기타 등으로 상징되는 청년 문화 등장　　　　　　　　cf) 장발 단속, 미니스커트 단속 실시

꼭! 알아두기 〉유신 체제의 붕괴

- 배경 ┬ 경제 : 제2차 석유 파동과 중화학 공업에 대한 과잉 중복 투자로 인해 경제 불황 심화
  ├ 사회 : YH 무역 사건(가발 공장 노동자에 대한 탄압) 등 노동자의 불만 고조
  ├ 외교 : 미국 카터 정부(인권 외교)와 갈등 ex) 주한미군 일부 철수 vs 대통령 박정희의 독자 군사 노선 추구
  └ 정치 : 1978년 국회의원 선거에서 야당(신민당)이 득표율에서 여당(민주공화당)을 추월

- 과정 ┬ 부(산) · 마(산) 항쟁 ┬ 배경 : 김영삼 제명 사건 발생(국회에서 신민당 총재인 김영삼 제명)
  │ (1979.10.16) └ 내용 : 부산, 마산 지역의 학생 · 시민이 전개한 유신 반대 시위 vs 위수령으로 탄압
  └ 10 · 26 사건 ┬ 배경 : 박정희 측근의 갈등 ex) 강경 진압(경호실장 차지철) vs 온건 진압(중앙정보부장 김재규)
  　　　　　　　├ 내용 : 김재규의 대통령 박정희 시해(유신 체제 붕괴) → 비상 계엄령 선포
  　　　　　　　└ 결과 : 통일주체 국민회의를 개최하여 10대 대통령으로 최규하를 선출(1979.12.6)

03 SECTION 박정희 정부(3공화국, 1963~72)와 유신 체제(4공화국, 1972~79)

군사 혁명 위원회 성명

은인자중하던 군부는 국가의 행정, 입법, 사법의 3권을 완전히 장악하고 이어 군사 혁명 위원회를 조직하였습니다. ……
군사 혁명 위원회는

첫째, 반공을 국시의 제일의(義)로 삼고 지금까지 형식적이고 구호에만 그친 반공 체제를 재정비, 강화할 것입니다.

둘째, '유엔' 헌장을 준수하고 국제 협약을 충실히 수행할 것이며 미국을 위시한 자유 우방과 유대를 견고히할 것입니다.

셋째, 사회의 모든 부패와 구악을 일소하고 퇴폐한 국민 도의와 민족 정기를 바로잡기 위해 청신한 기풍을 진작할 것입니다.

넷째, 절망과 기아선상에서 허덕이는 민생고를 시급히 해결하고 국가 자주 경제 재건에 총력을 경주할 것입니다.

다섯째, 민족적 숙원인 국토 통일을 위하여 공산주의와 대결할 수 있는 실력 배양에 전력을 집중할 것입니다.

여섯째, 이와 같은 우리의 과업이 성취되며 참신하고도 양심적인 정치인들에게 언제든지 정권을 이양하고 우리들 본연의 임무에 복귀할 준비를 갖추겠습니다.

5·16 군사 정변을 보는 두 시각

• 긍정적 시각 : 자유당과 본질적으로 다를 것이 없는 민주당은 혁명 직후 정치적 공백을 기회로 비대해져 오만과 독선에 사로잡혀 정권을 전리품처럼 착각하고 파쟁과 이권 운동에 몰두하였다. 누란의 위기에서 민족적 활로를 타개하기 위해 최후의 수단으로 일어난 것이 5·16이다.

• 부정적 시각 : 민족 정기를 바로잡아 국민 도의를 고취하고 경제를 재건한 위대한 시체여! 해괴할손 민족적 민주주의여! 3년 전 어느 봄 날 새벽, 네가 3천만 온 겨레에게 외치던 역사적 절규를 너는 벌써 잊었는가? 절망과 기아에서 허덕이는 민생고를 시급히 해결하겠다던 공약 밑에 너는 먼저 민족적 양심 세력에 대한 무자비한 탄압을 시작하였다. …… 박의장의 이른바 민족적 민주주의여! 너의 본질은 곧 안개다! 시체여! 고향으로 돌아가라.

군사 정부의 활동

• 국가 재건 비상 조치법 : 국가 재건 최고 회의는 5·16 군사 혁명과 과업 완수 후에 시행될 총선거에 의하여 국회가 구성되고 정부가 수립될 때까지 대한민국의 최고 통치 기관으로서의 지위를 가진다.

• 재건 국민 운동 : 1. 용공 중립 사상의 배격 / 2. 내핍 생활의 강행 / 3. 근면 정신의 고취 / 4. 생산 및 건설 의식의 증진
5. 국민 도의의 양양 / 6. 정서 관념의 순화 / 7. 국민 체위의 향상

• 박정희의 퇴역사 : 본인은 군사 혁명을 일으킨 한 책임자로서 중대한 시기에 처하여, 일으킨 혁명의 결말을 맺어야 할 역사적 책임을 통감하면서 2년에 걸친 군사 혁명에 종지부를 찍고 조국 재건을 위해 제3공화국의 민정에 참여할 것을 결심하였습니다. 우리 민족의 앞날에 새 역사를 창조할 제3공화국의 여명에 서서 4·19와 5·16의 이념을 계승하여 …… 이 땅에 굴욕과 빈곤이 없는 조국 건설을 위하여 …… 다시는 이 나라에 본인과 같은 불운한 군인이 없도록 합시다.

5대 대통령 선거 (1963)

후보 (정당)	박정희 (민주공화당)	윤보선 (민정당)	장이석 (신흥당)	오재영 (추풍회)	변영태 (정민회)
득표율(%)	46.6	45.1			
득표수	4,702,640	4,546,614	198,837	408,664	224,443

경제 개발 5개년 계획의 추진

기본 목표는 사회 경제적 악순환을 시정하고 자립 경제의 달성을 위한 기반을 구축하는 데 있다. 계획 기간 중 경제는 민간의 자유와 창의를 존중하는 자유 기업의 원칙을 토대로 하되 기간 부문과 주요 부문에 대해 정부가 직접 관여하거나 간접적으로 유도 정책을 쓰는 '지도받는 자본주의 체제'로 한다. …… 국내 자원을 최대한 동원하고 외화의 조달에 있어 외자 도입에 중점을 두며 정부 보유 달러는 산업 목적을 위하여 계획적으로 사용한다. 국내 노동력을 최대한 활용하여 자본화를 기한다.

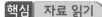

김종필-오히라(大平正芳) 각서

A) 무상 원조에 대해 한국 측은 3억 5천만 달러, 일본 측은 2억 5천만 달러를 주장한 바 3억 달러를 10년에 걸쳐 공여하는 조건으로 양측 수뇌에게 건의함.

B) 유상 원조(해외 경제 협력 기금)에 대해 한국 측은 2억 5천만 달러(이자율 3% 이하, 7년 거치 20~30년 상환), 일본측은 1억 달러(이자율 3.5%, 5년 거치 20년 상환)를 주장한 바 2억 달러를 10년에 걸쳐(이자율 3.5%, 7년 거치 20년 상환) 제공하기로 양측 수뇌에게 건의함.

C) 수출입 은행 차관에 대해 한국 측은 별개 취급을 희망하고 일본 측은 1억 달러 이상을 프로젝트에 따라 늘릴 수 있도록 하자고 주장한 바 양측의 합의에 따라 국교 정상화 이전이라도 협력토록 추진할 것을 양측 수뇌에게 건의함.

한일 협정을 바라보는 부정적 시각

• 민족적 민주주의를 장례한다(1964. 5. 20) : 4월 항쟁의 참다운 가치는 반외세·반매판·반봉건에 있으며, 민족 민주의 참된 길이었으나, 5월 군부 '쿠데타'는 민족 민주 이념에 대한 정면적 도전이었으며 노골적 대중 탄압의 시작이었다. …… 국제 협력이라는 미명 아래 우리 민족의 원수 일본 제국주의를 수입, 대미 의존적 반신불수인 한국 경제를 2중 예속의 철쇄로 속박하는 것이 조국 근대화로 가는 첩경이라고 기만하는 반민족적 음모를 획책하고 있다. …… 굴욕적 한일 회담의 중단을 엄숙히 요구한다.

• 우리 교수 일동은 한일 협정 내용을 신중히 분석 검토한 끝에 다음과 같은 이유로 …… 비준의 반대를 선언한다.

첫째, 기본 조약은 과거 일본 제국주의 침략을 합법화시켰을 뿐만 아니라 우리 주권의 약화 및 제반 협정의 불평등과 국가적 손실을 초래할 굴욕적인 전제를 인정해 놓았다.

둘째, 청구권은 당당히 요구할 수 있는 재산상의 피해를 보상하는 것이 못 되고 무상 제공 또는 경제 협정이라는 미명 아래 경제적 시례로 가식하였으며, 일본 자본의 경제적 지배를 위한 소지를 마련해 주었다.

셋째, 재일 교포의 법적 지위에 대한 제 규정은 종래의 식민주의적 처우를 청산하기는커녕 징병·징용 등 일본 군국주의의 강제 동원 등에 의해 야기된 제 결과를 피해자에게 전가시킴으로써 비인도적 배신을 자행했다.

넷째, 강탈 또는 절취로 불법 반출해 간 문화재의 반환에 있어서 정부는 과장적 나열에 그친 무실한 품목만을 인도 받음으로써 요구해야 할 귀중한 품목의 반환을 자진 포기한 결과가 되었다.

한일 기본 조약 (1965.6.22)

대한민국과 일본은 양국 관계의 역사적 배경을 고려하며, 선린 관계 및 주권 존중의 원칙에 입각한 양국 관계의 정상화, 양국의 공동 복지 및 이익을 증진하고 국제평화 및 안전을 유지하는데 양국이 …… 협력하는 것이 중요하다는 사실을 인식한다.

제1조 양 체약 당사국 간에 외교 및 영사 관계를 수립한다. 양 체약 당사국은 대사급 외교 사절을 지체 없이 교환한다. 또한 양 체약 당사국은 양국 정부에 의하여 합의되는 장소에 영사관을 설치한다.

제2조 1910년 8월 22일 및 그 이전에 대한제국과 일본제국간에 체결된 모든 조약 및 협정이 이미 무효임을 확인한다.

제3조 대한민국 정부가 국제 연합 총회의 결의 제195호(Ⅲ)에 명시된 바와 같이 한반도에 있어서의 유일한 합법 정부임을 확인한다.

브라운 각서

본인은 한국의 안전과 발전에 대한 우리의 공동 이익에 비추어 미국은 한국 방위의 경제적 발전이 더욱 증진되기 위하여 다음의 조치를 취할 용의가 있음을 말씀드릴 권한을 받았습니다.

<군사원조> ① 한국에 있는 한국군의 현대화 계획을 위해 앞으로 수년 동안에 걸쳐 상당량의 장비를 제공한다.
　　　　　　② 월남에 파견되는 병력에 필요한 장비를 제공하고 증파에 따른 추가적 '원'화 경비를 부담한다.

<경제원조> ③ 주월 한국군에 소요되는 보급 물자, 용역 및 장비를 실시할 수 있는 한도까지 한국에서 구매하며, 주월 미군과 월남군을 위한 물자 가운데 선정된 구매 품목을 한국에서 발주한다.
　　　　　　④ 수출을 진흥시키기 위한 모든 분야에서 한국에 대한 기술 원조를 강화한다.

핵심 | 자료 읽기

국민 교육 헌장

우리는 민족 중흥의 역사적 사명을 띠고 이 땅에 태어났다. …… 이에, 우리의 나아갈 바를 밝혀 교육의 지표로 삼는다. …… 우리의 창의와 협력을 바탕으로 나라가 발전하며, 나라의 융성이 나의 발전의 근본임을 깨달아, 자유와 권리에 따르는 책임과 의무를 다하며, 스스로 국가 건설에 참여하고 봉사하는 국민 정신을 드높인다. ……

전태일의 탄원서

근로기준법의 혜택을 조금도 못 받으며 2만 명이 넘는 종업원 90% 이상이 평균 연령이 18세의 여성입니다. 기준법이 없다고 하더라도 인간으로서 어떻게 여자에게 하루 15시간의 작업을 강요한단 말입니까? 또한 2만여 명 중 40%를 차지하는 보조공(시다)들은 평균 연령 15세의 어린이들로서 전부가 다 영세민들의 자제이며 굶주림과 어려운 현실을 이기려고 하루에 90원 내지 1백 원의 급료를 받으며 1일 15시간씩 작업을 합니다. 평균 20세의 숙련 여공들은 6년 전후의 경력자로서 대부분이 햇빛을 보지 못하여 안질과 신경통, 신경성 위장병 환자들입니다. 호흡 기관 장애 또는 폐결핵으로 많은 숙련 여공들은 생활의 보람을 느끼지 못한 채 지내고 있습니다. 저희들의 요구는 하루 15시간의 작업 시간을 단축해 달라는 것입니다. 하루 10~12시간으로, 1개월 중 지금까지의 휴일 2일을 매주 일요일마다 쉬기를 희망합니다. 건강 진단도 정확하게 실시시켜 주십시오. 보조공들의 수당 현 70원 내지 1백원을 50% 이상 인상해 주십시오. 인간으로서 최소한의 요구입니다.

3선 개헌

- 추진 세력의 주장 : 현직 대통령으로서 대통령의 임기를 2차로만 제한하여 어느 대통령도 소신있는 국정을 다할 수 없다는 것이 나의 의견이다. …… 헌법에 주어진 기회를 다하지 못하는 것은 차치하고 적어도 3차에 걸친 임기만큼 그 기회를 주는 것이 대통령 중심제의 헌정에 있어서 절실히 요청되며 특히 발전도상에 있는 우리나라 형편으로서는 더욱 절실하다. …… 다사다난할 1970년대를 맞이함에 있어 국민이 허용한다면 70년대 전반기만은 정권의 변동 없이 현 체제를 그대로 밀고 나가는 것이 국가 발전에 도움이 되는 일이며, 국가 안보와 경제의 기초를 다지는 일이 된다고 믿어, 이 개헌안을 발의한 것이다. 그것도 개헌 통과가 바로 집권을 보장하는 것이 아니라 다시 71년도 대통령 선거에서 결정되는 것이다. 이것이 과연 영구 집권이겠는가.

- 반대 세력의 주장 : 우리는 5·16 찬탈이 후진 국가에서 발생하는 반민주적 군부 쿠데타라는 것을 직감하면서도 4·19 혁명을 계승하기 위해 등장했다는 그들의 강변에 기대를 걸었다. 그러나 그들의 창당 이념이 얼마나 급속하게 퇴조하기 시작하였는가 …… 우리의 유일한 희망은 남아 있었다. 우리는 헌법에 의한 그들의 자연적 도태와 그리하여 민권의 회복을 기다릴 수 있었던 것이다. 그러나 개헌을 결코 하지 않겠다던 재차에 걸친 그들의 공약이 대중을 기만하기 위한 술책에 지나지 않았다는 것이 이제야 완전히 입증되었다. 〈전국 대학생 반독재 투쟁 민주 동맹〉

- 경제 이론보다는 정권 연장을 위한 전시 효과를 앞세우며 무리하게 결행되어 국가 경제의 파탄을 초래하고 있으니, 이것은 경제 민주화의 역행이다. 이 상황에서 집권자는 1인의 장기 집권을 위한 개헌을 추진하고 있다. 국민이 그대로 따른다면 자유 민주 한국의 임종을 재촉하는 것밖에 없을 것이다. …… 우리는 3선 개헌을 강행하여 자유 민주에의 반역에 대해 헌정 20년간 모든 호헌 세력들의 신념과 결단 위에서 전국민의 힘을 뭉쳐 대처하려 한다. 집권자에 의해 자유 민주에의 기대가 배신당할 때, 전 국민은 요원의 불길처럼 봉기할 것이다. 국민이여! 자유 민주의 호헌 대열에 빠짐없이 참여하라.

3선 개헌 헌법 (1969)

제64조 ① 대통령은 국민의 보통·평등·직접·비밀 선거에 의하여 선출한다. 다만, 대통령이 궐위된 경우에 잔임 기간이 2년 미만인 때에는 국회에서 선거한다.

제69조 ① 대통령의 임기는 4년으로 한다.

③ 대통령의 계속 재임은 3기에 한한다.

7대 대통령 선거에서 김대중 연설

나는 필승의 신념을 가지고 싸워왔지만 여기 장충 공원에 모인 1백만 명이 넘는 세계에서 유래가 없는 시민의 함성을 보고 우리의 승리는 이미 결정됐다는 것을 확인하였습니다. 만일 이번에 정권 교체를 이루지 못한다면 이 나라는 박정희 씨의 영구 집권의 총통 체제로 바뀔 것입니다. …… 나는 집권하면 향토 예비군과 교련 제도를 완전히 폐지하겠습니다.

핵심 **자료 읽기**

대통령 특별 선언문

우리는 한시바삐 안정을 이룩하고 능률을 극대화하여 번영과 통일의 영광을 차지해야 한다. 그러기 위해 우리의 역사와 문화적 전통, 우리의 현실에 알맞는 국적있는 민주주의적 정치 제도를 창조적으로 발전시켜 이것을 신념을 갖고 운영해 나가야 한다. 우리는 현행 헌법하에서 정치 체제가 가져다 준 국력의 분산과 낭비를 지양하고 능률의 극대화를 기하며 민주주의의 한국적 토착화를 가능케 하는 유신적 개혁을 단행하는 것만이 국가 안전과 조국 평화적 통일을 기약하는 유일한 길임을 확신한다. 이에 헌법 개정안을 마련하여 국민 총의의 결정을 거쳐 민족 중흥의 역사적 과업을 성취하는 기반을 다지고자 한다.

1. 1972년 10월 17일 19시 국회를 해산하고 정당 및 정치 활동의 중지 등 현행 헌법의 일부 조항의 효력을 정지시킨다.
2. 효력이 중지된 헌법 조항의 기능은 비상 국무회의가 수행하며 비상 국무회의의 기능은 현행 헌법의 국무회의가 수행한다.
3. 비상 국무회의는 1972년 10월 27일까지 조국의 평화 통일을 지향하는 헌법 개정안을 공고하며 이를 공고한 날로부터 1개월 이내에 국민 투표에 부쳐 확정한다.

유신 헌법

제35조 통일주체 국민회의는 조국의 평화적 통일을 추진하기 위한 국민의 수임 기관이다.

제39조 ① 대통령은 통일주체 국민회의에서 토론 없이 무기명 투표로 선거한다.

제40조 ① 통일주체 국민회의는 국회 의원 정수의 3분의 1에 해당하는 수의 국회 의원을 선거한다.
　　　　② 제1항의 국회의원 후보자는 대통령이 일괄 추천하며, 후보자 전체에 대한 찬반을 투표에 부쳐 재적 대의원 과반수의 출석과 출석 대의원 과반수의 찬성으로 당선을 결정한다.

제53조 ① 대통령은 천재 지변 또는 중대한 재정 경제상의 위기에 처하거나, 국가의 안전 보장 또는 공공의 안녕 질서가 중대한 위협을 받거나 받을 우려가 있어, 신속한 조치를 할 필요가 있다고 판단할 때에는 내정, 외교, 국방, 경제, 재정, 사법 등 국정 전반에 걸쳐 필요한 긴급조치를 할 수 있다.
　　　　② 대통령은 제1항의 경우에 필요하다고 인정될 때에는 이 헌법에 규정되어 있는 국민의 자유와 권리를 잠정적으로 정지하는 긴급조치를 할 수 있고, 정부나 법원의 권한에 관하여 긴급조치를 할 수 있다.

제59조 ① 대통령은 국회를 해산할 수 있다.

제 8 · 9대 대통령 선거

대통령 선거	후보	재적	참석 대의원	찬성 대의원	반대표	무효표
제 8대 대선	박정희 단독 입후보	2,359	2,359	2,357	0	2
제 9대 대선	박정희 단독 입후보	2,578	2,578	2,577	0	1

유신에 대한 저항

- 개헌 청원 100만인 서명 운동 : 오늘의 사태는 민주주의를 완전히 회복하는 문제로 귀착된다. 경제의 파탄, 민심의 혼란, 남북 긴장의 재현이라는 상황 속에서 학원과 교회, 언론계와 가두에서 울부짖는 자유화의 요구 등 이 모든 것을 종합하면 오늘의 헌법 하에서는 살 수가 없다는 것으로 요약된다.
- 김대중의 저항 : 나는 얼마 전 비상 계엄령을 내리고 국회를 해산시킨 상황에서 헌법을 개정한 대통령의 행위가 세계 여론의 냉엄한 비판을 받음과 동시에, 민주적 자유를 열망하며 이승만 독재 정권을 타도한 역사를 가진 위대한 한국 국민의 힘에 의해 반드시 완전한 실패로 돌아갈 것을 확신하는 바이다.

긴급조치 1호

1. 대한민국 헌법을 부정 · 반대 · 왜곡 또는 비방하는 일체의 행위를 금한다.
2. 대한민국의 헌법의 개정 또는 폐지를 주장 · 발의 · 제안 또는 청원하는 일체의 행위를 금지한다.
4. 1, 2, 3항의 금한 행위를 권유 · 선동 · 선전, 방송 · 보도 · 출판, 기타 방법으로 타인에게 알리는 일체 언동을 금한다.
5. 이 조치에 위반한 자와 이 조치를 비방한 자는 법관의 영장 없이 체포 · 구속 · 압수 수색하여 15년 이하의 징역에 처한다.

03 박정희 정부(3공화국, 1963~72)와 유신 체제(4공화국, 1972~79)
SECTION

핵심 | 자료 읽기

긴급조치 9호
1. 다음 각 호의 행위를 금한다.
(가) 유언비어를 날조, 유포하거나 사실을 왜곡하여 전파하는 행위
(나) 집회, 시위 또는 신문, 방송, 통신 등 공중 전파 수단이나 문서, 도서, 음반 등의 표현물에 의해 대한민국 헌법을 부정, 반대, 왜곡 또는 비방하거나 그 개정 또는 폐지를 주장, 청원, 선동 또는 선전하는 행위 ……
2. 1의 위반 내용을 방송, 보도, 기타의 방법으로 전파하거나 그 내용의 표현물을 제작, 배포, 소지, 전시하는 행위를 금한다.
8. 이 조치 또는 이에 의한 주무부 장관의 조치에 위반한 자는 법관의 영장 없이 체포, 구금, 압수 또는 수색할 수 있다.

긴급조치 관련 판결
• 위반 사건 보도 : ○○○씨는 버스에서 "정부가 분식을 장려하는데, 고관과 부유층은 국수 약간에 계란과 육류가 태반인 분식을 한다. 국민이 정부 시책에 어떻게 순응하겠느냐"고 비판했다가 기소되어 징역 3년에 자격정지 3년을 선고받았다.
• 대법원 판결 : 민주주의의 본질 요소인 표현의 자유와 신체의 자유 등을 심각하게 제한해 헌법이 보장한 기본권을 침해했다는 점, 당시 국가의 중대 위기, 국가 안전에 직접 위험을 받을 때가 아님에도 발동했다는 점에서 긴급조치는 위헌이다.

3·1 민주 구국 선언문
• 오늘로 3·1절 쉰일곱 돌을 맞으면서 우리의 뜻을 모아 민주 구국 선언을 국내외에 선포하고자 한다. 삼권 분립은 허울만 남고 말았다. 국가 안보라는 구실 아래 신앙과 양심의 자유는 날로 위축되어 가고 언론의 자유, 학원의 자주성은 압살당하고 말았다. …… 우리의 비원인 민족 통일을 향해 전진해야 할 마당에 이 나라는 1인 독재 아래 인권은 유린되고 자유는 박탈당하고 있다. 우리는 이를 보고 있을 수 없어 …… 이 나라의 먼 앞날을 내다보면서 민주 구국 선언을 선포하는 바이다.
• 이 나라는 민주주의 기반 위에 서야 한다. 민주주의는 대한민국 국시이다. 대한민국의 정통성은 민주주의에 있다. 경제 입국의 구상과 자세가 근본적으로 재검토되어야 한다. 경제 발전이 국력 배양에 중요하다는 것을 우리는 잘 안다. 그렇다고 경제력이 곧 국력은 아니다. 민족 통일은 겨레가 짊어진 최대의 과업이다. 국토 분단은 남과 북에 독재의 구실을 마련해 주었고, 국가의 번영과 민족의 행복과 발전을 위해 동원되어야 할 정신적, 물질적 자원을 고갈시키고 있다.
• 우리는 국민의 자유를 억압하는 긴급조치를 곧 철폐하고, 민주주의를 요구하다가 투옥된 민주 인사들과 학생들을 석방하라고 요구한다. 집회, 출판의 자유를 국민에게 돌리라고 요구한다. 우리는 유신 헌법으로 허울만 남은 의회 정치가 회복되어야 한다고 주장한다. 우리는 사법부의 독립을 촉구한다. 사법권의 독립 없이 국민은 보호받을 길이 없기 때문이다.

제3차 경제 개발 계획
• 이번 계획은 바로 10년 개발의 성과와 경험을 보다 큰 약진의 발판으로 삼아 …… 경제 건설의 혜택이 저소득층을 포함한 전 국민에게 골고루 돌아가도록 하고, 철강·기계·조선 등 중화학 공업을 건설하며, 수출의 획기적인 증대로 국제 수지를 개선하려는 데 역점을 둘 것입니다.
• 연간 조강 생산량 1백 3만 톤 규모의 제철 일관공정을 갖춘 포항 종합 제철 공장 1기 준공식이 거행되었다. 총 공사비 1,200여억 원을 들여 완공된 공장에서 생산된 철강은 조선, 기계, 자동차 등 중화학 공업 분야의 원재료로 쓰이게 된다.
• 낙동강 하류 또는 아산만에 제2 제철 기지를 설정한다. 온산에 비철금속 기지를 설정하여 국제 규모의 제련소 건설을 추진한다. 종합 기계 공업 기지를 창원에 설정한다. 거제도 일대에 조선 기지를 설정한다. 구미 공업 단지를 중심으로 전자 공업 단지를 조성한다. 원료 및 제품의 수송 등 입지 조건이 양호한 여수, 광양 지역에 종합 화학 기지를 설정한다.

자유 언론 실천 선언
민주 사회를 유지하고 자유 국가를 발전시키기 위한 기본적인 사회 기능인 자유 언론은 어떠한 구실로도 억압될 수 없으며 어느 누구도 간섭할 수 없는 것임을 선언한다. …… 따라서 우리는 자유 언론에 역행하는 어떠한 압력에도 굴하지 않고 자유 민주 사회 존립의 기본 요건인 자유 언론 실천에 모든 노력을 다할 것을 선언하며 우리의 뜨거운 심장을 모아 다음과 같이 결의한다. 신문, 방송, 잡지에 대한 어떠한 외부 간섭도 우리의 일치된 단결로 강력히 배제한다. 기관원의 출입을 엄격히 거부한다. 언론인의 불법 연행을 일절 거부한다.

인구 정책 표어

• 1960년대 : 덮어 놓고 낳다 보면 거지꼴을 못 면한다. 적게 낳아 잘 기르면 부모 좋고 자식 좋다.
• 1970년대 : 딸 아들 구별 말고 둘만 낳아 잘 기르자. 내 힘으로 피임하여 자랑스런 부모 되자.
• 1980년대 : 잘 키운 딸 하나 열 아들 안 부럽다. 둘도 많다 하나 낳고 알뜰살뜰.

유신의 붕괴

• 민주 구국 투쟁 선언문 : 한민족 반만년 역사 위에 이토록 민중을 무자비하고 철저하게 탄압하고 수탈한 역사적 지배 집단이 있었단 말인가. 모든 경제적 모순과 실정을 노동자의 불순으로 뒤집어 씌우고 협박 · 공포 · 폭력으로 짓눌러 왔음을 YH 사건에서 본다. 타율과 굴종으로 노예의 길을 걸어 천추의 한을 맺히게 할 것인가. 아니면 박정희와 유신과 긴급조치 등 불의의 날조와 악의 표본에 의연히 투쟁함으로써 역사 발전의 정도에 나설 것인가.
• 부마 항쟁 : 진정한 의미의 부마항쟁이 시작된 것이다. 시민과 학생들은 구호를 함께 외치고 애국가 등을 부르며 함께 눈물을 흘렸다. …… 날이 어두워지면서 귀가길 시민, 고교생, 직장인, 근로자가 합세, 시위대는 5만 명으로 불어났다. 밤 10시부터 통행 금지를 실시한다는 발표도 아무런 소용이 없었다. '유신 철폐', '독재 타도', '언론 자유', '김영삼 제명 철회' 등이 구호가 17일 새벽까지 메아리치다, 16일 하루 동안 남포동 파출소 등 11개 파출소가 피습되었다.
• 10 · 26 사건 : 대의를 위한 거사이다. 유신 체제라는 억압 구조가 자유 민주주의 숨통을 누르고 있었다. 박 대통령과 민주 회복은 숙명적 대결이었다. 특히 그때 군 출동으로 진압한 부 · 마 사태의 여파가 서울로 파급될 때 참혹한 사태가 일어날 수밖에 없었다. 국민들의 큰 희생을 막기 위해 대통령과 개인적 정분을 야수와 같은 마음으로 끊었다.

신생활 간소복 패션쇼

동아일보 백지광고 사태

긴급조치 9호

10 · 26 사건

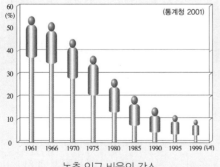
농촌 인구 비율의 감소

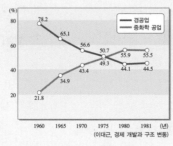
제조업 내부 구조의 변동

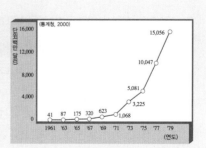
1960~70년대의 수출 증가 도표

04 SECTION 전두환 정부(5공화국, 1980~87)와 민주화 이후(6공화국, 1988~)

1 전두환 정부의 정치

(1) 5 · 18 민주화 운동 (1980)

- 배경 ┌ 민주화 요구 ┌ 내용 : 최규하 정부에 대한 국민의 민주화 요구 ex) 1980년 서울의 봄 → 서울역 시위
  │   └ 구호 : "비상 계엄 해제, 신군부 퇴진, 유신 헌법 철폐"
  └ 신군부 집권 ┌ 특징 : 육사 정규 4년제 첫 졸업생의 군대 내 사조직으로 '하나회' 조직, 유신 체제에서 성장
               └ 과정 ┌ 12 · 12 군사 반란(1979) : 군부 내 온건파 세력 제거(계엄사령관 정승화 체포)
                      └ 5 · 17 비상 계엄 확대(1980) : 신군부의 권력 장악, 주요 인사 검거 → 민주화 좌절
- 전개 : 광주 대학생 시위 → 계엄군의 무자비한 진압 · 발포 → 학생 · 시민의 무장(시민군) but 계엄군의 무력 진압
- 의의 : 신군부의 도덕성 상실, 미국에 대한 객관적 인식 → 반미 운동 등장, 민중 의식 성장 → 민주화 운동의 토대

(2) 신군부의 집권

- 국정 기구 : 국가보위 비상대책위원회(입법, 사법, 행정을 망라한 기구) → 국가 보위 입법 회의 개편
- 정책 ┌ 언론 통폐합 + 대규모 언론인 해고, 교수 · 교사 · 공직자 대규모 해직
      └ 삼청교육대 운영 : 폭력배뿐만 아니라 시민, 신군부에 반대하는 군인도 수용
- 과정 ┌ 절차 : 국가보위비상대책위원회 설치(1980.5.31) → 대통령 최규하 사임, 11대 대통령으로 전두환 선출(1980.8)
      │   → 헌법 개정(1980.10) → 민주정의당 창당(1981.1) → 12대 대통령으로 전두환 선출(1981.2)
      └ 헌법 개정(8차) : 유신 헌법의 일부를 수정 → 대통령 간선제(대통령 선거인단을 통한 선출) + 7년 단임제

(3) 국정 운영 : 국정 지표 → [정의 사회 구현] + [민주 복지 국가 건설]

- 정책 ┌ 유화책 ┌ 권력 기구 : 중앙정보부 → 국가안전기획부로 개명   cf) 반공법 폐지 → 국가보안법으로 통합
      │   ├ 일반인 : 야간 통행 금지 해제, 해외 여행 자유화
      │   └ 학생 : 중 · 고등 학교의 두발 · 교복 자율화, 대학 학생회 부활(학도호국단 폐지), 제적 학생 복교
      └ 우민화 정책 : '국풍 81' 개최, 3S 정책(Sports, Screen, Sex) → 프로야구 · 프로축구 출범
- 한계 : 국가 보안법을 이용해 민주화 운동 탄압 + 각종 권력형 부정 비리 발생 ex) 이철희 · 장영자 어음 사기 사건(1982)

◇ 확인해 둘까요! ▶ 계엄령 선포와 국가 비상 기구

1. 계엄령 선포
- 이승만 정부 : 제주 4 · 3 사건 → 여수 · 순천 10 · 19 사건 + 부산 정치 파동 + 4 · 19 혁명
- 박정희 정부 : 5 · 16 군사 정변 + 6 · 3 항쟁
- 유신 체제 : 10 · 17 유신 선포 + 10 · 26 사건 직후 계엄 선포 → 5 · 17 비상 계엄 확대

2. 국가 재건 최고 회의와 국가보위 비상대책위원회 비교

	국가 재건 최고 회의(의장 : 박정희)	국가보위 비상대책위원회(상임위원장 : 전두환)
설치	5 · 16 군사 정변 이후 군사 정변의 주체 세력	5 · 18 민주화 운동 진압 이후 신군부
성격	최고 통치 기관(입법, 사법, 행정의 통합)	대통령 자문 기관 but 실제로 입법, 사법, 행정을 장악
주요 정책	반공법, 정치활동정화법 제정 농어촌 고리채 정리법, 경제 개발 5개년 계획 정치 폭력배 소탕, 재건 국민 운동	정치풍토 쇄신을 위한 특별조치법, 고위 공직자 해직 권력형 부정 축재자 처벌 삼청교육대 설치, 언론 통폐합, 대학 본고사 폐지

2 6월 민주 항쟁과 13대 대통령 선거

(1) 6월 민주 항쟁 (1987)

- 배경 ┌ 야당 : 민주화추진협의회 결성(1984) + 12대 총선에서 신한민주당 돌풍(1985) → 대통령 직선제개헌 서명 운동
      ├ 국민과 학생 : 대통령 직선제를 통한 민주화에 대한 열망 → 5 · 3 인천 사태 발생(1986)
      └ 정권의 탄압 : 김근태 전기고문 사건(1985), 부천경찰서 성고문 사건(1986), 박종철 고문치사 사건(1987)
- 과정 : 전두환의 4 · 13 호헌(護憲) 조치 발표(대통령 간선제 유지)   cf) 정부의 금강산댐 사건으로 위기 조성(1986)
      → 천주교 정의구현사제단의 박종철 고문치사 사건 전말 폭로 → 민주헌법쟁취 국민운동본부 결성
      → 이한열군 최루탄 맞아 뇌사 상태(6.9) → 민주정의당, 대통령 후보로 노태우 지명
      → 전국적 시위(6월 민주 항쟁) : 전국적 국민 평화 대행진 전개
      → 노태우의 6 · 29 민주화 선언(= 시국 수습을 위한 특별 선언) 발표
- 결과 ┌ 6 · 29 민주화 선언 ┌ 헌법 개정(9차) : 대통령 직선제 개헌(5년 단임)
      │   (노태우)   ├ 정치 : 대통령 선거에서 공정 경쟁 보장 + 김대중 사면 및 복권 + 시국사범 석방
      │   └ 사회 : 인간 존엄성 존중 → 인권 신장 + 언론 자유 보장 ex) 언론 기본법 폐지
      └ 민중 운동 성장 : 1987년 7 · 8월노동자 대투쟁(7~9월) → 각 지역에서 노조 결성 움직임, 전국적 노동자 파업

(2) 13대 대통령 선거 (1987)

- 구도

민주정의당	통일민주당	평화민주당	신민주공화당
노태우	김영삼	김대중	김종필

- 한계 : 선거 과정에서 지역 감정 표출 + 야당의 분열 → 군부 세력 출신인 노태우가 정권 재창출

꼭! 알아두기 ` 대통령 간선 기관과 민주화 운동

1. 대통령 간선 기관
- 국회 : 1대 이승만(단원제), 4대 윤보선(양원제 = 참의원 + 민의원)
- 통일주체 국민회의 : 8대 박정희, 9대 박정희, 10대 최규하, 11대 전두환
- 대통령 선거인단 : 12대 전두환

2. 민주화 운동 비교

	4 · 19 혁명	5 · 18 민주화 운동	6월 민주 항쟁
배경	3 · 15 부정 선거	5 · 17 비상 계엄 확대	4 · 13 호헌 조치
구호	"부정선거 다시 하라" "학생들의 피에 보답하라"	"계엄 해제, 신군부 퇴진" "민주 인사 석방"	"호헌 철폐, 민주 헌법 쟁취" "독재 타도"
계엄령	○	○	×
계엄군의 강경 진압	×	○	×
희생	김주열	많은 시민과 학생	박종철, 이한열
결과	개헌 : 내각제, 양원제 국회 장면 정부 출범	신군부의 권력 장악 → 전두환 정부 출범	개헌 : 대통령 직선제 노태우 정부 출범
여 · 야의 정권 교체	○	×	×

전두환 정부(5공화국, 1980~8기)와 민주화 이후(6공화국, 1988~)

3 전두환 정부의 경제 · 사회 · 문화

(1) 경제
- 배경 : 중화학 공업의 과잉 투자, 2차 석유파동(1978 · 79) → 국제수지 악화, 높은 인플레이션, 마이너스 경제 성장
- 정책 ┌ 경제 안정화 ┌ 중화학 공업에 대한 과잉 투자를 조정 → 부실 기업 정리
  │ └ 국가 주도의 경제 성장 전략 수정 → 시장 경제의 자율성 도모
  └ 자본 자유화 정책에 따라 자본 · 금융 시장의 개방화 추진   cf) 5차 경제 · 사회 발전 5개년계획(1982~86)
- 성과 ┌ 배경 : 3저 호황 → 원유 가격 하락, 달러 가치 하락(= 엔화 강세), 금리 하락
  └ 내용 ┌ 경제 성장, 수출 증대 → 수출 상품 다양화, 물가 안정
  └ 다국적 기업의 등장, 국제 금융 자본의 국내 자본 시장 참여   cf) 본격적 시장 개방은 김영삼 정부
- 한계 : 1980년대 초반 구조 조정의 실패 → 국민 경제에서 재벌의 비중 확대

(2) 사회 · 문화
- 사회 ┌ 노동 : 남성 노동자의 참여 → 7~9월 노동자 대투쟁 기점으로 대규모 사업장과 지역의 남성노동자 중심으로 활동
  └ 언론 : 탄압(언론 통폐합 → 언론인 대량 해고, 보도 지침) + 컬러 TV 방송 시작
- 문화 ┌ 교육 ┌ 중 · 고등 학교 : 국민윤리 강화, 과외 금지, 대학 입학본고사 폐지, 중학교 의무교육의 순차도입(1985)
  │ └ 대학교 ┌ 대학 졸업 정원제 실시, 학도 호국단 폐지 → 학생회 부활, 제적 학생의 복교 조치
  │ └ 대학교 · 전문대학 등 고등 교육 기관의 숫자 확대 → 대학 진학율 상승
  ├ 역사 : 민중 사학 ┌ 배경 : 5 · 18 민주화 운동 이후 기층 민중에 대한 재인식
  │ └ 목표 : 역사학의 과학화와 실천성 강조, 기층 민중의 관점에서 한국사를 재정리
  └ 예술 : 민중 예술 활동 활발   cf) 10회 아시아 경기대회 개최(1986)

꼭! 알아두기 헌법 개정과 지방 자치의 역사

1. 헌법 개정

개 헌	개헌 과정과 특징	개헌의 주요 내용
1차 개헌(1952)	발췌 개헌	대통령 직선제, 국회의 양원제
2차 개헌(1954)	4사 5입 개헌	초대 대통령에 한해 3선 제한 철폐
3차 개헌(1960)	허정 과도 내각에서의 개헌	의원 내각제, 국회의 양원제, 국민 기본권 강화
4차 개헌(1960)	소급 입법	부정 선거 책임자의 처벌 근거 마련
5차 개헌(1962)	민정 이양을 위한 개헌	대통령 직선제, 국회 단원제
6차 개헌(1969)	3선 개헌, 박정희의 장기 집권 음모	대통령 3선 연임 허용
7차 개헌(1972)	유신 헌법	국민 기본권 약화, 대통령의 권한 강화
8차 개헌(1980)	국가보위 비상대책위원회가 추진	대통령 간선제, 7년 단임제
9차 개헌(1987)	여야 합의 개헌	대통령 직선제, 국민 기본권 강화

2. 지방 자치 : '지방자치법' 제정(1949) ← '지방 행정에 관한 임시조치법'(1948)
- 실시 : 시읍면의회 의원선거 + 도의회 의원선거(1952) → 확대 : 지방의회 의원선거 + 서울특별시장 · 도지사 선거(1960.12)
- 중단 : 지방의회 해산(1961, 5 · 16정변) + 지방자치단체장에 대한 임명제 실시 → 전면 유보(1972, 유신 선포)
- 재개 : 기초의회 · 광역의회 의원선거(1991, 노태우) → 확대 : 지방의회 의원 선거 + 지방자치단체장 선거(1995, 김영삼)

---

4 민주화 이후 (1988~)

(1) 노태우 정부(1988~93) : 위대한 보통 사람의 시대(?)

- 정치 ┬ 상황 : 여小(민주정의당) vs 야大(통일민주당 + 평화민주당 + 신민주공화당) → 국회와 정당의 활성화
  - 내용 ┬ 과거사에 대한 진상 규명 시도 : 5공 비리 청문회, 5 · 18 광주 청문회, 언론 청문회
    - └ 지방 자치제의 부분적 실시 : 지방 의회 의원 선거 실시
  - └ 변화 : 3당 합당(민정당 · 노태우 + 민주당 · 김영삼 + 공화당 · 김종필) → 민주자유당 결성(1990), 개혁(×)
- 외교 : 북방 외교 추진 → 동유럽 국가와 수교 ex) 소련(1990), 중국(1992)
- 사회 ┬ 노동 : 전국교직원 노동조합 출범(1989), 국제 노동 기구(ILO)가입(1991)   cf) 전교조 합법화는 김대중 정부
  - ├ 농민 : 전국 농민회총연맹 결성(1990)
  - └ 여성 : 가족법 개정(1990)
- 문화 : 서울 올림픽 개최(1988), 세종과학기지 설치(1988, 남극), 우리별 1호 발사(1992)

(2) 김영삼 정부(1993~98) : 문민 정부

- 정치 ┬ 공직자 윤리법 개정 → 고위 공직자 재산 등록제
  - ├ 지방 자치제의 전면적 실시 : 지방 자치 단체장(도지사, 시장, 구청장, 군수 등) 선거(1995) 실시
  - ├ 군부 내의 사조직 해체 ex) 하나회 출신 장성을 군 직책에서 해임
  - ├ 역사 바로세우기 ┬ 12 · 12 반란 사건 + 5 · 17 계엄 확대 = '쿠데타적 사건' 으로 규정 → 5 · 18 특별법 제정
  - │   └ 전두환과 노태우를 반란죄 · 내란죄로 구속 + 5 · 18 광주민주화운동의 명예 회복
  - └ 과거사 정리 ┬ 일제 잔재 : 조선총독부 건물 철거, 국민학교를 초등학교로 개칭
  -               └ 4 · 19 혁명 : 4 · 19 묘지를 국립묘지로 승격, 4 · 19 혁명기념관 건립
- 경제 ┬ 개혁 : 금융 실명제 실시(1993, 부정부패 일소) + 부동산 실명제 실시(1995)
  - ├ 개방 ┬ 상황 : 우루과이 라운드 타결(1993) → 세계무역기구 출범(WTO, 1995), 경제협력 개발기구 가입(OECD, 1996)
  - │   └ 내용 : 자유 무역 체제 → 국내 산업 보호를 위해 미루던 분야도 개방(농축산물 개방, 쌀 개방은 2014)
  - └ 외환 위기 ┬ 상황 ┬ 무역 상대국에 비해 상대적 경쟁력 약화(기술 약화) + 무역 적자
  -            │   ├ 재벌의 중복 투자에 따른 부실 기업 등장 → 대기업의 부도 사태 ex) 한보 · 삼미 등 부도
  -            │   └ 부실 기업의 대출로 인한 부실 채권의 증가 → 금융권 부실
  -            └ 결과 : 외국 자본의 대규모 이탈 → 외환 위기 초래 vs 국제 통화 기금(IMF)의 긴급 금융 지원
- 사회 ┬ 대형 사고 발생 : 아시아나 항공기 추락, 서해 페리호 침몰, 성수대교 붕괴, 삼풍백화점 붕괴
  - ├ 복지 : 고용 보험 제도 도입(1995)
  - └ 노동 : 민주노총 출범(1995) → 한국노총과 더불어 양대 노총 체제 구축
- 문화(교육) : 대학수학 능력시험 실시, 국민교육헌장 삭제, 학교운영위원회 설치

(3) 김대중 정부(1998~2003) : 국민의 정부, 여야간의 평화적 정권 교체

- 정치 : 상록수부대의 동티모르 파병(1999, UN 요청), 인권 신장(2001, 국가인권위원회법 제정과 여성부 설치)
- 경제 ┬ 목표 : IMF 관리 체제를 극복하기 위해 4대 부문(기업, 금융, 공공, 노동)의 개혁 추진 → 외채 상환(2001)
  - ├ 내용 ┬ 기업 · 금융 구조 조정 : 부실 기업 정리, 공적 자금 투입, 벤처 기업 육성, 외국 자본 유치
  - │   └ 국민의 고통 분담 : 노사정 위원회 설치, 금모으기 운동
  - └ 한계 : 국부(國富) 유출(외국 자본의 국내 점유율 상승), 사회 양극화, 노동 유연성 확대 → 비정규직 증가
- 사회 : 남녀 차별 금지법 제정(1999), 의약 분업 실시, 국민 기초 생활 보장법 실시(2000)
- 문화 : 중학교 의무 교육 실시(2002 시행, 2004년 전면 실시 완료), 한 · 일 월드컵 개최(2002)

04 SECTION 전두환 정부(5공화국, 1980~87)와 민주화 이후(6공화국, 1988~)

(4) 노무현 정부(2003~2008) : 참여 정부

- 정치 ┬ 행정중심 복합도시 추진 ┬ 연혁 : 신행정수도 특별조치법 제정(2003) but 헌법재판소의 위헌 판결(2004)
  │   └ 과정 ┬ 행정중심 복합도시 건설을 위한 특별법 제정(2005) → 세종시 확정(2006)
  │   └ 세종시 설치 등에 관한 특별법 제정(2010) → 세종특별자치시 출범(2012)
  └ 과거사 정리 : 진실·화해를 위한 과거사 정리위원회 구성(2005)
- 외교 : 한·칠레 자유 무역 협정(FTA) 체결(2004)
- 사회 : 질병 관리 본부 설치(2004), 호주제 폐지(2005), 노인 장기 요양 보험법 제정(2007)
- 통일 ┬ 개성 공단 착공식(2003), 경의선 복구 사업 연결식(2003), 금강산 육로 관광(2003)
  └ 2차 남북정상회담 개최(2007) → 10·4 남북 정상 선언 발표   cf) 이명박 정부 : G20 정상회의 개최

🔖 확인해 둘까요! • 현대의 사회 변화

1. 노동 운동

- 장면 정부 : 한국 교원 노조연합회 결성(1960), 한국노동조합총연맹(한국 노총) 결성(1960? 1961?)
- 박정희 정부(유신 이전) : 전태일 분신 자살 사건 → 노동 문제에 대한 사회적 관심 환기
- 유신 체제 : 여성 노동자 중심의 투쟁 전개 ex) 동일 방직 사건(1978), YH무역 사건(1979)
- 전두환 정부 : 중공업 분야에서 남성 노동자의 투쟁, 7·8월 노동자 대투쟁(6월 항쟁 이후, 1987)
- 노태우 정부 : 전교조 결성(1989), 국제 노동 기구(ILO) 가입(1991)
- 김영삼 정부 : 전국 민주 노동 조합 총연맹(민주노총) 결성(1995)
- 김대중 정부 : 노사정 위원회 설치(1998), 전교조 합법화(1999), 민주 노동당 창당(2000)
- 노무현 정부 : 노동계의 국회 진출(2004, 민주노동당)

2. 가족·여성

- 여성 : 남녀 고용 평등법(1987) → 남녀 차별 금지법 제정(1999) → 여성부 신설(2001)
- 가족 : 가족법 개정(1990) → 호주제 폐지(2005)

3. 의료·복지

- 의료 : 의료보험법 제정(1963) → 의료 보험 도입(1977) → 전국민 의료 보험 제도(1989) → 국민 건강 보험으로 통합(2000)
- 복지 : 국민연금 도입(1988) → 고용보험 제도(1995) → 전국민 연금 제도(1999) → 국민 기초생활 보장법(2000)

자료 보기

5·15 서울역 시위(1980)

외환 보유고 변화 그래프

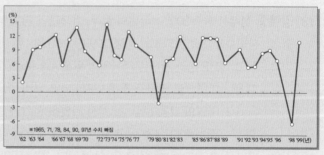

경제 성장률 추이

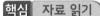

핵심 │ **자료 읽기**

서울의 봄
이제 유신 체제는 종언을 고하였다. …… 그것은 이 시대의 모순과 질곡을 온몸으로 헤쳐 나가는 우리 민중의 민주주의에 대한 열망과 그 열망을 투쟁으로 외현시킨 많은 용기 있는 사람들의 피와 땀의 자기 실현이기도 하다. …… 지금 객관적 여건은 역사적 한계 내에서는 충분히 성숙되어 있다. 뉘라서 대학의 민주화에 감히 반대하겠는가?

5·18 민주화 운동
- 시민군 조직 : 시민 여러분! …… 18일 아침에 각 학교에 공수 부대를 투입하고 학생들에게 대검을 꽂고 '돌격 앞으로'를 감행하였고, 이에 학생들은 거리로 뛰쳐나와 정부의 불법 처사를 규탄하였던 것입니다. 그러나 아! 이럴 수가 있단 말입니까. 계엄 당국은 18일 오후부터 공수 부대를 대량 투입하여 시내 곳곳에서 학생, 젊은이들에게 무차별 살상을 자행하였으니! 우리 부모 형제들이 무참히 대검에 찔리고, 귀를 잘리고, 연약한 두 아녀자들이 젖가슴을 잘리고 차마 입으로 말할 수 없는 무자비하고도 잔인한 만행이 저질러졌습니다. …… 너무나 경악스런 사실은 20일 밤부터 계엄 당국은 발포 명령을 내려 무차별 발포를 시작했다는 것입니다. 시민 여러분! 우리는 왜 총을 들 수밖에 없었는가? 대답은 간단합니다. 너무나 무자비한 만행을 보고 있을 수 없어서 너도나도 총을 들고 나섰던 것입니다.
- 시민의 요구 : 무력 탄압만 계속하는 명분 없는 계엄령을 즉각 해제하라. 민족의 이름으로 울부짖노라, 살인마 전두환을 공개 처단하라. 정부와 언론은 이번 광주 의거를 허위 조작, 보도하지 말라. 이상의 요구가 관철될 때까지 최후의 일각까지, 최후의 일인까지 우리 80만 시민 일동은 투쟁할 것을 온 민족 앞에 선언한다.
- 정부의 진압 계획 : 현재와 같은 방식의 시위를 주도하는 시위대를 폭도로 규정하며 다음과 같은 방안을 결정한다. 계엄군을 시내로부터 시 외곽으로 전환 배치, 자위권 발동, 1개 공수여단 추가 투입, 선무력 공백을 보선하기 위한 방법으로 2개 훈련단 훈련 동원 소집, 폭도 소탕 작전은 5월 23일 이후 실시, 대북 경계 강화 재조치
- 임을 위한 행진곡(추모곡) : 사랑도 명예도 이름도 남김없이 / 한평생 나가자던 뜨거운 맹세 / 동지는 간데없고 깃발만 나부껴 / 새날이 올 때까지 흔들리지 말자 / 세월은 흘러가도 산천은 안다 / 깨어나서 외치는 뜨거운 함성 / 앞서서 나가니 산 자여 따르라 / 앞서서 나가니 산 자여 따르라

신군부의 정책
- 국가보위 비상대책위원회 설치 : 정부는 80년 5월 27일 국무 회의의 의결을 거친 국가보위 비상대책위원회 설치령에 따라 전국 비상계엄 하에서 대통령의 자문 보좌 기관으로 행정, 사법 업무를 조정·통제하는 기능을 갖는 국가보위 비상대책위원회를 5월 31일 설치하였다. 국가보위 비상대책위원회는 박정희 대통령의 충격적 서거 이후 정치사회적 불안, 학생 소요와 노사 분규, 광주 사태 등 국가 위기에 대처하여 국가 보위의 임무를 수행하고 계엄 당국과 행정부의 긴밀한 협조로 위기 극복과 안정 기반 구축으로 국가 발전 기틀을 튼튼하게 하기 위한 사명을 띠고 설치되었다.
- 언론 통폐합 : 1980년 11월 30일. 동아 방송의 정오 뉴스입니다. 오늘 정오 뉴스는 저희 동아 방송이 청취자 여러분에게 전해드리는 마지막 뉴스입니다. 저희 동아 방송은 오늘 정오 뉴스를 끝으로 그동안 여러분의 사랑을 받아온 보도 방송을 마치며 오늘 밤 12시를 기해 동아 방송 18년의 역사를 끝내고 여러분의 곁을 떠납니다. …… 감사합니다.

삼청 교육대
- 설치 : 국민의 생명과 재산을 위협하고 공공의 안녕 질서를 위태롭게 하는 고질적인 각종 불량배를 일제히 검거 순화함으로써 밝고 정의로운 사회 구현을 위하여 다음과 같이 포고한다.
  1. 대상자 : 폭력 사범(강도, 절도), 공갈 및 사기 사범(서민 착취배), 사회 문란 사범(밀수, 마약, 도박)
  2. 검거된 불량배는 일정 기준에 따라 분류, 수용, 순화 조치한다.
  3. 순화 교육 및 근로 봉사 기간 중 지정 지역을 무단 이탈하거나 난동, 소요 등 불법 행동을 일체 금한다.
- 운영 방침 : 선동 및 도망치는 자는 사살한다. 수련생은 교육대 요원 명령에 절대 복종한다. 동료간의 언쟁 충돌, 기간 장병에 대한 반항자는 엄단한다. 집단 행위를 금한다.

전두환 정부(5공화국, 1980~87)와 민주화 이후(6공화국, 1988~)

핵심 자료 읽기

전두환 정부의 정책

- 8차 개헌 : 제39조 ① 대통령은 대통령 선거인단에서 무기명 투표로 선거한다. ……
  ③ 대통령 선거인단에서 재적 대통령 선거인 과반수의 찬성을 얻은 자를 대통령 당선자로 한다.
- 제12대 대통령 취임사 : 우리는 시련으로 얼룩졌던 구 시대를 청산하고 창조와 개혁과 발전의 기치 아래 새 시대를 꽃피우는 제5공화국의 관문 앞에 모였습니다. …… 국정 지표로 민주주의 토착화, 복지 사회 건설, 정의 사회 구현, 교육 혁신과 문화 창달을 제시하였습니다. 이같은 4대 지표가 본인의 재임 기간 동안 기초를 굳게 다져 뿌리를 내릴 수 있도록 본인은 있는 힘을 다할 것입니다. 체제 논쟁을 불러 일으켰던 구헌법은 이제 우리의 헌정에서 자취를 완전히 감추었습니다.
- 3저 호황 : 미화 1달러에 대한 일본 엔화의 교환 비율로 보자면, 19△△년 200엔이던 것이 160엔, 110엔으로까지 하락했다. …… 19△△년 말 배럴당 28달러였던 OPEC(석유 수출국 기구)의 평균 원유 수출 가격은 세계 경제의 침체로 인한 석유 수요 감퇴와 주요 석유 소비국들의 탈석유 중심 산업 구조 조정으로 13.8달러로 급락하였다.
- 교육 : 정부가 대학 본고사를 폐지하고 대학의 졸업 정원제를 실시한 데 이어, 중학교 의무 교육을 처음 도입하기로 하였다. 올해 도서·벽지 중학교 1학년부터 의무 교육이 시작되어 내년 도서·벽지 중학교 전 학년으로 확대될 예정이다.

6월 민주 항쟁의 배경

- 민주 헌법 쟁취 범국민 서명 운동(1986) : 현재의 독재 정권은 80년 5월 국회를 불법적으로 해산하고 민주 인사들을 대량 투옥하고 광주의 민중 항쟁을 무력으로 짓눌러 수천 명의 동포를 살상한 뒤 국민 주권을 유린하는 헌법을 제정하여 통치권을 장악했다. …… 우리는 독재 정권의 퇴진을 전제로 한 민주 헌법 쟁취 범국민 서명 운동을 전개하고자 한다.
- 박종철 사건에 대한 경찰 발표(1987) : (1987년 1월) 14일 아침 8시 10분경 하숙집에서 연행하였는데, 술을 많이 마셔 갈증이 난다며 물을 여러 컵 마신 뒤 심문 시작 30분 만인 오전 11시 20분경에 수사관이 주먹으로 책상을 '탁' 치며 혐의 사실을 추궁하자 갑자기 '억' 하며 책상 위로 쓰러져 긴급히 병원으로 옮기던 중 차 안에서 숨졌다.
- 4·13 호헌 조치(1987) : 본인은 임기 중 개헌이 불가능하다고 판단하고 현행 헌법에 따라 내년 2월 25일에 본인의 임기 만료와 더불어 후임자에게 정부를 이양할 것을 천명하는 바이다. 본인은 평화적인 정부 이양과 서울 올림픽이라는 국가 대사를 치르기 위해 국론을 분열시키고 국력을 낭비하는 개헌 논의를 지양할 것을 선언한다. 본인의 결단은 오늘의 난국을 타개하고 국가 목표를 수행하는 데 최선의 길일 것이라는 판단에 따른 것이다.

6월 민주 항쟁의 과정

- 6·10 국민 대회 선언문 : 국민합의 배신한 4·13호헌 조치는 무효임을 전 국민의 이름으로 선언한다. 우리는 세계의 이목이 주시하는 가운데 40년 독재 정치를 청산하고 민주 국가를 건설하기 위한 거보를 국민과 함께 내딛는다. 국가의 미래요 소망인 꽃다운 젊은이를 야만적 고문으로 죽여 놓고, 뻔뻔스럽게 국민을 속이려 했던 현 정권에게 국민의 분노가 무엇인지 분명히 보여주고 국민적 여망인 개헌을 일방적으로 파기한 4·13 폭거를 철회시키기 위한 민주 장정을 시작한다.
- 6월 9일 오후 시위 도중 경찰이 쏜 최루탄 파편에 맞아 중상을 입고 입원중인 연대생 이한열군은 의식을 회복하지 못한 채 중태다. 연세대 교수 일동은 '이한열군 사건에 당하여'라는 제목의 성명서를 작성하여, 당국은 최루탄 난사를 포함한 과잉진압을 금지하고 이 같은 사태의 재발을 방지하기 위한 근본적 대책을 수립하라고 요구하였다.

6·29 선언

첫째, 여야 합의하에 조속히 대통령 직선제 개헌을 하고 새 헌법에 의한 대통령 선거를 통해 88년 2월 평화적 정부 이양을 실현토록 해야겠습니다. 오늘 이 시점에서 저는 사회적 혼란을 극복하고 국민적 화해를 이룩하기 위하여는, 대통령 직선제를 택하지 않을 수 없다는 결론에 이르게 되었습니다.

둘째, 직선제 개헌이라는 제도의 변경뿐만 아니라, 이의 민주적 실천을 위하여는 자유로운 출마와 경쟁이 보장되어 국민의 올바른 심판을 받을 수 있는 내용으로 대통령 선거법을 개정하여야 한다고 봅니다. 또한 새로운 법에 따라, 선거 운동 투표 과정 등에 있어서 최대한의 공명정대한 선거 관리가 이루어져야 합니다.

셋째, 우리 정치권은 물론 모든 분야에 있어서의 반목과 대결이 과감히 제거되어 국민적 화해와 대단결을 도모하여야 합니다. 그러한 의미에서 저는 그 과거의 어떠하였든 간에 김대중씨도 사면 복권되어야 한다고 생각합니다.

9차 개헌 : 현행 헌법

개헌안이 예견되었던 대로 압도적인 지지 속에서 국민 투표를 통과했다. 이번 국민 투표의 국민적 지지를 볼 때 …… 국민들의 열망이 얼마나 컸던 것인가도 드러난다. 이번 국민 투표에 부쳐진 안건이 헌정 사상 최초로 이루어진 여야의 합의 개헌안이었고, 국민의 지지 열기도 엄청났다는 점들은 정치 발전의 측면에서 중요한 의미를 부여할 수 있다.

노태우 정부

· 13대 총선

정당	민주정의당	평화민주당	통일민주당	신민주공화당	한겨레민주당	무소속
의석	125	70	59	35	1	9
의석 비율	41.8	23.4	19.7	11.7	0.4	3.0

· 3당 합당 : 민주정의당과 통일민주당, 민주공화당은 여야의 위치에서 선의의 노력을 기울여왔습니다. 그러나 우리의 현실은 더 굳건한 정치 세력과 국민 역량의 결집을 요구하고 있습니다. 이같은 시대 요청에 부응하기 위해 우리는 중도 민주 세력의 대단합으로 큰 국민 정당을 탄생시켜 정치 안정 위에서 새정치 질서를 확립해 나가기로 했습니다.

· 북방 외교 : 9월 27일부터 30일 까지 대통령이 대한민국 대통령으로는 최초로 중국을 공식 방문하였다. 베이징에서 진행된 회담에서 양국 정상은 지난달 성사된 한중 수교의 의의를 높이 평가하면서 우호 협력 관계를 발전시키자고 하였다.

김영삼 정부의 개혁

· 12 · 12와 5 · 17에 대한 법원 판결 : 피고인들이 취한 비상 계엄 전국 확대, 국회 봉쇄, 정치인 체포, 광주 민주화 운동 유혈 진압 등의 조치는 국헌 문란의 목적하에 행해진 행태이다. …… 결국 국민이 헌법 수호를 위해 결집한다면 이 결집은 헌법 기관으로 볼 수 있고, 이 결집을 병력을 동원해 강제 진압한 것은 명백한 헌법 기관 침해다. ……

· 금융실명제 : 금융실명제가 실시되지 않고는 이 땅의 부정부패를 원천적으로 봉쇄할 수 없고, 분배 정의와 사회의 도덕성을 확립할 수 없다. …… 법 개정으로 금융실명제를 추진할 경우 예상되는 부작용이 너무나 커 대통령 긴급 명령으로 국회에서의 법 개정 절차를 대신할 수밖에 없었다.

외환 위기 극복 노력

· IMF와 이행 각서 : 1998년의 경제 성장률은 3% 수준, 물가 상승률은 5% 이내로 유지해야 한다. 통화 정책은 긴축적으로 운용하고 일시적으로 금리 상승을 허용하며, 탄력적인 환율 제도를 유지해야 한다. 대통령 선거 후에 금융 개혁법안 연내 처리, 부실 금융 기관의 퇴출 제도와 금융 기관의 건전성을 감독하는 기준을 마련해야 한다.

· 금모으기 운동 : 전국 106개 단체와 각계 인사들은 서울 YMCA에서 발대식을 가졌다. 발대식에서 추기경은 "모두가 희생과 고통 분담으로 '사랑의 길'을 가야만 경제 난국을 극복할 수 있다."며 동참을 호소하였다. 조계종 총무원장은 "국난에서 벗어나기 위해 구한말 선조들이 그랬듯이 장롱 속 금을 꺼내 외채를 갚는 일에 온 국민이 나서야 한다."고 촉구하였다.

민주화 이후 대통령 취임사

· 14대 대통령(김영삼) : 친애하는 국내외 동포 여러분, 노태우 대통령을 비롯한 전직 대통령, 내외 귀빈 여러분. 오늘 우리는 애타게 바라던 문민 민주주의의 시대를 열기 위하여 이 자리에 모였습니다. 오늘을 맞이하기 위하여 30년의 세월을 기다려야 했습니다. 오늘 탄생되는 정부는 민주주의에 대한 국민의 열망과 거룩한 희생으로 이루어졌습니다.

· 15대 대통령(김대중) : 오늘 이 취임식의 역사적인 의미는 참으로 크다고 할 것입니다. 오늘은 이 땅에서 처음으로 민주적 정권 교체가 실현되는 자랑스러운 날입니다. 또한, 민주주의와 경제를 동시에 발전시키려는 정부가 마침내 탄생하는 역사적인 날이기도 합니다. …… 그러나 불행하게도 이 중차대한 시기에 우리에게는 6 · 25 이후 최대의 국난이라고 할 수 있는 외환 위기가 닥쳐왔습니다.

북한과 우리의 통일 노력

◼ 북한의 정치

(1) 정부 수립 과정

- 건국 준비 ─ 주도 : 평안남도 건국준비위원회(위원장 조만식, 1945.8.17) + 각 도의 인민위원회
  - → 북조선 5도 인민위원회 조직(1945.10) : 소련군의 주재로 좌우합작 + 친일파 배제
  - 활동 : 북조선 5도 인민위원회 연합회의 개회(1945.10) → 북조선 5도행정국 출범(1945.11)
- 소련 군정 ─ 특징 : 간접 통치 → 각 도 인민위원회(좌우 합작)에 행정권 이양 cf) 평남 건국준비위원회는 인정 안 함
  (1945.8) └ 변화 : 모스크바 3국 외상회의를 계기로 우익 세력을 숙청 → 좌익이 권력 장악
- 민주 개혁 ─ 주도 : 북조선 5도 행정국 → 북조선 임시 인민위원회 설치(1946.2, 위원장 김일성)
  (1946.3) └ 내용 ─ 토지 개혁법 제정, 주요 산업 시설의 국유화법 제정
    └ 노동법(8시간 노동 규정) 제정, 남녀 평등법 제정
- 정부 수립 ─ 상황 ─ 행정 : 북조선 임시인민위원회 설치(1946.2) → 북조선 인민위원회 출범(1947.2)
  (1948.9.9) │   └ 군 : 조선인민군 창설(1948.2)
    ├ 과정 : 조선 최고인민회의 대의원 선거 실시(1948.8.25) → 조선 최고인민회의 구성(1948.9.2)
    ├ 조선민주주의 인민공화국 헌법 제정 : 주권(인민), 소유의 주체(국가, 협동단체, 개인)
    └ 정부 수립 ─ 구성 : 김일성파+갑산파+남로당(박헌영)+연안파(김두봉)+소련파(허가이)
      ├ 형태 : 내각제(내각과 최고인민회의 상임위원회의 권력 분점)
      └ 주요 직책 : 수상(김일성) + 부수상(박헌영 등)

(2) 1950년대 : 김일성의 반대파 숙청

- 반대파 숙청 ─ 남로당계 : 6·25 전쟁의 패전에 따른 정치적 위기를 수습하기 위해 숙청 ex) 박헌영, 이승엽 숙청
  └ 연안파·소련파 ─ 배경 : 소련 수상 흐루시초프의 스탈린 격하 운동과 개인 숭배 반대 연설
    (8월 전원회의 사건) ├ 전개 : 연안파와 소련파의 김일성 비판 = 8월 종파 사건(1956)
      └ 결과 : "사회주의 경제 건설"의 명분을 내세운 김일성의 반격으로 숙청 당함

	김일성파	反김일성파
구성	갑산파	연안파(김두봉, 최창익), 소련파(박창옥, 이상조)
전후 복구 사업	중공업 중심	소비재 중심
김일성 개인 숭배	찬성	반대 + 집단 지도 체제 모색
외교 노선	독자적 외교 노선	중국과 소련에 의존

cf) 무정(연안파), 허가이(소련파)에 대한 숙청 : 6·25 전쟁 中

- 외교 : 중소 분쟁을 계기로 독자적 외교 노선 추구

◈확인해 둘까요! ◀ **북한의 정당 계보**

```
                        조선공산당(1945.8.20)
                              │
                              │           조선공산당 북조선분국(1945.10) → 북조선공산당(45 or 46)
                              │
조선인민당+(남)조선신민당+조선공산당 : 남조선노동당(1946.11)   북조선노동당(1946.8) : 북조선공산당+(북)조선신민당(1946.2)
                              │
                        조선 노동당(1949.6)
```

(3) 1960년대 : 김일성 독재 강화
- 독재 강화 ─┬─ 주도 : 항일 유격대 출신 or 그들의 협조 세력
         ├─ 과정 : 김일성과 유격대 활동을 하던 군부 강경파가 경제 건설을 중시하는 온건파(갑산파)를 제거
         └─ 특징 : '국방' 강조 → 사상(주체), 정치(자주), 경제(자립), 국방(자위) 중시 + 남북 간의 긴장 고조
- 주체사상의 유일 사상화 ─┬─ 배경 : 중 · 소 분쟁 발생 *ex*) 사회주의 노선 갈등 + 국경 분쟁
                      └─ 내용 : 주체사상의 통치 이념화 + 김일성 교시의 등장   *cf*) 헌법에 명문화(×)
- 외교 : 제3세계 진출 → 비동맹 외교 강화

(4) 1970년대 : 김일성 유일 체제 확립
- 사회주의 헌법 ─┬─ 주권 : 노동자, 농민, 병사, 근로인텔리 등의 프롤레타리아 독재
   (1972)   ├─ 소유의 주체 : 국가 + 협동 단체
             └─ 사상 : 주체사상을 최초로 헌법에 규범화
- 권력 구조 ─┬─ 최고 기구 : 중앙 인민위원회(주석 기능 보좌, 국가 기관의 모든 권한 독점)   *cf*) 정무원(행정 집행 기구)
        └─ 최고 지도자 : 수상 → 국가 주석(입법, 사법, 행정의 모든 권력 장악)

(5) 1980~1990년대 : 김정일의 권력 승계
- 1980년대 : 김정일 후계 체제의 공식화 "김정일을 중심으로 대를 이어 충성하자"
- 1990년대 ─┬─ 김정일 체제 강화 ─┬─ 국방위원장 : 국가의 정치 · 경제 · 군사적 역량의 총체를 통솔하고 지휘
                      └─ 정책 : 정치 · 군사 · 사상 + 경제의 사회주의 강성 대국 표방
         ├─ 조선 민족 제일주의 ─┬─ 사상 : "우리식 사회주의" → 주체사상 강조
                        └─ 내용 : 북한의 독자노선 정당화, 민족사적 정통성과 우월성 강조 *ex*) 단군릉 개건
         └─ 외교 ─┬─ 일본 : 북 · 일 국교 정상화 추진 but 납북자 처리 문제로 합의에 이르지 못함
               └─ 미국 : 핵 위협을 통해 미국에 체제 보장 요구 ─┬─ 1차 핵위기(1993) ↔ 제네바 기본 합의서(1994)
                                            └─ 2차 핵위기(2002) ↔ 6자 회담 추진(2003)

◈ 확인해 둘까요! ▶

주체 사상
- 등장 : 창시(김일성 ?) → 이론적 발전(김정일 ?)
- 구조 : 철학적 원리(사람 중심) + 사회 역사의 원리(인민대중은 사회역사의 주체) + 지도 원리(자주적 입장 견지)
- 한계 : 혁명적 수령관 등을 통해 수령과 인민 대중의 관계를 주종 관계로 규정 → 김일성 유일 지배를 합리화

1990년대 이후 북한의 헌법 개정(김정일 시대 준비)
- 1992년 ─┬─ 주석의 권한 축소   *cf*) 마르크스-레닌주의 조항 완전 삭제 → 주체사상
        ├─ 군사 관련 권한을 강화하여 국방위원회에 통합 + 국방 위원장에 김정일 취임(1993)
        └─ 김일성 사망(1994) 이후 김정일 주도의 유훈 통치
- 1998년 ─┬─ 주석제 폐지 + 중앙 인민위원회(국가 주권의 당 · 정 최고 지도 기관) 폐지
        └─ 군사 최고 기구인 국방위원회의 국방위원장(김정일)이 실질적으로 국가 최고 지도자의 역할 수행
- 2009년 : 국방위원장을 최고 지도자로 규정 + 선군 정치(군을 우선시하는 통치) 강조

2 북한의 경제

(1) **1950년대** : 전후 복구 사업과 사회주의 경제 건설
- 전후 복구 사업 ┌ 계획 : [전후 인민경제 복구발전 3개년 계획](1954~56) + [인민경제발전 5개년 계획](1957~61)
                  └ 내용 : 중공업의 우선적 발전 + 경공업의 동시 발전 추구
- 사회주의 경제 확립 ┌ 내용 : 모든 농지의 협동 농장화(1953~58) + 개인 상업도 협동조합화 + 공장의 국유화
                      └ 결과 : 사유 재산 제도 부정
- 천리마 운동 ┌ 배경 : 소련의 원조 물자 감소
  (1958~) ├ 내용 ┌ 기술 발전보다는 노동 강도 강화를 통한 생산력 증대 시도 → 사상과 연계
                 └ 우수 노동자에게 영웅 칭호 부여 → "천리마의 속도로 진군하자"
            └ 한계 : 농업과 공업의 불균형 심화 + 초기에는 효과가 있었지만 점차 한계를 드러냄

(2) **1960~1980년대** : 자립 경제의 한계
- 1960년대 ┌ 정책 : 1차 7개년 계획(1961~70, 3년 연장) → 목표 : 자립 경제 실현 + 중공업 우선 정책 추진
        └ 한계 ┌ 소련의 원조 중단과 군사비 증가로 자본·기술이 부족하여 예정대로 추진되지 못함
               └ 소비재 공급에 차질
- 1970년대 ┌ 정책 : 3대 혁명 소조 운동(1973) → 3대 혁명 붉은기 쟁취 운동(1975)
        ├ 내용 : 사상·기술·문화 분야의 혁명 과업을 추진하기 위해 과학자·기술자·청년·지식인이 소조를
                  만들어 생산 현장에 직접 들어가 지도하여 북한 사회 전반에 활력을 불어넣자는 운동
        ├ 영향 : 혁명 2세대와 경제 관료의 등장 → 김정일의 정치 기반 확보(조선 노동당 비서로 선출, 1973)
        └ 한계 : 지나친 자립 경제 노선으로 인해 성과는 미미
- 1980년대 ┌ 정책 : 제2차 7개년 계획(1978~84) + 제3차 7개년 계획(1987~93) → 목표 : 농업·공업의 종합 발전
        └ 한계 ┌ 철저한 계획 경제 + 지나친 자립 경제 정책 → 발전 속도 저하
               └ 과도한 국방비 지출 + 에너지와 사회 간접 자본 시설의 부족 → 발전의 장애물

꼭! 알아두기 ╲ **토지 개혁**

1. **북한의 토지 개혁** : 북조선 임시 인민위원회
- 내용 ┌ 원칙 : 5정보로 토지 소유를 제한하고 그 이상의 토지를 무상몰수하여, 농민에게 무상분배
      └ 몰수 대상 : 총독부·일본인·친일파 소유의 토지 + 5정보 이상의 토지 + 非자영 토지
- 결과 ┌ 자영농 중심의 토지 소유 but 경작을 전제로한 소유권만 인정 → 매매·소작·저당을 금지
      └ 지주·종교인·친일파의 월남

2. **남북한의 토지 개혁 비교**

	남한	북한
시기	정부 수립 이후(이승만 정부)	정부 수립 이전(북조선 임시 인민위원회)
방식	소유 제한 → 유상 매입, 유상 분배	소유 제한 → 무상 몰수, 무상 분배
대상	3정보 이상 토지	일본인·친일파 소유 + 非자영 토지 + 5정보 이상 토지
결과	사유화	사유화(?), 매매에 제약
영향	남한의 공산화 저지	김일성과 조선 노동당의 지지 기반 확보

(3) 1980년대 이후 : 부분적 개혁 개방 정책 추진

- 상황 ┌ 대외 ┌ 1990년대 이후 소련과 동구권 국가의 붕괴 → 교역 국가 상실 + 에너지 · 원자재 부족
  │   └ 아시아의 사회주의 국가들도 개혁과 개방을 통해 변화 모색 → 시장 개방에 대한 압박
  └ 대내 ┌ 사회주의 경제의 한계 + 과도한 국방비 지출
         └ 1995, 1996년의 대규모 자연 재해 → 1990년대 이후 계속된 마이너스 성장 → 탈북 주민의 증가
- 정책 ┌ 1980년대 : 조선합작경영법(합영법, 1984)
  │   ├ 1990년대 ┌ 나진 · 선봉 자유 경제 무역 지대 설치(1991) → '외국인 투자법' 제정(1992)
  │   │   └ '조선 민주주의 인민 공화국 합영법' 개정(1994)
  │   └ 2000년대 ┌ '신의주 특별 행정구 기본법' 제정(2002)
  │   ├ '개성 공업 지구법' + '금강산 관광 지구법' 제정(2002)
  │   └ 7 · 1 경제 관리 개선 조치 발표(2002) : 사회주의 경제 체제 + 일부 자본주의적 요소 수용

핵심 **자료 읽기**

정부 수립 이전의 북한 사회
- 소련 군정(간접 통치) : 조선 인민들이여! 붉은 군대와 연합군 군대들은 조선에서 일본 약탈자들을 축출하였다. 조선은 자유국이 되었다. 조선 사람들이여! 기억하라! …… 이제는 모든 것이 죄다 당신들에게 달렸다.
- 일제의 소유지 및 일제의 정권 기관에 적극협력한 자 또는 해방될 때 거주지에서 도주한 자의 소유지는 몰수되어 농민 소유지로 전용된다. 5정보 이상을 소유한 지주 및 성당, 사찰, 기타 종교 단체의 소유지와 스스로 경작하지 않고 소작시키는 모든 토지는 몰수하여 무상으로 영원히 농민의 소유로 분여한다.

조선 민주주의 인민 공화국 헌법
- 1948   1조 우리나라는 조선 민주주의 인민 공화국이다.

  2조 조선 민주주의 인민 공화국의 주권은 인민에게 있다. 인민은 자기의 대표 기관인 최고 인민회의와 지방 각급 인민회의를 통하여 주권을 행사한다.

  5조 조선 민주주의 인민 공화국의 생산 수단은 국가, 협동 단체, 또는 개인 자연인이나 개인 법인의 소유다.

  6조 일본과 일본인의 소유 토지 및 조선인 지주의 소유 토지는 몰수한다. 소작 제도는 영원히 폐지한다.
- 1972   4조 조선 민주주의 인민 공화국은 마르크스 · 레닌주의를 우리나라 현실에 맞게 창조적으로 적용한 조선 노동당 주체사상을 자기 활동의 지침으로 삼는다.

  89조 조선 민주주의 인민 공화국 주석은 국가의 수반이며 조선 민주주의 인민 공화국 국가 주권을 대표한다.

  90조 조선 민주주의 인민 공화국 주석은 최고 인민회의에서 선거한다. 공화국 주석의 임기는 4년으로 한다.

  93조 조선 민주주의 인민 공화국 주석은 조선 민주주의 인민 공화국 전반적 무력의 최고 사령관, 국방 위원회 위원장이 되며 국가의 일체 무력을 지휘 통솔한다.
- 1998   87조 최고 인민회의는 조선 민주주의 인민 공화국의 최고 주권 기관이다.

  100조 국방위원회는 국가 주권의 최고 군사 지도 기관이며 전반적 국방 관리 기관이다.

  102조 조선 민주주의 인민공화국 국방위원장은 일체의 무력을 지휘 통솔하며 국방 사업 전반을 지도한다.

조선 민주주의 인민 공화국 합영법 (1994)
1조 조선민주주의 인민공화국 합영법은 우리와 세계 사이의 경제 기술 협력 · 교류를 확대 · 발전시키는 데 이바지한다.

5조 합영 기업은 당사자들이 출자한 재산에 대한 소유권을 가지며 독자적으로 경영 활동을 한다.

7조 …… 공화국 영역 밖에 거주하고 있는 조선 동포들과 하는 합영 기업, 일정한 지역에 창설된 합영 기업에 대하여 세금의 감면, 유리한 토지 이용 조건의 제공과 같은 우대를 한다.

3 우리의 통일 노력

(1) 이승만 정부

- 정부 ┌ 정책 : 북진 통일(멸공 통일) + 대한민국 헌법에 따라 북한만의 자유 총선거 실시 주장
　　　 └ 진보당 사건(1958) : 평화 통일론에 정부의 철저한 탄압
- 제네바 정치 회의 ┌ 목적 : 한반도 내의 평화와 통일
　　　(1954)　　 ├ 참가국(19) : 자유 진영(한국 + UN 6 · 25 참전국 中 15개국) vs 공산 진영(북한 + 중국 · 소련)
　　　　　　　　 └ 주장 ┌ 남한 : 유엔 감시하 북한만의 총선거 ─────────┐
　　　　　　　　　　　 └ 북한 : 중립국 감시하 남북한 정당 · 단체가 주관한 총선거 ┘ → 실질적 합의없이 종료

(2) 장면 정부

- 정부 ┌ 정책 : 북진 통일론에 대한 철회 + 유엔 감시하 남북 자유선거에 의한 통일
　　　 └ 실제 : 先 경제 건설 後 통일론 → 통일 운동에 부정적 입장 + 학생 · 혁신계 통일 관련 제안을 거부
- 민간 ┌ 학생 ┌ 교류 제의 : 남북 학생 회담 → 구호 : '가자 북으로, 오라 남으로, 판문점으로'
　　　 │　　 └ 단체 : 민족 통일 전국 학생 연맹 결성(1961.5)
　　　 └ 혁신계 ┌ 내용 : 남북 정당 · 사회 단체 회담 주장 + 다양한 통일 논의(중립화통일론 ~ 남북협상론)
　　　　　　　 └ 단체 : 민족 자주 통일 중앙 협의회 결성(1960.9)

(3) 박정희 정부

- 정책 ┌ 반공 강화 : 4 · 19 혁명 이후 통일 운동에 앞장섰던 인사들을 탄압 ex) 민족일보 사건(1961) : 조용수 처형
　　　 └ 先 건설, 後 통일론 : 국토 통일을 위한 실력 배양 = 경제 개발 우선 정책
- 긴장 고조 ┌ 배경 : 북한에서 군부 강경파가 권력을 장악하여 남조선 혁명론을 주장
　　　　　 ├ 내용 ┌ 국내 : 1 · 21 청와대 기습사건(1968), 울진 · 삼척 공비 침투 사건(1968.11)
　　　　　 │　　 └ 국외 : 북한의 미 정보함 푸에블로호 납치 사건(1968.1.23)
　　　　　 ├ 대응(정부) : 향토 예비군 설치(1968), 주민등록증 발급의 전국 확대 실시(1968), 교련부활 → 확대
　　　　　 └ 변화 ┌ 계기 : 닉슨 독트린 발표 ┌ 국외 : 미국 · 중국의 관계 개선, 미국의 월남전 개입 축소
　　　　　　　　 │　　　　(1969, 미국)　 └ 국내 : 주한 미군 병력 일부를 철수
　　　　　　　　 └ 결과 ┌ 냉전 체제 완화 → 박정희 정부의 반공 중심 정책의 위기
　　　　　　　　　　　 └ 정부의 정책 변화 : 남북 대화 전개 + 국가 안보 위기 강조 → 정치 통제 강화
- 대화 ┌ 8 · 15 선언 ┌ 배경 : 경제 개발로 북한에 대한 체제 우위의 자신감 확보
　　　 │　(1970)　 └ 내용 : '평화 통일 구상 선언' 발표 → 평화 공존 주장, 선의의 체제 경쟁 제의
　　　 ├ 남북 적십자회담 제의 ┌ 내용 : 정부가 '1000만 이산가족 찾기운동'을 북한에 제의
　　　 │　　(1971.8)　　　 ├ 과정 : 1차 예비회담(1971.9) → 1차 본회담(1972.8, 이산가족 생사 · 주소 확인 논의)
　　　 │　　　　　　　　　 └ 한계 : 6 · 23 선언과 김대중 납치 사건을 계기로 회담 중단(1973)
　　　 └ 7 · 4 공동 성명 ┌ 배경 : 남북 비밀 회담 → 남한(이후락 중앙정보부장) vs 북한(노동당 김영주 조직 부장)
　　　　　(1972.7.4)　 ├ 내용 ┌ 통일 원칙 합의(자주 · 평화 · 민족 대단결) + 서울 ~ 평양 간 상설 직통 전화 개설
　　　　　　　　　　　 │　　 └ 남북조절위원회를 설치하여 통일 문제를 논의
　　　　　　　　　　　 ├ 한계 ┌ 남 · 북한 정권의 독재 체제 구축에 이용 ┌ 남한 : 유신 체제 (1972.10)
　　　　　　　　　　　 │　　 │　　　　　　　　　　　　　　　　　　 └ 북한 : 유일 체제 (1972.12)
　　　　　　　　　　　 │　　 └ 남북의 의견 대립으로 성과 없음
　　　　　　　　　　　 └ 중단 : 6 · 23 선언과 김대중 납치 사건을 계기로 남북 관계 단절(1973)

(4) 유신 체제

- 남북 조절 위원회 ┌ 설치 근거 : 7 · 4 남북 공동 성명 합의 + '남북조절위원회 구성 및 운영에 관한 합의서' 서명
  (1972~73) ├ 목적 : 7 · 4 남북 공동 성명의 합의 사항들을 추진 + 남북 관계의 개선 · 발전 + 통일 논의
  └ 중단(1973) : 6 · 23 선언(1973)과 김대중 납치 사건(1973)을 계기로 북한의 일방적 중단 선언
- 6 · 23 선언 ┌ 내용 : 사회주의 국가에 대한 문호 개방(할슈타인 원칙 포기) + 남북한 UN 동시 가입 제의
  (1973) └ 실제 : 사회주의 국가와의 본격적인 수교와 남북한 UN 동시 가입은 노태우 정부 때의 일

  cf) 북한의 도발 : 육영수 저격 사건(1974) → 8 · 18 판문점 도끼 만행 사건(1976)

(5) 전두환 정부

- 배경 : 남한의 수해에 대해 북한이 구호 물자 제공 제의(1984.9)
- 내용 ┌ 각종 회담 개최 : 남북 경제 회담(1984), 국회 회담, 체육 회담, 남북 적십자 회담 재개
  └ 남북 고향 방문단 교류(최초로 이산가족 고향방문단 교환, 1985), 예술 공연단 교환 방문(1985.9)
- 한계 : 북한이 한 · 미 팀스피릿 훈련 등을 이유로 대화 회피 → 남북 대화 단절

  cf) 북한의 도발 : 아웅산 묘지 폭탄 테러 사건(미얀마, 1983) → 대한항공 858기 폭파 사건(1987)

◇확인해 둘까요! ·──── 남북한 통일 방안

1. 남한
- 민족화합 민주통일안 ┌ 민족 통일 협의회의 구성 : 통일민주 공화국의 통일 헌법 초안 마련
  (전두환, 1982) └ 남북한 국민 투표로 통일 헌법안 확정 · 공포 → 남북한 총선거 실시 → 통일 정부 구성
- 한민족 공동체 통일안 ┌ 통일 원칙 : 자주 · 평화 · 민주
  (노태우, 1989) └ 내용 : 남북 연합의 중간 과정 → 헌법 제정 + 총선거 → 통일 민주 공화국 실현
- 민족 공동체 통일안 ┌ 통일 원칙 : 자주 · 평화 · 민주
  (김영삼, 1994) └ 내용 : 화해 · 협력 → 중간 단계로 국가 연합인 남북 연합을 설정 → 통일 국가 완성

2. 북한 : 고려 민주 연방 공화국 통일 방안(1980)
- 전제 : 국가 보안법 폐지, 미군 철수
- 내용 : 남 · 북한 지역 정부 설치 → 고려 연방 공화국 창립(남 · 북의 동등한 참여)

3. 남북한 통일 방안 비교

	남한(민족 공동체 통일 방안)	북한(고려 민주 연방 공화국 창립 방안)
통일 과정	• 화해 · 협력 • 남북 연합 ┌ 남북 연합 헌장 채택 　　　　└ 남북 연합 기구 구성, 운영 • 통일 국가 완성 ┌ 국민 투표로 통일 헌법 확정 　　　　　　　└ 총선거 실시 → 통일국회 · 정부 수립	• 남한의 국가 보안법 폐지, 　주한 미군 철수 • 고려 민주 연방 공화국 수립 　– 최고 민족 연방 회의 구성 　– 연방 상설 위원회 설치
과도 체제	남북 연합	없음
최종 국가 형태	1민족 1국가 1체제 1정부	1민족 1국가 2제도 2정부

(6) 노태우 정부

- 정부 ┌ 7 · 7 선언(1988, 북한을 남북 공동체 일원으로 인식, 남북 교류) → 남북 협력 기금 설치(1991)
  ├ 남북 고위급 회담 시작(1990.9) → 남북한 동시 유엔 가입(1991.9, 1민족 2체제 2정부 인정)
  ├ 남북 기본 합의서 ┌ 의의 : 남북한 정부 사이에 최초로 공식 합의한 문서
  │　　　(1991.12) └ 내용 ┌ 남북의 화해 · 불가침 ┌ 판문점에 남북 연락 사무소 설치 · 운영
  │　　　　　　　　　　　　　　　　　　　　└ 남북 군사 당국자의 직통 전화 + 군사공동위원회 설치
  │　　　　　　　　　　　└ 남북의 교류 · 협력
  └ 한반도 비핵화에 관한 공동 선언(1991) : 핵무기 개발 금지, 한반도의 평화 정착 추구
- 민간 : 문익환 목사의 방북(1989) + 남북 학생 회담 추진(1988) → 세계 청년 학생 축전(1989, 남한 임수경)

(7) 김영삼 정부

- 남북 관계 전환 모색 : 비전향 장기수 송환(이인모), 나진 · 선봉 개발 참여 시도
- 1차 북핵위기 ┌ 계기 : 국제원자력기구(IAEA)가 북한 핵개발 의혹 제기(1992) → 국제 사회의 핵사찰 요구
  │　　　　　　　　→ 북한이 핵확산금지조약(NPT) 탈퇴(1993)
  └ 해결 ┌ 회담 : 김일성 – 카터 회담
  　　　　├ 내용 : 북한의 핵동결 ↔ 북미 관계 정상화 합의 + 남북 정상 회담 합의
  　　　　└ 한계 : 김일성 사망(1994) 이후 조문 파동으로 남북 관계 냉각
- 제네바 기본합의서 ┌ 내용 ┌ 북한(흑연감속형 원자로 2기 동결) ↔ 미국(1000MW급 경수로 2기 제공, 중유 공급)
  │　　(1994)　　　│　　　└ 한반도 에너지 기구(KEDO, Korean peninsula Energy Development Organization) 설치
  │　　　　　　　　│　　　　→ 북한 함경도 신포 지역에 경수로 발전소 건설 시작
  │　　　　　　　　└ 결과 : 북 · 미 관계 급진전 but 미국의 부시 정부 등장 이후 북한의 핵 시설 재가동
  　　　　　　　　　　　　　cf) 북한의 도발 : 강원도 강릉 무장 공비 침투 사건(1996)

(8) 김대중 정부 : 대북 화해 협력 정책(=햇볕 정책)

- 관계 개선 노력 ┌ 대북정책 3원칙 발표 : 무력 도발 금지, 흡수 통일 배제, 화해 · 협력 추진
  └ 현대그룹 정주영 회장의 소떼 방북(1998) → 금강산 관광 사업 시작(유람선 ‘금강호’를 통한 해로 관광)
- 6 · 15 공동 선언 ┌ 회담 : 김대중 대통령의 평양 방문으로 제1차 남북 정상 회담 개최(김대중 대통령–김정일 국방위원장, 2000)
  ├ 내용 : 남북한 통일 방안의 공통점 확인, 경제 협력을 통한 민족 경제의 균형적 발전
  └ 변화 ┌ 본격적 이산가족 상봉 ┌ 남북 이산가족 면회소 설치(2007.12 준공 ~ 2008.7 완공)
  　　　　│　　　　　　　　　　└ 최초로 남북 이산가족 서신 교환(2001.3 이후 실시)
  　　　　├ 금강산 육로 관광(2003.9 이후 실시)
  　　　　├ 경의선 복구 사업(2003.6 연결식, 2007.5 이후 시험 운행), 동해선 철도 연결 사업
  　　　　└ 개성 공단 설치 : 착공(2002.12, 착공식은 2003.6) → 첫 제품 출시(2004.12) → 입주(2005)
- 2차 북핵 위기 : 미 부시 정부가 북한을 테러 지원 국가로 지목 vs 북한은 반발하여 핵시설 재가동 → 6자 회담 개최
  　　　　　　　cf) 북한의 도발 : 강원도 속초 잠수정 침투 사건(1998), 서해 연평해전(1999, 2002)

(9) 노무현 정부 : 남북 관계의 발전과 평화 번영을 위한 선언(= 10 · 4 선언)

- 계기 : 제2차 남북 정상 회담(2007) ← 노무현 대통령과 김정일 국방위원장
- 내용 ┌ 한반도의 영구적 평화 체제 구축을 위한 관련국 정상들의 종전 선언 추진, 이산가족 상봉 확대 · 상봉 상시 진행
  └ 서해 평화 협력특별지대 설치 : 공동 어로수역 설치, 해주공단 설치, 부총리급 ‘남북경제협력공동위원회’로 격상

꼭! 알아두기 ╲ 남북간의 주요 합의서 비교

	7·4 남북 공동 성명	남북 기본 합의서	6·15 남북 공동 선언
발표 시기	유신 직전	노태우 정부(1991.12)	김대중 정부(2000)
발표 직전 상황	남북 적십자 회담 개최	남북한 UN 동시 가입	금강산 관광 사업(해로)
합의의 주체	남북 당국자 비밀 회담	남북한 총리(고위급 회담)	남북의 정상
주요 내용	통일의 3대 원칙 합의 (자주 · 평화 · 민족대단결)	화해 · 불가침 + 교류 · 협력 남북 관계를 특수 관계로 규정	남과 북의 통일 방안 사이의 공통점 인정
이후 활동	남북 조절 위원회 설치	김영삼 정부 당시 조문 파동으로 중단	본격적 이산가족 상봉 금강산 육로 관광 개성공단 + 경의선 복구

핵심 자료 읽기

이승만 정부 당시 통일에 대한 입장 차이

- 북진 통일론(이승만 정부) : 우리가 오늘 여기 모인 것은 6·25 사변 제3주년을 맞아 앞으로 어떻게 살 길을 찾겠다는 계획을 한 번 더 결정하자는 것이다. …… 우리가 한번 결사전이라도 해서 다행히 승리를 얻으면 남북을 통일해서 우리 반도를 회복할 수 있을 것이다.
- 민주 기지론(북한) : 미국이 점령하고 있는 남한에 혁명 근거지를 두는 것이 불가능하므로 북한에 소련군이 진주하고 있는 조건을 이용하여 북한을 정치, 경제, 군사적으로 강화시켜 혁명의 근거지로 만든다. 민주 기지노선에 따라 혁명 기지의 역량을 동원한 조국 해방을 준비해야 한다. 그리하여 해방되지 못한 남반부를 전쟁을 통해서라도 해방시켜야 한다.
- 진보당 강령 : 우리는 오직 피 흘리지 않는 통일을 원한다. 조국의 평화적 통일을 파괴한 책임은 6·25 전쟁을 범한 북한 공산당에 있다. 그들의 반성과 책임 규명은 평화 통일의 선행 조건이 아닐 수 없다. 그러나 오늘날 남한의 이승만 정부가 주장하는 북진 통일론도 불가능하고 불필요한 것이다. 평화적 통일의 길은 오직 하나, 남북한에서 평화 통일을 저해하고 있는 요소를 견제하고 민주주의적 진보 세력이 주도권을 장악하는 것뿐이다.

장면 정부 당시 민간 통일 운동

- 민족 통일 전국 학생 연맹 공동 선언문 : 하나의 모순 현상이 존재하고 있다. 그것은 매판 관료 세력과 대중 간의 모순이다. 이 두 세력의 모순은 통일 세력 대 반통일 세력 간의 모순으로 나타나고, 이들의 대립은 4월 혁명을 계기로 하여 급격한 힘 관계의 역전을 실현하게 되었다. …… 4월 혁명을 계기로 민족 대중 세력은 매판 관료 세력을, 통일 세력은 반통일 세력을 압도하게 되었으며, 평화 세력은 전쟁 세력을 압도하게 되었다. 파쇼적 테러 통치를 타도한 이 땅의 대중은 빈곤을 탈피하기 위해 통일을 갈망하게 되었고, 통일을 달성하기 위해 반통일 세력인 외세 의존적 매판 세력의 타도에 집중하고 있다.
- 남북 학생 회담 : 북한 학생 및 당국의 적극적 호응을 환영한다. 남북 학생 회담 장소는 판문점으로 한다. 민족 통일 전국 학생 연맹은 지역 대표를 선정하여 회담 준비 태세를 갖춘다. 정부는 남북 학생 회담에 임하는 모든 편의를 제공하라.

닉슨 독트린

- 미국은 아시아 제국(諸國)과의 조약상 약속을 지키지만 강대국의 핵에 의한 위협의 경우를 제외하고는 내란이나 침략에 대하여 아시아 각국이 스스로 협력하여 그에 대처하여야 한다.
- 미국은 '태평양 국가'로서 그 지역에서 중요한 역할을 계속하지만 직접적으로 군사적인 또는 정치적인 과잉 개입은 하지 않으며 자조(自助)의 의사를 가진 아시아 제국의 자주적 행동을 측면 지원한다.
- 아시아 제국에 대한 원조는 경제 중심으로 바꾸며 다수국간 방식을 강화하여 미국의 과도한 부담을 피한다.

핵심 자료 읽기

7 · 4 남북 공동 성명

쌍방은 …… 조국 통일을 촉진시키기 위하여 다음과 같은 조국 통일 원칙들에 합의를 보았다. 첫째, 통일은 외세에 의존하거나 외세의 간섭을 받음이 없이 자주적으로 해결한다. 둘째, 통일은 서로 상대방을 반대하는 무력 행사에 의거하지 않고 평화적으로 해결한다. 셋째, 사상과 이념 · 제도의 차이를 초월하여 하나의 민족적 대단결을 도모한다. ……쌍방은 지금 온 민족의 거대한 기대 속에 진행되고 있는 남북 적십자 회담이 성사되도록 협조하는 데 합의하였다. 쌍방은 남북 사이에 제기되는 문제들을 직접, 신속 정확히 처리하기 위하여 서울과 평양 사이에 상설 직통 전화를 놓기로 합의하였다. 쌍방은 이러한 합의 사항을 추진시킴과 함께 남북 사이의 제반 문제를 개선 해결하며 또 합의된 조국 통일 원칙에 기초하여 나라의 통일 문제를 해결할 목적으로 이후락 부장과 김영주 부장을 공동 위원장으로 하는 남북 조절 위원회를 구성 · 운영하기로 합의하였다.

남북 조절 위원회 구성 및 운영에 관한 합의서

가. 합의된 조국 통일 원칙에 기초하여 나라의 자주적 평화 통일을 실현하는 문제를 협의, 결정하여 실행을 보장한다.

다. 남북의 경제 · 문화 · 사회적 교류와 힘을 합쳐 사업하는 등의 문제를 협의, 결정하며 그의 실행을 보장한다.

라. 남북의 긴장을 완화하며 군사 충돌을 방지하고 군사 대치 상태를 해소하는 문제를 협의 · 결정 · 실행을 보장한다.

외교 정책의 전환

• 6 · 23 선언(유신 체제) : 국제 연합의 다수 회원국의 뜻이라면 통일에 장애가 되지 않는다는 전제 하에 우리는 북한과 함께 국제 연합에 가입하는 것을 반대하지 않는다. …… 대한민국은 호혜 평등의 원칙하에 모든 국가에 문호를 개방할 것이며, 우리와 이념과 체제를 달리하는 국가들도 우리에게 문호를 개방할 것을 촉구한다.

• 7 · 7 선언(노태우 정부) : 남북 간 교역의 문호를 개방하고 남북 간 교역을 민족 내부 교역으로 간주한다. …… 남북 간의 소모적인 경쟁 대결 외교를 종결하고 북한이 국제 사회에 발전적 기여를 할 수 있도록 협력하며 또한 남북 대표가 국제 무대에서 자유롭게 만나 민족의 공동 이익을 위하여 서로 협력할 것을 희망한다. …… 한반도의 평화를 정착시킬 여건을 조성하기 위하여 북한이 미국, 일본 등 우리 우방과의 관계를 개선하는 데 협조할 용의가 있으며 또한 우리는 소련, 중국을 비롯한 사회주의 국가들과의 관계 개선을 추구한다.

• 안보리 의장 권고 채택 성명(1991) : 두 나라의 가입 신청은 안보리에서 만장일치로 채택됐다. 두 나라 국민과 정부의 가입 열망은 하나로 합치되었으며, 안보리가 두 나라의 가입 권고를 동시에 결정한 것도 이 때문이다. …… 남북한의 동시 가입은 한반도에서 긴장을 완화하고 신뢰 구축 증진을 위한 분위기를 조성할 것이며, ……

남북 사이의 화해와 불가침 및 교류 · 협력에 관한 합의서

남과 북은 분단된 조국의 평화적 통일을 염원하는 온 겨레의 뜻에 따라, 7 · 4 남북 공동 성명에서 천명된 조국 통일 3대 원칙을 재확인하고, 정치 군사적 대결 상태를 해소하여 민족적 화해를 이룩하고, 무력에 의한 침략과 충돌을 막고 긴장 완화와 평화를 보장하며, 다각적인 교류 · 협력을 실현하여 민족 공동의 이익과 번영을 도모하며 쌍방 사이의 관계가 나라와 나라 사이의 관계가 아닌 통일을 지향하는 과정에서 잠정적으로 형성되는 특수 관계라는 것을 인정하고 평화 통일을 성취하기 위한 공동의 노력을 경주할 것을 다짐하면서 다음과 같이 합의하였다.

제1조 남과 북은 서로 상대방의 체제를 인정하고 존중한다.

제2조 남과 북은 상대방의 내부 문제에 간섭하지 아니한다.

제3조 남과 북은 상대방에 대한 비방, 중상을 하지 아니한다.

제4조 남과 북은 상대방을 파괴, 전복하는 일체 행위를 하지 아니한다.

제7조 …… 3개월 안에 판문점에 남북연락사무소를 설치 · 운영한다.

제9조 남과 북은 상대방에 대하여 무력을 사용하지 않으며 상대방을 무력으로 침략하지 아니한다.

제12조 남과 북은 불가침 이행과 보장을 위해 합의서 발효 후 3개월 안에 남북 군사공동위원회를 구성 · 운영한다.

제15조 남과 북은 민족 경제의 통일적이며 균형적인 발전과 민족 전체의 복리 향상을 도모하기 위하여 자원의 공동 개발, 민족 내부 교류로서의 물자 교류, 합작 투자 등 경제 교류와 협력을 실시한다.

비핵화 공동 선언

1. 남과 북은 핵무기의 시험, 제조, 생산, 접수, 보유, 저장, 배분, 사용을 하지 아니한다.
2. 남과 북은 핵에너지를 오직 평화적 목적에만 이용한다.
3. 남과 북은 핵 재처리 시설과 우라늄 농축 시설을 보유하지 아니한다.
5. 남과 북은 공동 선언의 이행을 위해 공동 선언이 발효된 후 1개월 안에 남북 핵 통제 공동위원회를 구성, 운영한다.

제네바 기본 합의서

양측은 국제적 핵 비확산 체제 강화를 위해 함께 노력한다.

1. 북한은 핵 비확산 조약(NPT) 당사국으로 잔류하며 동 조약상의 안전조치 협정 이행을 허용한다.
2. 경수로 제공을 위한 계약 체결 즉시 동결 대상이 아닌 시설에 대하여 북한과 IAEA 간 안전조치 협정에 따라 임시 및 일반 사찰이 재개된다. 경수로 공급 계약 체결시까지 안전조치 연속성을 위해 IAEA가 요청하는 사찰은 동결 대상이 아닌 시설 에서 계속된다.

김대중, 베를린 선언

나는 마지막 남아있는 한반도 냉전 구조를 해체하고 항구적 평화와 남북 화해 · 협력을 이루고자 선언하고자 합니다.

첫째, 우리 대한민국 정부는 북한이 경제적 어려움을 극복할 수 있도록 도와줄 수 있는 준비가 되어 있습니다. ……

둘째 우리의 당면 목표는 통일보다는 냉전 종식과 평화 정착입니다. …… 따라서 정부는 화해와 협력의 정신으로 북한을 도와 주려 합니다. 북한은 우리의 참뜻을 의심하지 말고 우리의 화해와 협력 제안에 적극 호응하기를 바랍니다.

셋째, 북한은 무엇보다도 인도적 차원의 이산가족 문제 해결에 적극 응해야 합니다. 노령으로 계속 세상을 뜨고 있는 이산가 족의 상봉을 더 이상 막을 수는 없는 것입니다.

넷째, 이러한 모든 문제를 효과적으로 해결하기 위해 남북한 당국 간의 대화가 필요합니다.

6 · 15 남북 공동 선언

1. 남과 북은 나라의 통일 문제를 그 주인인 우리 민족끼리 서로 힘을 합쳐 자주적으로 해결해 나가기로 하였다.
2. 남과 북은 남측의 연합제 안과 북측의 낮은 단계의 연방제 안이 서로 공통성이 있다고 인정하고 앞으로 이 방향에서 통일 을 지향해 나가기로 하였다.
3. 남과 북은 올해 8 · 15에 즈음하여 흩어진 가족 · 친척 방문단을 교환하며 비전향 장기수 문제를 해결하는 등 인도적 문제 를 조속히 풀어나가기로 하였다.
4. 남과 북은 경제 협력을 통하여 민족 경제를 균형적으로 발전시키고, 사회 · 문화 · 체육 · 보건 · 환경 제반 분야의 협력과 교류를 활성화하여 서로의 신뢰를 다져나가기로 하였다.
5. 남과 북은 이같은 합의사항을 조속히 실천에 옮기기 위하여 빠른 시일 안에 당국 사이의 대화를 개최하기로 하였다.

남북관계 발전과 평화번영을 위한 선언

1. 남과 북은 6 · 15 공동 선언을 고수하고 적극 구현해 나간다.
2. 남과 북은 사상과 제도의 차이를 초월하여 남북 관계를 상호존중과 신뢰 관계로 확고히 전환시켜 나가기로 하였다.
3. 남과 북은 군사적 적대 관계를 종식시키고 한반도 긴장 완화와 평화를 보장하기 위해 긴밀히 협력하기로 하였다.
4. 남과 북은 현 정전 체제를 종식시키고 항구적인 평화체제를 구축하기 위한 종전 선언을 협력해 추진하기로 하였다.
5. 남과 북은 해주 지역과 주변 해역을 포괄하는 서해 평화 협력 특별 지대를 설치하고 … 개성 공업 지구 1단계 건설을 빠른 시일 안에 완공하고, 2단계 개발에 착수하기로 하였다.

06 섬 정리

부록

1 주요 섬

- **강화도** (C)
  - 청동기 : 고인돌 유적지 → 유네스코 지정 세계 문화 유산　　　cf) 고인돌 소재지 : 화순, 고창
  - 고대 : 혈구군 설치(고구려) → 혈구진 설치(신라)
  - 고려 ─ 고종 이후 몽고 침략기 임시 수도 → 간척과 개간 사업이 활발　　cf) 개경환도는 원종
    - 삼별초 : 항쟁 시작(배중손의 지휘)　　　cf) 삼별초의 이동 : 진도 → 제주도
    - 인쇄술 : 재조 대장경 조판(강화도 선원사), 의례서인 상정고금예문을 금속 활자로 제작(최우)
  - 조선 ─ 초기 : 초제 거행(마니산 참성단)
    - 후기 ─ 문화재 보관 ─ 사고 설치 : 실록 보관(마니산 → 정족산)
      - 외규장각 설치 : 서적과 의궤 보관　　　cf) 약탈 : 병인양요
    - 강화학파 형성(18c) : 양명학 연구(정제두) → 민족주의 사학으로 계승 ex) 박은식, 정인보
  - 근대 ─ 외세의 침략에 저항 : 병인양요(정족산성 · 양헌수, 문수산성 · 한성근), 신미양요(광성보 · 어재연)
    - 조일 수호 조규(= 강화도 조약)의 체결 지역
- **울릉도** (K)
  - 신라 : 지증왕 때 이사부(실직주의 군주)의 정복 → 일본의 무주지 선점론을 비판하는 근거
  - 근대 ─ 아관파천 이후 : 러시아의 삼림 채벌권 요구
    - 광무개혁 이후 : 칙령 41호를 발표하여 울도군(강원도)으로 승격 → 죽도, 석도(독도)를 관할
- **독도** (L)
  - 신라 : 지증왕 때 이사부(실직주의 군주)에 의한 정복
  - 조선 : 숙종 때 안용복의 영토 수호 활동 → 2차례에 걸쳐 울릉도 · 독도가 우리 영토임을 확인
  - 근대 : 러일전쟁 中 일본이 시마네현에 강제 편입(시마네현 고시 40호)
- **제주도** (F)
  - 고려 ─ 삼별초의 마지막 항전지(김통정의 지휘) but 여 · 몽 연합군에 의해 진압
    - 몽골의 일본 원정 준비를 위한 침탈지 : 탐라 총관부를 설치하여 목마장 운영
  - 조선 : 조세 잉류 지역
  - 현대 : 4 · 3 사건 발생(1948 ~ 54) → 5 · 10 선거에 반대, 일부 지역에 선거가 치러지지 않음

2 기타 섬

- 위화도(A) : 고려 말 요동 정벌 시도 中 이성계의 회군
- 가도(B) : 조선 인조 때 명의 장수 모문룡을 지원(친명 배금)
- 암태도(D) : 1920년대 전반 대표적 소작 쟁의 발생
- 진도(E) ─ 고려 : 삼별초의 2번째 항전 근거지(용장성)
  - 조선 : 임진왜란 당시 이순신의 명량 대첩
- 완도(G) : 통일 신라 때 장보고의 해상 군진 청해진 설치
- 거문도(H) : 러시아의 남하를 막기 위해 영국이 불법 점령(1885)
- 한산도(I) : 조선 임진왜란 당시 이순신의 한산도대첩
- 절영도(J) : 아관파천 이후 러시아의 조차 요구지

3 '도'라는 명칭을 쓰지만, 섬이 아닌 지역

- 벽란도 : 고려의 대표적 무역항
- 간도 : 청과 영유권 분쟁 발생

수강을 통해
합격 후기의 주인공이 될
여러분을 응원합니다

공시생 수강후기

- 이름
- 응시직렬
- 처음 강민성샘의 강의를 듣게 된 계기
- 강의를 듣고 나서 생긴 변화
- 선생님 강의의 특징과 장점
- 선생님 교재의 특징과 장점
- 나만의 한국사 강의 활용 Tip
- 선생님 강의는 이런 학생들에게 꼭 추천

열공 인증샷 (개념 필기 등)	열공 인증샷 (문제 풀이 등)

※ **열공 인증샷**을 꼭 넣어주세요

공시생 합격후기

- 이름
- 응시직렬 / 준비기간
- 처음 강민성샘의 강의를 듣게 된 계기
- 강의를 듣고 나서 생긴 변화
- 선생님 강의의 특징과 장점
- 선생님 교재의 특징과 장점
- 선생님 강의는 이런 학생들에게 꼭 추천
- 나만의 과목별 공부방법 / 시기별 공부방법
- 합격 소감과 후배들에게 하고 싶은 말

한국사 성적	합격 증명서

※ **합격 후기 인증샷**(성적, 합격 증명서 캡쳐본)을 꼭 넣어주세요

공시생 수강 · 합격후기 작성방법

강민성의 정통한국사 ▼ 검색 사이트 **강민성의 정통한국사 카페**	—	제자들의 후기 📄 수능수강&합격후기 📄 한능검수강&합격 후기 📄 공무원수강&합격 후기 – 클릭!	—	✏️ 글쓰기 **클릭 후 후기 작성!**

강민성의 정통한국사 ▼ 검 색   cafe.naver.com/kmshistory

네이버 '강민성의 정통한국사' 카페에 후배들에게 도움이 될 수 있는 성의 있는
수강 후기와 합격 후기를 모두 남겨준 분들 중 우수후기로 선정된 분들을 위해
소정의 상품을 준비했으니 많은 참여 바랍니다.
우수후기 선정과 관련한 구체적인 내용은 후기 공지사항을 확인해주세요.

김연경

이렇게 가르칠 수 있는
한국사 선생님이
얼마나 있을까 생각합니다!!

원래 사이트에 글을 잘 남기지 않는 편인데...
더 유명해지시면 좋겠어서 몇자 남깁니다.
선생님이 늘 강조하시는 한국사의 흐름 그대로 짜여져있는 구성 최고인 교재,
진정성 + 카리스마 있는 선생님 강의까지 다른 지루한 수업들 사이에서 한국사 수업 들을 때는 너무
재미있고 설레요
옛날에도 선생님 강의 듣고 한국사 점수는 항상 100점 유지했었던 기억에 또 선택했는데
뭐 역시 언제 들어도 강민성 선생님은 강민성 선생님이다 ㅠㅠ 싶어요.
온라인으로밖에 뵌 적은 없지만 좋은 강의 감사해요 선생님
항상 건강 챙기시고 온라인 강의 듣는 선생님 추종자들도 많다는 걸 기억해주세요.,,,☆

심은정

2020 합격수기입니다^_^
민성쌤 감사해요!

안녕하세요! 이번에 대전시교육청 최종합격생입니다! ^_^
합격을 하게 된다면 귀찮더라도, 강민성 선생님 합격수기는 꼭 따로 작성하고 싶었는데 드디어 쓰게
되네요.
약 2년 넘는 수험생활에도 계속해서 낙방을 했고, 긴 수험생활에 지쳐 계약직 직원으로 근무를 하다가
올해 다시 재도전을 하여 약 6개월 만에 합격했습니다! 이전에 떨어졌던 시험에서도 **늘 한국사는
90점 이상의 점수를 유지했어요! 선생님 덕분에요! 이번에도 역시 95점을 맞았습니다. 영어가 정말
약한 제가 합격한 것에는 한국사의 힘이 정말정말정말 너무 컸어요!** 그래서 정말로 감사하는 인사 꼭
전하고 싶었습니다.
저 뿐만 아니라 몇 년 전에 먼저 합격하여 지금 공직에 있는 **저의 친언니, 제 친구도 모두 민성쌤
강의를 들었고 저에게 강력추천을 해줬어요.** 정말 두문자 따서 하는 단기적인 암기가 아닌, **기본기
탄탄한 수업!! 선생님의 열정어린 수업 덕분에 어떤 난도의 시험을 마주해도 한국사만큼은 지금도,
앞으로도 자신 있습니다!** 선생님 정말 찾아가서 뵙고 인사드리고 싶지만, 지방에 살고 또 바로 몇 주
후에 연수가 시작된다고 하여 이렇게 글로나마 합격 수기를 남깁니다.
정말 아직도 강민성쌤 수업 안들으시는 분들 제발 들어주세용...두번 들어주세요..흑흑 ㅠㅠ 전 주변
사람들한테 추천하느라 입이 아플 지경입니당 ㅎㅎ
마지막으로 민성쌤! 정말정말 감사하고, 항상 건강하시고 행복하세요! 늘 응원하겠습니다! ^_^

이재훈

국가직 100점 맞았습니다.

4월 17일 국가직 끝내고, 며칠 쉬다가 이제 글 쓰네요. **강민성 쌤 덕분에 국가직 100점 맞았습니다.**
주변에 공시준비한다는 친구한테도 추천하고 있습니다.
이번 국가직은, 선생님 말씀처럼 시간싸움이라고 생각하고 10분에 한국사 다 풀려고 노력 했는데,
마킹까지 10분만에 풀어서 나머지 과목에 시간투자를 할 수 있었습니다. 저는 국가직을 목표로 하고
있었고, 지방직은.. 스페어타이어로 준비하긴 하려구요. 좀만 더 쉽고요!~ 국가직은 이른감이 없진
않지만, 면접만 보통으로 맞는다면 아마 최종합격할 것 같습니다. 강민성 쌤 감사합니다. 끝으로 팔
다치시고도 강의하시는 모습보고 감동했습니다.

황경하

좋은 강의 감사합니다

올인원, 기출, 합노 모두 잘 들었습니다. 선생님의 진심 어린 강의와 열정 덕분에 정말 재미있게
공부했습니다. 수험용으로 공부했지만 시험이 끝난 후에도 배운 내용들이 쉽게 잊히지 않을 것
같습니다. 한국사에 대한 흥미를 주셔서 감사드려요. 앞으로도 좋은 강의 부탁드립니다. 건강하세요.

황명희

강의력 최고, 문제 퀄리티가
대단히 좋네요

(실전동형모의고사) 문제가 진짜 좋네요. 버릴게 없구요.
그리고 무엇보다 강의력이 진짜 훌륭하시네요.
왜 이제 알았을까.
선생님 수업 들으면서 구슬꿰기 하는 중입니다.. 최고

최주원

예능보다 재밌는
한국사 수업

이제 막 공무원 시험을 준비하며 강민성 쌤 수업을 듣고 있는 학생입니다. 고등학교 때부터 인강을
숱하게 들었지만, **이렇게 후기를 남기는 건 처음이네요. (그정도로 감동입니다)**
저는 고3 때 국사와 근현대사를 포기할 정도로 암기 과목이 취약한데요. 그때 강민성 쌤을 알았다면
얼마나 좋았을까 하는 아쉬움이 드네요. 고3때 역사를 잘 하는 친구들끼리 서로 강민성쌤 수업을
추천하는 걸 얼핏 들은 적이 있는데, 그때 들었던 '강민성'이라는 이름이 친숙하게 느껴진 덕에, 강의를
듣게 됐습니다. 결론부터 얘기하면, 정말 최곱니다!
강민성 쌤이 수업 초반에 〈역사는 비약이 없다〉는 말씀을 해주셨는데 너무 자연스럽고 물 흐르듯이
설명해주셔서 이해 안 되는 부분 없이 정말 재밌게 듣고 있습니다.
역사를 단순히 암기 과목으로만 생각했던 과거의 제가 부끄러워질 정도에요.
강의를 연달아 듣다가 잠시 쉬려고 예능을 켰는데 머릿 속엔 계속 '강민성 쌤 강의가 더 재밌다', 'TV
끄고 수업 들을까' 하는 생각만 들어서 스스로 미쳤나 하고 의심하기도...ㅋㅋㅋ
고3 때 역사 과목들을 모조리 포기하면서 '한국사'는 언젠가 극복해야 할 마음의 짐처럼 남아있었는데
이번에 강민성 쌤 강의를 들으면서 버킷리스트를 달성한 기분이에요!
국포자에게도 희망을 주신 강민성 쌤께 진심으로 감사드려요.
요새 날씨도 춥고 코로나도 걱정인데 건강 조심하시구요. 감사합니다.

최관동

강의가 참 좋습니다.

타학원에서 어떤 선생님에게 강의를 듣고 충격에 빠졌었습니다.
'이게 도대체 뭐지..? 이렇게 공부하면 머리가 터져버릴 것 같은데 어떡하지..?? 한국사 버려야하나?'
라는 생각에 큰 **걱정을 하다가 선생님의 강의를 듣게 되었습니다. 그리고 한국사를 듣는게 참**
재미있고 이정도면 할 수 있겠다는 생각과 자신감을 얻었습니다. 다음에 후기 남길 때는 합격해서
남기도록 하겠습니다. 감사합니다.

강봉구

강민성의 한국사 넷플릭스

한국사에 대한 관심은 흥선대원군 한 명 뿐이었다.
한국사는 어렵다고 생각했다. 물론 어렵다.
지루한 과목이라고 생각은 안했지만 재밌는 과목이라고 생각한 적 없다.
강민성 강사의 교육을 듣고 생각이 바뀌었다.
한국을 사랑하게 되었고 합격 후에는 한국의 역사가 존재하는 문화재는 다 다녀볼 생각이다.
한국사라는 한 편의 영화를 보여준 명강사 강민성
강민성이라고 부르고 싶지 않다. 나에게 한국사를 탄생시켜준 장본인이니
나의 한국사 첫 번째 왕인 강조라고 부르겠다.

표형은

후기 안남기는데 이강의는
꼭 써야겠어

늦게 공무원 준비를 시작했습니다.
시작하면서도 한국사가 제일 걱정이었습니다.
나름 검색도 많이 해서 제가 원하는 강의 방식으로 수업을 한다는 타선생님의 강의를 들었지만
저와는 맞지 않아 20강까지 듣고 과감히 커리를 강민성 선생님으로 갈아탔습니다.
첫 강의를 듣고 얼마나 인상적이었는지 꿈에서도 수업내용이 나오고 설레서 잠을 못이루었습니다.
제 인생에서 그런 수업은 처음이었거든요.
민성쌤의 수업은 한국사라는 지식을 넘어 또다른 무언가를 가르쳐주셨습니다.
강의력은 말할 것도 없고 진정성 있는 수업 최고입니다.
수험을 떠나서 제게 정말 유익한 시간이었습니다.
그래서인지 완강을 하고 서운한 감정마저 밀려왔습니다.
곧 문제풀이에서도 뵙겠지만 학생을 위하여 끊임없이 노력하시고 최선을 다해 강의해주시는 민성쌤
진심으로 감사드립니다. 민성쌤이란 분에 대해서 아무것도 모르지만 수업을 통해 접한 선생님
존경합니다.. 꼭 합격해서 다시 인사올리겠습니다. 감사합니다.

박상빈 일반행정 9급 / 6개월 / 인강

선생님 강의의 특징과 장점 (후배들에게 가장 추천하고 싶은 강의는?)

제가 꼽는 강민성 선생님 강의의 가장 최고의 특징이자 **장점은, 스토리텔링을 통해서 역사의 인과 관계를 매끄럽게 알려주기 때문에, 방대한 양의 한국사를 이해하고 암기하는 데에 있어서 기준점을 설정해준다는 것에 있습니다.**

단순히 암기만 한다면 정말 밑도 끝도 없는 양인데, 이러한 역사적 사건이 발생한 원인과 그 사건의 결과로 인해 벌어지는 일들을 유기적으로 설명해주시기 때문에, 이해와 암기를 하는 데에 있어서 큰 맥락을 가지고 시작할 수 있다는 점입니다. 그래서 **저는 가장 기본이자 마지막까지도 중요한 기본 심화 강의를 필수라고 생각하면서, 추천드립니다.**

선생님 교재의 특징과 장점

책의 모든 내용을 직접 편집까지 해서 책을 편찬하셨다는 선생님 말씀처럼, 강의 내용이 그대로 들어있으면서 불필요한 부분은 과감히 생략해서, 책에 핵심정보만이 수록되어 있다는 점을 특징이자 장점으로 생각합니다.

선생님 강의를 수강하며 병행한 나만의 공부 팁이 있다면?

저는 일단 한국사를 가장 재밌어 했고 흥미를 가졌기 때문에 하루도 빠짐없이 한국사를 공부했으며, 체력과 집중력이 떨어지는 저녁시간에 한국사 강의를 들었습니다. 강민성 선생님이 강조하시는 사건의 원인과 결과를 정확히 파악하고 사건의 맥락이 잡아내는 것을 최우선 과제로 삼았고, 그러한 맥락을 잡은 다음 사고를 확장하는 식으로 공부를 하였습니다.

그 외 조언해주고 싶은 Tip?

제 스스로도 생각하면서 가장 잘했다고 생각하는 일은 쉬는 장소와 공부 장소를 철저히 구분한 것입니다.

노량진 스파르타 학원에서 인강으로 공부를 하였는데 월화수목금은 8시까지 입실해서 22시에 끝나는 학원이고 토요일은 8시 시작에 6시에 끝나는 과정이었습니다.

저는 아침 6시에 일어나 준비하고 고시원을 나가는 순간부터 버스를 타고 영어단어장을 외우면서 하루 공부를 시작했고, 10시에 학원이 끝나면 10시 30분 정도에 버스를 타고 집에 오는 순간까지 공부를 하였습니다.

그리고 고시원에 들어가는 순간 책은 단 한글자도 보지 않았고, 집에서는 온전히 휴식만 취했습니다.

제가 개인적으로 추천 드리는 방법은 공부시간과 휴식시간을 정확하게 구분을 하여야 한다는 겁니다.

공시생활은 짧으면 6개월 길게는 몇 년이 걸릴지 모르는 장거리 마라톤 싸움입니다.

공부시간도 중요하지만 휴식시간도 공부시간 못지않게 중요하다고 생각했고, 저는 그런 휴식시간을 가지는 것에 많은 비중을 두었습니다.

선생님 강의는 이런 학생들에게 꼭 추천하고 싶다

한국사에 흥미가 없고 한국사를 단순히 암기과목으로 생각하고 지레 겁을 먹은 학생들에게, **한국사를 재미있게 공부할 수 있다는 것을 알려드리고 싶기 때문에, 그러한 분들에게 추천합니다.**

합격 소감

작년 12월 추가채용에 합격했습니다.

원래 목표는 올해 6월 지방직이었는데, 어쩌다가 작년 12월에 전북지역만 추가채용이 있어서 경험 쌓자는 생각으로 추가채용에 응시하였는데 운이 좋게도 합격을 하게 되었네요.

7월 중순 쯤부터 시작해서 6개월 동안 공시생 생활을 하면서 강민성 선생님의 한국사 시간만은 역사 다큐를 보는 기분으로 즐겁게 공시생활을 해나갈 수 있는 원동력이 된 것 같습니다.

강민성 선생님을 한마디로 표현한다면?

힘들었던 공시생활에 있어서 강민성 선생님의 강의 시간만은 저에게는 한편의 다큐를 보는 기분이었고, 그런 시간이 있어서 공시생활을 버텨낸 것 같습니다. 저에게는 버팀목이 되어주신 선생님이시네요.

김정현 일반행정 7급 / 1년 / 인강

처음 강민성쌤의 강의를 듣게 된 계기
공무원 시험을 준비하던 다른 친구에게 과목별로 선생님을 추천받았었는데, 한국사는 강민성 선생님께서 공부하기 쉽게 잘 가르쳐주신다고 해서 듣게 되었습니다. **첫 강의를 듣자마자 그 친구의 말이 전혀 틀리지 않았다는 것을 알게 되었고, 선생님의 강의에 빠져들게 되었습니다.** 저는 수능을 볼 때 국사를 선택해서 보았는데, 불행하게도 당시에는 강민성 선생님을 알지 못했고, 2등급을 받았습니다ㅠㅠ 하지만 이번에 강의를 들으면서 그때 강민성 선생님을 알았더라면 1등급은 무조건 받을 수 있었겠다는 생각을 했습니다. **단순히 암기 위주의 공부가 아닌 흐름을 이해하고 암기량을 최소화하는 선생님만의 강의 방식을 통해 공부의 효율성을 높일 수 있었습니다.**

선생님 강의의 특징과 장점 (후배들에게 가장 추천하고 싶은 강의는?)
강민성 선생님 강의의 특징은 선생님께서 강조하시다시피 이해 위주의 수업이라는 것입니다. 처음 한국사를 접하시는 분들은 방대한 양에 겁을 먹고 국사 공부는 재미없고 따분하다고 생각하실 수 있습니다. 하지만, **강민성 선생님의 강의는 내용과 그것의 바탕이 되는 이야기를 연결해서 설명해주시기 때문에 굳이 따로 암기할 필요가 없다는 것이 가장 큰 장점입니다.** 특히 수업 때 알려주신 그 흐름 그대로 반복적으로 읽기만 해도 자연스럽게 학습이 되는 효과가 있었습니다. 예를 들면, 근현대사 파트에서 광무개혁의 구본신참 중 '구본'에 대해서 "걸림돌을 제거하고(독립협회 해산) 기반을 확보하고(원수부 설치, 부대 증강) 과시하였다.(전환국 내장원으로 변경, 영토 수호 등)"와 같이 이해하기 쉽게 한 문장으로 말씀해주셔서 저는 이러한 키워드를 토대로 공부를 하였습니다. 또한 **쉬어가는 이야기로 하시는** 말씀들이 뒤에서 이어지는 수업의 바탕이 되고 이해에 도움이 되는 경우가 많아서 모든 내용들이 유기적으로 연결되는 것이 또 하나의 장점입니다.

선생님 교재의 특징과 장점
강민성 선생님의 교재는 목차가 잘 나뉘어져 있다는 점이 장점입니다. 제 기억에는 이러한 목차가 '강목'형식이라고 선생님께서 말씀해주신 것 같은데, **기본강의를 다 듣고 나서 복습할 때 목차를 보고 어떤 내용이 있었는지 떠올리며 공부하는데 편리했던 것 같습니다.** 또한, 선생님께서 직접 책을 쓰셔서 어디에 무슨 내용이 있는지 다 알고 계셔서 필기를 안 해도 되고 어디 가면 있다고 말씀해주시는 게 좋았습니다.

선생님 강의는 이런 학생들에게 꼭 추천하고 싶다
강민성 선생님의 강의는 **한국사를 처음 공부하여 방대한 양에 겁을 먹고 두려워하시는 분들에게 적극 추천하고 싶습니다.** 강민성 선생님의 강의는 주입식 교육이 아니라 여러 이야기들을 연결해 놓은 강의이기 때문에 두문자를 따서 굳이 암기할 필요가 없고, **수업 때 알려주신 구조대로 반복적으로 읽기만 해도 자연스럽게 학습이 되는 효과가 있습니다.** 또한, 필기하는 것을 어려워하시는 분들에게 좋다고 생각합니다. 선생님의 교재에는 거의 모든 내용이 적혀 있기 때문에 필기를 하지 않고 이야기를 듣는 것에 집중할 수 있어서 학습의 효과가 더욱 좋습니다.

합격 소감
저는 일주일에 하루(24시간)는 꼭 쉬는 시간을 두어 재충전의 기회로 삼았습니다. 예를 들면, 월요일부터 금요일까지는 아침부터 자기 전까지 공부를 하되 토요일은 오후 6시까지 공부를 하고 토요일 저녁부터 일요일 오후 6시까지 24시간은 친구를 만나거나 혼자 집에서 쉬는 시간을 가졌습니다. 이처럼 7일 중 하루는 쉬는 시간을 만들어서 공부가 질리지 않도록 하면 외롭고 고독한 수험생활을 이겨내는 데 도움이 될 것이라고 생각합니다.

강민성 선생님을 한마디로 표현한다면?
강민성 선생님은 제 수험생활 기간 동안 '비타민'이었다고 할 수 있습니다. 저에게 선생님의 강의는 수업이 아니라 드라마, 영화를 보는 것과 같이 너무나 즐겁고 재밌는 시간이었습니다. 다른 과목 공부를 하다가도 지루해질 때면 한국사 강의를 들을 정도로 선생님의 수업이 재미있었고, 한국사 강의 듣는 시간이 기다려졌고, 종강하는 날에는 아쉬움마저 느껴졌습니다. 이처럼 선생님의 강의가 공부하는 것에 큰 동기부여 소재가 되었고 합격하는 데 발판이 되었던 것 같습니다. 선생님께 정말 감사드립니다!

💬 죠르디
쌩기초부터 듣고 있습니다^^

└ 💬 분류왕강민성
민성쌤 강의 들으시는거 후회하
시지 않을거예요~^^

💬 럭키리
모의고사 열심히 공부하고 있어요.
이해가 쏙쏙 점수도 쏙쏙 ㅎㅎ

💬 인방말고인강
합격노트 드디어 완강했습니다.
오랜 기간 여정이 또 끝나갔네요~
모의고사도 황팅 하겠습니다!!!

└ 💬 잘될거야물론
부러워요... ㅠㅠ

└ 💬 맹고우12
화이팅해봐요!

💬 떼용
드디어 전근대 끝나갑니다. ㅜㅜ 현대사 별로 안
좋아하는데 ㅠ 강쌤이 흥미 붙여 주실거라 생각하
고 기대중입니다.
아 ㅜㅜ 경제 사회 문화 편은 ㅜㅜㅜ
집중력이 떨어져요.
ㅜㅜㅜㅜ 파이팅!!

└ 💬 사학졸업생
강쌤과 함께라면 재미없는 게 이상해지실 겁니
다!!!

└ 💬 떼용
오~^^ 감사합니다!!
힘내서 파이팅할게영!!

💬 찌윤
건축물이나 궁궐 관련은 항상 헷갈리는데 유네스코 수업을 통해
깔끔하게 정리된 걸 다시 볼 수 있어서 너무 좋았습니다!
강의는 말할 것도 없이 좋았고 민성 쌤 강의는 들 때마다 넘 즐
거워요ㅠㅠ 언제나 생각하는 게 합격하더라도 교양용으로 매일
듣고싶은 마음.. 흑흑.😂
이제 암기는 제 몫이지만.... 흑흑 그리고 국가직 얼마 안남았는데
왠지 자꾸 해이해지는 것 같고 자신감이 자꾸 떨어지지만 쌤 말대
로 끝까지 노력해서 열심히 해보겠습니다!!!!!!!!!!! 악!!!!! 파이팅

└ 💬 분류왕강민성
글씨체가 프린트랑 넘나 찰떡이에요. ㅎㅎ 파이팅 아자자자!!

└ 💬 찌윤
감샤합니다 !!!! 파이티잉!!!! 😊

└ 💬 명이나물이
글씨가 아기자기 귀여워 ㅎㅎ 색연필질감 펜 너무 귀엽...

💬 Chumining
민성쌤 기출 너무 좋아요. 😎

💬 민성쌤빠돌이
다시 시작하는 올인원 ㅎ
다시 처음부터 개념정리 하네요^_^

└ 💬 부산거북
공시 2회독이신가요~

└ 💬 민성쌤빠돌이
공시요? 음 올인원 2회독 이라면 이라고 할수있죠 ㅎㅎ

└ 💬 맹고우12
화이팅 해봅시다!!

└ 💬 민성쌤빠돌이
감사합니다 ㅋㅋㅋ

💬 알리바바브
드디어 올인원 전근대가 끝이 났어
요. ㅠㅠ 선생님의 미친 강의력 덕
분에 한국사의 재미를 알아버렸습
니다 파이팅!

💬 구름나라
동형 모의고사 틀린
문제는 모두 익혀서
시험 때는 다 맞추
겠습니다!

💬 할니
안녕하세요. 강민성 선생님!
선생님이 이 글을 보실지는 모르겠지만~~~~선생님 팬인 수
강생 중 한 명입니다
자기합리화할 때마다 선생님이 해주신 아이 둘? 주부님 필합
이야기를 떠올려요.
초시에 직장인인데요. 그분 떠올리면 전 진짜 힘든 것도 아니
고 더 열심히, 많이 공부할 수 있는 여건이더라구요..
제 친구도 민성쌤 강의듣고 이번년도에 합격했고 저도 그러길
바라며 자신감 떨어질 때마다 다잡고 다독이고 있어요..!! 끝까
지 해이해지지 않을게요! (｡•̀ᴗ-)✧
쌤의 진심어린 강의에 늘 위로받고 또 배우는 사람입니다.
건강하세요!

찌윤
항상 힘들 때마다 민성 쌤이 해주셨던 100℃얘기 생각하며 힘냅니다 흑흑 ㅠㅠ 처음엔 너무너무 힘들고 어려웠는데 기본강의 복습강의 기출강의 들으며 여러 번 보다보니 점점 익숙해지는 것 같아요! 아직 갈 길은 멀지만요....! 😭

마콩이

행운
글씨체 너무 예뻐요!
파란색 볼펜 뭐쓰세요? ㅎㅎ

찌윤
감사합니다☺
제트스트림 0.5 써용!!

행운
역시 장인은 도구와 상관없네요.. 파란색 같은 펜이었어요. ㅠㅠㅋㅋ

한층유해진표정
동형모고 10회 풀이 완료
2회 30분씩 잡고 푸는데 기껏해야 30분인데도 마킹 끝내고 컴싸 내려놓는 순간 엄청난 피로감이 몰려온다. 그 어떤 모고보다 긴장하게 만드는 민성쌤 모고..

초코찐빵
열공인증합니다ㅎㅎ

센텀두산위브더제

스머프 민성쌤 S2
시험이 얼마 남지 않은 이 시점에 열심히 달리고 있긴 하지만, 마음 한 구석으로는 불안하기도 하네요.. 수험생이라면 다들 같은 마음이겠지요ㅠ 민성쌤께서 포기하지 말고 끝까지 가면 반드시 결과 나온다고 하셨으니 끝까지 열심히 달려보겠습니다. 하반기엔 꼭 합격 인증 올리는 날을 그려보며! 다들 파이팅~!

심멘
짬내서 공부중입니다.

한층유해진표정
민성쌤이 내주신 숙제하기
오늘 합노 강의 2개만 가볍게 들으려했는데 숙제를 내주시는 바람에 1개 컷..ㅎㅎ! 그치만 언젠가 한 번은 하려고 벼르고 있었던 갑신, 동학, 갑오 공통점, 차이점 정리하기!!!!!! 올인원에 있는 벤다이어그램 기반으로 해당 사료도 간단히 적어넣느라 꽤 오래걸렸지만 하고나니 속시원하고 뿌듯하당
내일은 합노 쭉쭉 달려야지!!!!!!!!!!

삐용v
되게 깔끔하게 잘하셨네요ㅜㅜ

한층유해진표정
감사합니다ㅎㅎ 생각만 하고 엄두는 안나서 미루고 있었는데 하고나니 개운하네요ㅎㅎ

새벽3시
제일 자신 없고 너무 싫어하는 과목이라 아직 걱정이 많지만 잘 되겠...저...?
강민성 선생님과 함께 시작해봅니다 화이팅

소이라떼
선생님이 자꾸 쉽다고 할때마다 동공 지진 ㅠㅠㅠㅋㅋㅋ 1회는 80점 나왔어요. 헷갈리는 선지 있어서 다시 복습하고 꼼꼼히 외워야겠어요. ㅠㅠㅠ

잘될거야물론
혹시 기출이랑 합격노트 몇회독하셨어요??

소이라떼
저는 기본서 강의 후딱 듣고 기출만 계속 풀었어요. ㅋㅋㅋㅋㅋ 지금 기출은 4회독은 돌렸어요. 제가 근대사가 약해서 근대사부분만 합격노트 강의 듣고 혼자서 2~3회독은 했습니다.

잘될거야물론
와.... 참고할게요. ㅠㅠ 전 이제 기출 1회독해서 버겁네요. ㅠㅠ 저도 소이님처럼 모의고사풀때 저 정도 점수 나오면 뿌듯할거같아요. ㅠㅠ

소이라떼
아뇨 저도 엄청 부족해요. 기출 회독 할때 저도 힘들었어요. 언제 다 풀어 징징징 거리면서 ㅎㅎ 근데 처음에만 힘들지 다시 회독 할때는 술술 잘 풀리더라고요. 저는 처음에 꼼수로 짝수만 풀고 그랬어요. ㅠㅠㅋㅋㅋㅋㅋㅋ 파이팅파이팅

잘될거야물론
감사해요!! 소이라떼님 앞으로 더 높은 점수 나오실거에요! 👍
소이님도 힘내세요. 🙈H

💬 귀요민성

모두 열공해서 꼭 좋은 결과 얻었으면
좋겠습니다! 갠소하고 싶었던 귀요미
민성쌤 보시고 힘들 내세용 :-)

ㄴ💬 애옹이사랑해

ㅋㅋㅋㅋ캡쳐 넘 기엽네요

ㄴ💬 김혜미나

악ㅋㅋㅋㅋㅋ캡쳐

ㄴ💬 운연

ㅋㅋㅋ 진짜ㅋ 귀여우세요ㅋ

ㄴ💬 찌미

ㅋㅋㅋㅋㅋㅋㅋㅋ짤이 넘 귀여워요

ㄴ💬 루랄랄라

쌤 너무 귀엽게 나온거아니에요?
ㅋㅋ

💬 예비보건직
열공인증해요~
복습하구잡니당~

💬 Shy1015
오늘부터 공부 시작했습니다!!!
6월 시험 합격할 수 있도록 열심히
할거예요~!~!~!

ㄴ💬 마시멜로햄찌
글씨가 무척 예쁘시네요~
필기도 깔끔하구용ㅎㅎ

💬 두울타리
열공인증합니다! 최근 이직
준비로 인해 다시금 책을 펼쳐
봅니다! 열심히 해보겠습니다!

ㄴ💬 연두연우
화이팅입니다!!!

ㄴ💬 치즈쿠키
화이팅ㅎㅎ

💬 딸기바나나쉐이크
열심히 해서 이번엔 꼭 1급 따겠습
니다!!

ㄴ💬 격합자가
파이팅입니다.

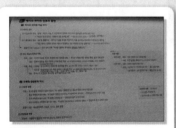

💬 태위
열공인증합니다.
제자모임 ㄱㅈㅇ

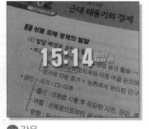

💬 갓은
올인원 복습중
힘냅시다 모두ㅠㅠ

💬 Maudlin
막판 기출보면서 정리 암기하고
들어갈 계획입니다!!
파이팅!

💬 운연
합노 완강했어요! 선지 ○×특강
듣기 시작요!
합노 다듣고 선지특강 듣고있어 요!
올해는 꼭 합격!!!

💬 JennyJennyJen
8월 시험 목표로 열공하겠습니다.~~~
이제 막 한국사 시작했어요~! 카페에서
자료도 얻고 선생님 강의도 열심히 들으
면서 8월 시험 목표로 열심히 하겠습니
다. ^^!

💬 장깡망
드디어 올인원 완강했네요. 2월부터 시작했는데 도중에 우여곡절
이 많았습니다. 한국사 중심으로해서 오늘 드디어 완강 했네요.
바로 복습강의와 기출문제풀이 들어갑니다. 완강하고나서 느낀점
은, 가장먼저 민성쌤 강의와 책은 빠짐없이 완벽하다는 것 입니다.
처음에 강사선택 시 책값도 부담스러워서 신중하게 고민했었습니
다. 타강사분들 기본서는 줄글인 반면에 민성쌤 책은 요약식으로
되어있어 빠진부분이 있으면 어떻게 하나 하는 생각도 들었었는데
정말 쓸데없는 생각이었습니다. 차고 넘치는 완벽한 강의였습니다.
목이 쉬도록 열강해주신 민성쌤께 감사드립니다. 공무원시험을
떠나서 이나라의 국민으로서 민성쌤 강의는 꼭 들어야한다는 생각
이 듭니다. 중고등학생때 민성쌤 만났으면 제 20대가 변했을것같네
요. 주변친구들에게도 적극 추천하고 있습니다. (특히 31강의 붕당
강의는 참 명강의 입니다!) 처음에는 꼼꼼하게 사료 다 읽고 나갔는
데 조선부터는 너무많아서 못읽고 진도만 뺐네요. ㅠㅠ 복습강의때
찬찬히 살펴보도록 하겠습니다. 훌륭한 강의 이시대에 전달 주셔서
다시한번 감사드립니다. 합격하고나서 꼭 한번 뵙고싶습니다.